U0651412

信息技术应用能力养成系列丛书

Adobe Captivate

案例开发经典教程 微课视频版

◎ 史创明 著

CP

清华大学出版社

北京

内 容 简 介

Adobe Captivate 是信息时代的媒体创作工具。本书以案例开发的形式对 Adobe Captivate 进行了详尽介绍。本书设计理念先进，配套资源丰富，提供教学视频、范例与模拟案例源文件、素材、练习题及答案、PPT 等资料，非常适合翻转课堂和混合式教学。本书共 13 章，包括 Adobe Captivate 快速入门、导入媒体、项目管理和编辑、幻灯片的基本编辑、对象的基本编辑、音视频的编辑和使用、添加动作与变量、小组件、创建视频演示和软件模拟项目、VR 课件制作、测验课件、响应式项目、发布项目等内容。

本书既可作为高等院校相关专业的教材，也可作为培训机构的培训用书，同时也非常适合广大在线教育、培训者、课件制作爱好者自学。

本书封面贴有清华大学出版社防伪标签，无标签者不得销售。

版权所有，侵权必究。举报：010-62782989，beiqinquan@tup.tsinghua.edu.cn。

图书在版编目（CIP）数据

Adobe Captivate 案例开发经典教程：微课视频版/史创明著.—北京：清华大学出版社，2021.4
（信息技术应用能力养成系列丛书）
ISBN 978-7-302-56846-9

Ⅰ．①A… Ⅱ．①史… Ⅲ．①多媒体课件－制作－软件工具－教材 Ⅳ．①G434

中国版本图书馆 CIP 数据核字（2020）第 225291 号

责任编辑：刘 星 李 晔
封面设计：刘 键
责任校对：李建庄
责任印制：杨 艳

出版发行：清华大学出版社
      网　　址：http://www.tup.com.cn，http://www.wqbook.com
      地　　址：北京清华大学学研大厦 A 座　　　　邮　编：100084
      社 总 机：010-62770175　　　　　　　　　　邮　购：010-83470235
      投稿与读者服务：010-62776969，c-service@tup.tsinghua.edu.cn
      质量反馈：010-62772015，zhiliang@tup.tsinghua.edu.cn
      课件下载：http://www.tup.com.cn，010-83470236
印 装 者：三河市金元印装有限公司
经　　销：全国新华书店
开　　本：185mm×260mm　　印　张：20.25　　　字　数：490 千字
版　　次：2021 年 4 月第 1 版　　　　　　　　印　次：2021 年 4 月第 1 次印刷
印　　数：1～1500
定　　价：79.00 元

产品编号：077136-01

前言

    Adobe Captivate 是信息时代的媒体创作工具。目前,全球已有超过 80％的 500 强公司、成千上万的中小型企业和广大的教育工作者在使用它,它的超强功能主要体现在任何不具有编程知识或多媒体技能的人都能够快速创建功能强大的、引人入胜的仿真、软件演示、基于场景的培训和测验,特别是在虚拟仿真教学资源制作方面更胜一筹。

    目前,我国的中小学、职业教育学校和机构、企业和社会团体的培训机构、高等院校在信息化浪潮中也开始使用这款引人入胜的工具软件。本书如及时雨般解决了人们学习和应用的需求。

1. 本书特色

（1）配套资源丰富。

- 本书提供各章范例与模拟案例源文件、素材、练习题及答案、PPT 等资料,请扫描此处二维码获取。

素材　　　　　　　　　　　　　教学课件等

- 配套作者精心录制的微课视频 120 个,共计 900 分钟,读者可扫描书中对应位置的二维码观看视频。

注意：请先扫描封底刮刮卡中的二维码进行注册,注册之后即可获取相关资源。

（2）采用先进的教学理念"阶梯案例三步教学法"。实践证明,"阶梯案例三步教学法"可以在很大程度上提高学习效率。

（3）为翻转课堂和混合式教学量身打造。整个教学过程的设计体现了新理念、新的教学方法和科学的教学设计。

（4）技能养成系列化。本书是"信息技术应用能力养成系列丛书"中的一本,和其他部分（图像处理、音频编辑、动画制作、视频特效、网页设计）一起构成完整的信息技术应用能力养成体系。"信息技术应用能力养成系列丛书"有配套的学习网站,网站地址见配套资源。

2. 软件的下载安装

    可以从 Adobe 官方网站下载 Adobe Captivate 2019（或 Adobe Captivate 2017,有简体中文版）试用版安装,试用期 30 天；也可以购买正式版。在本书配套资源提供的素材中,包括 Adobe Captivate 2019 和 Adobe Captivate 2017 两个版本的内容,方便大家学习。

目前,Adobe Captivate 2019 没有专门的汉化版本,网络上有一些软件业余爱好者的汉化模块,非官方版本(本书配套的微课视频部分用到了软件的汉化版本,读者可参考学习)。书中内容为了准确性和忠于原版内容,使用英文版进行讲述,但对于所使用的命令使用括号加注了中文翻译,如 Publish(发布)等。翻译力求准确,但也许会存在不同见解。

3. "阶梯案例三步教学法"简介

第一步:范例学习。

每个知识单元设计一个到几个经典案例,进行手把手范例教学,按照书中的提示,由教师指导,学生自主完成。学生亦可扫描书中二维码,参照案例视频讲解,一步步训练。

第二步:模拟练习。

每个知识单元提供一到多个模拟练习作品,只提供最后结果,不提供过程,学生可使用提供的素材,制作出同样原理的作品。

第三步:创意设计。

运用知识单元学习到的技能,自己设计制作一个包含章节知识点的作品。

张侃、罗卓然、李倩、霍亚新、姜怡峰、董博雯等参与了本书的编写工作,为最后成稿做出了贡献,在此表示感谢。

我们以科学严谨的态度,力求精益求精,但疏漏之处在所难免,敬请广大读者批评指正,可发送邮件至 workemail6@163.com。

作　者

2020 年 12 月

目　录

第1章

Adobe Captivate快速入门

本章学习内容

（1）Adobe Captivate 2019 的界面环境；

（2）Adobe Captivate 2019 的工作区；

（3）TIMELINE（时间轴）面板；

（4）Properties（属性）面板；

（5）设置舞台的尺寸；

（6）打开 Adobe Captivate 2019 项目并进行预览。

完成本章的学习需要大约 1.5 小时，可扫描前言中的二维码下载配套学习资源，扫描书中的二维码可观看讲解视频。

知识点

启动与退出 Adobe Captivate 2019　　认识操作环境　　工作区基本操作
查看 Adobe Captivate 2019 帮助系统　　新建空白文件　　菜单栏
工具栏　　　　　　　　　　　　　　Library（库面板）　Properties（属性）面板

1.1　Adobe Captivate 2019 简介

1.1.1　功能简介

Adobe Captivate（本书后面提到的 Adobe Captivate 没有特别提示的，默认为 Adobe Captivate 2019 版本）作为信息时代的媒体创作工具，全球超过 80% 的 500 强公司、成千上万的中小型企业和广大的教育工作者都在使用它。

对于学科教师和企业培训师来说，可以将 Adobe Captivate 理解为一个跨平台的通用

性课件设计工具,既可用于日常教学课件制作,也可用于交互式微课的设计,移动学习作品
设计,能够生成适用于多个计算机操作系统和移动设备的多种形式的教学作品,能为教师提
供强大的技术支持。其主要功能体现在:

- 响应式微课、远程学习课件设计(响应式指自动适应在手机、台式计算机和平板计算
  机等各种设备上显示)。
- 视频课件录制,仿真学习体验的课件设计。
- 把视频变成交互式的学习课件。
- 自动生成的测验课件和手动测验课件编辑。
- 文本至语音转换。
- PowerPoint 到响应式远程学习。
- 一流的 HTML5 发布功能。
- 利用虚拟现实提供沉浸式的学习体验。

1.1.2　案例欣赏

✒ **提示**:为了快速浏览作品,本节课件作品采用运行可执行文件(.exe 文件)的方式运行(响
应式作品除外),该文件包含了课件播放器和作品自身内容,不依赖于外部操作环境。Adobe Captivate
作品可以发布为 HTML5 网页、SWF 文件和 MP4 视频文件等,也可以直接发布到网络学习平台。

1. 仿真教学课件

Adobe Captivate 制作仿真教学课件具有独特的功能,首先把操作过程通过摄像、动画
制作或者屏幕录屏的形式制作出素材,然后通过对素材处理加工,添加各种交互操作练习,
便可实现各种仿真训练。如果要对操作过程和步骤进行考核,使用 Adobe Captivate 的高
级动作功能就能实现,代码简略。如果要记录和分析技能操作和知识学习过程,那么配合
Adobe Captivate 的高级动作功能,也能够较好地实现。

1) 初中化学课件:高锰酸钾制作氧气

高锰酸钾制作氧气是初中化学的一个经典实验,该课件首先对氧气制作过程进行展示,

然后进行模拟训练,最后还可以对实验操作的
掌握程度进行评估训练。选择本书配套学习
资源"Lesson01/仿真实验:高锰酸钾制作氧
气.exe"文件,双击运行并进行浏览,如图 1.1
所示。

2) 使用 Photoshop 去除照片上的青春痘

该课件分为"演示讲解""仿真训练"和"自
我评测"3 部分,其中在"仿真训练"部分使用了
Adobe Captivate 的高级动作功能进行简单的

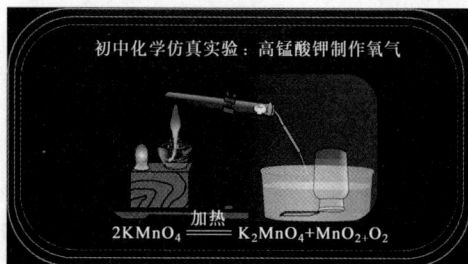

图　1.1

代码控制。课件采用了适合手机观看的长方形尺寸,当发布到互联网时,在手机等移动设备
观看非常方便,当然在台式计算机上观看也非常清晰,可发布为自动适应屏幕的大小。选择
本书配套的学习资源"Lesson01/仿真学习:PS 去除青春痘.exe"文件,双击运行并进行浏
览,如图 1.2 所示。

2．智慧教学课件

所谓智慧教学课件，是指在 Adobe Captivate 课件的模拟操作训练和测验评估中，使用软件的高级动作功能对课件使用者的操作行为进行记录，并根据操作行为有针对性地采取训练措施，达到提高学习效率的目的。

该类课件在此提供两个案例，分别选择本书配套学习资源"Lesson01/课堂练习题：百以内的数和认识人民币"和"Lesson01/智慧课件：做游戏学数字"目录中的 index. html 文件，用浏览器打开进行浏览，这两个课件是响应式课件，可在各种设备中打开，并可自动适应屏幕大小尺寸进行显示，如图 1.3 所示。

这两个课件在制作中都加了一点点智能化的因素，即记录学习过程中出错的知识点，进行反复训练，直到掌握为止，最后的考核提供知识掌握的熟练程度供学习者参考。

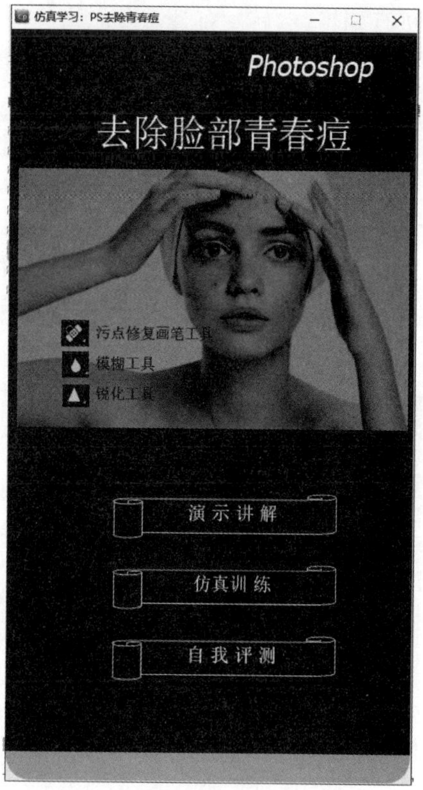

图　1.2

3．游戏课件

利用 Adobe Captivate 也可以制作游戏化的学习课件，调动学习者的学习兴趣。选择本书配套的学习资源"Lesson01/数学游戏：认识 100 以内的数.exe"文件，双击运行并进行浏览，如图 1.4 所示。

图　1.3

图　1.4

该课件通过数字单击排序、拖动排序，按顺序输入和水果计数等方式对 100 以内的数进行训练，使小朋友彻底掌握这方面知识。

4．演示文稿

Adobe Captivate 同样可以制作像 PowerPoint 那样的演示文稿课件，并且可以发布为各种格式（网页、视频和交互课件），独立于制作软件进行播放；也可以导入 PowerPoint 课件进行编辑,然后发布为需要的格式播放。图1.5是一个介绍机器人的课件,可选择本书配套的学习资源"Lesson01/演示文稿:机器人介绍.exe"文件,双击运行并进行浏览。

5. 录屏课件

"Adobe Captivate 最基本的功能之一是屏幕录制,通过录屏任何不具有编程知识或多媒体技能的人都真正能够快速地创建功能强大的、引人入胜的仿真、软件演示、基于场景的培训和测验"。这段文字是互联网上的一段介绍,的确,Adobe Captivate 的录屏功能十分强大,可以有多种功能选项,比如自动录制生成软件模拟学习课件,发布的 MP4 视频文件清晰并且占用存储空间小等。图1.6是本书的一段讲解视频录制,可双击本书配套的学习资源"Lesson01/9.4.1录制模式的选择.mp4"文件进行浏览。

图 1.5

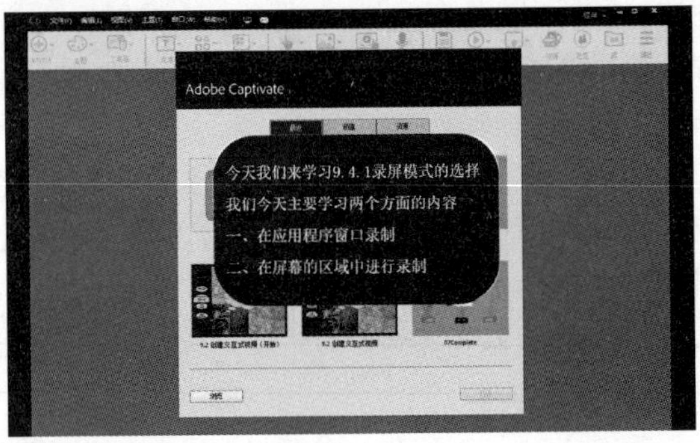

图 1.6

1.2 Adobe Captivate 2019 操作环境

1.2.1 开始页

运行 Adobe Captivate 软件,首先映入眼帘的是"开始页",如图1.7所示。"开始页"将常用的任务都集中放在一个页面中,包括 Recent(最近)、New(新建)和 Resources(资源)3个菜单选项,Recent(最近)表示最近打开过的文件,New(新建)代表新建项目,用户可以选择从哪个项目开始工作。新建项目主要类型有以下几种:Responsive Project(响应式项目)、Virtual Reality Project(虚拟现实项目)、Blank Project(空白项目)、Software Simulation(软件模拟)、Video Demo(视频演示)、From PowerPoint(从 PowerPoint 创建项目)。Resources(资源)提供了一些案例文件和帮助资源。

1.2.2 认识工作区

在"开始页"中选择 New(新建)→Blank Project(空白项目),新建一个空白文件,进入 Adobe Captivate 默认的经典(Classic)工作窗口。Adobe Captivate 的经典工作区界面窗口构成如图1.8所示。在默认情况下,包括 Adobe Captivate 会显示舞台、菜单栏、工具栏、幻灯片带。

视频讲解

说明: 幻灯片带是 FILMSTRIP 的翻译(有的资料翻译为"电影带"),在软件界面的左边,是显示幻灯片缩略图的地方,通过单击幻灯片缩略图,可切换在舞台中要编辑的幻灯片。

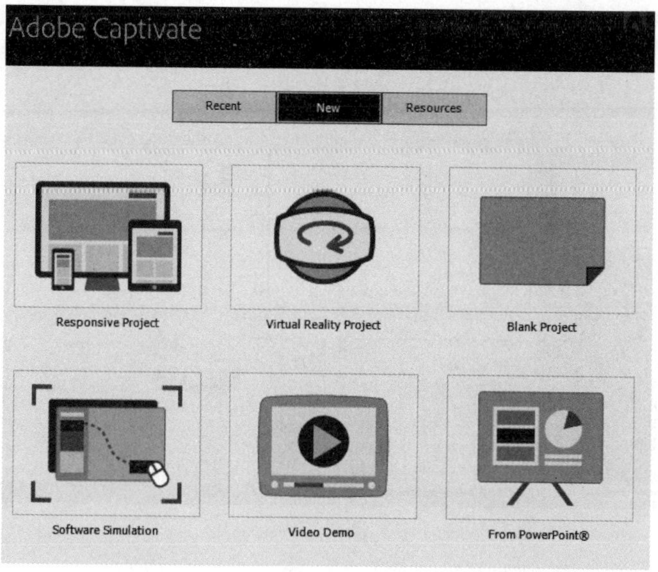

图 1.7

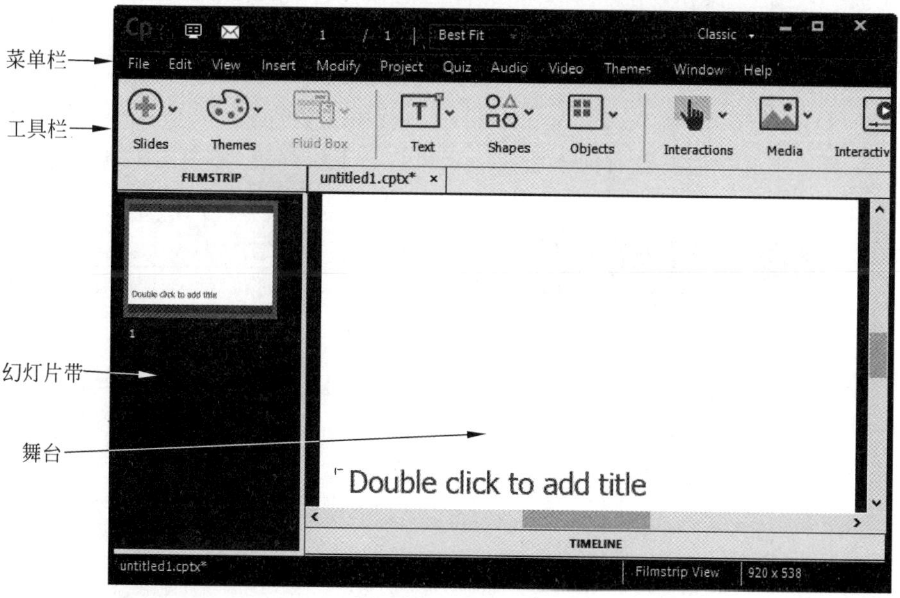

图 1.8

单击窗口右上角的 Properties 工具按钮,会在右侧出现 PROPERTIES(属性)面板,单击下面的 TIMELINE (时间轴),会展开时间轴面板,如图1.9所示。

若需要恢复 Adobe Captivate 的经典工作环境的布局,可选择菜单栏中的 Window(窗口)→Workspace(工作区)→Reset Classic(重置经典),此时就切换到了经典工作环境的布局。

Adobe Captivate 菜单栏包括 File(文件)、Edit(编辑)、View(视图)、Insert(插入)、Modify(修改)、Project(项目)、Quiz(测验)、Audio(音频)、Video(视频)、Themes(主题)、Window(窗口)和 Help(帮助)。单击相应的菜单,会弹出下拉列表供用户选择,如图 1.10所示。

图 1.9

Adobe Captivate 的工具栏提供访问频率较高的命令。通过单击工具栏上的按钮,可以快速地完成一项命令操作,用户可以根据自己的需要来隐藏或者显示工具栏。主要有Slides(幻灯片)、Themes(主题)、Fluid Box(百宝箱)、Text(文本)、Shapes(形状)、Objects(对象)、Interactions(交互)、Media(媒体)、Record(录制)、Save(保存)、Preview(预览)、Publish(发布)、Assets(资源)、Community(社区)、Library(库)和 Properties(属性)等工具按钮。在工具栏图标中的右侧有向下箭头表示可打开下拉列表,如图 1.11 所示。

图 1.10

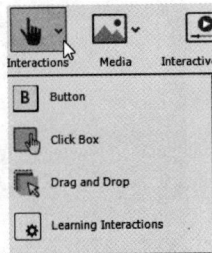

图 1.11

1.2.3 舞台

视频讲解

工作区中间的白色矩形区域被称为舞台,如果从"开始页"新建项目,可从 Canvas(画布)下拉列表中选择舞台尺寸,如图 1.12 所示。

如果从 File(文件)→New Project(新建项目)创建项目,如图 1.13 所示,可在如图 1.14所示的对话框中设置屏幕大小。设置中可自定义尺寸,也可从下拉列表中选择适合某种显示设备的尺寸。

项目创建后要改变舞台的大小,可选择 Modify(修改)→Rescale project(重新调整项目大小)命令实现,如图 1.15 所示。

在随后打开的 Rescale project(重新调整项目大小)对话框中,可进行用户自定义设置,也可从 Preset size(预置尺寸)中选择适合某种显示设备的尺寸,如图 1.16 所示。

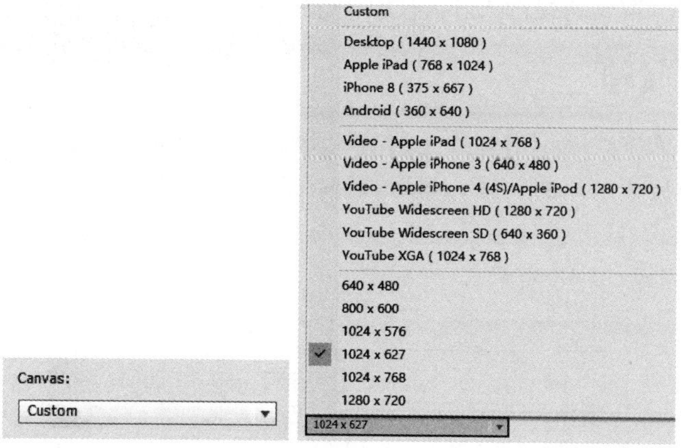

图　1.12

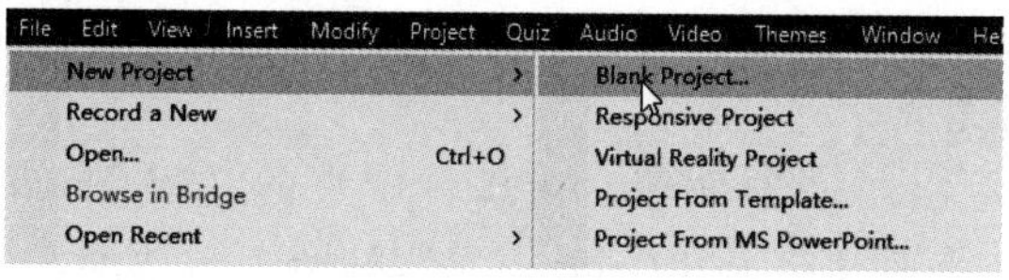

图　1.13

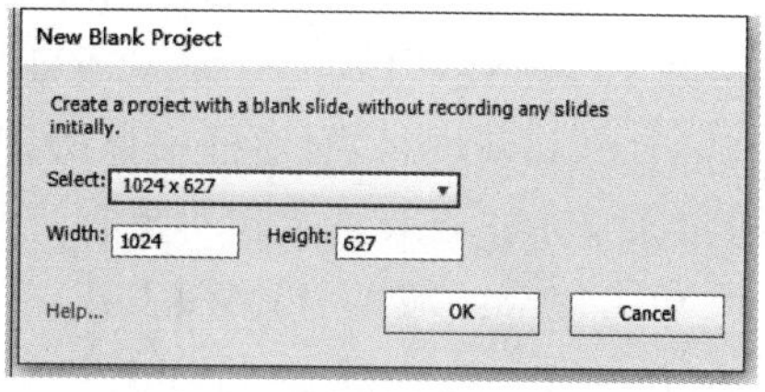

图　1.14

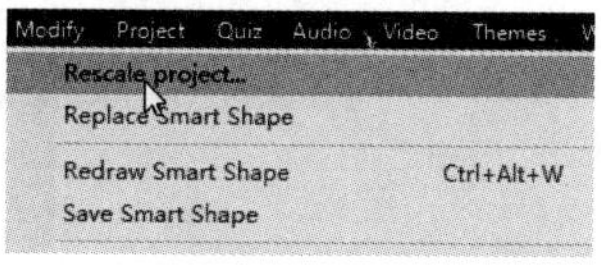

图　1.15

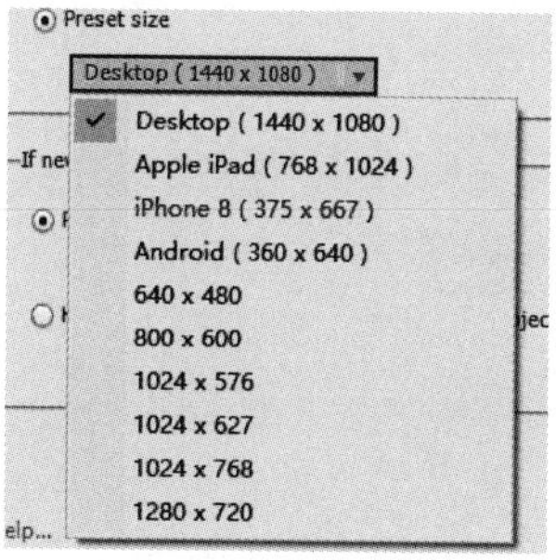

图　1.16

要想改变舞台视图的比例,可以在 View(视图)→Magnification(放大率)子菜单中选择适当的视图大小,或者单击 Zoom In(放大)或 Zoom Out(缩小)命令进行调整,如图 1.17 所示。

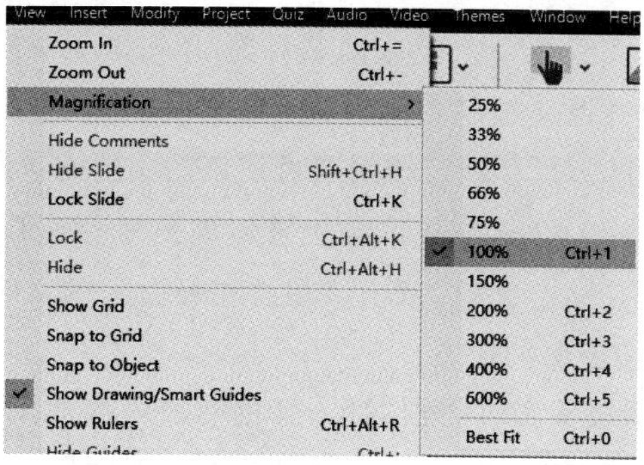

图　1.17

显示比例只决定舞台的视图大小,不是舞台的实际尺寸。

1.2.4 时间轴

视频讲解

时间轴以直观的方式表示幻灯片上所有的对象。在时间轴上能够很容易地查看幻灯片上所有的对象以及彼此之间的关系。显示或隐藏时间轴的方法为:单击 Window(窗口)→TIMELINE(时间轴),或者直接在舞台下方单击 TIMELINE(时间轴)框以显示或隐藏时间轴。时间轴的布局如图 1.18 所示。

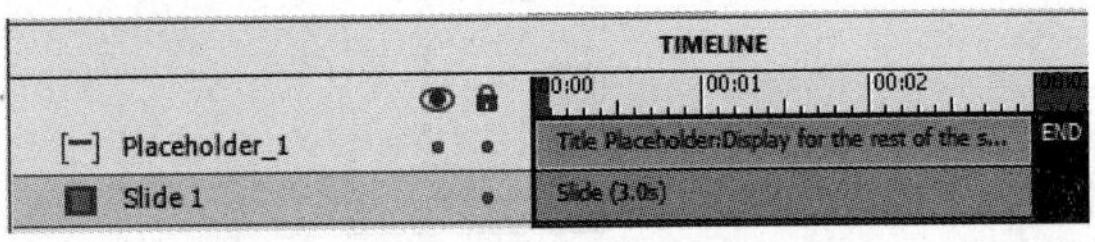

图 1.18

下面通过新建一个项目来介绍时间轴的一些基本操作。打开 Adobe Captivate,单击 File(文件)→New Project(新建项目)→Blank Project(空白项目),在出现的 Creating New Project(创建新项目)对话框中保持默认设置,单击 OK(好)按钮,出现如图 1.19 所示画面(进度条显示正在装载主题对象)。新建项目完成。

单击底部区域的 TIMELINE 菜单,显示出时间轴面板。在舞台中央的文字 Double click to add title 上双击,进入文字编辑状态,修改文字为"时间轴演示",如图 1.20 所示。

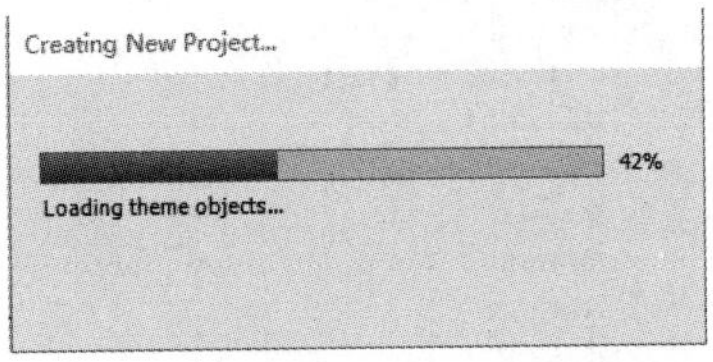

图 1.19

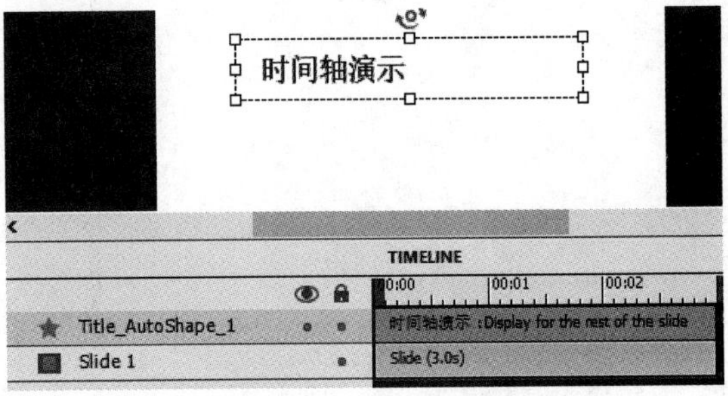

图 1.20

代表显示或隐藏对象,单击该图标对应的 Title_AutoShape_1 图层的正下方的 ,该图标变成了 ,如图 1.21 所示。

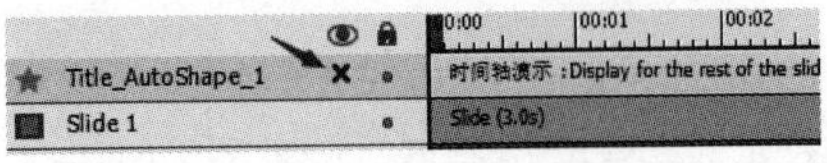

图 1.21

此时,舞台上的文字"时间轴演示"不见了,说明该文字已被隐藏。隐藏的目的是方便编辑其他未隐藏对象,单击 Preview(预览)→Project(项目),如图 1.22 所示,发现预览作品时被隐藏的对象会正常显示。

图标代表锁定和解锁对象,锁定该图层可使该图层上的对象不能被编辑。单击该图标对应的 Title_AutoShape_1 图层的正下方的 ,该图标变成了 。单击该图标前面的 ,去掉隐藏,如图 1.23 所示。此时,双击该图层在舞台上的文字"时间轴演示"并不能进入编辑状态,这说明处于编辑保护状态。

代表播放头和时间轴标尺,红色的块为播放头,显示当前时间幻灯片的显示内容。可拖动播放头浏览不同时间点显示的内容。时间轴标尺会以"分:秒"的格式显

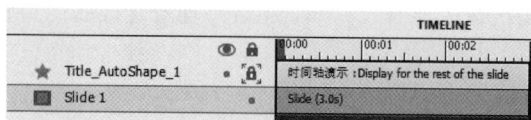

图　1.22　　　　　　　　　　　　　　图　1.23

示时间。例如，"01:05"表示**1分零5秒**，这个标志可以让你看见对象显示的确切时间。

工具用于在时间轴上预览作品。功能从左到右依次为移动播放头到开始位置、停止、播放/暂停、移动播放头到结束位置。

为声音控制按钮，当前状态为允许播放声音，单击后变为 ，代表当前状态下不允许播放声音。

为时间标识。从左到右依次为播放头的位置为 2.8s 处，选定的开始时间为 0s 处，选定的结束时间为 3s 处，作品的总时间长度为 3s。

滑块调节时间轴内容显示的缩放比例，向左拖动缩小显示比例，向右拖动放大显示比例。

> **注意**：在 Adobe Captivate 2019 的时间轴面板中，每个图层只能放置一个对象，例如，要在一个 60s 时长的幻灯片上分别在 0s、12s、24s、36s、49s 添加 5 段 10s 的字幕，在添加时不能放置到同一个图层，在特定时间上添加后，会发现这 5 段字幕分布在不同的图层中。

在相应的图层右击，会弹出时间轴的操作菜单，如图 1.24 所示。后续章节将逐步介绍该菜单的功能。

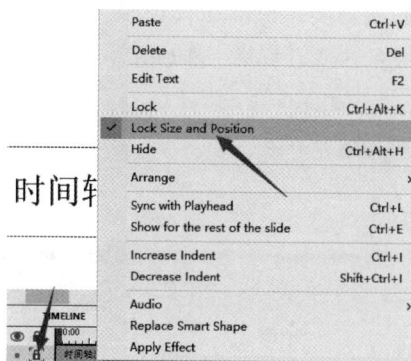

图　1.24

在菜单栏单击 File(文件)→Close(关闭)，在弹出的保存文件对话框中选择 Don't save (不保存)，关闭刚才的新建文件。

视频讲解

1.2.5　库面板

选择 Window(窗口)→Library (库)命令,或者按 Ctrl+Alt+L 组合键打开库面板。

库面板在 Adobe Captivate 项目中用于存储和组织在舞台中创建的对象或者导入的文件,包括图形图像文件、音频文件、视频文件以及其他 Adobe Captivate 兼容的文件格式。它是所有可以重复使用的元素的存储仓库,各种元件都放在库面板中,在使用时从该面板中调用即可,如图 1.25 所示。库面板允许在文件夹中组织库中的资源,如可以查看文件的名称、大小、使用次数以及修改日期;还可以查看文件的使用频率,以及按类型对文件进行分类。

视频讲解

1.2.6　属性面板

在属性面板中能够访问舞台及舞台元件对应的属性,其中显示的内容依赖于所选取的内容。在没有选择任何内容的情况下,属性面板中将包括常规的 Adobe Captivate 文档选项,例如,母板幻灯片的 Style(样式)、Actions(动作)、Options (选项)等设置项,如图 1.26 所示。

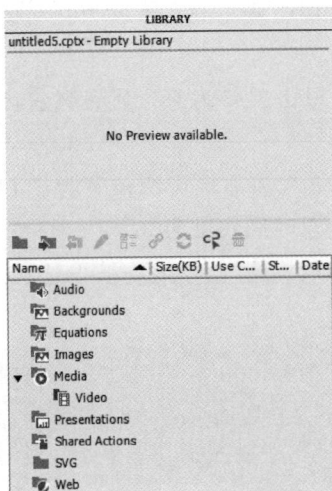

图　1.25

图　1.26

属性面板显示在舞台上所选中的对象的属性内容。如果选取了舞台上的某个对象,那么在属性面板中会显示其对应的 Style(样式)和 Options(选项)选项卡。例如,选择了舞台上的一个文本框,其属性面板状态如图 1.27 所示。

图　1.27

Adobe Typekit 集成可以使设计在各个设备上保持一致的字体(英文字体),单击属性面板中的 Typekit 图标■,进入 Adobe Typekit 集成网站,下载喜欢的字体(全是英文字体)。

1.2.7　网格、标尺和辅助线

视频讲解

1.网格

在菜单栏选择 View(视图)→Show Grid(显示网格),舞台上就会铺上均匀的小格子,如图 1.28 所示。网格的作用是帮助用户定位对象。

可以选择 Snap to Grid(对齐网格)和 Snap to Object(对齐对象),这样添加和拖动对象时,对象会自动对齐到网格上去。网格大小可通过设置首选项来定义(见第 3 章)。

2.标尺

在菜单栏选择 View(视图)→Show Rulers(显示标尺),舞台边缘就会出现标尺,供用户掌握准确的尺寸布局和添加对象,如图 1.29 所示。

图　1.28

图　1.29

3.辅助线

辅助线帮助对齐文本和图形对象,可以通过双击标尺的某个位置,或按下鼠标左键向舞台拖动创建辅助线(拖动时鼠标箭头显示为双向箭头),如图 1.30 所示。

可以在辅助线上右击,在弹出的快捷菜单中选择 Delete Guide(删除辅助线)来删除辅助线,如图 1.31 所示。

用户在编辑过程中有时需要隐藏辅助线,有时需要固定辅助线以免不小心改变了辅助线的位置,可以通过在菜单栏选择 View(视图)→Hide Guides(隐藏辅助线)[或 Lock Guides(锁定辅助线)]命令,如图 1.32 所示。

图　1.30

其他的功能还有 Snap to Guide(对齐辅助线)、Create Multiple Guides(创建多条辅助线)、New Guide(新建辅助线)。

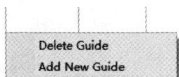

图　1.31

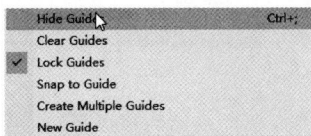

图　1.32

1.3　使用 Adobe Captivate 预览课件

视频讲解

启动 Adobe Captivate 2019,在菜单栏中单击 File(文件)→Open(打开),在弹出的文件选择框中选择本书配套的学习资源"Lesson01/案例源文件"文件夹的"数学游戏:认识 100 以内的数.cptx",并单击"打开"按钮。

文件打开后,在工具栏上单击 Preview(预览)→Project(项目)后出现 Generating(正在生成)提示框,如图 1.33 所示。

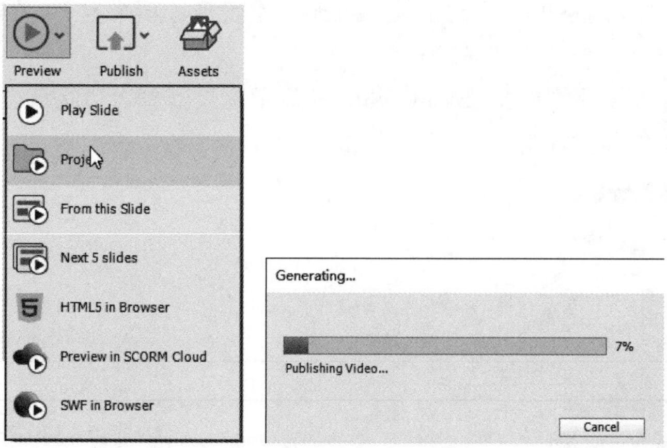

图　1.33

当如图 1.33 所示的进度条进行到 100% 的时候就可以运行设计的课件了。

> **注意**:在制作过程中,往往要频繁地进行预览来使项目达到想要的效果,在进行预览时,可以选择适合的预览方式。
>
> Play Slide(播放幻灯片):若选中此项预览,则呈现选中的一张幻灯片的效果并且是随着时间轴的红色播放头向右运动来在舞台上呈现,可以快速查看这张幻灯片,同时也能够快速查看该幻灯片修改后的效果。
>
> Project(项目):一般是查看整个项目效果时采用的方法。由于整个项目的内容较多,需要相对较长的时间来等待它的生成,因此在编辑过程中不太采用这种预览方式。
>
> From this Slide(从这个幻灯片):这种预览方式是指从选中的幻灯片开始预览,可以一直预览到最后。但如果有使用此幻灯片之前的内容,就不能看到了。例如,在此幻灯片上有个按钮,其动作是回到上一张幻灯片,在用这种方式预览时,该按钮将无动作,这是因为没有生成该幻灯片之前的内容。
>
> Next 5 slides(下面 5 张幻灯片):当项目较大,幻灯片较多时,以上几种方式都不适用,因此选择此菜单预览方式,即从选中的幻灯片开始预览 5 张幻灯片,快速便捷地进行预览。
>
> In Browser(在浏览器中):查看项目在浏览器中的效果时,选择此项预览。
>
> HTML 5 in Browser(在 HTML5 浏览器中):要查看项目以 HTML5 的形式在浏览器中的效果,选择此项预览。

Preview in SCORM Cloud(在 SCORM Cloud 中预览)：选择此预览方式，即可使项目在 SCORM Cloud 中预览。

SWF in Browser(在 SWF 浏览器中)：要查看项目以 SWF 的形式在浏览器中的效果，选择此项预览。

作业

一、预览课件

用 Adobe Captivate 2019 打开"Lesson01/案例源文件/智慧课件：做游戏学数字.cptx"文件，进行浏览。

要求 1：掌握 Adobe Captivate 2019 如何打开文件。

要求 2：掌握如何预览 Adobe Captivate 2019 文件。

二、理论题

1. Adobe Captivate 2019 有哪些主要功能？

2. 如何设置 Adobe Captivate 2019 舞台的大小？

3. 如何调整 Adobe Captivate 2019 的工作区布局？

第2章

导 入 媒 体

本章学习内容

（1）导入媒体的操作方法；

（2）不同媒体在项目中的作用；

（3）在 Adobe Captivate 中编辑处理不同媒体的操作。

完成本章的学习需要大约 2 小时，相关资源获取方式见前言。

知识点

导入图像	用 Photoshop 处理项目中图像	导入 Photoshop 文件
导入音频	导入视频	设置视频皮肤
导入动画	用 Adobe Flash 编辑项目中动画	使用 CPTX 格式文件
插入 CPVC 幻灯片	添加形状	更改形状样式
添加卡通人物		

本章案例介绍

范例

本章范例是两个人关于五一假期去什么地方游玩的对话。通过这个范例，掌握导入不同媒体的导入方法，双击运行"Lesson02/想去三亚旅游吗.exe"文件，预览范例，如图 2.1 所示。

模拟案例

本章模拟案例从粽子的简介、起源、制作和品种 4 个方面对粽子进行介绍，通过这个小练习再次掌握不同媒体的导入方式，双击运行"Lesson02/情深义粽.exe"文件，预览范例，如图 2.2 所示。

图　2.1

图　2.2

2.1　新建项目

视频讲解

（1）选择 File（文件）→New Project（新建项目）→Blank Project（空白项目），在 New Blank Project（新建空白项目）对话框中，设置舞台大小宽为 640 像素，高为 480 像素，如图 2.3 所示，然后单击 OK 按钮，创建 Adobe Captivate 项目。

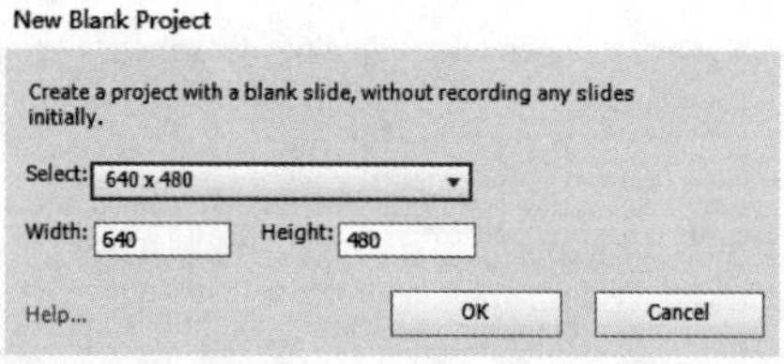

图 2.3

(2) 选择 File(文件)→Save(保存),将文件命名为 02Demo,保存类型为. cptx,保存在计算机硬盘的目录中。

> **注意**:新建的空白项目默认第一张幻灯片为标题幻灯片,可选择 Properties(属性)→ Master Slide(母版幻灯片)→Blank(空白),将其改成空白幻灯片。
>
> 立即保存文件是一个良好的工作习惯,可以确保当应用程序或计算机崩溃时所做的工作不会丢失。

视频讲解

2.2　导入图像

图像是最常用的媒体之一,在导入图像时,可以导入到库中,也可以直接导入到舞台。

(1) 导入图像文件至舞台:在工具栏选择 Media(媒体)→ Image(图像),选中"Lesson02/范例文件/素材/图片"文件夹中的"办公室. jpg",将其导入 02Demo. cptx 项目的舞台中。

(2) 在舞台上选中该图片,在属性面板的 Options 选项卡中设置其位置及大小,其中 X 为 0 像素,Y 为 0 像素,W 为 640 像素,H 为 480 像素,取消约束比例(☐ Constrain proportions (即取消选中该选项),如图 2.4 所示。

(3) 在库面板中直接导入各种素材,步骤如下。

第一步,导入文件至库。先打开库面板,再单击库面板中的导入按钮 <img>,即可打开导入文件浏览框,将所需文件(图像、视频和音频等)导入库中。

第二步,选中图像文件,再单击属性面板 Style 选项卡下

图 2.4

的 Edit Image(编辑图像),在弹出的图像编辑面板中即可对图像的属性进行编辑,如图 2.5 所示。

Brightness(亮度):指图像色彩的明暗程度。

Sharpness(锐度):反映图像平面清晰度和边缘锐利程度的一个指标。锐度越高,图像平面上的细节对比度越高,则图像看起来会更清晰,

Contrast(对比度):指图像中不同颜色或明暗度的对比。对比度越大,两种颜色之间的差别也越大;反之,差别越小。

Alpha(透明度):设置图像的透明度值。

Hue(色相):指色彩颜色,对色相的调整就是在多种颜色之间的变化。如由红、橙、黄、绿、青、蓝、紫 7 色组成,每一种颜色即代表一种色相。

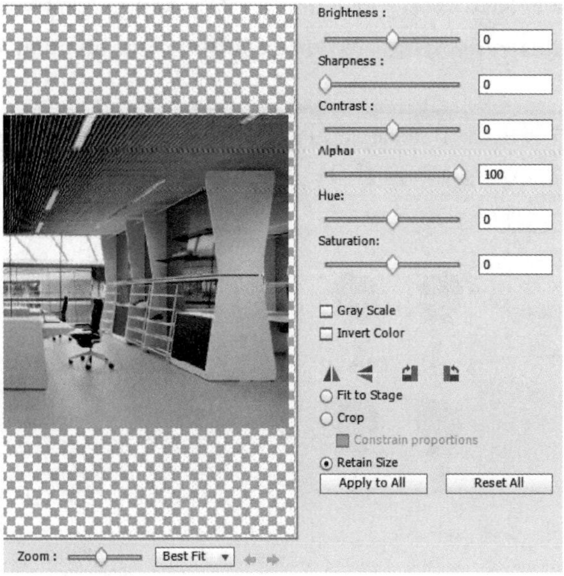

图 2.5

Saturation(饱和度)：饱和度是指图像颜色的深度，它表明了色彩的纯度，取决于物体反射或投射的特性。对于黑、白、灰度色彩的图像而言，没有饱和度。

Gray Scale(灰度)：去掉图像的彩色，变成灰色。

Invert Color(颜色翻转)：把图像变为与原色彩相反的色彩。

Flip Image Horizontal：在水平方向翻转图像。

Flip Image Vertical：在垂直方向翻转图像。

Rotate Right：向右旋转图像。

Rotate Left：向左旋转图像。

Fit to Stage(适合舞台)：使图像缩放到和舞台一样大小。

Crop(剪裁)：对图像进行剪裁。

Constrain proportion(保持比例)：在对图像剪裁时按比例进行。

Retain Size(保持尺寸)：保持图像原来的大小。

Zoom(缩放)：缩放图像。

Apply to All(应用全部)：把编辑的操作应用到图像。

Reset All(重新设置所有内容)：取消刚才的编辑操作。

Best Fit：在显示时，自动最佳匹配屏幕尺寸。

2.3 导入角色

Adobe Captivate 提供了一些人物角色给用户使用，默认情况下，有 Business、Casual、Illustrated、Medicine 共 4 种类型，在安装软件时已经复制了一部分在计算机中，可直接使用这 4 种类型，如需要使用更多的类型，可前往 http://www.adobe.com/go/Cp2019_win_assets_installer 下载。

视频讲解

（1）在工具栏选择 Media（媒体）→Character（人物），在弹出的 My Assets（我的资源）对话框中，选择类别为 Illustrated 下的一个女士，如图 2.6 所示，单击 OK 按钮将其添加至舞台。

（2）选中插入舞台的角色，在属性面板的 Options 选项卡中设置位置及大小，其中 X 为 160 像素，Y 为 155 像素，W 为 100 像素，H 为 300 像素，如图 2.7 所示。

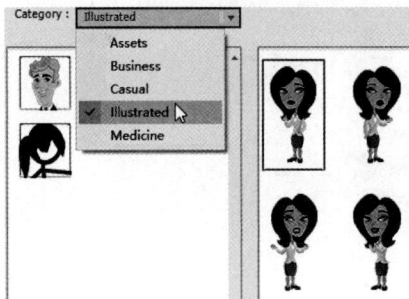

图 2.6

图 2.7

（3）选择左上部的男士图标切换到男士角色，用相同的方式添加一个男士到舞台上，并设置位置及大小，其中 X 为 400 像素，Y 为 155 像素，W 为 100 像素，H 为 300 像素，如图 2.8 所示。

图 2.8

2.4 导入音频

2.4.1 添加对话音频

在工具栏的 Shapes（形状）工具下存有许多智能形状，主要种类有 Basic（基础）、Arrows（箭头）、Buttons（按钮）、Banners（横幅）和 Math（数学）等，可将它们快速地插入到 Adobe Captivate 项目中创建需要的效果。创建智能形状后，在属性面板中可对其样式等进行更改，也可将其用作按钮，并添加交互和链接。

（1）选择 Shapes（形状）→BASIC（基础）下的 Oval Callout 形状，如图 2.9 所示，并在幻灯片中拖曳出一个形状。还可以选择该形状后根据需要在属性面板中设置其 Style（样式）与 Options（选项），如图 2.10 所示。

（2）在刚才添加的形状上右击，在弹出的菜单中选择 Add Text（添加文本），输入对话："嗨，五一有什么计划？"如图 2.11 所示。若添加文字后，智能形状不能太满或太空，可根据实际情况在属性面板中进行设置。

（3）按上一步同样的操作方法，为男士添加对话，如图 2.12 所示。

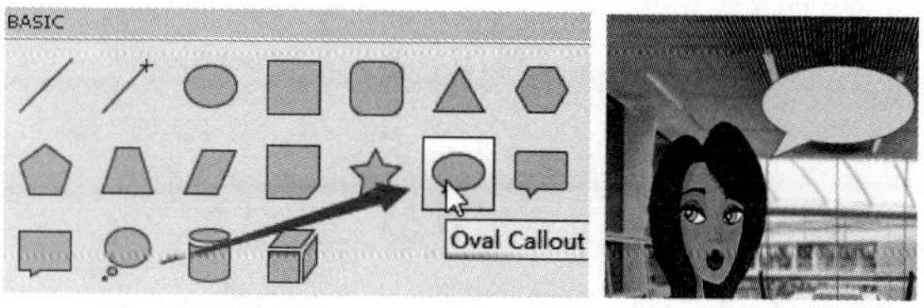

图 2.9

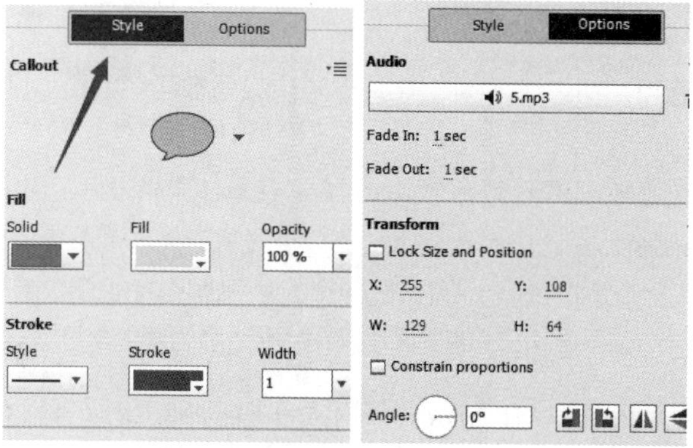

图 2.10

图 2.11

图 2.12

（4）按上述方法依次添加下列对话，如图 2.13 所示。

女：三亚不错，你可以去试试哦。

男：really? 三亚那有什么好玩的？

（5）单击 Window(窗口)→Timeline(时间轴)，打开时间轴面板，如图 2.14 所示。

图 2.13

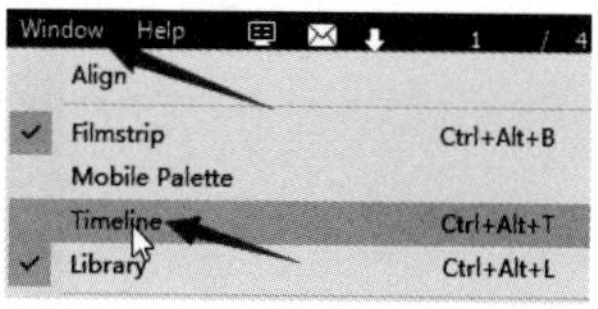

图 2.14

（6）时间轴面板当前一共有 8 层，最下面一层是 Slide 1，表示该幻灯片播放的总时间长度。3 张图片分别是 Image_1(背景图片)、Image_2(女角色)、Image_3(男角色)，4 个智能形状分别是 SmartShape_1、SmartShape_2、SmartShape_4、SmartShape_5,代表了4个对话框。图层的名称是系统自动生成的,每次可能会不一样,比如图层中就没有 Image_2,因为操作的过程中女角色(Image_2)删除过一次后重新制作了,重新制作的女角色就跳过 Image_2 从 Image_3 开始命名了,如图 2.15 所示。

图　2.15

✎ **提示**:用户在做范例时,时间轴上出现的对象的名称可能会和范例不一致,请比照范例原理处置。

关于时间轴上对象的名称,如果在舞台上添加对象时在属性面板进行了自定义命名,那么在时间轴上就会显示用户自定义的名称,否则由系统按照创建该类对象的先后顺序自动命名。如果前面在舞台上创建后又删除对象,那么系统命名时也只是按照创建的序号命名,如范例中的 Image 和 SmartShape 都没用以"2"为结尾的名称,因为前面有该对象的删除操作,而且删除的是第 2 次创建的该对象。

(7)预览项目,发现只是一幅静态画面,因为在时间轴上,所有对话都放在了同一时间起点和终点,屏幕上从开始到结束只能看到最后一句话。下面把舞台上对象的出场时间从时间轴上进行调整操作,用户可根据情况调整,和下列时间段适当吻合但不必太精确,如图 2.16 所示。把鼠标指针放到图层上出现手的形状时即可左右上下拖动 🖐,把鼠标指针放到图层对象的左边或右边,出现左右箭头的形状时即可拖动鼠标扩大或缩小图层对象的播放时间 ↔。

SmartShape_1:起始 0s,播放持续时间 3.15s。

SmartShape_2:起始 3.1s,播放持续时间 7.8s。

SmartShape_4:起始 10.9s,播放持续时间 3s。

SmartShape_5:起始 13.9s,播放持续时间 4.5s。

Image_1(背景):起始 0s,播放持续时间 18s。

Image_3(女角色):起始 0s,播放持续时间 18s。

Image_4(男角色):起始 0s,播放持续时间 18s。

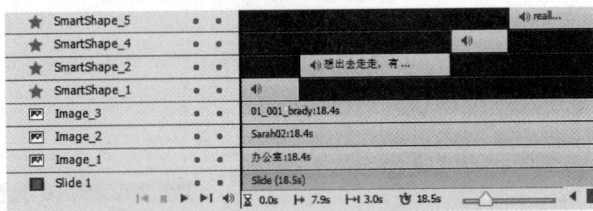

图　2.16

图层对象的详细时间属性可在时间轴下方的 ⧗ 0.0s ⊢ 0.0s ⊢⊣ 3.0s ⧖ 18.0s 上查看,详细解释参见第 1 章。

精确时间的设置可通过属性面板的 timing 选项卡进行设置,"Display For:"代表以什么方式显示时间,有 3 种情况:Specific Time(自定义精确时间)、Rest of Slide(幻灯片剩余的时间)和 Rest of Project(项目剩余的时间)。"Time:7.8 sec"代表持续时间 7.8s,其中的数字 7.8 可通过单击修改，"Appear After：0 sec"代表从 0s 处开始显示，其中的数字 0 可通过单击修改，如图 2.17 所示。

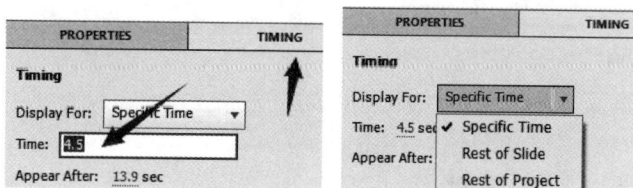

图 2.17

（8）预览项目，整个项目的时间为 18s，对话分别在不同的时间段展示出来。但是，对话没有声音，下面为对话添加声音文件。

2.4.2 导入音频

在 Adobe Captivate 中可以为舞台上的每一个对象添加音频文件。音频文件可以从外部导入也可以现场录制，还可以对音频文件进行音量调节、剪切和去噪声等的编辑处理，音频处理内容见第 6 章的处理音频与视频内容。当前主要给对话加上声音。

提示：从外部导入音频，常用的有 3 种方式。

（1）在菜单栏中选择 Audio(音频)→Import to(导入到)→Object(对象)，如图 2.18 所示。

（2）在工具栏中选择 Media(媒体)→Audio(音频)。

（3）选中要添加音频的对象，右击，选择 Audio(音频)→Import to(导入到)，将音频导入到对象。

录制音频，常用的有 3 种方式。

（1）在菜单栏中选择 Audio(音频)→Record to(录制到)→Object(对象)，如图 2.19 所示。

图 2.18

图 2.19

（2）选中需录制音频的对象，单击工具栏中的 Record Audio(录音)录制音频到对象。

（3）选中要添加音频的对象，右击，选择 Audio(音频)→Record to(录制到)录制音频。

（1）打开"Lesson02/范例文件/素材/对话音频"文件夹，可先试听每个音频文件，音频文件按序号排列，和舞台上的文本对话相对应，在 Windows 资源管理器的内容浏览模式下，可查看音频文件的大小和播放时间，如图 2.20 所示。

（2）在时间轴上要添加音频的文本上右击，选择 Audio(音频)→Import to(导入到)，如图 2.21 所示。

在弹出的文件选择对话框中，导航到"Lesson02/范例文件/素材/对话音频"文件夹中的"1.mp3"文件后双击，出现 Audio(音频)对话框，内容是 Do you want to extend the display

图 2.20

图 2.21

time to 3.2 seconds to match the new audio?（是否想延伸时间轴上的对话框显示时间到3.2s，从而去匹配音频3.2s的播放时间?），如图2.22所示。

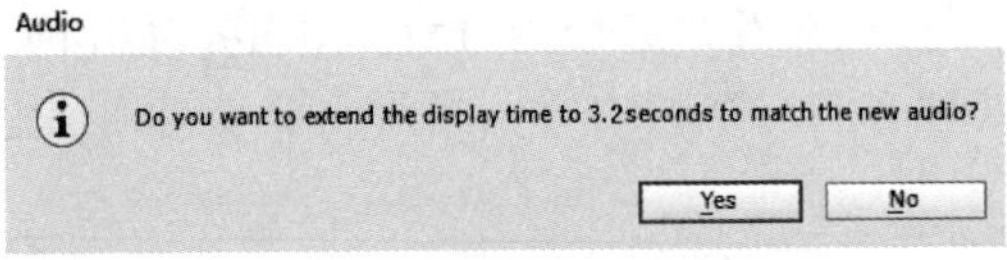

图 2.22

查看时间轴上要添加声音的对话框显示时间是3.1s，如图2.23(a)所示，比音频的3.2s少了0.1s时间，所以系统提示是否延长对话框的显示时间，单击Yes按钮后发现时间轴上的对话框延长了0.1s，在图层出现了一个喇叭图标，如图2.23(b)所示。如果单击No按钮，音频将会从3.1s处截断。这说明在制作过程中，字幕的显示持续时间一定要匹配配音的时间，至少不能少于配音的时间。

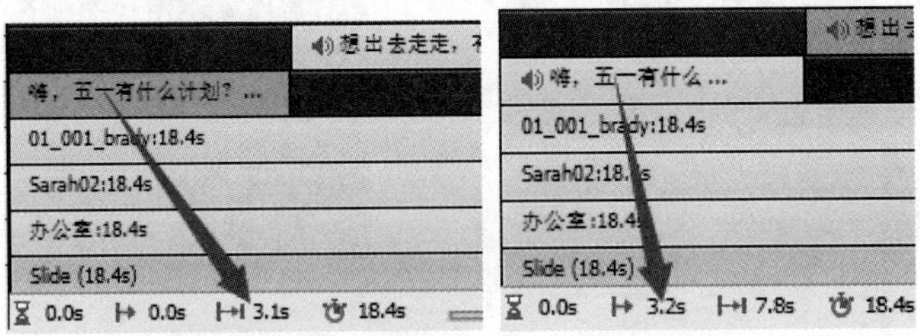

(a)　　　　　　　　　　　　(b)

图 2.23

如果想删除添加的音频，可在时间轴上添加音频的对象上右击，在弹出的快捷菜单中选择Audio(音频)→Remove(移除)。如果要编辑音频，则在弹出的快捷菜单中选择Audio(音频)→Edit(编辑)，如图2.24所示。

（3）按照上述方法为其他3个对话框添加音频，并预览项目查看效果。

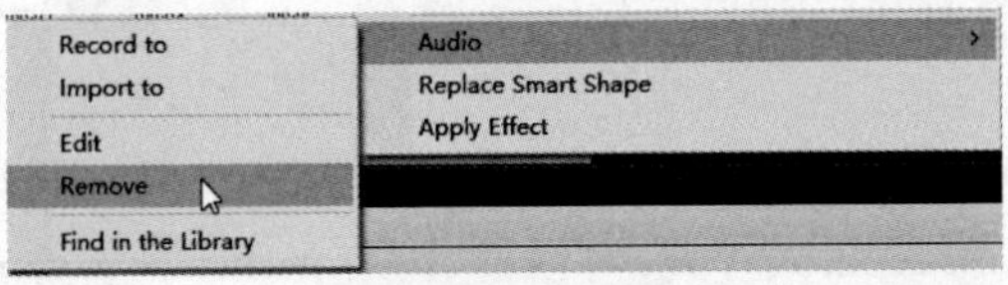

图 2.24

2.5 导入动画

Adobe Captivate 自带了一些动画文件,用户也可根据需要,利用 Adobe Flash 制作动画后导入项目中。在本案例中,当男士询问女士有什么旅游地点推荐时,女士想了一下,现在来添加她想象的内容(一个动画)。

(1) 选择 Shapes(形状)→BASIC(基础)下的 Cloud Callout(云形标注),并在幻灯片中拖曳出一个形状,如图 2.25(a)所示。把鼠标指针放到图 2.25(b)箭头所示位置,鼠标指针变成了黑三角。向右拖动鼠标,调整形状,如图 2.25(c)所示。

（a） （b） （c）

图 2.25

(2) 选择 Media(媒体)→Animation(动画),选中"Lesson02/范例文件/素材/三亚.swf"文件,将其导入项目中。

(3) 在属性面板设置导入的动画大小,其中 W 为 115 像素,H 为 75 像素,并将其移动至"云形标注"框内,在时间轴上拖动动画的播放时间为 3s,和"云形标注"框播放时间一样,如图 2.26 所示。

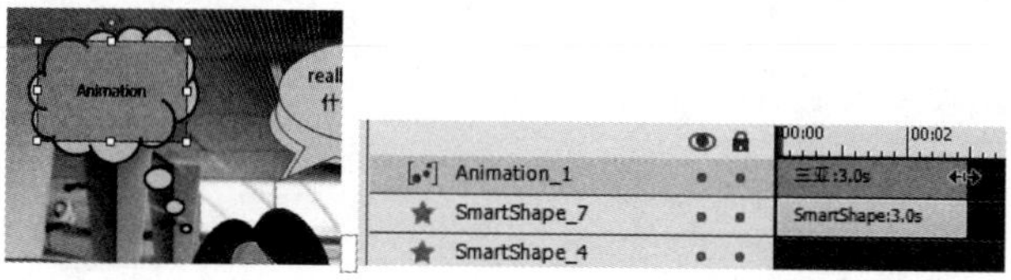

图 2.26

(4) 按住 Shift 键,同时选中"动画"与"云形标注",右击选择 Group(群组),将其合并为一个组,以方便管理,如图 2.27 所示。

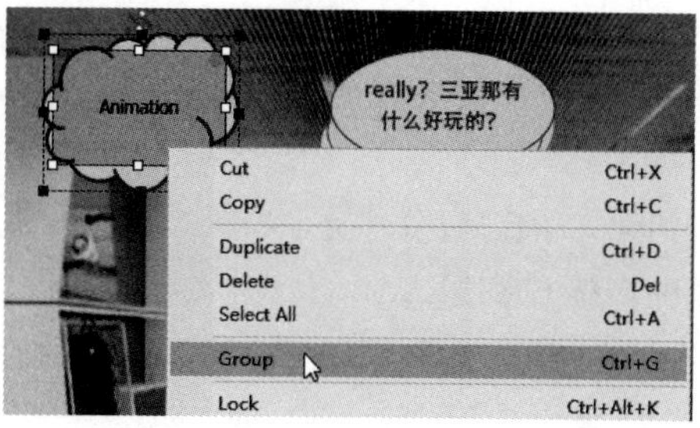

图 2.27

(5) 当男士提出介绍一些地方后,女士开始回忆,所以在时间轴(TIMELINE)上,将其拖动到对话之间,如图 2.28 所示。

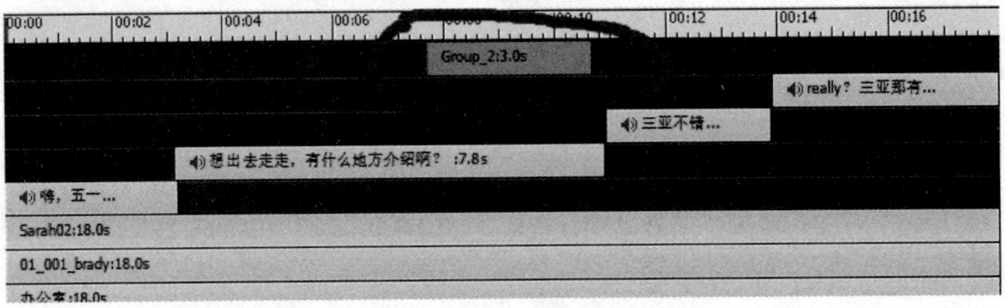

图 2.28

至此,第一张幻灯片就制作完成,可预览一下效果。

视频讲解

2.6 导入视频

男士问到三亚有什么好玩时,将播放三亚的宣传视频,介绍景点。

(1) 在工具栏中选择 Slide(幻灯片)→Blank Slide(空白幻灯片),新建一个幻灯片。

(2) 在新建的幻灯片被选中的情况下,选择 Media(媒体)→Video(视频)→Import Video(插入视频),出现 Import Video(插入视频)对话框,在对话框中选择 Event Video(播放由用户控制),单击 Browse(浏览)按钮打开选择文件对话框,将其定位到"Lesson02/范例文件/素材"文件夹,选中"三亚.mp4"并单击"打开"按钮,如图 2.29 所示。

(3) 在图 2.30 所示的 Insert Video(插入视频)对话框中单击 OK 按钮后,视频出现在第二张幻灯片上,同时也导入到 Library(库)中,打开库面板即可看到该视频文件,如图 2.30 所示。

图 2.29   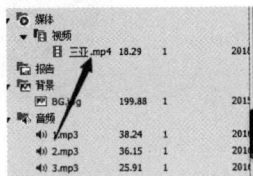
图 2.30

(4) 在属性面板中设置视频的位置和大小,其中 X 为 0 像素,Y 为 0 像素,W 为 640 像素,H 为 480 像素。在 Style(样式)中设置视频为自动播放,皮肤设置为 clearSkin2(最小宽度为 160 像素),如图 2.31 所示。

这样,一个视频就插入到第二张幻灯片中了,如图 2.32 所示。

预览项目查看效果,发现当播放到第二张幻灯片时,只有将鼠标指针放到视频上后,在出现的播放控制条上单击播放按钮才能播放。要实现自动播放,可选中图 2.31 中的 Auto Play 选项。

还有一种方式可实现自动播放,即在插入视频(Insert Video)对话框中选择 Slide Video(自动播放视频幻灯片),如图 2.33 所示。当播放到该幻灯片时,幻灯片上的视频自动播放,但用户不能够控制视频播放、暂停、快进等。

图　　2.31

图　　2.32

图　　2.33

Event Video 的字面意思是"事件视频",需要事件触发操控即由用户控制播放行为。Slide Video 的字面意思是"幻灯片视频",意即随着幻灯片的播放而播放视频,即自动播放。

2.7　插入 Adobe Captivate 项目

2.7.1　插入 CPTX 幻灯片完成本章项目

. cptx 格式的文件是 Adobe Captivate 课件的默认扩展名,. cptx 格式文件之间的内容可以互相复制粘贴。本项目中的第三张和第四张幻灯片的制作原理和第一张幻灯片一样,下面就从 02Complete. cptx 文件中粘贴过来,完成这个项目的制作。

（1）在 Adobe Captivate 中打开"Lesson02/范例文件/02Complete"文件夹中的 02Complete. cptx 文件,选择幻灯片带的第三张和第四张幻灯片,在右键快捷菜单中单击 Copy(复制)命令,如图 2.34 所示。

（2）在 02Demo. cptx 文件的第二张幻灯片上右击,在弹出的快捷菜单中单击 Paste 命令,如图 2.35所示。

（3）此时就在第二张幻灯片后插入了两张幻灯片,整个项目就完成了,如图 2.36 所示。可预览项目查看效果。

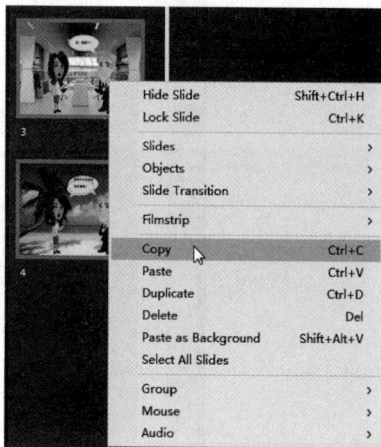

视频讲解

图　　2.34

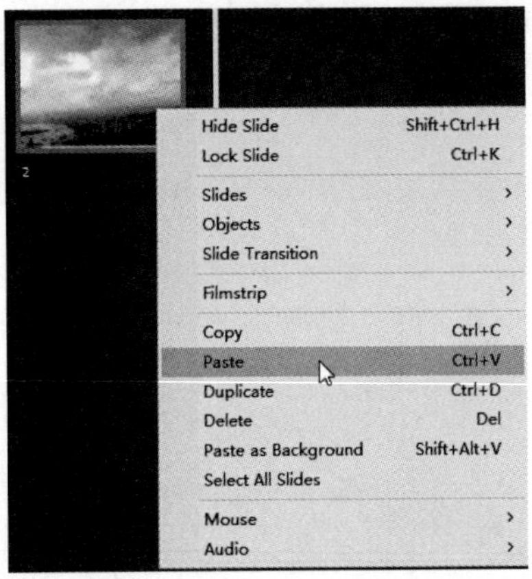

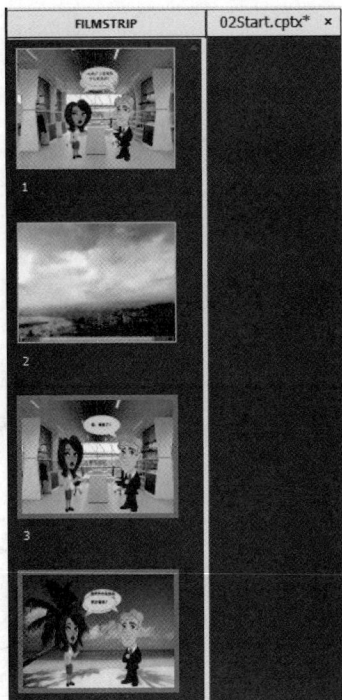

图　2.35

图　2.36

2.7.2　导出、导入字幕和隐藏字幕

可把项目中的文字内容导出到文本文件,在文本文件中进行修改后再导入到项目,提高修改速度和效率。字幕(用户看到的字幕文字)和隐藏字幕(用户看不到的文字,如幻灯片注释文字等)的概念将在第6章详细讲解。

(1) 选择 File(文件)→Export(导出)→Project Captions Closed Captions(项目字幕和隐藏字幕),如图 2.37 所示。

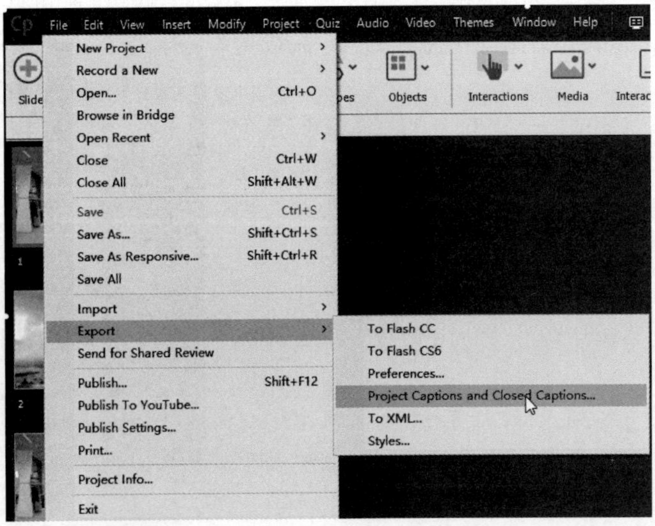

图　2.37

（2）在弹出的"另存为"对话框中选择好路径和输入文件名,单击"保存"按钮,如图2.38所示。

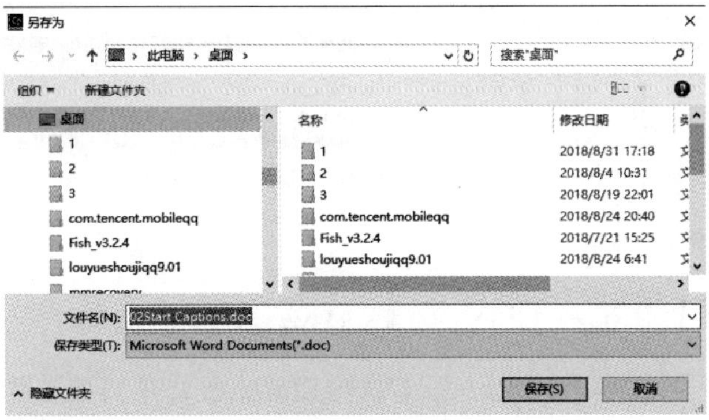

图 2.38

（3）用 Word 打开生成的"02Start Captions.doc"文件,如图 2.39 所示,其中 Original Text Caption Data 代表原来的字幕,Updated Text Caption Data 代表可以修改的字幕,将下面文字中的"五一"都改为"国庆",然后保存文件。

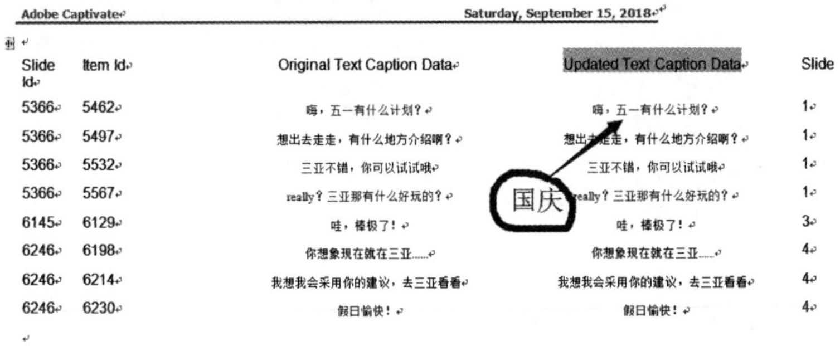

图 2.39

（4）选择 File(文件)→Import(导入)→Project Captions Closed Captions(项目字幕和隐藏字幕),选择刚才导出并修改过的 Word 文件。完成后,浏览项目文件发现字幕"嗨,五一有什么计划?"变成了"嗨,国庆有什么计划?"(配音还没有修改)。这样,在导出的文档中修改后再导入会非常方便高效。

2.7.3 导出和导入 XML 文件

同上述的操作方法,可以在 File(文件)菜单下的 Export(导出)和 Import(导入)下导出和导入一份 XML 文件,该文件中保存了项目和对象的各种设置内容,可以修改 XML 文件再导入并修改项目设置和内容,这样就不用修改项目文件本身而实现了快捷修改项目的目的,如图 2.40 和图 2.41 所示。

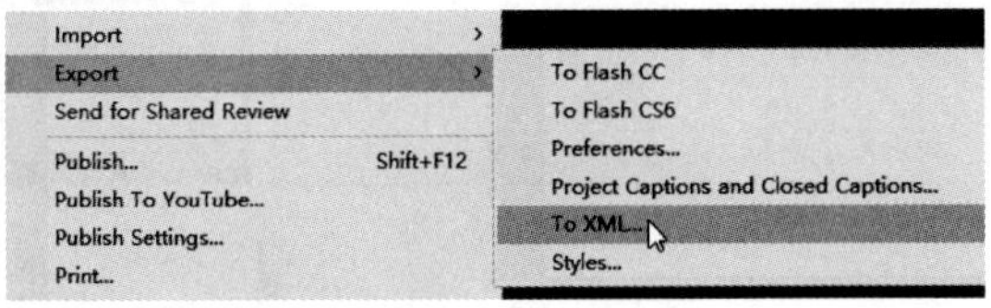

图 2.40

图 2.41

2.7.4 导出和导入样式设置、首选项

同样,可以通过导出、导入样式设置、首选项设置来提高项目的工作效率,比如,如果设计项目的样式设置和首选项设置与过去已设计过的项目类似,那么可以通过导出、导入直接将过去的设置应用到新项目中,操作菜单如图 2.42 所示,图 2.42(a)为导出,图 2.42(b)为导入。

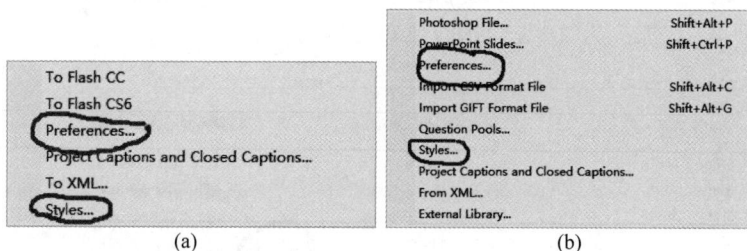

| (a) | (b) |

图 2.42

2.7.5 插入 CPVC 幻灯片

.cpvc 文件是 Adobe Captivate 的录屏文件,下面把创建好的.cpvc 文件插入到项目中。第 7 章的创建视频演示项目和第 8 章的创建软件模拟项目将详细讲解录屏操作与编辑。

(1) 新建一个空白.cptx 项目。

(2) 选择 Insert(插入)→CPVC Slide(CPVC 幻灯片),定位到要插入的.cpvc 文件"Lesson02/范例文件/素材/导出导入 XML.cpvc",即可将该文件插入到项目中,如图 2.43所示。

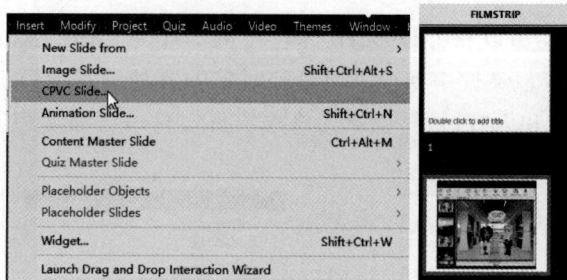

图 2.43

2.7.6 导入其他 Adobe Captivate 文件到库资源

库面板(Library)在第 1 章已有讲解,其中保存着项目使用的所有资源,可以将资源直接导入到库中,在将外部资源直接导入到幻灯片的同时也将资源导入到了库。在库中可以对资源进行浏览、查看属性、删除、添加和编辑管理等操作。库中的资源可在项目中重复使用。

那么,在一个项目库中的资源能不能导入到另一个项目中使用呢? 答案是肯定的。下面演示具体操作步骤。

(1) 选择 File(文件)→Import(导入)→External Library(外部库),如图 2.44 所示。

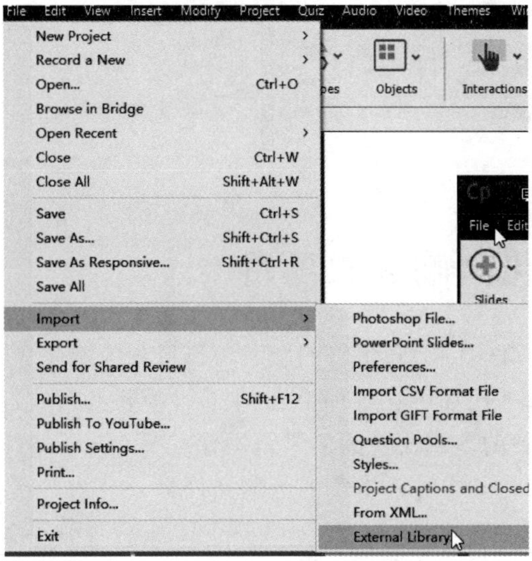

图 2.44

(2) 在出现的对话框中选择"Lesson02/模拟练习/02 模拟 complete.cptx",单击"打开"按钮,如图 2.45 所示。

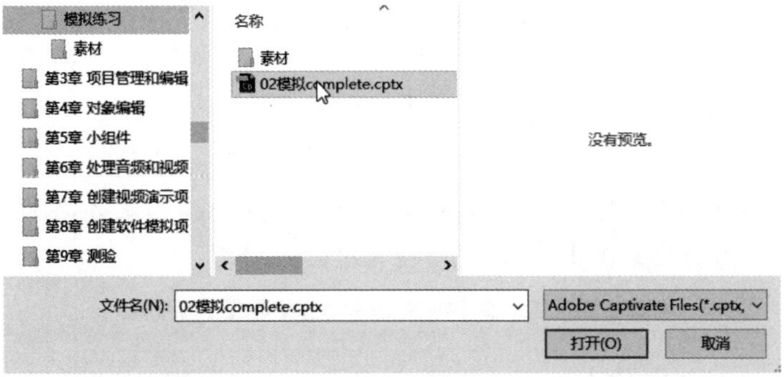

图 2.45

(3) 此时就会出现"02 模拟 complete.cptx"文件的库面板,将该库面板中的资源拖动到当前项目的库面板,这样就导入了外部文件的库资源,如图 2.46 所示,左侧"02 模拟 complete.cptx"文件库面板的"粽子 4.png"拖到了右侧当前编辑项目文件的库面板。

图 2.46

视频讲解

2.8 将项目转化为响应式项目

从 Adobe Captivate 2017 起,新增将旧版本项目转化为响应式项目,从而使项目能更好地适应各种设备的分辨率,比如可在各种手机、平板计算机和台式计算机自动适应屏幕的大小进行显示。下面以本章的范例文件为例进行操作。

(1) 在 Adobe Captivate 中打开本章的范例文件。

(2) 在菜单栏中选择 File(文件)→Save as Responsive(另存为响应式项目)后出现如图 2.47 所示的警示对话框,意思是项目中有些元素不支持响应式项目,询问是否继续。

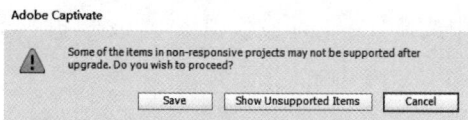

图 2.47

(3) 单击 Show Unsupported Items(显示不支持项目)按钮,把要转化为响应式项目文件中不支持响应的元素显示出来,用户可对这些元素重新编辑或替换为支持响应式项目的元素,如图 2.48 所示,有两项不支持,第一张幻灯片上的动画不支持,只能支持动画图片;第二张幻灯片上的过渡效果不支持,建议使用无过渡效果。

图 2.48

（4）单击不支持的第一个元素 Animation-Only animation image is supported，在舞台上就定位到了这个对象，如图 2.49 所示，该对象就处于被选中状态了。

（5）在该对象上右击，在弹出的快捷菜单中单击 Ungroup（取消分组），如图 2.50 所示，后面的云朵和前面的矩形对象就分离出来了。

图 2.49

图 2.50

（6）选择前面的矩形对象，在属性面板中可以看到，该对象是"三亚.swf"文件，如图 2.51 所示。

图 2.51

（7）"三亚.swf"在时间轴上如图 2.52 所示。

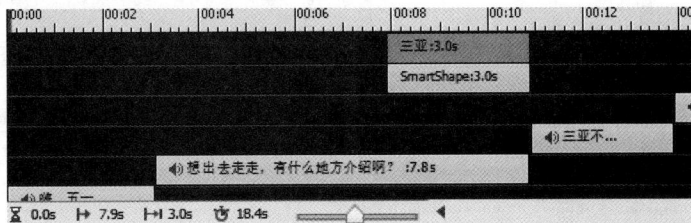

图 2.52

（8）显然，"三亚.swf"是不支持响应式项目的，因为响应式项目发布的是 HTML5 格式，在 HTML5 中不支持.swf 文件。下面用同样效果的一个 MP4 小视频代替这个素材。选择 Media（媒体）→Video（视频）[或 Video（视频）→Import Video（插入视频）]，出现 Import Video（插入视频）对话框。单击 Browse（浏览）按钮打开选择文件对话框，将其定位到"Lesson02/范例文件/素材"文件夹，选中"三亚宣传视频.mp4"并单击"打开"按钮，即可将视频导入项目，并且使其出现在舞台上。从舞台上删除"三亚.swf"文件，在该文件位置放置"三亚.mp4"对象，在时间轴上同样将"三亚.mp4"对象放置到原来"三亚.swf"对象的位置。完成两个对象的替换操作，如图 2.53 和图 2.54 所示。

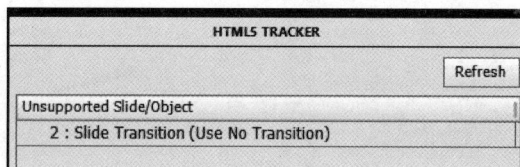

图　2.53

图　2.54

（9）运用第（2）步和第（3）步的方法，再次检测不支持项目元素，只剩下"幻灯片过渡"一个内容了，单击 Slide Transition(Use No Transition)，舞台上显示出了第二张幻灯片，说明第二张幻灯片的过渡不可用，如图 2.55 所示。

HTML5 TRACKER Refresh

Unsupported Slide/Object
2 : Slide Transition (Use No Transition)

图　2.55

（10）单击时间轴上的 Slide 2，在属性窗口的 TIMING 页面出现该张幻灯片过渡效果设置，如图 2.56 和图 2.57 所示。

（11）在 Fade（淡出）下拉列表框中选择 No Transition（无过渡），如图 2.58 所示。

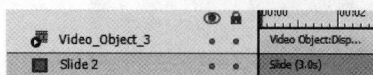

图　2.56

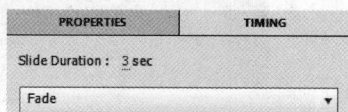

图　2.57

（12）运用第（2）和第（3）步的方法，再次检测不支持项目元素，发现已无不支持项目元素了。接着将项目另存为响应式项目，单击 Save（保存）按钮，把项目命名为"响应式02Complete.cptx"。发现在项目左上角出现了响应式项目中的设备选择下拉列表，如图 2.59 所示。

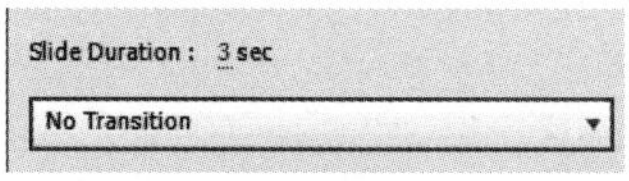

图　2.58

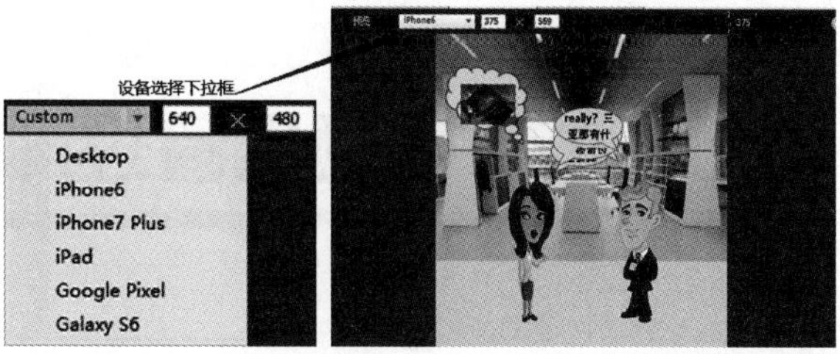

图　2.59

此时项目已经转换为响应式项目了。

作业

一、模拟练习

打开"Lesson02\模拟练习"文件夹中的"02 模拟 complete.cptx"文件，并进行预览，根据本章知识内容，做一个类似的项目。课件资料已完整提供，获取方式见前言。

二、自主创意

根据本章所学知识，自主创意制作一个项目，熟练掌握多媒体的导入过程。

三、理论题

1. 新建一个空白项目时，默认第一张幻灯片是什么幻灯片？
2. 若想在项目里添加人物，让项目更加形象，应进行哪些操作？
3. 导入素材有几种操作方法？
4. 如何另存为响应式项目？

第3章

项目管理和编辑

本章学习内容

（1）项目的创建；

（2）项目的屏幕大小设置；

（3）项目主题应用；

（4）创建各种类型的项目；

（5）项目的首选项设置；

（6）项目的备份与恢复；

（7）项目模板。

完成本章的学习需要大约 2.5 小时，相关资源获取方式见前言。

知识点

首选项设置	项目的类型	在项目创建后重新设置项目大小
项目主题	项目语言翻译	项目模板	项目备份与恢复

本章案例介绍

范例

本章范例是关于茶道的内容，通过案例制作全面阐述项目的设置、项目的备份、样式和主题的应用、目录导航的创建等操作。双击运行"Lesson03/茶道.exe"文件，预览范例，如图 3.1 所示。

模拟案例

本章模拟案例是关于儿童读物介绍的一个小作品，进一步训练项目的设置，主题和样式的应用，目录的编辑等基本操作技能。双击运行"Lesson03/儿童读物介绍.exe"文件，预览模拟案例，如图 3.2 所示。

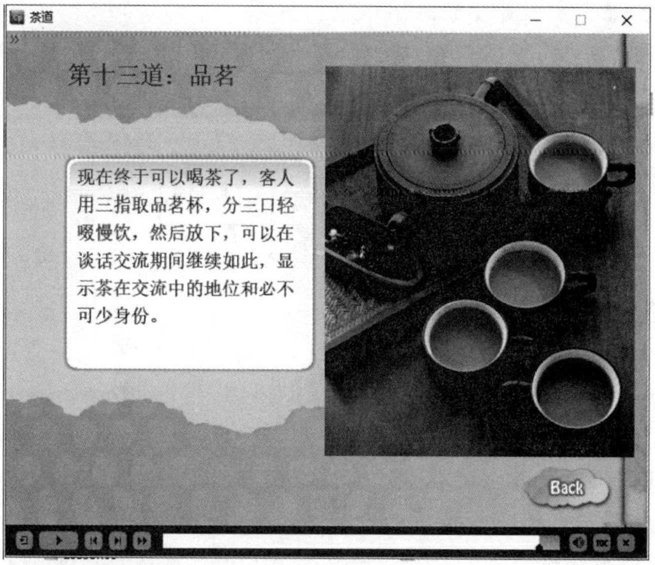

图 3.1

图 3.2

3.1 项目管理

3.1.1 创建不同类型的项目

1. 创建包含软件模拟的项目

软件模拟项目的创建与编辑将在第 9 章详细讲解,在此只是简单介绍。软件模拟就是对软件操作和使用的模拟训练,首先在真实操作环境中对软件的使用进行操作,通过 Adobe Captivate 记录每次的操作步骤,然后用户使用录制的课件对操作步骤进行反复训练和测

视频讲解

试,在训练过程中如果忘记操作步骤还可以进行提示。

创建软件模拟的方法是:在 Adobe Captivate 中选择 File(文件)→Record a New(录制新项目)→Software Simulation(软件模拟),如图 3.3 所示。

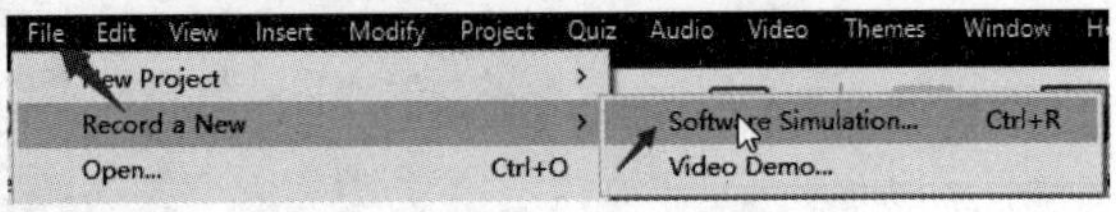

图　3.3

2. 从 PowerPoint 演示文稿创建项目

从 PowerPoint 演示文稿创建项目将在第 13 章详细讲解,在此只是简单介绍。可以导入整个 PowerPoint 演示文稿,或者仅将选定的幻灯片导入 Adobe Captivate 项目。每个 PowerPoint 幻灯片都是作为 Adobe Captivate 项目中的单独幻灯片导入的。然后,可以在 Adobe Captivate 中对 PowerPoint 幻灯片进行编辑,并发布为 HTML5 网页或视频等形式。

从 PowerPoint 演示文稿创建项目的方法是:在 Adobe Captivate 中选择 File(文件)→New Project(新建项目)→Project From MS PowerPoint(从 MS PowerPoint 演示文稿创建项目),如图 3.4 所示。

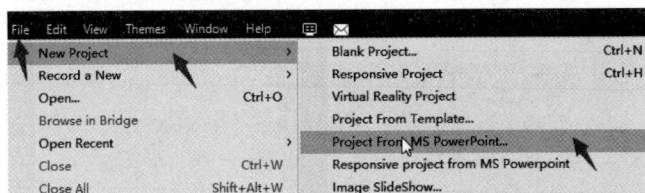

图　3.4

3. 从图像创建项目

从图像创建的项目可以被看作幻灯片。每个图像都被导入一个单独的幻灯片。创建步骤如下。

在 Adobe Captivate 中选择 File(文件)→New Project(新建项目)→Image SlideShow(图像展示),如图 3.5 所示。

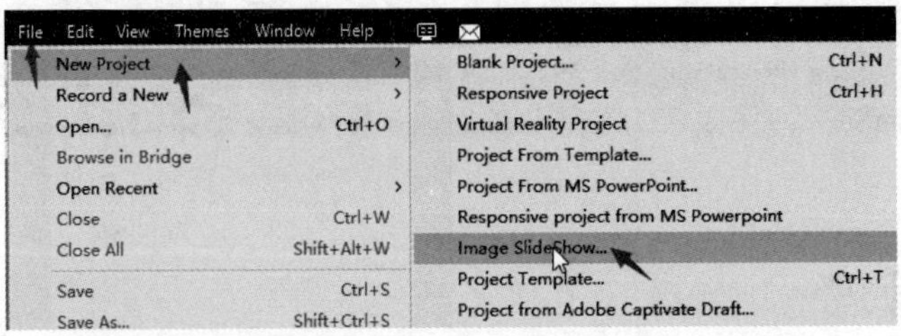

图　3.5

然后在 New Image SlideShow(新建图像幻灯片)对话框中设置项目的尺寸,单击 OK 按钮后选择要添加到项目中的图像。

4. 用空白幻灯片创建项目

可以从空白项目开始,然后可以从 PowerPoint 演示文稿、图像或其他 Adobe Captivate 项目导入幻灯片或图像;还可以通过录制来添加软件演示或交互式模拟幻灯片。创建方式为：单击 File(文件)→New Project(新建项目)→Blank Project(空白项目)，然后选择大小，或为项目指定自定义宽度和高度，单击"确定"按钮，如图 3.6 所示。

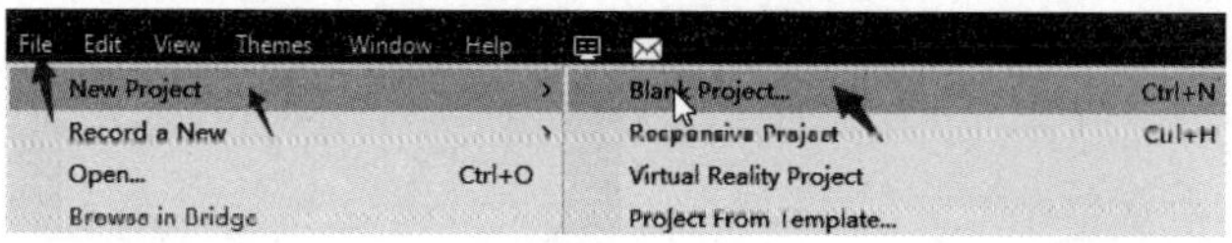

图 3.6

新建项目使用默认主题，包含一组可用于标题幻灯片、内容幻灯片和问题幻灯片的母版幻灯片。

5. 创建响应式项目

响应式项目将在本书第 11 章详细讲解，在此只是简单介绍。Adobe Captivate 可以创建一种同时满足在多个设备(如台式计算机、平板计算机和移动设备)上可以查看的项目，它可以自动适应设备屏幕的大小来布局版面，称作响应式项目。

通过菜单创建响应式项目的命令如图 3.7 所示。

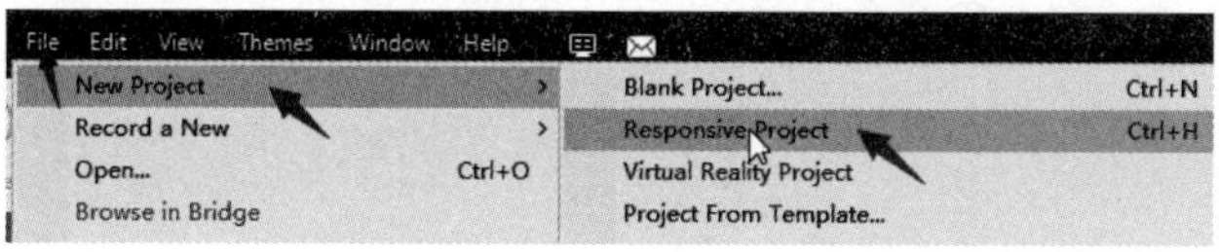

图 3.7

6. 创建虚拟现实项目

Adobe Captivate 的虚拟现实功能(简称 VR)是在 2019 的版本中增加的。

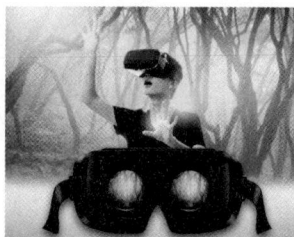

VR 是一种身临其境的体验，如图 3.8 所示为用 VR 的头戴设备进行体验。在 360°的图像或视频上，可通过热点进行交互，单击和查看文本、音频、视频或进行问答。

创建 VR 项目可通过在软件启动后的"开始"页面创建，也可以在文件菜单中创建，如图 3.9 所示通过菜单创建的方式为：选择 File(文件)→New Project(新建项目)→Virtual Reality Project(VR 项目)。

图 3.8

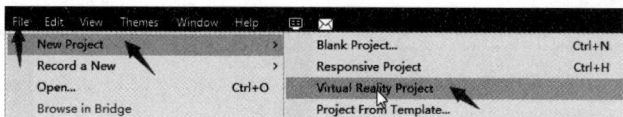

图 3.9

7. 在开始窗口创建项目

以上所创建的项目类型都可以通过 Adobe Captivate 软件启动后弹出的开始窗口创建，在其中选择创建的项目类型后，单击 Create(创建)按钮即可，如图 3.10 所示。

8. 创建基于模板的项目

使用模板创建项目有很多优势：首先，使用模板可以使 Adobe Captivate 项目之间保持风格和特色的一致性；其次，由于设计结构和特色的重复使用，减少了多个项目的开发时间；最后，在多个项目中可以共同使用同一个项目设置。

图　3.10

　　例如,在设计与内容分开的协作环境中,设计人员使用模板来确保跨项目的一致性。内容开发人员不必担心项目的工作流程、涉及的各种标准或布局的创建。他们所要做的就是按照模板中的指令,在相关占位符中填入所需的内容。

　　Adobe Captivate 的模板组成主要是创建了占位符的幻灯片,占位符包括屏幕录制幻灯片和测验幻灯片。当使用模板创建项目时,模板中的占位符用占位符图标标记。当用户将对象替换占位符时,图标消失。需要注意的是,在项目模板创建时要定义好对象样式,以确保项目的统一外观。

　　创建模板项目包括下列 7 个步骤。

　　第一步,选择 File(文件)→New Project(新建项目)→Project Template(项目模板),如图 3.11 所示。

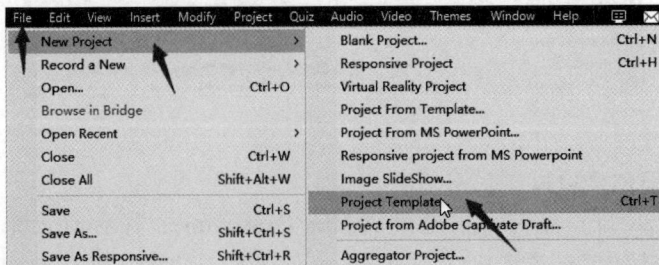

图　3.11

　　第二步,设置项目舞台大小,单击 OK(确定)按钮。

　　第三步,选择 Edit(编辑)→Preferences(首选项),打开 Preferences dialog box(首选项对话框),对首选项的编辑将在通过模板创建项目时自动应用到项目中。

第四步,设置模板项目的主题,选择 Themes(主题)工具按钮,在弹出的面板中选择要应用的主题,如图 3.12 所示。

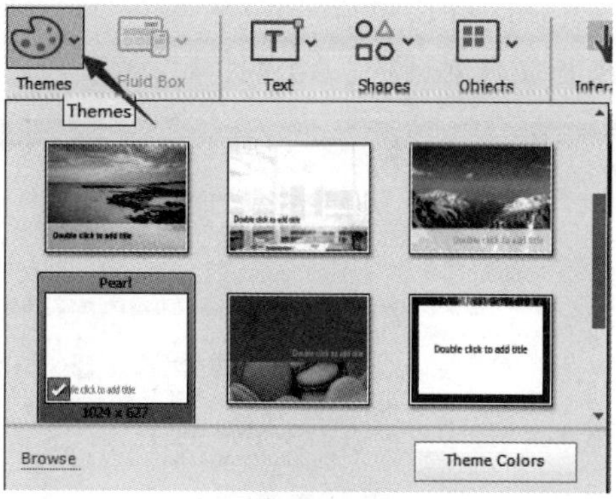

图 3.12

第五步,为项目插入占位符幻灯片和对象占位符。可以在除占位符幻灯片以外的其他幻灯片上添加对象占位符,包括字幕、滚动字幕、视频、图像和动画等对象的占位符,如图 3.13 所示;也可以插入幻灯片占位符,如图 3.14 所示。

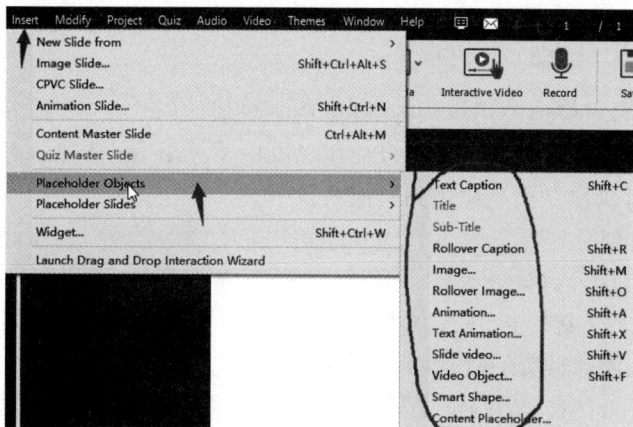

图 3.13

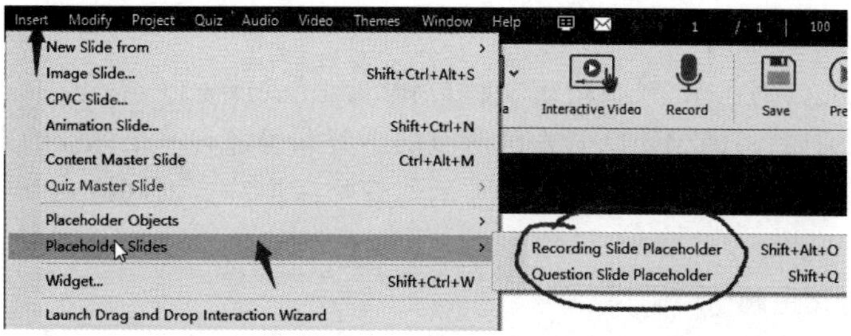

图 3.14

第六步,插入 Adobe Captivate 对象和媒体。对于在后面的项目中经常使用的同一素材最好直接放在模板上,如公司的标志(Logo)等,对于其他要替换的对象最好使用占位符,当然也可以使用真实的媒体在应用模板后进行替换。

第七步,保存文件,文件的扩展名为.cptl。

从模板创建项目的操作步骤如下:

选择 File(文件)→New Project(新建项目)→Project Template(从模板创建项目),如图 3.15 所示,然后导航到模板文件对话框,单击"打开"按钮。

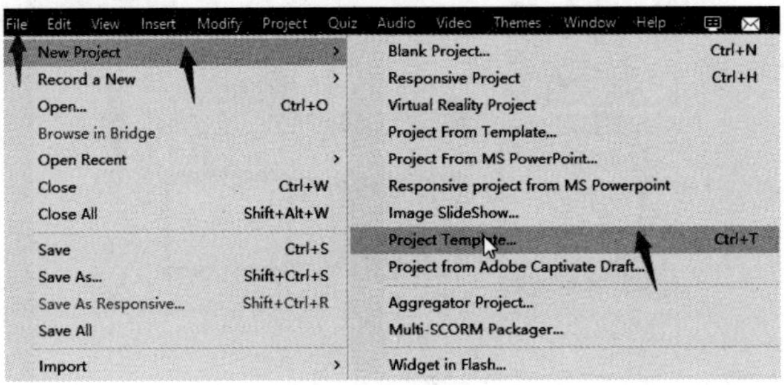

图　3.15

在打开的模板文件中双击占位符并执行以下操作:对于占位符对象,使用相应的对话框将对象添加到占位符中,占位符被转换成具体对象。对屏幕录制幻灯片占位符,请双击占位符幻灯片开始录制。对于测验幻灯片占位符,双击占位符幻灯片插入测验幻灯片。

3.1.2　使用主题

视频讲解

主题能够让项目更好地使用协调的颜色,精心规划的幻灯片、字体、效果和布局等。创建项目时,将默认主题应用于项目。可以使用 Adobe Captivate 自带的主题,也可以自定义主题,自定义主题可以在保存后应用到其他项目中。

1.主题的组成部分

每个主题包括以下内容:

- **母版幻灯片(至少7张)**——其中包括3种:带着主题名称和前缀的幻灯片、内容母版幻灯片和测验母版幻灯片(共5张)。
- **对象样式**——例如,Woody 主题包含诸如其标题、失败和成功标题的样式。
- **皮肤和目录**——与主题相关的皮肤和目录(TOC)设置。
- **屏幕录制设置**——屏幕录制默认值。

2.主题和模板的不同

主题和模板的区别在于,模板决定"何时"和"何地"要放置内容(包括媒体),而主题则决定项目的外观。例如,考虑到团队开发的所有的学习课程都有一个标准的方法,需要一个先学习内容然后测试的项目,就可以使用所需的幻灯片占位符类型创建一个模板,还可以决定包含的幻灯片数量。

3.用户自定义主题

可以通过编辑组成母版幻灯片(Master Slides)、对象样式(Object Styles)、皮肤(Skin)、主题颜色(Theme Colors)和 TOC(导航目录)设置来自定义主题。如果修改了主题,则单击 Themes(主题)→Save Theme(保存主题)来保存更改。主题被保存为扩展名为.ctpm 的文件。

这里先介绍一下 Master Slides(母版幻灯片)的设置,其他内容后续有讲解。创建具有背景、徽标、标题等的母版幻灯片后,可以方便地将其应用到所有的幻灯片上,极大地方便了

Adobe Captivate 作品创作。

第一步,打开已应用主题的项目。转到母版幻灯片视图,选择 Themes(主题)→Master Slide(母版幻灯片),如图 3.16 所示。

选择要自定义的任何幻灯片。例如,要自定义 3Content01 幻灯片,请从母版幻灯片列表中选择该幻灯片,并应用所需的视觉元素,如图 3.17 所示。

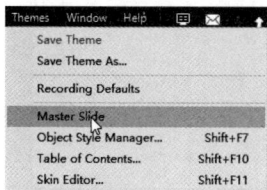

图　3.16

图　3.17

第二步,在此幻灯片上添加 Logo ⊕ 和页脚等,如图 3.18 所示。

第三步,若要使用母版幻灯片,请转到幻灯片带视图,插入内容幻灯片,并从下拉列表中选择要应用的母版幻灯片。可以看到,内容幻灯片拥有刚才设计的幻灯片,选择并应用即可,如图 3.19 所示,单击 ▼ 即可展开 Master Slide 下拉列表。

图　3.18

图　3.19

4. 应用主题

单击工具栏中的主题,从下拉列表中选择任意默认的或自定义的主题,在弹出的对话框中确认是否可以用现有的主题覆盖现有的样式和属性。一旦确认,主题就应用到项目中。

3.1.3　设置项目的首选项

首选项可以设置项目应用于幻灯片的各种设置。新建一个项目,选择 Edit(编辑)→Preferences(首选项),进入如图 3.20 所示面板。

项目的首选项设置包括 Information(信息)、Size and Quality(项目大小和质量)、Publish Settings(发布设置)和 Start and End(项目开始和结束设置)。发布首选项设置将在第13章阐述。

1. 设置项目信息内容

用户可在播放控制中通过项目信息按钮查看项目的信息。主要内容可通过在首选项面板选择 Project(项目)下的 Information(信息)设置,如图 3.21 所示。

视频讲解

图　3.20

图　3.21

Author(作者)：本项目作者或作者姓名。

Company(公司名称)：负责文件内容的公司或组织名称。

E-mail(电子邮件)：公司的电子邮件地址。

Website(网站)：公司网站地址。

Copyright(版权)：项目的版权信息。

Project Name(项目名称)：项目的描述性名称。

Description(描述)：项目内容的简短描述。

2. 设置项目文件的大小和质量等级

项目文件的大小和质量等级通过在首选项面板选择 Project（项目）下的 Size and Quality(项目大小和质量)设置,如图 3.22 所示。

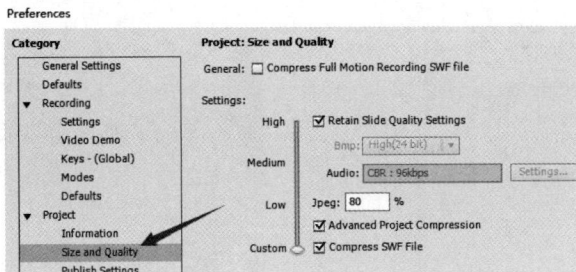

图　3.22

Compress Full Motion Recording SWF File(对录制动画全面压缩)：此选项将 SWF 文件压缩为较小的文件。选择此选项会增加预览或发布项目所需的时间。如图 3.22 所示的中间位置的滑块,可通过拖动来决定生成的 SWF 文件的质量,质量越高文件越大,拖动到 Low(低)、Medium(中)和 High(高)时,所有的设置由系统给出,用户不能自己设置。当把滑块放到 Custom(用户自定义)时,用户即可自定义各种参数。

Retain Slide Quality Settings(保留在属性面板的设置)：当 Retain Slide Quality Settings 处于选中状态时,其下面的属性是不能设置的,反之处于可设置状态,如图 3.23 所示。

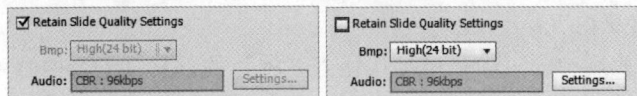

图　3.23

Bmp：确定记录过程中生成的位图（屏幕截图）的图像质量。降低图像质量降低了文件的大小，但可以影响图像中颜色的质量。在项目中插入的任何位图文件都会受到影响。

Audio：确定项目中使用的音频文件的质量。在发布之前，音频文件被转换为 MP3 格式。具有较高质量的文件不会显著影响文件大小，但会显著提高音频质量。

Jpeg：确定在项目中插入的 JPEG 文件的质量。降低图像质量降低了文件的大小，但会影响图像中的颜色质量。

Advanced Project Compression（高级压缩）：允许 Adobe Captivate 只考虑两张幻灯片之间的差别，而不发布两张幻灯片。压缩减少了已发布项目的大小。选择此选项可以增加预览或发布项目所需的时间。

Compress SWF File（压缩 SWF 文件）：压缩已发布的 SWF 文件。压缩 SWF 文件只能用 Flash 播放器 9 或更高版本播放。选择此选项可以增加预览或发布项目所需的时间。

3. 定义项目的开始和结束

定义项目的开始和结束通过在首选项面板选择 Project（项目）下的 Start and End（开始和结束），如图 3.24 所示。

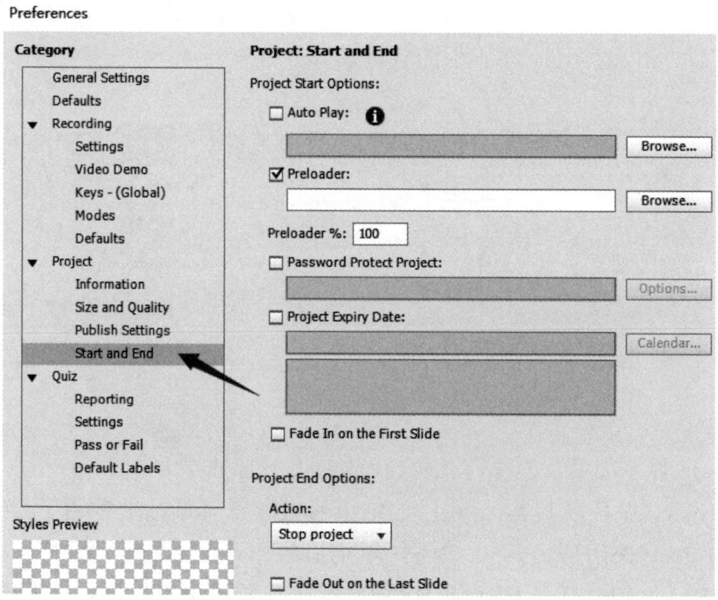

图 3.24

项目开始播放时的参数设置主要包括：

Auto Play（自动播放）——下载结束后自动开始播放。如果需要在单击播放按钮后开始播放，则不要选中此项。也可以在下载等待过程中显示一幅图像，单击 Browse 按钮来选择图像，如果不选择图像，则显示当前幻灯片。

Preloader（预加载）——在项目开始时添加加载的内容。如果项目需要较长时间下载后才播放，则预加载一些显示内容是个不错的选项。Adobe Captivate 包括预定义的屏幕加载图像，也可以创建自定义图像作为加载使用。还可以创建一个 SWF 文件作为预加载内容。在 Adobe Captivate 预加载程序文件夹中，有一个名为 DefaultPreloader 的示例文件。也可以使用这些文件作为模板来创建自己的 SWF 文件。

添加自定义预加载内容,Adobe Captivate 将调用下列函数,要把它们放在 SWF 文件的主 Timeline 中。

```
initialize ( projectWidth: Number, projectHeight: Number ) function onProgress ( loadedBytes:
Number, totalBytes: Number, preloadPercent: Number)
function isDone ( ) : Boolean
```

注意: Adobe Captivate 的预加载目录为 C:\Program Files\Adobe\<Adobe Captivate version>\en_US\Gallery\Preloaders。

Preload%(预加载百分比): 设置在文件开始播放之前必须下载的 SWF 文件的百分比。在下载 SWF 文件的所需部分之后,预加载程序消失,SWF 文件开始播放。

Password Protect Project(项目密码保护): 用户在进入项目之前必须输入的密码。选中该项对密码进行设置,单击 Options 出现如图 3.25 所示面板,可在其中对密码进行设置。

Project Expiry Date(项目过期日期): 用户可以通过选中该项来设置项目的到期日期。

Fade In on the First Slide(在第一张幻灯片淡入): 可以通过选中该项添加第一张幻灯片的淡入播放效果。

在项目结束时可设置图 3.26 所示的各种动作。

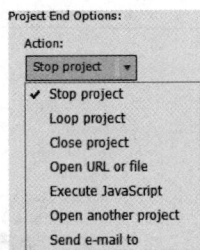

图 3.25   图 3.26

- **Stop project**(停止项目): 指在一次播放结束后停止项目。
- **Loop project**(循环项目): 指在播放结束后继续从开始播放项目。
- **Close project**(关闭项目): 指关闭并停止播放。
- **Open URL or file**(打开 URL 或文件): 指在电影停止播放后在浏览器中打开指定的网站,要加载 URL,请输入网站的完整路径(例如,http://www...com),单击 URL 框旁边的倒箭头图标以选择显示 URL 的窗口,然后选择 Current、New、Parent 或 Top。若要加载文件,则单击浏览图标,找到并选中文件,然后单击"打开"按钮。
- **Execute JavaScript**(执行 JavaScript): 指在项目停止播放后,执行指定的 JavaScript 代码。
- **Open another project**(在电影停止播放之后,打开另一个项目): 单击浏览图标,浏览到项目文件(使用扩展名.swf、.rd 或.cptx),选择文件,然后单击 Open。
- **Send e-mail to**(在电影停止播放后,发送电子邮件): 向指定的电子邮件地址发送电子邮件。

Fade Out on the Last Slide(在最后一张幻灯片上淡出): 选择该项使项目中的最后一张

幻灯片淡出。

4．编辑项目的默认首选项

编辑项目的默认选项通过在首选项面板选择 Defaults(默认)，如图 3.27 所示。

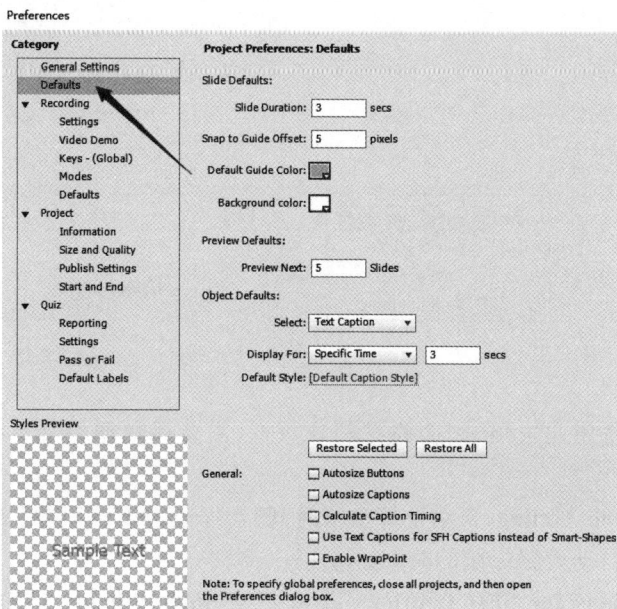

图 3.27

注意：要设置全局首选项，需要先关闭所有项目，然后打开首选项面板进行设置。

Slide Duration(幻灯片持续时间)：设置该项来决定幻灯片在时间轴上显示的默认时间长度。

Snap to Guide Offset(对象贴近辅助线的距离)：设置该项决定在设计中添加到舞台的对象靠近设计辅助线的距离。

Default Guido Color(默认辅助线颜色)：设置该项决定辅助线的颜色。

Background color(背景颜色)：设置该项决定舞台的背景颜色。

Preview Next(预览下一部分)：设置该项来决定预览菜单中 Next Slide 预览下面有多少个幻灯片，默认是 5 张，如图 3.28 所示。

Object Defaults(对象默认设置)：用来设置添加到舞台上的对象的默认显示时间和使用的默认样式。Select 下拉列表用来选择要设置的对象，如图 3.29(a)所示；Display For 下拉列表用来设置对象的显示时间长度，如图 3.29(b)所示；Default Style 下拉列表用来设置对象使用的默认样式，如图 3.29(c)所示。

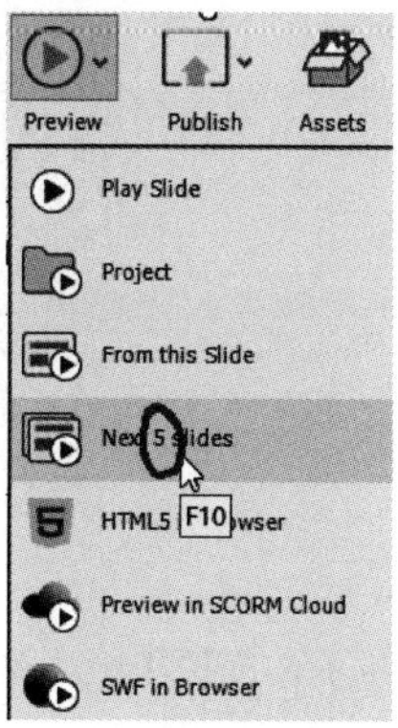

Autosize Buttons(自动调整按钮)：若选中该选项，则按钮自动调整大小以适应按钮上文字的数据。如果不选中此选项，则会隐藏超出边界的文字，需要手动调整按钮的大小以显示隐藏的内容。

Autosize Captions(自动调整字幕)：若选中该选项，则可根据文本中可用的文本大小调整文本标题，文本标题自动调整大小以适应

图 3.28

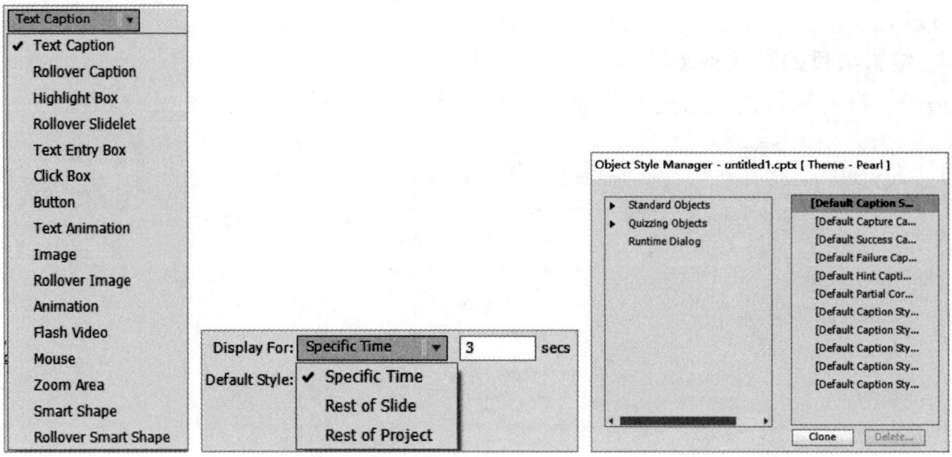

图 3.29

所有文本。如果不选中此选项,则会隐藏额外数据,需要手动调整文本标题以显示隐藏的数据。

Calculate Caption Timing(自动计算字幕时间):若选中该选项,则 Adobe Captivate 根据标题中的数据量自动设置标题的时间。

Use Text Captions for SFH Captions instead of Smart Shapes:SFH(Success/Failure/Hint)是成功/失败/提示字幕的缩写,启用复选框,对 SFH 字幕使用文本标题,而不是智能形状。

Enable WrapPoint(启用折叠功能):用于响应式项目流体盒子,若启用复选框,则为项目启用多级流体盒子折叠功能。若禁用复选框,则将仅对根(或父)流体盒子可见。

5. 常规设置

首选项面板的 General Settings(常规设置)如图 3.30 所示。

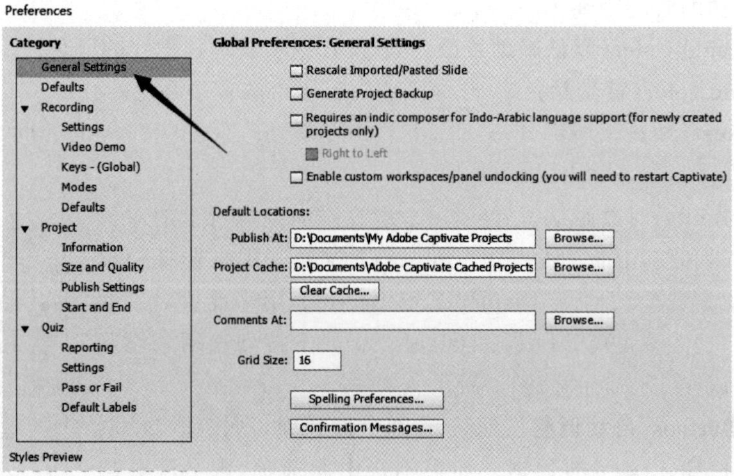

图 3.30

Rescale Imported/Pasted Slide 设置对导入或粘贴的幻灯片重新定义大小。

Generate Project Backup 设置是否创建备份文件。

Requires an indic composer for Indo-Arabic language support(for newly created projects only)需要印度语、阿拉伯语支持的功能。

Enable custom workspace/panel undocking(you will need to restart captivate)允许用户重新布局工作区面板。

Publish At 下拉列表用来设置发布文件夹。

Project Cache 下拉列表用来设置缓存文件夹。

Comments At 下拉列表用来设置注释保存目录。

Grid Size 用来设置辅助设计的网格多少。

Spelling Preferences 用来设置文字的拼写选项。

Confirmation Messages 用来设置需要确认消息的操作。

6. 导出和导入项目首选项

通过导出首选项设置,可以跨项目重用首选项的设置。可以保存首选项并作为 CPR 文件导出。当 CPR 文件导入到项目中时,CPR 文件中的首选项设置在"首选项"对话框中生效。

选择 File(文件)→Export(导出)→Preference(首选项),在"保存为"对话框中,将首选项保存为 CPR 文件,单击"保存"按钮。

当将首选项导入另一个项目时,选择 File(文件)→Import(导入)→Preference(首选项),从保存 CPR 文件的位置打开文件。

7. 清除项目缓存

Adobe Captivate 在操作过程中产生的缓存文件不会自动删除,一段时间后,大量的缓存文件会占用大量的磁盘空间,可以通过单击如图 3.30 所示的 Clear Cache 清除缓存按钮来手动删除。在删除过程中会出现如图 3.31 所示的对话框,提示将删除包括现在正在操作的项目和以往操作的项目的所有缓存文件,单击 Yes 按钮即可。

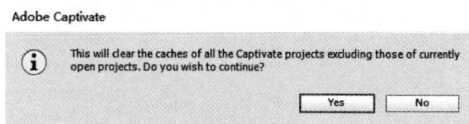

图 3.31

3.1.4 备份项目

首先在首选项的 General Settings(常规设置)中选中 Generate Project Backup,当保存项目时,同时保存一份备份文件,扩展名是. bak。

如果项目文件损坏,就可使用备份文件恢复项目。使用. cptx 扩展名重命名备份文件,并打开它。但是,在最后一次保存之后所做的更改不会反映在备份文件中。

> **注意**:备份文件通常会比正式文件大一些。

3.1.5 为项目设置目录菜单

可以为 Adobe Captivate 项目自动生成一个目录(简称 TOC)。目录按幻灯片的层次结构排列,分组幻灯片在组名下显示为子项,幻灯片和组的名称自动应用到目录。可以指定 TOC 放在幻灯片的什么位置。在运行时,单击 TOC 导航项目的播放。在项目播放过程中,对应幻灯片显示的 TOC 条目在 TOC 面板中被高亮显示,播放过的幻灯片会在 TOC 中加

视频讲解

视频讲解

上标记。

　　用户可配置 TOC 的外观,然后,将 TOC 作为一个主题与其他播放控件的皮肤设置一起保存。

1. 创建目录

　　在 Adobe Captivate 中打开"Lesson03\范例文件\03Complete"文件夹中的"TOC 演示. cptx"文件,将文件另存为"TOC 演示 demo. cptx"(保护原文件不被更改,以备后续使用),在主菜单选择 Project(项目)→Table Of Contents(目录),出现 SKIN EDITOR(皮肤编辑面板),选中 Show TOC(显示 TOC),然后依次选中每一个幻灯片的选择框,如图 3.32 所示。

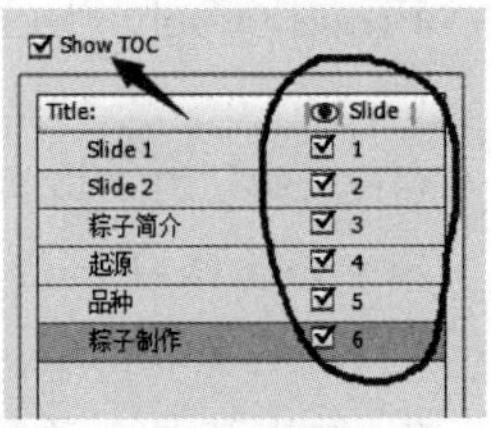

图　3.32

　　预览项目,目录出现在左侧。单击任意一个标题导航到相应的幻灯片。

2. 设置目录的参数

　　可以为目录设置以下内容:目录的外观;目录在舞台上的位置;目录面板中显示项目信息以及幻灯片的播放状态等。在 SKIN EDITOR(皮肤编辑面板)单击 🔲图标进入 TOC 设置界面,选中 Show TOC,然后单击 Settings(设置)按钮,出现如图 3.33 所示的 TOC Settings 面板。

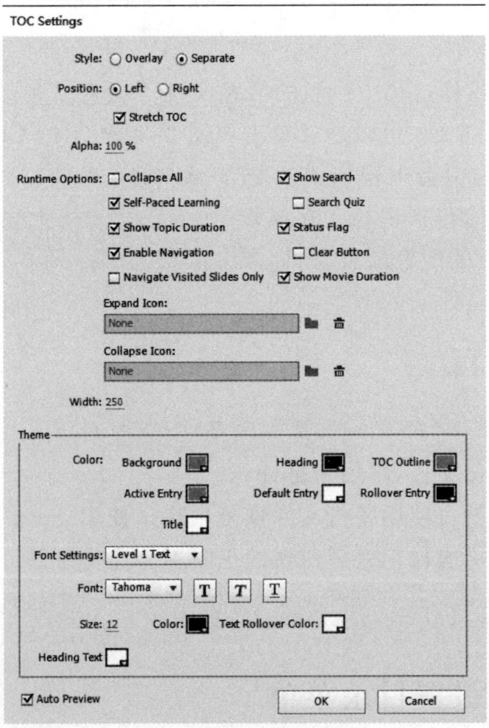

图　3.33

　　Style(样式):如果选择 Overlay(覆盖),则 TOC 不会自动出现在屏幕上供学习者使用;单击屏幕角落中的图标可打开 TOC。选择 Separate(单独显示),使 TOC 面板与主播放界面分开。

Position(位置)：决定 TOC 显示在舞台 Right(右边)或 Left(左边)。Stretch TOC(伸展 TOC)表示如果有 TOC 和播放控制条(playbar)，且希望内容表向下延伸到播放控制条，而不是仅延伸到幻灯片的底部，那么选中此选项。

Alpha(透明度)：设置 TOC 的透明度。

Runtime Options(运行时选项)：

- Collapse All(折叠所有)：启用/禁用此选项自动展开或折叠 TOC 项目。
- Show Search(显示搜索)：如果要在 TOC 上显示搜索栏，那么选中此选项。
- Self-Paced Learning(自定进度学习)：选择此选项以启用项目中的书签。可以通过发布项目来测试书签，然后用任何 Web 浏览器打开 HTML 文件。在课程中移动几张幻灯片，然后关闭浏览器窗口。重新打开 HTML 文件，可以看到"继续您上次停止的位置?"的提示。
- Search Quiz(搜索测验)：在 TOC 的底部显示一个搜索栏，允许你输入一个单词或短语。可以通过启用/禁用此选项来指定搜索是否可以包括问答问题幻灯片。
- Show Topic Duration(显示幻灯片播放持续时间)：启用该选项可显示 TOC 上每个幻灯片的持续时间。
- Status Flag(状态标志)：在已经显示的每个幻灯片的状态栏中显示一个刻度标记。
- Clear Button(清除按钮)：启用此选项可以在 TOC 底部显示一个按钮，允许在状态列中进行取消选中操作。
- Enable Navigation(启用导航)：使此选项可移动到 TOC 中的不同点。
- Navigate Visited Slides Only(仅浏览已访问幻灯片)：启用该选项以允许仅浏览已访问的幻灯片。
- Show Movie Duration(显示项目持续时间)：显示项目的长度。
- Expand Icon(展开图标)：为 TOC 展开模式选择一个图标。
- Collapse Icon(折叠图标)：为 TOC 折叠模式选择一个图标。

Width(宽度)：改变 TOC 的宽度。宽度单位为像素。

Theme(主题)：通过选择背景颜色、分配字体、改变标题和 TOC 大纲的外观和感觉等来定制目录(TOC)。

Auto Preview(自动预览)：设置在 TOC 面板是否显示更改的效果。

3. 组织目录

可以更改 TOC 中的幻灯片的层次结构和分类。重组只影响项目中的 TOC 而不是幻灯片的顺序。还可以选择在 TOC 中隐藏某些幻灯片项。当项目被播放时，这些项目不会显示在 TOC 中。可以直接拖动目录条目到相应位置，也可以通过如图 3.34 所示的工具进行组织目录条目(创建目录， 恢复设置前状态)。

图 3.34

4. 锁定和解锁目录

可以暂时锁定 TOC，以便根据需要在某张幻灯片播放时使目录导航不可用。设置方法是：在幻灯片的属性面板中，设置幻灯片进入或退出时，锁定 TOC，将变量 cpLockTOC 赋值为 1，解锁时赋值为 0，如图 3.35(a)所示，幻灯片在进入时锁定，在退出时解锁。也可以如图 3.35(b)所示进行设置。

5. 将 TOC(目录)设置保存为主题的一部分

对 TOC 设置的更改和其他的皮肤设置,可以保存为主题,然后在其他项目中重用。保存方法为在皮肤对话框中的其他选项后,单击"保存"图标 🖫,输入主题的唯一名称并单击"确定"按钮。

3.1.6　设置皮肤的样式

Adobe Captivate 附带默认的皮肤集。可以通过更改皮肤编辑器中的各种选项并将更改保存为主题来创建自定义皮肤。皮肤包括 3 个方面:Playback Controls(播放控制)、Border(边框)和 TOC(目录)。在 SKIN EDITOR(皮肤编辑面板)进行编辑后,可单击保存图标保存,如图 3.36 所示(▶ 播放控制、□ 边框和 🖹 目录,其中 🖹 TOC 已在 3.1.5 节介绍过)。

视频讲解

图　3.35

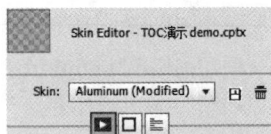

图　3.36

1. Playback Controls(播放控制)

单击 ▶ 出现如图 3.37 所示的设置选项。播放控制由播放栏和进度条组成,允许用户在播放时控制。播放栏显示控制播放运动的按钮。进度条跟踪影片的进度,显示当前幻灯片的位置。

Show Playback Control(显示回放控制):允许在播放时启用或禁用播放控制条。

Hide Playback in Quiz(在测验幻灯片中隐藏播放控制):允许在问题幻灯片播放时隐藏播放控制条。

Playbar Overlay(播放条叠加):允许播放控制条悬浮于舞台内容上,不占用任何额外的空间。

Position(位置):播放控制条相对于影片的位置。可以把播放控制条放在影片的 4 个侧面。

Layout(布局):播放控制条相对于影片的对齐方式。可以把播放控制条向中心、左或右对齐,或者以影片的宽度进行伸展对齐。

Play(播放/暂停):允许用户暂停并恢复播放项目。

Rewind(从头播放):从第一张幻灯片开始重新播放。

图　3.37

Forward(前进)：将播放头移动到下一张幻灯片。

Back(后退)：允许用户返回到前一张幻灯片。

Close(关闭)：允许用户退出项目。这个按钮对于全屏项目很重要，因为它允许用户快速关闭窗口。

Mute(静音)：允许用户关闭音频。

Fast Forward(快进)：帮助用户播放电影的速度是正常速度的 2 倍或 4 倍。

Progress Bar(进度条)：允许用户看到项目播放到的位置，可以通过拖动进度条上的播放头来在项目中来回移动。

Closed Captioning(关闭字幕)：允许显示隐藏字幕。

Alpha(透明度)：设置播放控制条的背景颜色的透明度。

No Tooltips at runtime(运行时没有工具提示)：设置项目播放中鼠标指针悬停到播放控制条的按钮上时是否弹出按钮的名称提示文字。

Playbar(播放控制条)：在下拉列表中选择软件自带的播放控制条皮肤。

• Playbar Tow Rows(两行播放栏)：设置播放控制条是否可以占用两行显示。

• Playbar Colors(播放控制条颜色)：设置播放控制条各个部分的颜色。启用复选框后就可以设置其下面的 Background(背景颜色)、Button Face(按钮外观颜色)、Button Glow(按钮发光特效)和 Button Icon(按钮图标)。

2．Border(边框)

单击□出现图 3.38 所示设置选项，对项目边框的样式、大小、纹理和宽度进行设置。

Show Borders(显示边框)：允许启用或禁用项目的边框。图标按钮▦▦▦▦用于设置在哪个边加边框。

Style(样式)：确定边框边缘的形状。可以选择有锋利或圆边的边界。

Width(宽度)：设置显示项目边界的厚度。

Texture(纹理)：为边框的纹理选择图像。当选择纹理时，边框的颜色设置将被重写。若要为边框选择特定颜色，则从纹理列表中选择"否"。

Color(颜色)：设置显示项目边框的颜色。可以使用调色板或来选择和复制屏幕上的颜色。

HTML Background(HTML 背景色)：设置显示项目周围背景区域的颜色。

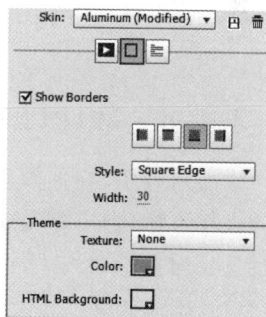

图   3.38

3.1.7 在项目中打开另外的 Adobe Captivate 项目和其他类型文件

可以在项目中打开另外的 Adobe Captivate 项目以及其他类型的文件，前提是要打开的文件要和项目放在同一目录下。操作方法为在交互对象(按钮等)、问题幻灯片、幻灯片过渡和项目行为代码中添加文件的打开链接。

视频讲解

（1）新建一个项目，在项目幻灯片中添加一个按钮，使按钮处于被选中状态，在属性面板的 Actions 项下的 On Success 下拉列表框中选中 Open URL or file，如图 3.39 所示。

（2）在出现的 URL 输入框右侧单击 ▆ 按钮，在出现的文件选择对话框中选择"Lesson03\范例文件\03Complete"文件夹中的"打开文件示例.docx"文件，如图 3.40 所示，保存项目到"Lesson03\范例文件\03Complete"文件夹(目的是使项目文件和要打开的文件在同一个目录)。

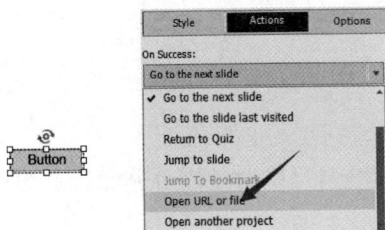
图 3.39

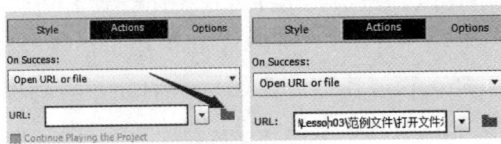
图 3.40

(3)预览项目,单击项目中设置文件链接的按钮,会在浏览器中出现文件下载和打开对话框,可以下载文件,也可以直接打开,如图 3.41 所示。按此方式,可以试着打开其他各种类型的文件。

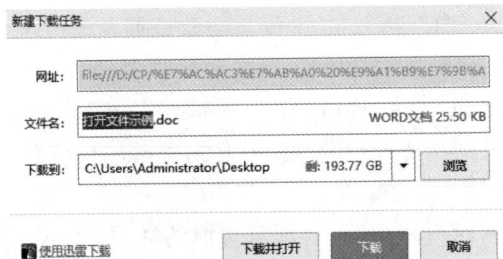
图 3.41

3.1.8　翻译已做好的项目为其他语言

视频讲解

作品做好了,想把作品翻译成其他语言版本怎么办呢? Adobe Captivate 提供了一个方便的操作方法,把字幕和隐藏字幕导出,翻译成相应的语言后再导入(这也便于导出字幕进行批量校对和修改)。下面介绍演示操作。

(1)在 Adobe Captivate 中打开"Lesson03\范例文件\03Complete"文件夹中的"翻译.cptx"文件,将文件另存为"翻译 demo.cptx"(这样可保护原文件不被更改,以备后续使用)。在主菜单选择 File(文件)→Export(导出)→Project Captions and Closed Captions(项目字幕和隐藏字幕),如图 3.42 所示。

(2)在出现的文件保存对话框中,把文件保存为"翻译 demo Captions.doc",如图 3.43 所示。

(3)用 Word 打开"翻译 demo Captions.doc"文件,发现其中的内容如图 3.44 所示。

其中 Slide Id 是幻灯片编号,Item Id 是对象编号,Original Text Caption Data 是原字幕数据,Updated Text Caption Data 是要更改的字幕数据。

(4)把内容翻译一下,如图 3.45 所示。

(5)在主菜单选择 File(文件)→Import(导入)→Project Captions and Closed Captions(项目字幕和隐藏字幕),导入完成后,幻灯片上的字幕就换成了 Word 文档中翻译的中文字幕了。

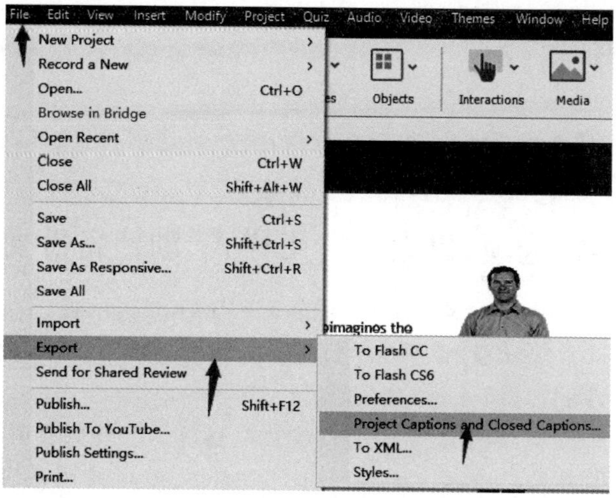

图 3.42

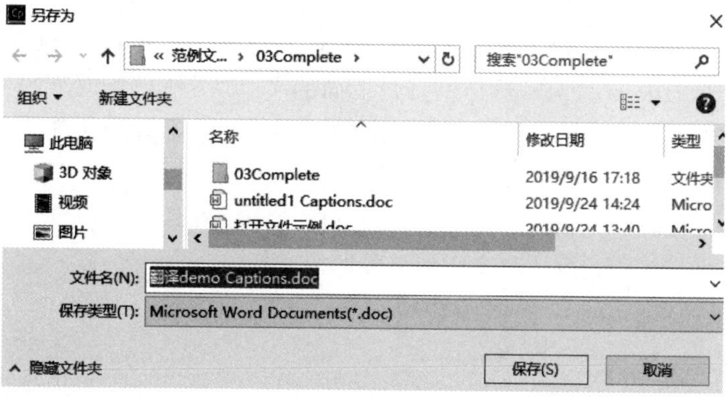

图 3.43

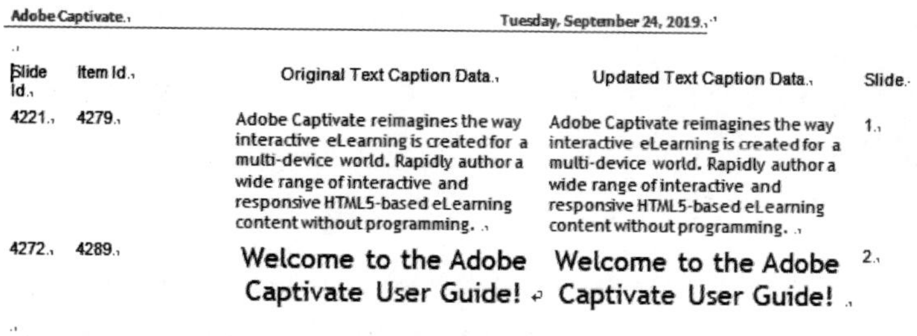
Adobe Captivate Tuesday, September 24, 2019

Slide Id	Item Id	Original Text Caption Data	Updated Text Caption Data	Slide
4221	4279	Adobe Captivate reimagines the way interactive eLearning is created for a multi-device world. Rapidly author a wide range of interactive and responsive HTML5-based eLearning content without programming.	Adobe Captivate reimagines the way interactive eLearning is created for a multi-device world. Rapidly author a wide range of interactive and responsive HTML5-based eLearning content without programming.	1
4272	4289	Welcome to the Adobe Captivate User Guide!	Welcome to the Adobe Captivate User Guide!	2

图 3.44

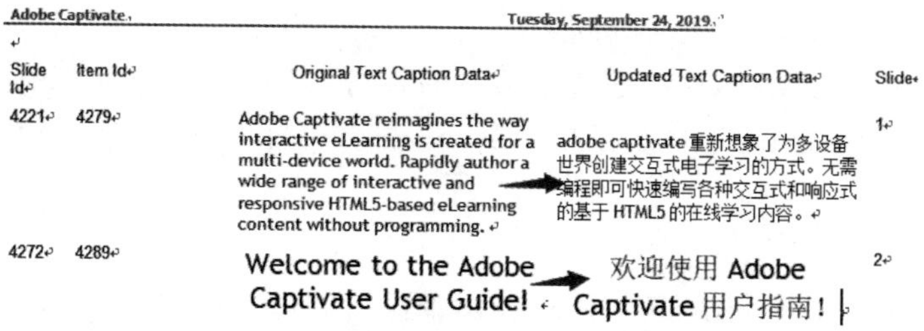
Adobe Captivate Tuesday, September 24, 2019

Slide Id	Item Id	Original Text Caption Data	Updated Text Caption Data	Slide
4221	4279	Adobe Captivate reimagines the way interactive eLearning is created for a multi-device world. Rapidly author a wide range of interactive and responsive HTML5-based eLearning content without programming.	adobe captivate 重新想象了为多设备世界创建交互式电子学习的方式。无需编程即可快速编写各种交互式和响应式的基于 HTML5 的在线学习内容。	1
4272	4289	Welcome to the Adobe Captivate User Guide!	欢迎使用 Adobe Captivate 用户指南！	2

图 3.45

3.2 本章范例制作

本章范例的内容是介绍茶道,通过制作范例,学习首选项设置、样式和皮肤、主题、目录设置和项目备份等内容。

3.2.1 设置首选项、建立和应用样式、创建备份文件

（1）打开 Adobe Captivate,选择 Edit(编辑)→Preferences(首选项),打开首选项对话框。General Settings(常规设置)必须在项目打开或新建前进行,有的设置完成后还需要重新启动 Adobe Captivate。

选中 Generate Project Backup(创建备份文件),这样做会使保存项目时,同时也保存备份文件,备份文件的扩展名是.bak。如果项目文件损坏,就可使用备份文件恢复项目。使用.cptx 扩展名重命名备份文件,并打开它。但是,在最后一次保存之后所做的更改不会反映在备份文件中。

（2）打开"Lesson03\范例文件\03Start"文件夹下的"03Start.cptx"文件,把 03Start.cptx 另存为 03Startdemo.cptx,选择幻灯片上面的文字"一种烹茶饮茶的生活艺术",在属性面板选择文字大小为 20,单击 Style Name 右侧的 按钮,在弹出的下拉列表框中选择 Create New Style(创建新样式),如图 3.46 所示。

（3）在弹出的对话框中输入"文字 1",单击 OK 按钮,如图 3.47 所示。这样就定义了一种样式,名字为"文字 1",下面把它应用到另外两段文字。

图   3.46

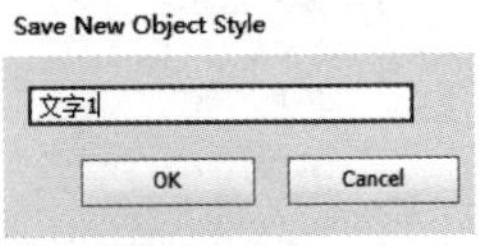

图   3.47

（4）分别选择"一种以茶为媒的生活礼仪"和"一种以茶修身的生活方式",并在 Style Name 的下拉列表框中选择"文字 1",如图 3.48(a)所示。这样,3 段文字都应用了"文字 1"的设置,把它们的位置间距稍做调整,如图 3.48(b)所示。

（5）保存文件后,打开"Lesson03\范例文件\03Start"文件夹,发现其中多了一个 03Startdemo.cptx.bak 文件,这就是这个项目的备份文件,扩展名为.bak。如要使用备份文件,将 03Startdemo.cptx.bak 改名为 03Startdemo.cptx 即可,如图 3.49 所示。

3.2.2 导入样式

可以从一个项目中导出首选项、样式等设置应用到另外的项目中,下面从 03Complete.cptx 文件中导出样式并应用到 03Startdemo.cptx 文件中。

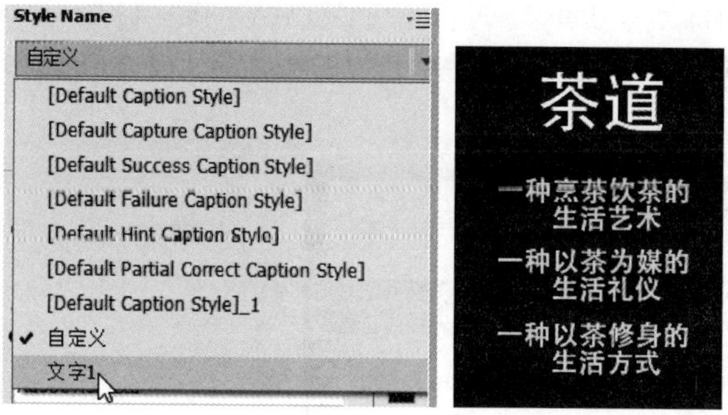

图 3.48

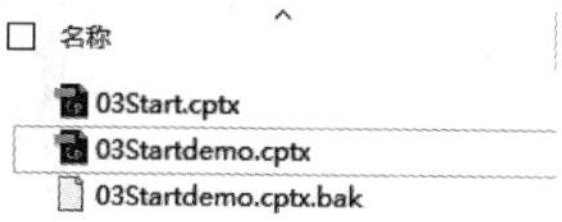

图 3.49

（1）打开 03Complete.cptx 文件，在主菜单选择 File（文件）→Export（导出）→Styles（样式），把文件导出到一个目录下，此时导出的文件名可以自定义，也可以保持默认的，这次保持系统默认的"03Complete Styles.cps"文件名，如图 3.50 所示。

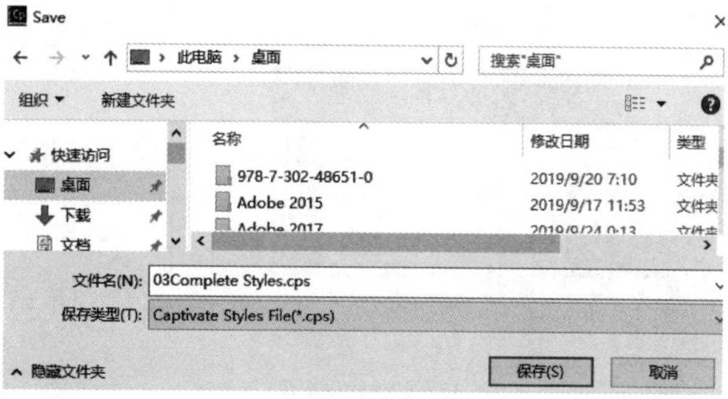

图 3.50

（2）打开的 03Startdemo.cptx 文件中，在主菜单选择 File（文件）→Import（导入）→Styles（样式），把 03Complete Styles.cps 文件导入到项目中。出现如图 3.51 所示的对话框后，单击 Yes 按钮即可（对话框提示"导入的样式遇到项目中同名称的样式时将会覆盖原样式，是否继续？"）。

3.2.3 设置母版幻灯片

（1）在主菜单 Window（窗口）下选择 Master Slide（母版幻灯片），或者在属性窗口单击 Master slide view 按钮，如图 3.52(a)所示，打开母版幻灯片视图，如图 3.52(b)所示。

视频讲解

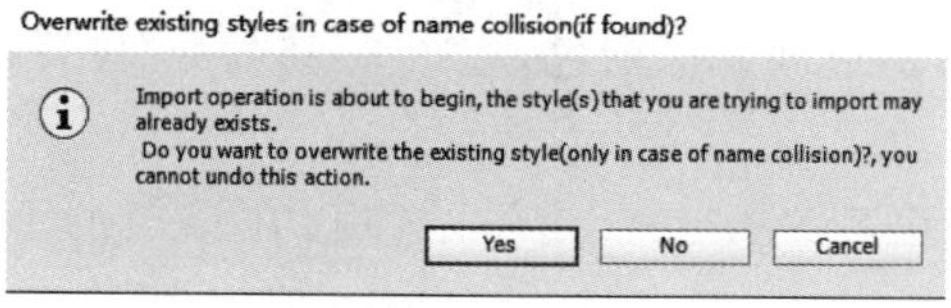

图 3.51

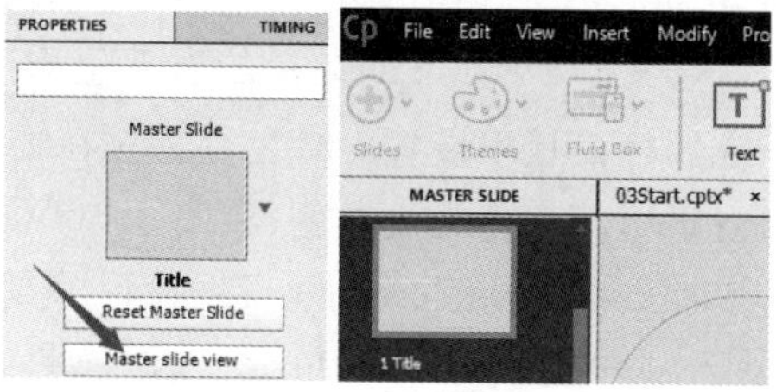

图 3.52

（2）右击 2 Blank 幻灯片,在弹出的菜单中单击 Duplicate(复制品),做一份 2 Blank 幻灯片的复制品,如图 3.53 所示。做复制品的目的是为了在其中的一张做上导航按钮,另外一张不做导航按钮,供项目中不需要导航按钮的幻灯片使用。

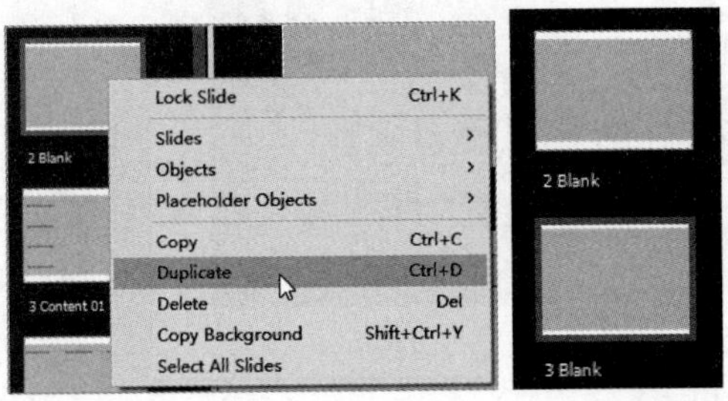

图　3.53

（3）选择如图 3.54 所示的"(1)"所在的名称为 2 Blank 的幻灯片,单击如图 3.54 所示的"(2)",在下拉列表框中选择 Custom,单击如图 3.54 所示的"(3)",在弹出的窗口中显示了目前库中的图片,选择图 3.54 所示的"(4)"的"背景.jpeg"图片,单击图 3.54 所示的"(5)"的 OK 按钮。

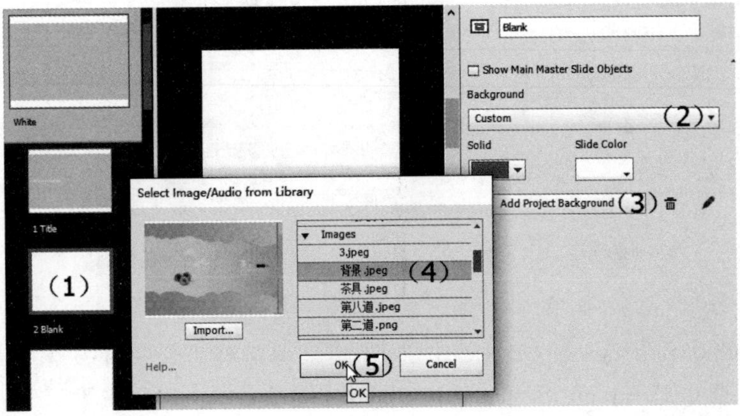

图　3.54

（4）在弹出的编辑对话框中可对图片进行修饰编辑,现采用默认的设置,单击 OK 按钮,这样就把背景添加到了母版幻灯片的所有幻灯片中。

（5）如图 3.55 所示的"(1)"位置,单击选择 2 Blank 幻灯片,下面为该幻灯片加入前进和后退导航按钮。如图 3.55 中"(2)"位置,单击 Shapes(形状)工具按钮,在弹出的面板中的如图 3.55 所示的"(3)"位置,单击选择形状 。

（6）在 2 Blank 幻灯片的右下角拖动鼠标画一个 形状,因为茶叶为绿色,所以把按钮在属性面板中设置为绿色。首先在如图 3.56"(1)"所示位置选择该形状,在图 3.56"(2)"位置设置填充色为浅绿色,在图 3.56"(3)"位置设置边框为深绿色,在图 3.56"(4)"位置选中 Use as Button 复选框,设置该形状具有按钮的功能。

（7）选中 Use as Button 后,属性面板就会出现 Actions(动作)选项,在该项的 On Success 下拉列表框中,选择 Go to the next slide(进入下一张幻灯片),如图 3.57 所示。这样,当单击 时就会跳到下一张幻灯片播放。

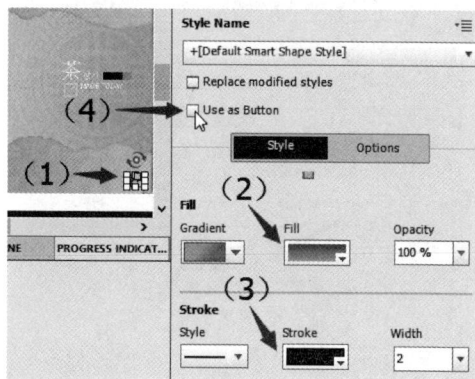

图　3.55

图　3.56

图　3.57

（8）在新建立的形状按钮上右击,在弹出的快捷菜单中选择 Duplicate(复制品),就又复制了一个同样的形状,如图 3.58 所示。

（9）在属性面板的 Options(选项)下设置角度(Angle)为 210°,然后拖动到原来形状的右边,如图 3.59 所示。

（10）在 Actions(动作)下的 On Success 下拉列表框中选择 Go to the previous slide(进入上一张幻灯片),如图 3.60 所示。

（11）这样一个母版幻灯片就编辑好了,后面作品中除最后一张幻灯片外,其他幻灯片都要用到这张幻灯片。再次单击主菜单 Window(窗口)下的 Master Slide(母版幻灯片),回到项目编辑视图,或者在属性面板单击 Filmstrip view(幻灯片带视图),如图 3.61 所示。

说明：Filmstrip view 是幻灯片带视图,即幻灯片的编辑视图。Master slide view 是母版幻灯片视图,母版幻灯片在该视图进行编辑。

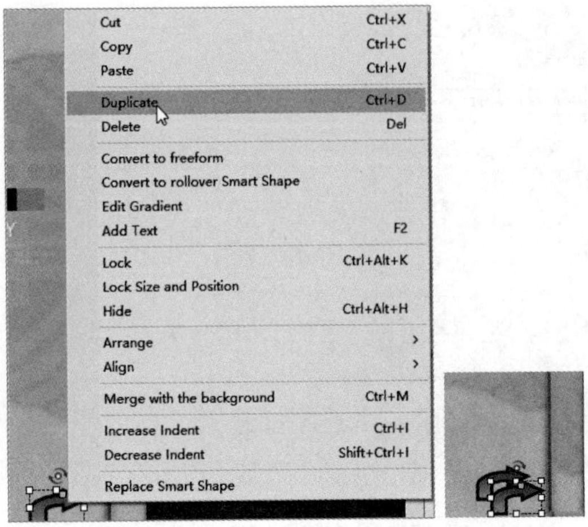

图 3.58

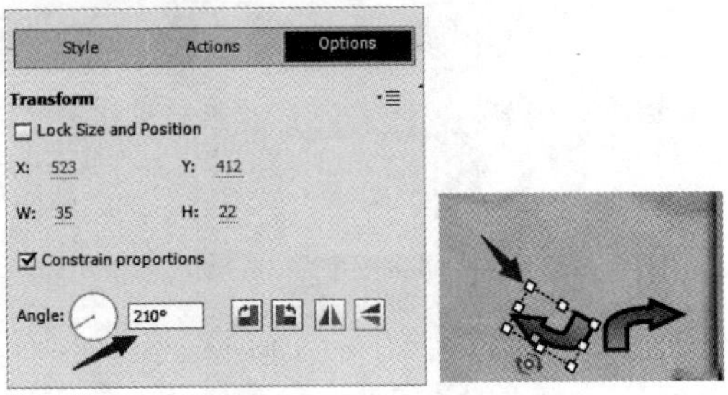

图 3.59

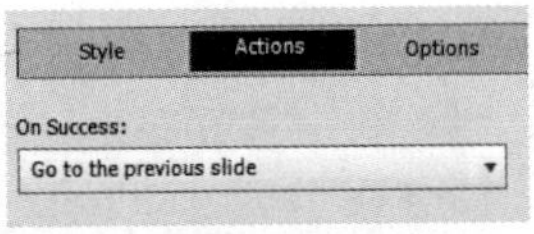

图 3.60

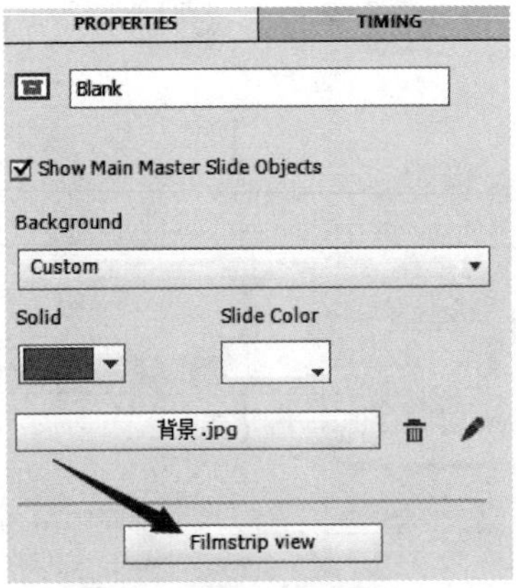

图 3.61

3.2.4 项目幻灯片制作

项目共有10张幻灯片,其中一张已存在03Start.cptx文件中。样式已从原文件中导入,直接应用即可。下面对第二张幻灯片的制作进行较详细描述,其他幻灯片提供参数和图片。

(1) 一次性添加剩余的9张幻灯片,并应用背景。单击工具按钮 ⊕·,在下拉列表框中单击Blank Slide(空白幻灯片),如图3.62所示。这样就新建了一张幻灯片,选择该幻灯片,按Ctrl+C组合键复制该张幻灯片,然后按Ctrl+V组合键8次,粘贴8张幻灯片,这样幻灯片带就有10张幻灯片了。

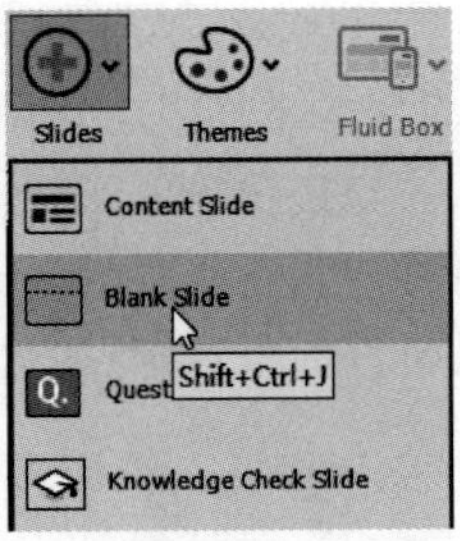

(2) 选择第2张幻灯片,在属性面板单击Master Slide图片右侧的小三角形按钮,如图3.63(a)所示。在弹出的母版幻灯片列表中,单击加了背景和导航按钮的那一张幻灯片,如图3.63(b)所示。单击Style(样式),在Background(背景)下拉列表框中选择Master

图 3.62

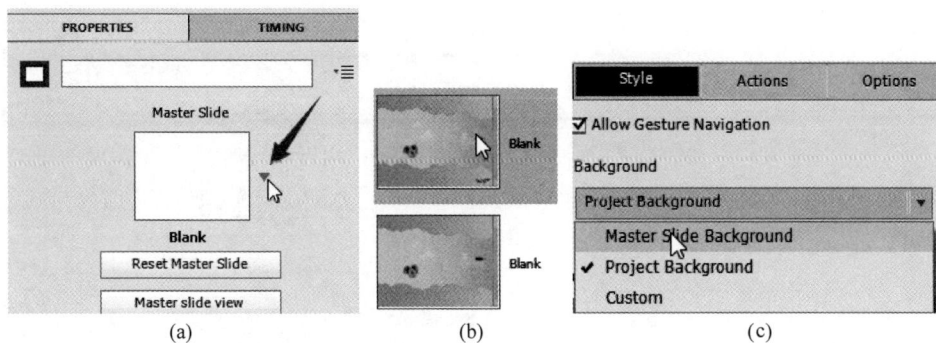

图　3.63

Slide Background(母版幻灯片背景),如图 3.63(c)所示。

　　用同样的方法,把第 3～9 张幻灯片都加上背景。在第 10 张幻灯片,把不带导航按钮的那张幻灯片背景加上,因为最后一张幻灯片不需要向下一张幻灯片导航了。

　　(3) 打开"Lesson03\范例文件\素材"文件夹下的"文本.txt"文件,该文件保存了每张幻灯片上的文字,可以直接复制使用。选择第 2 张幻灯片,单击工具栏上的 T⋅ 按钮,在弹出的下拉列表框中选择 Text Caption(文本字幕),如图 3.64(a)所示。然后在幻灯片左上方进行拖动,创建一个文本字幕,把"第一道:净手和欣赏器具"从"文本.txt"文件复制粘贴过来,在属性面板 Style Name(样式名称)下拉列表框中选择"标题"样式,如图 3.64(b)所示。效果如图 3.64(c)所示。

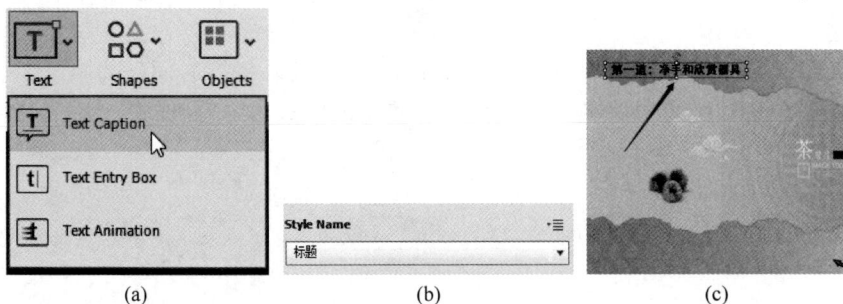

图　3.64

　　(4) 选择上一步创建的文本字幕,在 TIMING 面板中选择 Entrance 类的 StretchFromLeft 效果,如图 3.65(a)所示。设置效果在幻灯片播放的 0s 开始(Effect Start 为 0s),持续时间为 0.5s(Effect Duration 为 0.5s),如图 3.65(b)所示。

　　(5) 单击图 3.66 所示的图标 ▶ 可以预览效果,单击 ↻ 打开下拉列表,选择 Apply to all items of this type(效果应用到同名称的样式),如图 3.66 所示。这样在这个项目中,凡是使用了"标题"样式的文本字幕都会自动使用这个效果。

　　(6) 再创建一个文本字幕,复制粘贴"喝茶卫生很重要,先引茶人荷,请来宾赏茶,然后是赏具:品茶讲究用景瓷宜陶,景德镇的瓷器或宜兴的紫砂壶为上,这个都是为了喝茶前有个放松心情的准备。",样式名称为"内容",如图 3.67 所示。

　　(7) 选择上一步创建的文本字幕,在 TIMING 面板中选择 AlphaFromTo 效果,如图 3.68(a)所示。设置 Initial Alpha(初始透明度)为 15%,Final Alpha(最终透明度)为 100%,

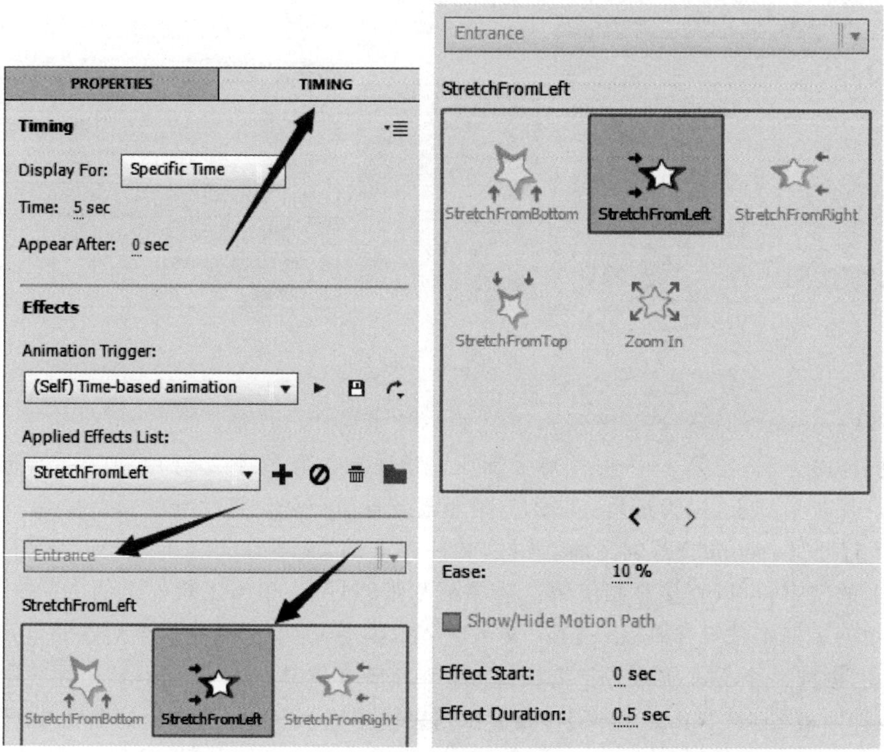

图 3.65

Effect Start 为 0s(效果开始时间),Effect Duration 为 2s(效果持续时间),如图 3.68(b)所示。使用第(5)步所述方法,把这个效果应用到所有使用该样式("内容"样式)的文本字幕中。

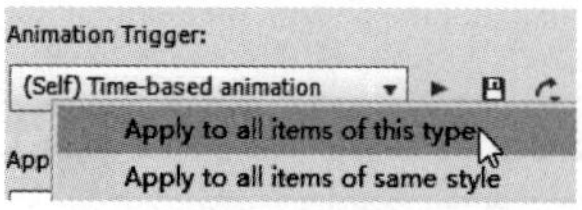

图 3.66

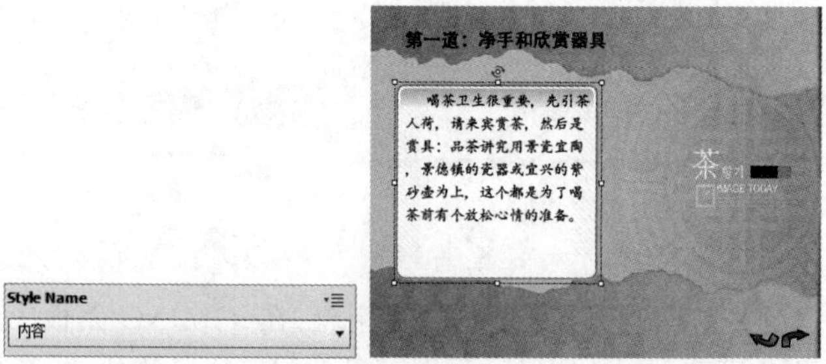

图 3.67

(8) 从库中把"茶具.jpg"文件拖放到第 2 张幻灯片中,适当调整其尺寸大小,如图 3.69 所示。

(9) 现在为"茶具.jpg"图片加上两个效果,在放大效果播放的同时进行倾斜,如图 3.70(a) 所示,ScaleTo(缩放到)效果在该张幻灯片开始播放时运行,效果 1s 内完成,缩放 X 轴 2 倍,缩放 Y 轴 2 倍,如图 3.70(b)所示。SkewTo(倾斜到)效果在该张幻灯片开始播放时运行,效果 1s 内完成,倾斜 X 轴 30°,倾斜 Y 轴 0°,如图 3.70(c)所示。

在一个对象上添加多个效果的方法是:添加一个效果后,单击 Applied Effects List(应用效果列表)右侧的 ✚ 按钮。

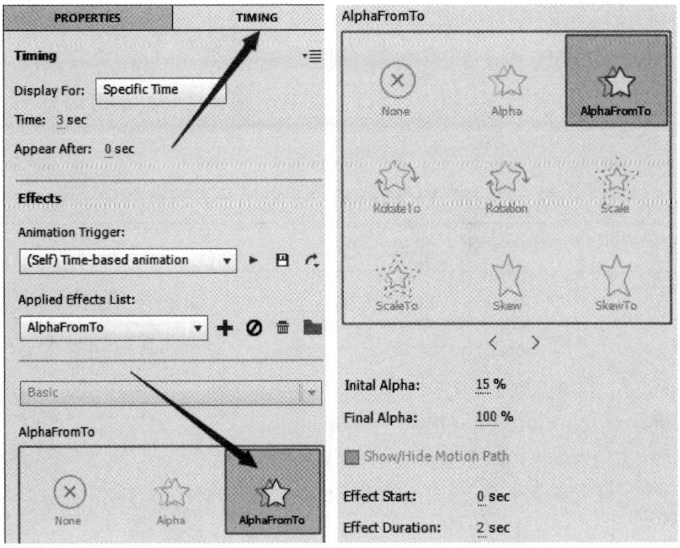

图 3.68

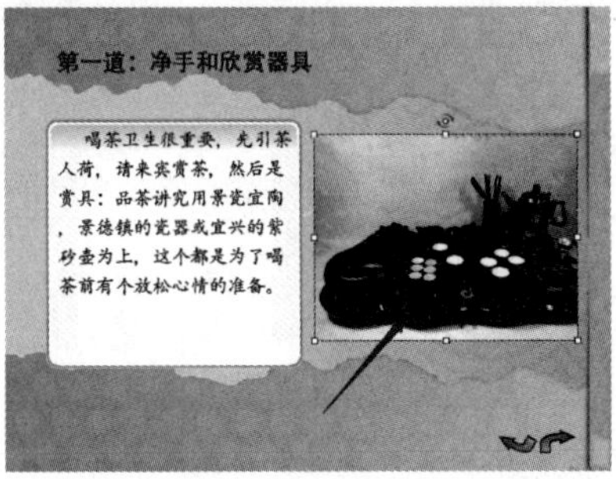

图 3.69

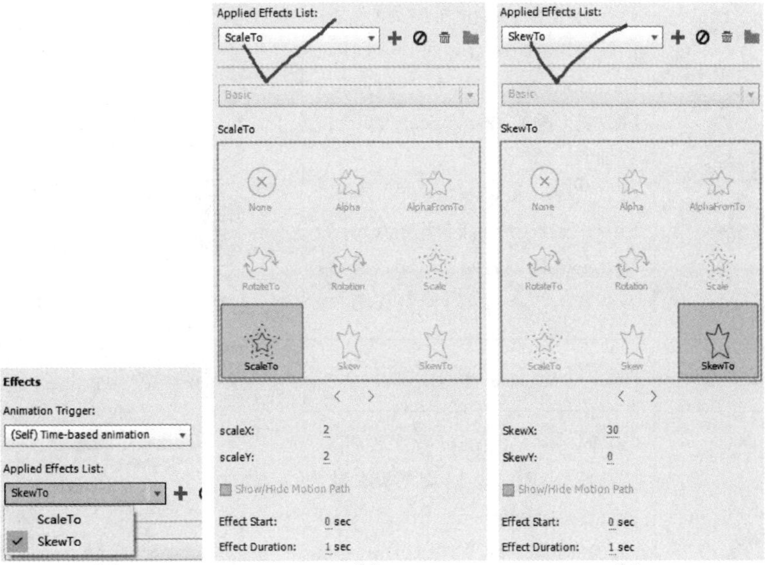

图 3.70

（10）后面每张幻灯片的制作同第2张幻灯片，由于前面给样式"标题"和"内容"应用了效果，后面制作的内容应用这两个样式后就直接带有效果了。表3.1给出了第3~10张幻灯片的图片效果参数，文本内容从"文字.txt"文件复制并参考给的幻灯片图片上的布局进行制作。

表3.1 第3~10张幻灯片的图片效果参数

幻灯片	图片	效　果	幻灯片图片
3	第二道.png	使用 ScaleTo（缩放到）效果：Effect Start(开始时间)0s，Effect Duration（持续时间）1s，ScaleX（缩放 X 轴）1.5 倍，ScaleY（缩放 Y 轴）1.5 倍	
4	第三道.png	使用 ScaleTo（缩放到）效果：Effect Start(开始时间)0s，Effect Duration（持续时间）1s，ScaleX（缩放 X 轴）2 倍，ScaleY（缩放 Y 轴）2 倍	
	第四道.png	使用 SkewTo（倾斜到）效果：Effect Start(开始时间)0s，Effect Duration（持续时间）1s，SkewX（倾斜 X 轴）30°，SkewY（倾斜 Y 轴）0°	
5	第五道.png	同"第二道.png"效果设置	
	第六道.png	（1）使用 ScaleTo（缩放到）效果：Effect Start(开始时间)0s，Effect Duration（持续时间）1s，ScaleX（缩放 X 轴）1.2 倍，ScaleY（缩放 Y 轴）1.2 倍。（2）使用 SkewTo（倾斜）效果：Effect Start(开始时间)0s，Effect Duration(持续时间)1s，SkewX(倾斜 X 轴)30°，SkewY(倾斜 Y 轴)0°	
6	第七道.png	同"第三道.png"效果设置	
	第八道.png	（1）同"第三道.png"效果设置。（2）使用 Rotation（旋转）效果：Rotation（旋转）45°，Effect Start（开始时间）0s，Effect Duration（持续时间）1s	

幻灯片	图片	效　　　果	幻灯片图片
7	回壶.jpg	使用 AlphaFromTo（透明度从到）效果：Initial Alpha（开始透明度）15％，Final Alpha（最后透明度）100％，Effect Start（开始时间）0s，Effect Duration（持续时间）3s	
8	第十道.png	使用 Rotation（旋转）效果：Rotation（旋转）45°，Effect Start（开始时间）0s，Effect Duration（持续时间）1s	
	第十一道.png	使用 ScaleTo（缩放到）效果：Effect Start（开始时间）0s，Effect Duration（持续时间）1s，ScaleX（缩放 X 轴）1.3 倍，ScaleY（缩放 Y 轴）1.3 倍	
9	闻香.jpg	同第七张幻灯片的"回壶.jpg"效果设置	
10	品茗 1.jpg(2)	使用 ScaleTo（缩放到）效果：Effect Start（开始时间）0s，Effect Duration（持续时间）2s，ScaleX（缩放 X 轴）1.6 倍，ScaleY（缩放 Y 轴）1.6 倍	

　　（11）最后制作第 10 张幻灯片的返回按钮。单击第 10 张幻灯片，在工具栏单击 Interactions（交互）图标，在弹出的菜单中单击 B Button 图标，把生成的按钮拖到幻灯片右下角，如图 3.71 所示。

　　在属性面板 Style（样式）下选择 Image Button（图像按钮），如图 3.72（a）所示。在 Image Button（图像按钮）下拉列表框中拖动滚动条，找到并选择如图 3.72（b）所示的图标。在属性面板 Actions（动作）中为按钮设置单击后跳到第 2 张幻灯片，如图 3.72（c）所示。

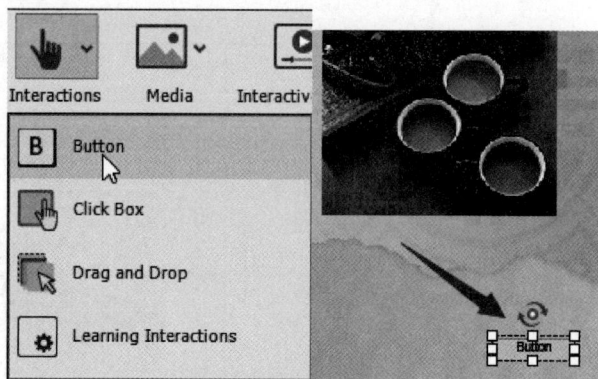

图　3.71

(a) (b) (c)

图　3.72

3.2.5　为项目设置导航和皮肤

(1) 在主菜单选择 Project(项目)→Table Of Contents(目录),出现 SKIN EDITOR(皮肤编辑面板),选中 Show TOC(显示 TOC),然后依次选中每一个幻灯片后面的选择框,双击每张幻灯片的标题,修改其名称为该张幻灯片的茶道标题,如图 3.73(a)所示。可以单击 Settings 按钮,在弹出的设置面板中设置目录的位置,展开和关闭图标,目录的背景颜色、字体等,如图 3.73(b)所示,该项目选择 Overlay(覆盖)模式,其他保持默认,设置好后单击 OK 按钮。

(a) (b)

图　3.73

（2）单击 图标可以设置项目的播放控制条外观和按钮，该项目设置播放控制条为
Aluminum，其他保持默认设置，如图 3.74 所示。

图 3.74

至此，范例制作完成，预览完成的作品。

作业

一、模拟练习

打开"Lesson03\模拟练习"文件夹中的"03 模拟 complete. cptx"文件，并进行预览，根
据本章知识内容，做一个类似的项目。课件资料已完整提供，获取方式见前言。

二、自主创意

根据本章所学知识，自主创意制作一个项目，熟练掌握 Adobe Captivate 中项目的
管理。

三、理论题

1. 如何创建模板文件？

2. 如何创建用户自定义主题？主题和模板有哪些区别？

3. 如何创建备份文件？

4. 如何清除项目缓存？

第4章

幻灯片的基本编辑

本章学习内容

（1）幻灯片的属性设置；

（2）幻灯片编辑技巧；

（3）幻灯片的母版、背景和过渡效果；

（4）为幻灯片注释加上语音。

完成本章的学习需要大约 2 小时,相关资源获取方式见前言。

知识点

幻灯片的类型	幻灯片过渡效果	灯片注释加上语音
幻灯片属性设置	幻灯片背景设置	幻灯片编辑

本章案例介绍

范例

本章范例是关于机器人的介绍,涉及幻灯片母版、背景设置、配音、背景音乐、幻灯片过渡和幻灯片编辑技巧等方面的操作,双击运行"Lesson04/机器人介绍.exe"文件,预览范例,如图 4.1 所示。

模拟案例

本章模拟案例是关于青花瓷的介绍,制作过程中涉及大多数本章所学知识点,关于按钮动作的添加请模仿案例制作,后面章节将会详细介绍。双击运行"Lesson04/青花瓷介绍.exe"文件,预览模拟案例,如图 4.2 所示。

图 4.1

图 4.2

4.1 幻灯片的基本编辑

4.1.1 非响应式幻灯片和空白幻灯片属性设置

响应式幻灯片和非响应式幻灯片有一些共同的属性,但因为响应式幻灯片的尺寸不是
固定的,所以它们又有一些不同的属性。

在 Adobe Captivate 新建一个空白幻灯片项目,选择 FILMSTRIP(幻灯片带)上的幻灯
片,单击工具栏中的 Properties(属性)按钮,出现如图 4.3 所示的属性面板,包括 Style(样
式)、Actions(动作)和 Options(选项)3 个选项卡,还包括一个幻灯片时间方面的设置
TIMING。

(1) Style(样式)如图 4.4 所示,表 4.1 是对各项内容的介绍。

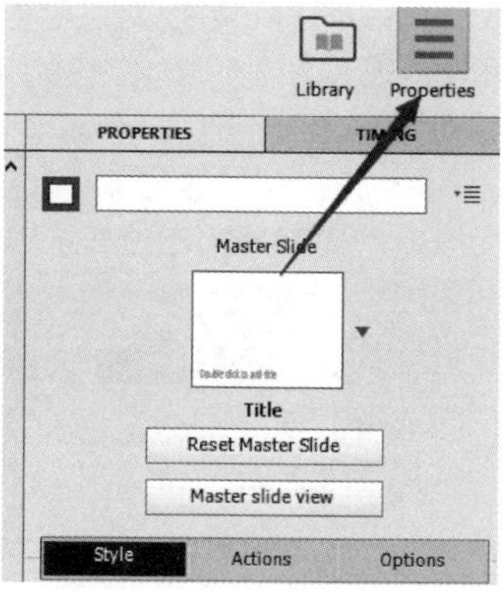

图 4.3

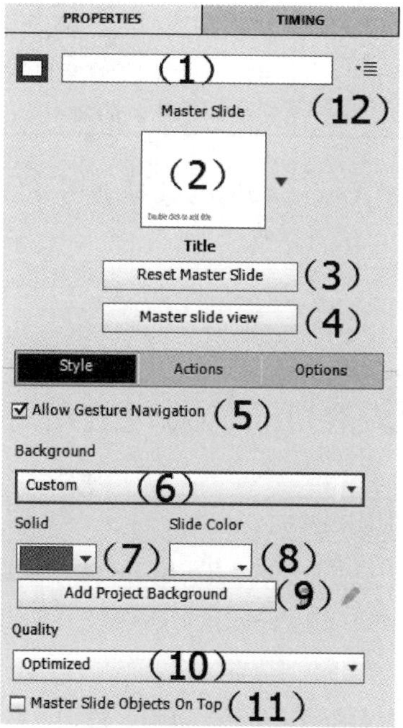

图 4.4

表 4.1 Style(样式)各项内容介绍

图 4.4 中的编号	说　明
(1)	幻灯片名字
(2)	当前幻灯片应用的母版幻灯片类型
(3)	将对母版幻灯片的更改与项目幻灯片同步。要更新幻灯片,请单击此按钮
(4)	切换到母版幻灯片编辑界面
(5)	"允许手势导航"复选框,选中可以在移动设备上查看幻灯片时启用对幻灯片的手势。要为项目启用手势导航,请选择主菜单的 Window(窗口)→Mobile Palette(移动配置),启用手势配置复选框
(6)	选择背景的类型有 3 种：Master Slide Background(母版幻灯片背景)、Project Background(项目编辑)和 Custom(用户自定义背景)
(7)	为幻灯片的颜色选择填充模式,有实心、渐变或图像
(8)	设置幻灯片的颜色
(9)	选择幻灯片的背景。选择通过从项目的 Library 或计算机中的任何位置选择图像来更改幻灯片上的背景图像。当未选择母版幻灯片背景选项时,此选项可用
(10)	选择幻灯片的质量级别：Low(8-bit)[低(8 位)]、Optimized(优化)、JPEG 和 High(24-bit)[高(24 位)]。 Low(8-bit)：如果选择使用此项作为选项发布幻灯片,那么与其他选项相比,已发布项目的幻灯片具有最小的可能大小,但图像的质量更低。这个选项对大多数图像和所有屏幕记录的内容都适用,但是如果图像包含太多颜色或具有不同透明度的多种颜色,则该项不是最佳选项。 Optimized(优化)：若选中此选项,则项目中的所有图像都将作为位图(.bmp 图像)发布。此选项可能会增加已发布项目的大小。 JPEG：如果选中此选项,项目中的所有图像都将作为 jpg 图像发布。 High(24-bit)：如果选中此选项,项目中的所有图像都将作为 24 位位映射发布。如果想要高质量的图像,则选中这个选项
(11)	如果在幻灯片中想要将母版幻灯片的对象放置在顶部,则选中该复选框
(12)	单击以打开"幻灯片可访问性"对话框,在其中允许添加或输入可被使用屏幕阅读器的残疾用户读取的文本

(2) Actions(动作)选项如图 4.5 所示,表 4.2 是对其各项内容的介绍。

在每张幻灯片开始播放(On Enter)或结束播放离开(On Exit)时都可触发一些事件(也称"动作")。

说明：Options(选项)下拉列表的 Go To The Previous Slide(转到上一个幻灯片)、Go To The Next Slide(转到下一个幻灯片)、Go To The Slide Last Visited(转到上一次访问的幻灯片)、Jump To Slide(跳转到幻灯片)和 No Action(没有动作)仅在打开 On Exit(退出)菜单中可用,即在退出幻灯片时决定下一步的去向。

复制对象时,也会复制与对象相关联的操作,如播放音频的 Enable(启用)和 Disable(禁用)。

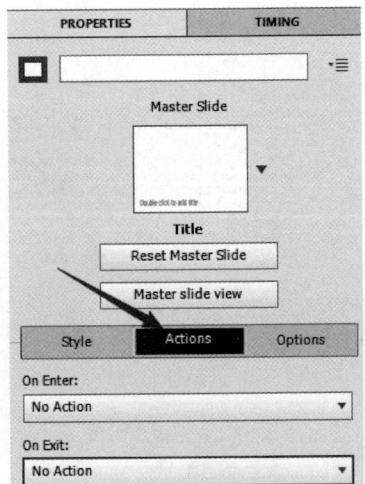

图　4.5

表 4.2　Action(动作)各项内容介绍

项　　目	说　　明
Continue(继续)	转到下一个定义的动作
Open URL Or File(打开网址或文件)	使用指定的网址打开网页浏览器,或者打开指定的文件
Open Another Project(打开另一个项目)	打开另一个 Adobe Captivate 项目
Send E-mail To(发送电子邮件)	在"收件人"字段中指定电子邮件地址
Execute JavaScript(执行 JavaScript)	Adobe Captivate 运行指定的 JavaScript
Execute Advanced Actions(执行高级动作)	Adobe Captivate 运行使用 Advanced Actions 对话框创建的指定标准或条件操作
Execute Shared Action(执行共享动作)	允许将对象与共享的高级操作关联。如果选中此选项,则从下拉列表中选择共享操作,然后单击{P}编辑参数
Play Audio(播放音频)	当播放幻灯片时,Adobe Captivate 播放指定的音频。播放音频的持续时间等于幻灯片或所选音频文件的持续时间
Show(显示)	使一个对象可见
Hide(隐藏)	隐藏一个对象
Enable(启用)	项目中的指定对象已启用。此选项仅对交互对象可用
Disable(禁用)	项目中指定的对象被禁用。此选项仅对交互对象可用
Assign(指派)	给变量赋值
Increment(增加)	指定变量的值相应地递增
Decrement(减少)	指定变量的值相应地递减
Exit(退出)	退出
Pause(暂停)	暂停
Show TOC(显示目录)	显示目录(TOC)
Show Playbar(显示播放控制条)	显示播放控制条
Hide TOC(隐藏目录)	隐藏目录(TOC)
Hide Playbar(隐藏播放控制条)	隐藏播放控制条
Lock TOC(锁定目录)	TOC 被锁住了。单击 TOC 中的条目不会将用户导航到该内容
Unlock TOC(解锁目录)	对锁定的 TOC 解锁
Change State of(改变状态)	转到对象状态视图中定义的特定状态
Go To Next State(转到下一个状态)	到下一个状态视图
Go To Previous State(到上一个状态)	到上一个状态视图
Apply Effect(应用效果)	当执行所需的操作时,将应用与指定对象关联的效果
Go To The Previous Slide(到上一张幻灯片)	到上一张幻灯片
Go To The Next Slide(到下一张幻灯片)	到下一张幻灯片
Go To The Slide Last Visited(到上一次浏览的幻灯片)	到上一次浏览的幻灯片
Return To Quiz(返回测验)	返回测验: • 如果用户回答不正确或跳过了问题,则显示最后一次尝试的问题幻灯片。 • 如果用户正确回答了问题,则跳到该问题之后的问题幻灯片
Jump To Slide(转到指定的幻灯片)	转到指定的幻灯片
No Action(无动作)	用户退出幻灯片时不执行任何动作

（3）Options(选项)如图4.6所示。

本节将音频添加到幻灯片中。单击 Add Audio（添加音频）时，可以转到幻灯片音频对话框，在该对话框中可以录制、编辑以及从库、从外部导入音频文件。添加音频文件后，会出现如图4.7所示的属性设置，表4.3是每一项属性的介绍。

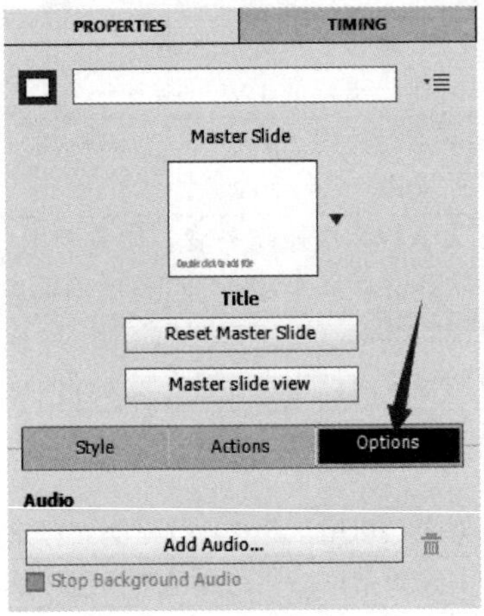

图 4.6

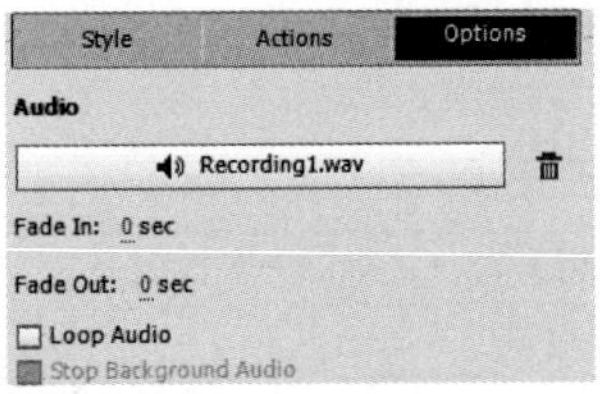

图 4.7

表4.3 幻灯片音频属性设置项

Options 选项	说 明
Fade In(淡入)	指定音频淡入到完整音量的时间(以秒为单位)
Fade Out(淡出)	指定音频淡出到静音的时间(以秒为单位)
Loop Audio(循环播放)	持续播放音频文件，直到幻灯片退出
Stop Background Audio(停止背景音乐)	停止播放与幻灯片关联的任何背景音频

（4）幻灯片时间选项。

如图4.8所示，Slide Duration(幻灯片播放时间)用于改变幻灯片播放的持续时间。最大值是1小时(3600s)。在幻灯片时间选项里，还可以设置幻灯片的过渡效果，一共有10种过渡效果。

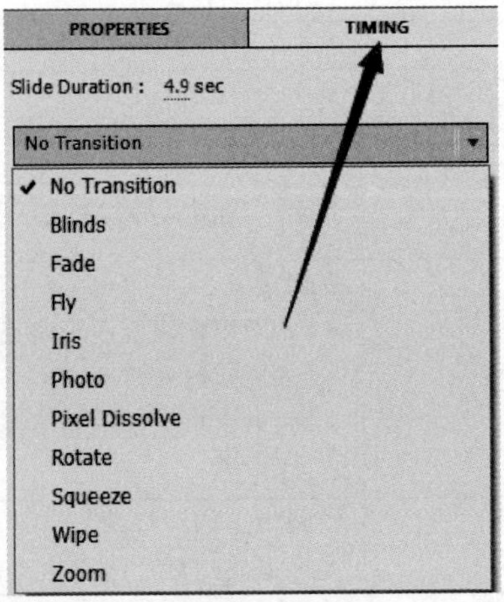

图 4.8

4.1.2 响应式项目幻灯片属性

新建一个响应式项目,查看其幻灯片的属性,可以发现与其他种类幻灯片相比,此处没有 TIMING(定时)选项卡,如图 4.9(a)所示;在属性面板底部多出来几个属性项,如图 4.9(b) 所示。

图 4.9

但是,在响应式项目幻灯片上添加的对象还是有 TIMING(定时)这个选项卡的。

图 4.9(b)所示 ⟳ 图标,代表响应式项目当前状态在设备上的显示将根据设备的高度 而变化,如图 4.10(a)所示,即项目的显示关联设备高度。再次单击该按钮,按钮形状变为 ⟲ ,代表响应式项目当前状态在设备上的显示将保持固定的高度,如图 4.10(b)所示,即项 目的显示不关联设备高度。

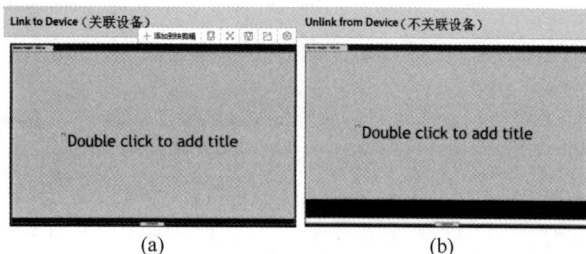

图 4.10

图 4.9(b)所示 Minimum Font Size(最小字体大小)指:在显示设备上,显示界面自动 缩小时字体缩小的极限值,此处是 14。如果缩小到该值时不能完全显示内容就会出现滚动 条分页显示。Enable Uniform Test Scaling(允许文本统一缩放)是指:在显示设备上缩放 界面时是否允许文本一起缩放。

视频讲解

4.1.3 幻灯片暂停播放的设计

项目在播放时,如果幻灯片没有暂停设计,那么每张幻灯片是根据其在时间轴上的时间按顺序自动往下播放的,可以通过单击框和按钮来暂停幻灯片的播放,也可以通过幻灯片属性设置该张幻灯片的持续时间。

1. 通过单击框暂停幻灯片

(1) 首先新建一个空白项目,添加3张空白幻灯片,再加上创建项目时的那张,共4张幻灯片,按顺序分别在各幻灯片上添加文本字幕"1""2""3""4",如图4.11所示。

(2) 如图4.12所示在第1张幻灯片添加一个Click Box(单击框),拖动使其铺满幻灯片,在属性面板取消选中Success(成功)、Failure(失败)、Hint(暗示)复选框,如图4.12所示。

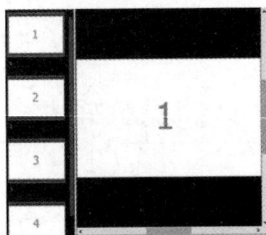

图　4.11

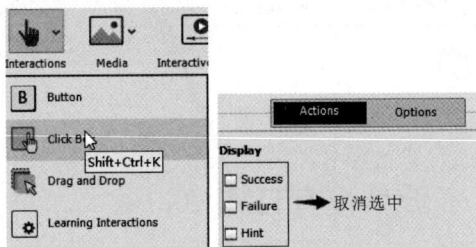

图　4.12

(3) 在属性面板取消选中Hand Cursor(手形光标),并选中Pause project until user clicks(在用户单击前暂停播放),如图4.13所示。预览项目发现第1张幻灯片只有在单击后才能播放下一张幻灯片。

2. 使用按钮暂停幻灯片

在第2张幻灯片添加一个按钮,拖动其大小覆盖幻灯片,如图4.14所示。

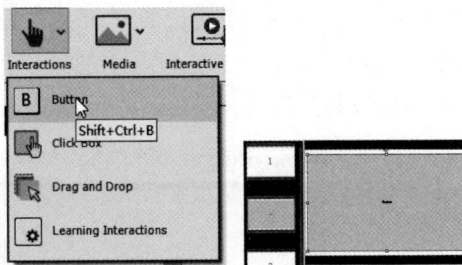

图　4.13

图　4.14

在属性面板的Style(样式)选项卡下选中Make Transparent(使透明),这样按钮的透明度就为0;在Actions(动作)选项卡,在On Success(成功)下拉列表框中选择Go to next slide(转到下一张幻灯片),如图4.15所示。预览幻灯片,发现在第2张幻灯片也需要单击才能继续播放。

3. 通过幻灯片属性设置幻灯片的持续时间

在幻灯片的属性面板中,Slide Duration(幻灯片持续时间)用于设置幻灯片播放的持续时间,如图4.16所示,默认是3s,可以在首选项中更改默认值。

图　4.15　　　　　　　　　　　　　　　　　　　图　4.16

视频讲解

4.1.4　使用母版幻灯片

母版幻灯片在第 3 章已有介绍,这里继续进行深入学习。

母版幻灯片定义背景和常用对象,例如幻灯片的徽标、页眉和页脚等,应用了母版幻灯片的幻灯片会显示母版幻灯片的所有内容,从而为整个项目提供统一的外观。一组母版幻灯片组成一个主题。

Main master slide(首要母版幻灯片):是母版幻灯片面板中的第一个幻灯片,此幻灯片的名称与主题名称相同。此母版幻灯片的对象和背景颜色显示在所有其他母版幻灯片上。每个主题有一个首要母版幻灯片。

Content master slides(内容母版幻灯片):由多张不同内容风格的母版幻灯片组成,包含可用于内容幻灯片的布局和对象,例如,Title 母版幻灯片可用于项目的标题。每个幻灯片都包含不同对象的占位符,例如文本标题、图像或一般内容占位符。

Question master slides(问题母版幻灯片):包含多张问题类型的独立母版幻灯片,主要有多选题、填空题、真假题、简短答案和顺序题母版幻灯片,还有匹题配、热区选择题、相似题等类型的母版幻灯片,还包括一张结果母版幻灯片。每个问题母版幻灯片都包含与主题相关的占位符(问题、答案和标题等)。

1. 打开母版幻灯片面板

打开母版幻灯片面板有两种方式,在主菜单中选择 Window(窗口)→Master Slide(母幻灯片),如图 4.17(a)所示。在属性面板(2019 版本)单击 Master slide view 按钮,如图 4.17(b)所示。

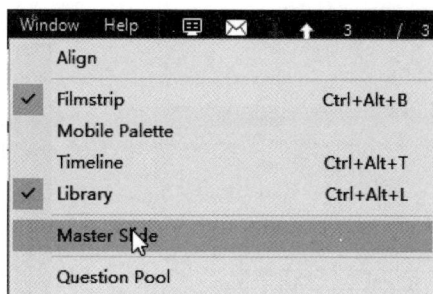

(a)

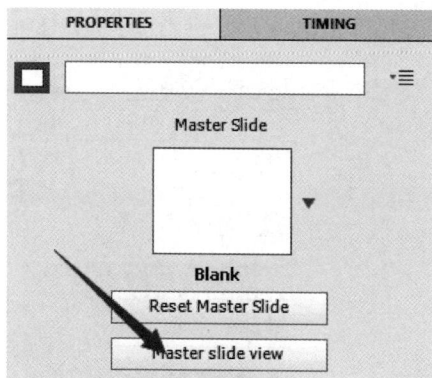

(b)

图　4.17

2. 编辑母版幻灯片

1) 添加母版幻灯片

在母版幻灯片编辑界面,在任意幻灯片中右击,在弹出的快捷菜单中选择 Slides(幻灯片)→Content Master Slide(内容幻灯片),或 Quiz Master Slide(测验幻灯片),如图 4.18 所示。

2) 给母版幻灯片添加对象

可以将 Text Caption(文本字幕)、Rollover Caption(滚动字幕)、Rollover Image(鼠标指针经过图像)、Highlight Box(高亮框)、Smart Shapes(智能形状)等标准对象插入到母版幻灯片中,还可以插入 Text Animation(文本动画)、Widget(小组件)、Image(图像)、Animation(动画)和 FLV/F4V files(event video)[FLV/F4V 文件(事件视频)],其他标准对象(包括音频)不能插入到母版幻灯片。

还可以在母版幻灯片上添加占位符对象。在实际创作时,可以在应用了母版幻灯片的幻灯片中双击占位符并插入相应的内容。

3) 在内容母版幻灯片上使用流体盒子

在 Adobe Captivate 2019 中新建一个响应式项目,打开母版幻灯片面板,插入一张内容幻灯片,命名为 content Fluid Box,如图 4.19 所示。

图 4.18

图 4.19

向幻灯片中插入 4 个 Vertical layouts(垂直布局)的 Fluid Box(流体盒子),如图 4.20(a)所示,拖动 ⊙ 图标对流体盒子进行布局,如图 4.20(b)所示。

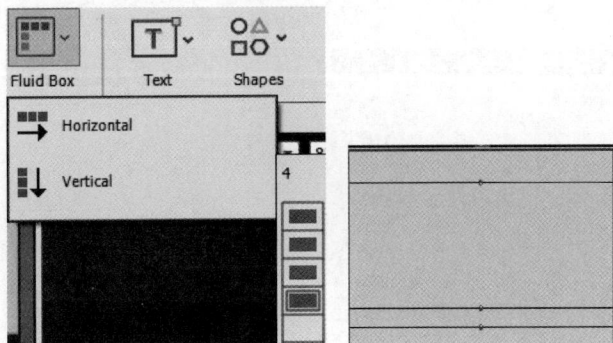

(a)

(b)

图 4.20

在属性面板选择第 3 个流体盒子,在 Wrap(折叠)下拉列表框中选择 Squeeze in a row(挤成一行),意思是当屏幕缩小时,这个流体盒子里的内容不换行。注意:只有幻灯片上的流体盒子处于被选择状态时才会出现这个属性设置,如图 4.21 所示。

在上面相应的流体盒子里分别放入文本字幕和图像类型的占位符,在主菜单中选择 Insert(插入) → Placeholder Objects(占位符对象),如图 4.22 所示,先后

图　4.21

选择其中的 Text Caption(文本字幕)和 Image(图像)插入到幻灯片中。在最下面的流体盒子里放入 3 个按钮占位符,因为没有按钮类型的占位符,所以可放入图 4.23 所示的 Smart Shape(智能形状)代替,具体布局如图 4.23 所示。

图　4.22

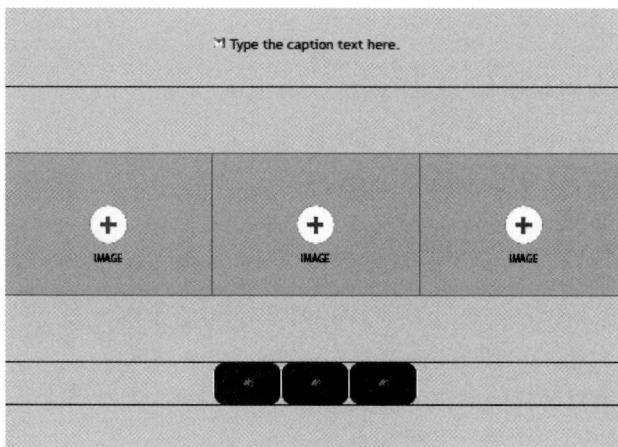

图　4.23

切换到幻灯片编辑视图,在属性面板应用这张母版幻灯片后,分别双击幻灯片上的 3 个按钮,输入文字"按钮",并且在其属性面板选中 Use as Button。双击图片占位符可为其添加图像,单击文本字幕占位符可添加文字,如图 4.24 所示。

图　4.24

由于使用了流体盒子并进行了适当的设置,幻灯片的内容能自动排版以适应屏幕显示。

3. 使用母版幻灯片

在幻灯片的属性面板为每张幻灯片应用母版幻灯片,每张幻灯片都有一个默认的母版幻灯片,比如空白幻灯片默认的母版幻灯片是 Blank(空白)幻灯片。设置方法如图 4.25 所示,在打开的 Master Slide(母版幻灯片)下拉列表框中进行选择即可。

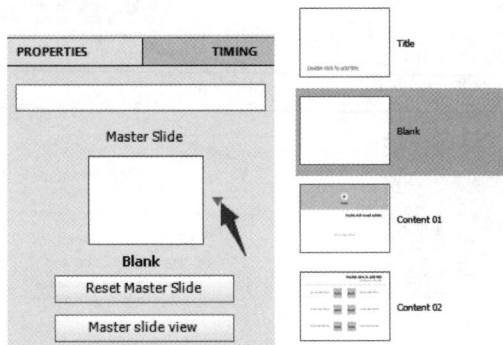

图　4.25

4.1.5　创建知识检查幻灯片

知识检查幻灯片和问题幻灯片的主要区别是没有评分,而是通过尝试提出一些问题来测试学到了什么。

1. 插入知识检查幻灯片

(1) 选择 Slides(幻灯片)→Knowledge Check Slide(知识检查幻灯片),如图 4.26 所示。

(2) 在弹出的 Insert Questions 面板中选择要添加的知识检查幻灯片的类型和数目,单击 OK 按钮,如图 4.27 所示。

2. 设置知识检查幻灯片的通用 QUIZ 属性

知识检查幻灯片一共有 7 种类型:多项选择题(Multiple Choice)、真/假判断题(True/False)、填空题(Fill in the Blank)、简答题(Short Answer)、匹配题(Matching)、热区(Hot Spot)和排序题(Sequence)。下面分别对其 QUIZ(测验)属性进行介绍。

(1) 在幻灯片带选择知识检查幻灯片后,在属性面板单击 QUIZ

图　4.26

选项卡,如图 4.28 所示。

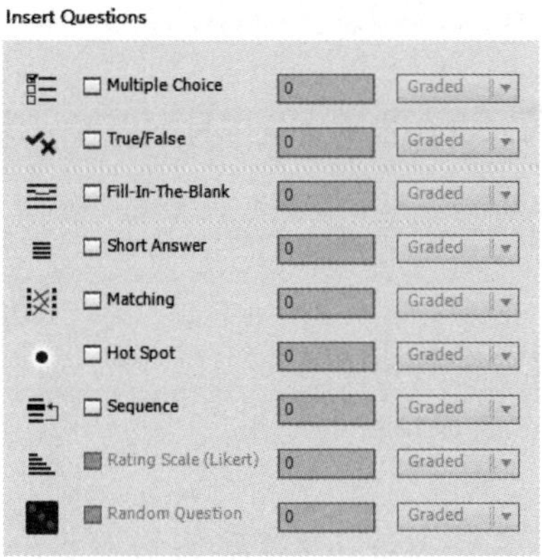

图 4.27

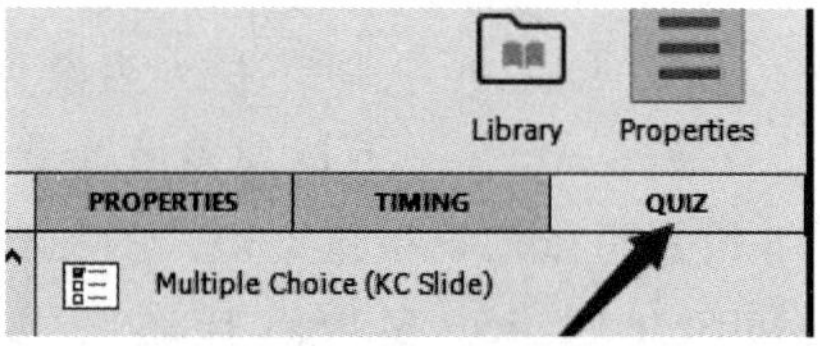

图 4.28

(2) 如图 4.29 所示,每一张知识检查幻灯片都有如下属性项。

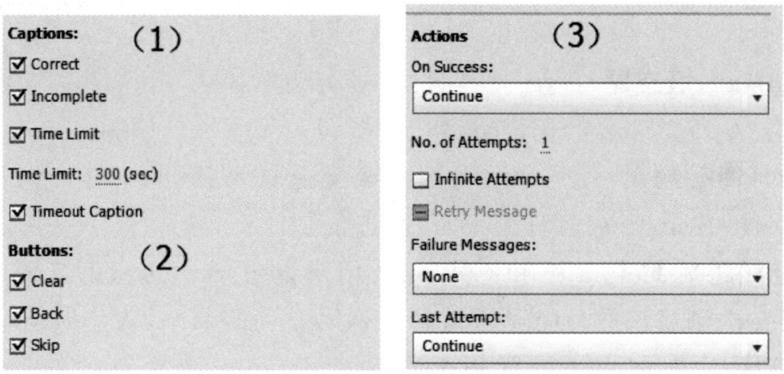

图 4.29

Captions(标题):

如图 4.29"(1)"所示,主要设置回答正确(Correct)、不完整(Incomplete)、时间限制(Time Limit)或超时(Timeout)是否显示提示语句,提示语句的内容可在首选项中更改,下面是默认设置。

当选中 Correct 时,回答正确将提示 Correct - Click anywhere or press 'y' to continue(正确-单击任意地方或者按'y'键后继续)。

当选中 Incomplete 时,回答不完整将显示 You must answer the question before continuing(在继续前必须回答完问题)。

当选中 Time Limit 时,对回答问题的时间进行限制,单位为秒。

当选中 Timeout Caption 时,会显示回答问题超时后的提示语句 The time to answer this question has expired. Click anywhere or press 'y' to continue(回答这个问题的时间已过,单击任意位置或按'y'键继续)。

Buttons(按钮):

如图 4.29"(2)"所示,设置显示哪些按钮,主要有 Clear(清除)、Back(返回)和 Skip(跳过)3 个按钮。Submit(提交)按钮在属性面板没有出现,默认每张知识检查幻灯片都是必须存在的。

Actions(动作)：

如图 4.29"(3)"所示，设置操作成功和失败后的动作、尝试次数和失败后的提示语句是否显示。

On Success——下拉列表设置操作成功后执行的动作，动作类型可从下拉列表框中选择。

No. Of Attempts——设置按钮单击可以尝试的次数。

Infinite Attempts——设置按钮单击次数不受限制。

Retry Message——设置操作失败后是否显示提示信息。

Failure Messages——下拉列表设置操作失败后提示的语句。

Last Attempt——下拉列表设置最后一次操作尝试后要执行的动作。

3. 设置每张知识检查幻灯片的独有属性

Multiple Choice(多项选择题)：如图 4.30 所示，Answers 设置答案数量；Shuffle Answers 设置在再次浏览到该题目时是否重排答案顺序；Multiple Answers 设置是单选还是多选；Numbering 设置答案的编号类型。

True/False(真/假判断题)：有一个题目编号类型选择下拉列表。

Fill in The Blank(填空题)：有一个题目编号类型选择下拉列表，还有一个 Mark Blank 的标记空格功能按钮。

Short Answer(简答题)：有一个题目编号类型选择下拉列表，还有一个 Case-Sensitive(区分大小写)复选框。

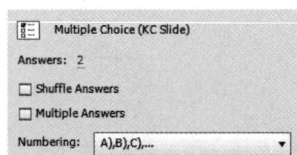

图 4.30

Matching(连线题)：Column1 和 Column2 用来设置第一列和第二列的行数；Shuffle Column1 设置第二次浏览该题目时是否重新排列第一列的顺序，防止做题时作弊。

Hot Spot(热区)：Answers 设置答案数量；Hotspot 选择热区的动画文件；Allow Clicks Only on Hotspots 设置是否只允许在热区单击。

Sequence(排序题)：Answers 设置答案数量；Answer Type 选择答题方式是拖动还是列表选择。拖动的方式如图 4.31(a)所示的外观，用鼠标拖动排序；列表选择的方式如图 4.31(b)所示的外观，从下拉列表选择答案排序。

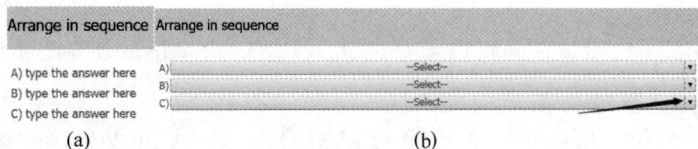

图 4.31

视频讲解

4.1.6 将幻灯片注释转换为语音

可以为幻灯片添加注释，如制作细节说明、辅助材料或脚注文本等。幻灯片注释的重要功能是：可以把注释转换为语音为项目配音，可以把幻灯片注释转换为隐藏字幕并且显示到屏幕上，即配音功能和字幕功能。在项目播放中用户可通过 CC Settings(CC 设置)来自主控制是否显示字幕。这样也便于没有任何音频设备或听力受损的用户进行沟通。

1. 安装文本到语音转换软件

https://helpx. adobe. com/Adobe Captivate/kb/Adobe Captivate-text-speech-converters. html

是 Adobe 公司的 NeoSpeech 语音朗读软件下载地址,可下载安装,也可以使用微软和科大讯飞等公司的语音朗读软件。具体安装和语言版本参考具体软件的说明。

2. 添加幻灯片注释

(1) 在 Adobe Captivate 2019 中打开"Lesson04\范例文件"文件夹下的 4.1.6. cptx 文件,另存为 4.1.6demo. cptx,以免覆盖原始练习文件。

(2) 选择第二张幻灯片,在主菜单选择 Window(窗口)→Slide Notes(幻灯片注释),如图 4.32 所示。打开的 SLIDE NOTES(幻灯片注释)面板如图 4.33 所示。

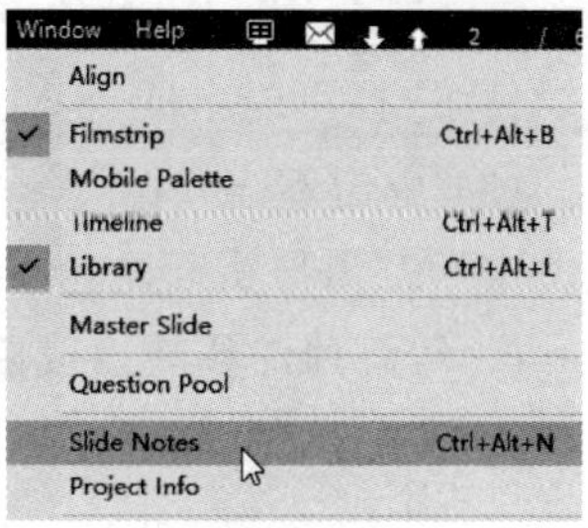

图 4.32

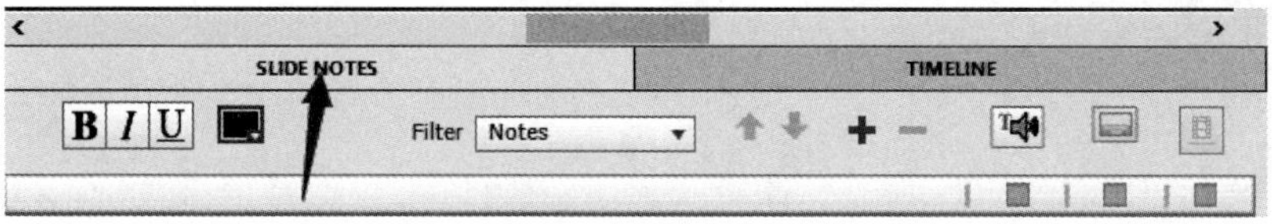

图 4.33

(3) 单击如图 4.33 所示的 ➕ 按钮,在出现的输入框中输入"作者:安托万・德・圣・埃克苏佩里(法)1942 年",如图 4.34 所示。

3. 幻灯片注释从文本到语音转换

(1) 在图 4.35 中单击选中按钮 ☑ ,就具有了文本到语音的操作功能,单击转化按钮 🔊 ,出现如图 4.36 所示的语音管理面板(Speech Management)。

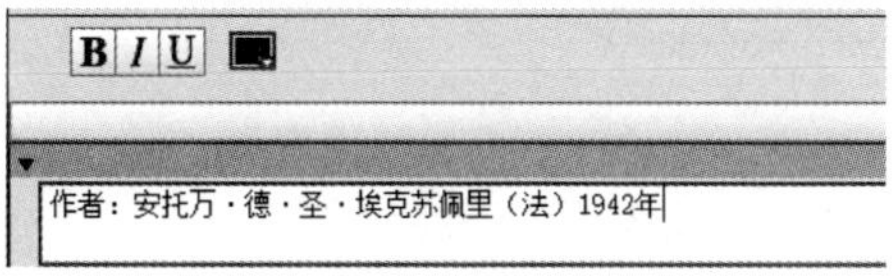

图 4.34

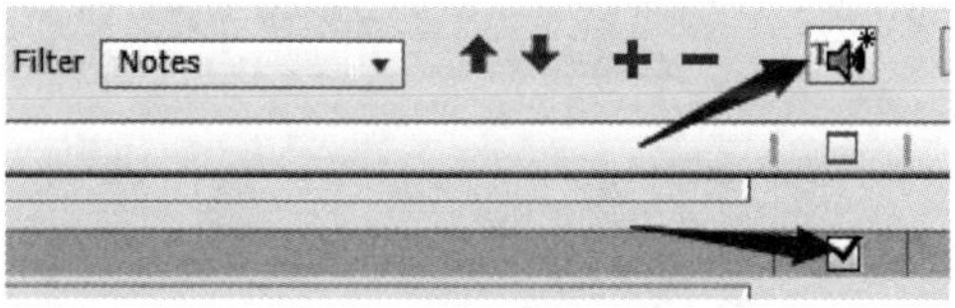

图 4.35

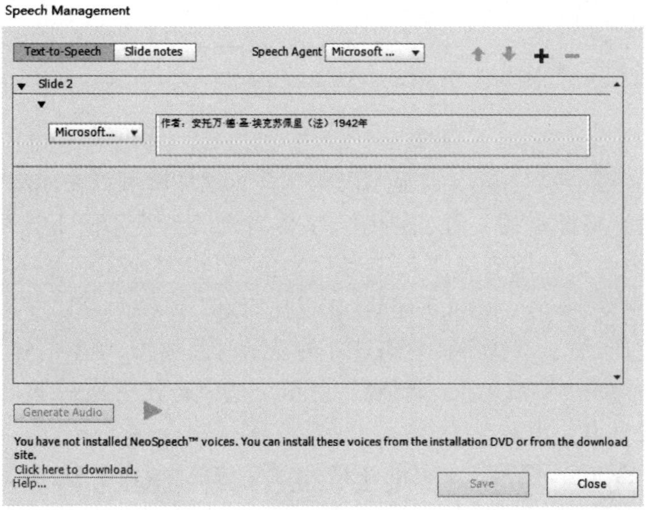

图 4.36

（2）在 Speech Agent（语音代理）的下拉列表框中选择 Microsoft Huihui Desktop-Chinese(Simplified)（微软 Huihui 桌面简体汉语），如图 4.37 所示。不同的操作系统和语音软件，选择可能不同，但注意中文文本需要选择中文语音。

（3）单击 Generate Audio 按钮生成语音，生成完毕单击 ▶ 按钮，试听效果。每一次修改文本后都需要重新单击此按钮进行生成更新更改。单击 Close（关闭）按钮。

4. 幻灯片注释转换成隐藏字幕并显示

如图 4.38 箭头所示，选中 Closed Captioning（隐藏字幕）▣ 按钮下方的选择框。

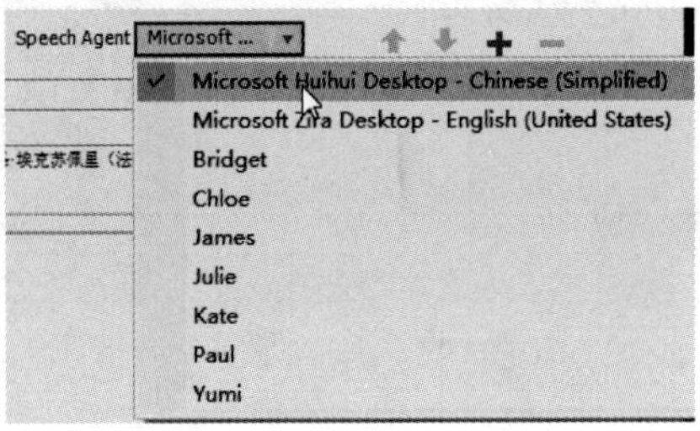

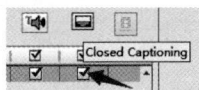

图 4.37　　　　　　　　　　　　　　　　　　图 4.38

（1）单击 ▣ 按钮出现 Slide Audio（幻灯片音频）面板，在 Closed Captioning（隐藏字幕）项下，单击 CC Settings（Closed Captioning 设置）⚙ 按钮，如图 4.39 所示。

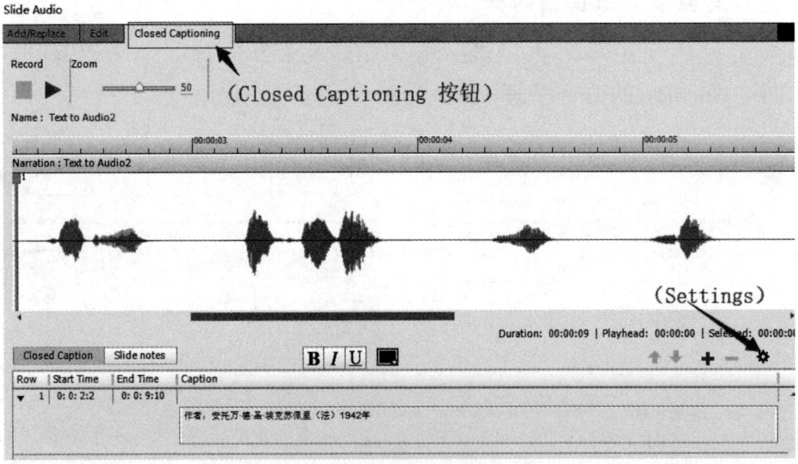

图 4.39

（2）选中 Show Closed Captions（显示隐藏字幕），这样就可以在屏幕上以字幕的形式进行显示。设置隐藏字幕显示的位置、透明度、字体属性等，[Slide 2 ▼] 下拉列表用于设置应用到第几张幻灯片，当前是应用到第二张幻灯片，也可以设置应用到整个项目。单击 Apply（应用）按钮，设置完毕，单击 Close（关闭）按钮退出，如图 4.40 所示。

查看时间轴发现，加了声音字幕后幻灯片的显示时间加长，调整幻灯片 2 上的对象显示时间，如图 4.41（调整前）和图 4.42（调整后）所示。把声音往后拖一下，让书籍图片效果显示完后再播放作者是谁的声音。

（3）依照上面的方法，把第二本书的注释"作者：成红军，谢宇，孙军 2012 年"、第三本书的注释"作者：曹文轩 2009"、第四本书的注释"作者：郁雨君 2012 年"进行添加，做成第二

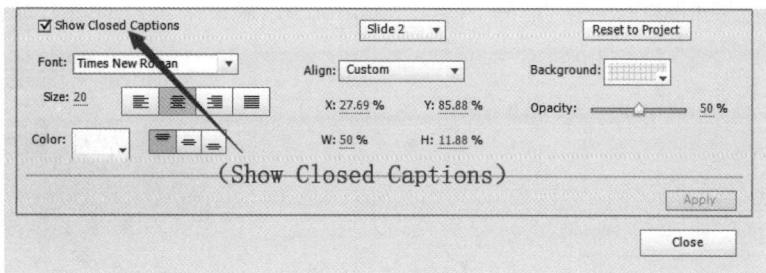

图 4.40

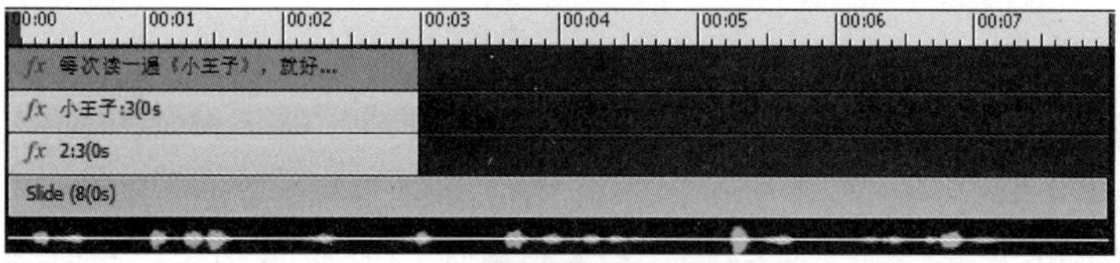

图 4.41

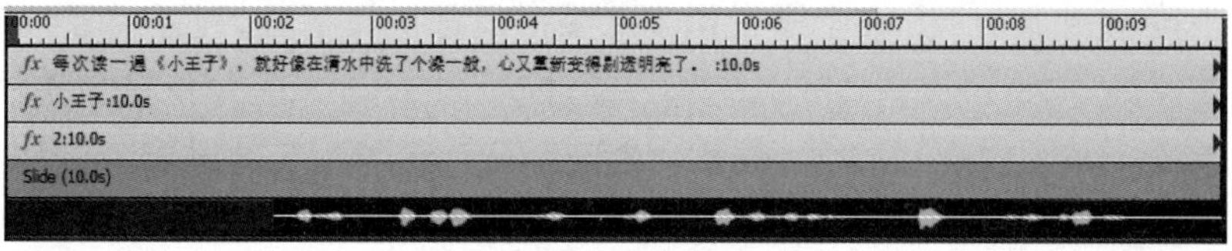

图 4.42

张幻灯片的效果。注意：不要忘记选中图 4.40 所示的 Show Closed Captions（显示隐藏字幕）复选框。

（4）最后在 Skin Editor（皮肤编辑面板）把 CC Settings（隐藏字幕按钮）加到播放控制条，如图 4.43（a）所示，这样播放时用户可以控制隐藏字幕是否显示，如图 4.43（b）所示。

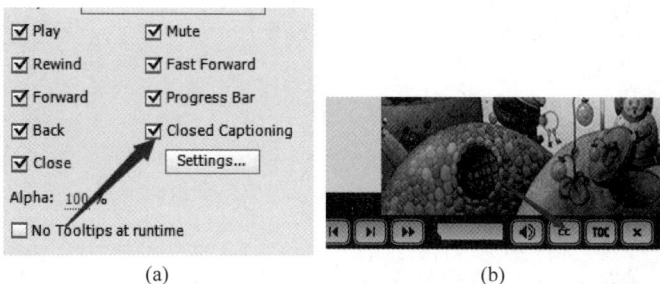

(a)   (b)

图 4.43

4.1.7 使用 Video CC 按钮为视频添加字幕

（1）当幻灯片中包含视频时，选择 Window（窗口）→Slide Notes（幻灯片注释），在幻灯片注释面板添加 Notes（幻灯片注释）后看到如图 4.44 所示的 Video CC（Video Closed Captions，视频隐藏字幕）按钮。

（2）把"Lesson04\范例文件"文件夹下的 4.1.7.cptx 文件另存为 4.1.7demo.cptx，打开隐藏字幕面板并单击 ➕ 添加一个空幻灯片注释，然后单击 回 按钮，出现 Edit Video

视频讲解

Timing(编辑视频时间)的面板,选择 Closed Captioning(隐藏字幕),如图 4.45 所示。

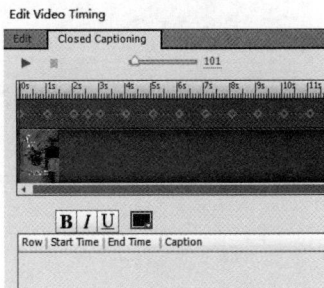

图 4.44   图 4.45

(3) 单击 ➕ 按钮,在出现的输入框中输入"一帆风顺",然后可以看到左上角出现了"1"的数字,代表是第 1 号字幕。0:0:0:0 和 0:0:13:7 是字幕出现的起始时间,代表从 0s 开始到 13.7s 结束,生成的方式是添加字幕时播放头的位置是起始时间,下一个字幕的开始时间是前一个字幕的结束时间。如果只有一个字幕,那么字幕结束时间是视频的终点,如图 4.46 所示。

(4) 单击 ▶ 按钮后,该按钮变成了 ⏸ ,视频在预览窗口播放,视频播放到红枫树时按下 ⏸ ,暂停视频预览,指示视频播放进度的一条红线停在了 4s 处(定位视频播放头位置,也可以通过在标尺上单击实现)。单击 ➕ 添加隐藏字幕,此时在 4s 处出现一个"2"字,代表是第 2 号字幕,其开始时间为 4s,结束时间是片尾,再看第 1 个字幕的结束时间变成了第 2 个字幕的开始时间 4s,如图 4.47 所示。

图 4.46   图 4.47

(5) 以上述同样方法,在 9s 处创建第 3 个字幕"蝴蝶兰",如图 4.48 所示。

(6) 单击 ⚙ 按钮,选中 Show Closed Captions(显示隐藏字幕),然后设置字幕的尺寸、位置,字体的大小、类型和颜色,背景的颜色和透明度等,用户可根据自己的喜好进行设置。设置完成后预览项目,查看效果。

说明:使用 Video CC(Video Closed Captions,视频隐藏字幕)按钮 添加的隐藏字幕不能够转换为语音。使用 CC(Closed Caption) Settings(隐藏字幕设置)按钮 添加的隐藏字幕需要先创建幻灯片注释,然后转换为语音,按钮 才能生效并创建隐藏字幕(选中下方的复选框才有效),如图 4.49 所示。

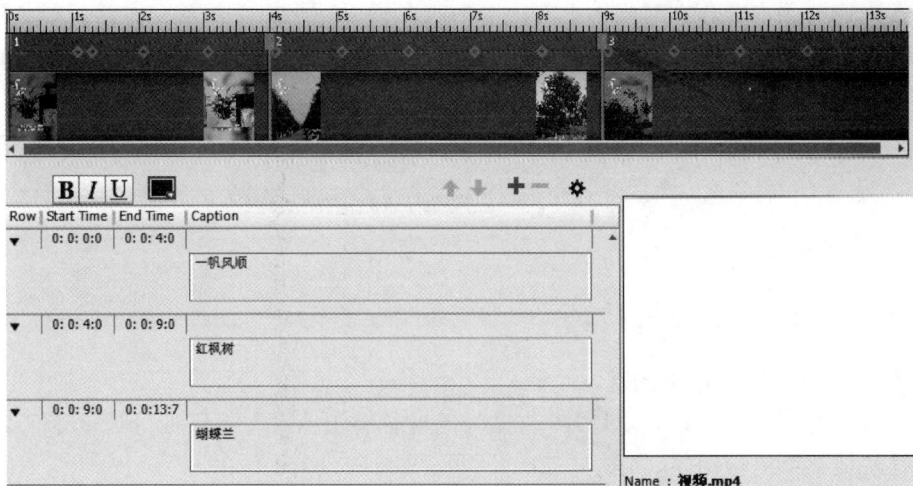

图 4.48

图 4.49

4.1.8 为文本字幕录制或导入配音

前面所述是幻灯片注释和隐藏字幕的应用,本节介绍通过文本工具 Text Caption 添加的文本字幕。首先在字幕上右击,在弹出的快捷菜单中选择 Audio(音频)→Record to(录制到)进行声音录制,或者选择 Import to(导入到)把事先录制好的声音导进来,如图 4.50 所示。具体录制和导入操作参见第 6 章。

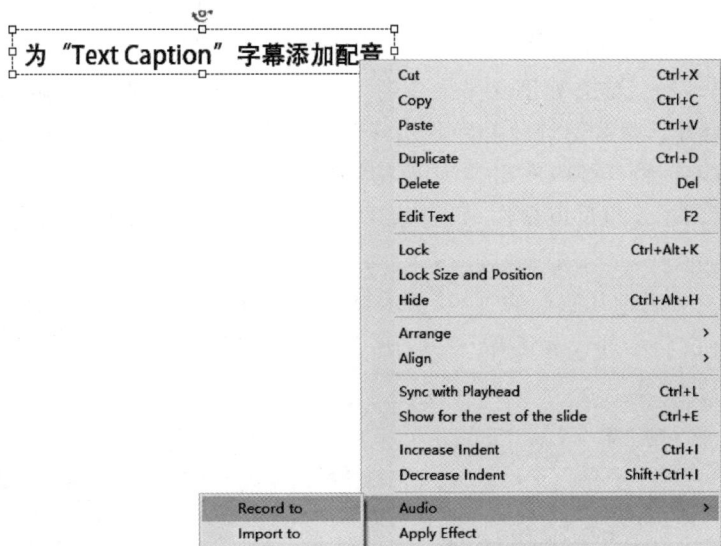

图 4.50

　　带有声音的文本字幕在时间轴上有一个喇叭图标,如图 4.51 所示。注意:文本在时间轴上的时间不能短于播放音频的时间,否则会出现声音还在播字幕已消失的情况。

图　4.51

视频讲解

4.1.9　幻灯片编辑技巧

1. 幻灯片右键快捷菜单的基本功能

　　在舞台或幻灯片带的某张幻灯片上右击,弹出右键快捷菜单。下面分成 5 个区域对幻灯片右键快捷菜单进行阐述,如图 4.52(a)所示,图 4.52(b)为菜单翻译。

图　4.52

　　幻灯片的隐藏和锁定:如图 4.52(a)的"(1)"所示,Show Slide 是显示幻灯片,Lock Slide 是隐藏幻灯片。隐藏幻灯片是隐藏幻灯片上的对象不予显示(以防止该幻灯片被编辑),但在发布作品时同样要发布出去,锁定幻灯片是为了防止意外编辑该张幻灯片,隐藏和锁定幻灯片在时间轴上也可以操作,如图 4.53 所示,单击 按钮可以为幻灯片和对象设置隐藏和锁定。

　　插入幻灯片:如图 4.52(a)的"(2)"所示,Slides 菜单是对幻灯片的操作,带有子菜单。在菜单的右边有 符号的代表还有下一级子菜单。如图 4.54 所示,单击 Slides(幻灯片),会展开下一层级子菜单。

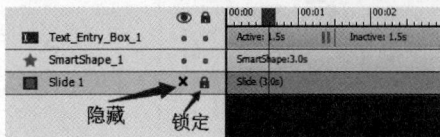

图　4.53

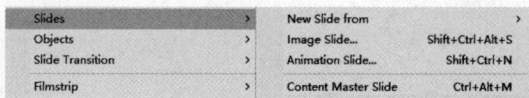

图　4.54

New Slide from(从……新建幻灯片)：从母版幻灯片的类型中创建幻灯片。

Image Slide(图像幻灯片)：把选择的磁盘中的图像放到创建的幻灯片上。

Animation Slide(动画幻灯片)：把选择的磁盘中的 SWF 动画文件放到创建的幻灯片上。

Content Master Slide(内容母版幻灯片)：切换到母版幻灯片界面。

对于插入其他各种类型的幻灯片,可在工具栏单击 ⊕ 按钮,在如图 4.55(a)所示的子菜单中选择插入,图 4.55(b)为菜单翻译。

图　4.55

插入对象：如图 4.52(a)的"(3)"所示,Objects 菜单是关于对象的操作。单击 Objects(对象),弹出相应的子菜单供选择,如图 4.56(a)所示,图 4.56(b)为菜单翻译。对象的具体应用将在第 5 章详细讲解。

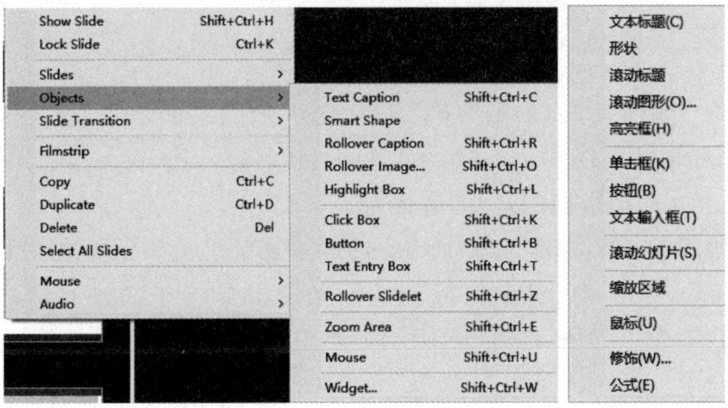

图　4.56

幻灯片过渡效果设置：如图 4.52(a)的"(4)"所示,Slide Transition 菜单是关于幻灯片过渡的操作。单击 Slide Transition(幻灯片过渡)弹出如图 4.57(a)所示菜单,图 4.57(b)为菜单翻译。

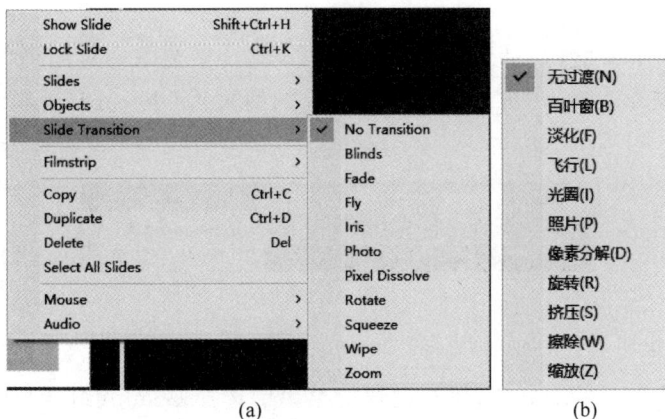

图　4.57

　　添加过渡效果还可以通过在选中幻灯片的情况下(选择幻灯片,而不是幻灯片上的对象),单击▤按钮,在 TIMING(定时)选项卡下,打开效果下拉列表选择要使用的过渡效果,如图 4.58 所示。

　　幻灯片带:如图 4.52(a)的"(5)"所示,Filmstrip 菜单是关于幻灯片带的操作,Filmstrip 在舞台的左侧,有的翻译成"电影带",显示每张幻灯片的缩略图。Filmstrip(幻灯片带)命令设置幻灯片在幻灯片带显示的大小,主要有 Small(小)、Medium(中)和 Large(大)3 种类型,如图 4.59 所示。

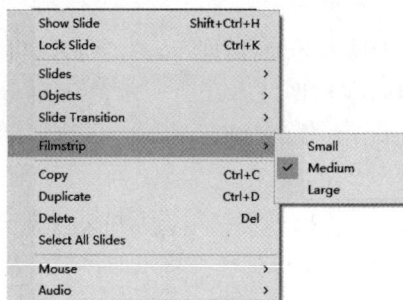

图　4.58　　　　　　　　　　图　4.59

　　常用编辑命令:如图 4.52(a)的"(6)"所示,该区域的菜单是关于常用编辑命令,主要有 Copy(复制)、Paste(粘贴)、Duplicate(副本)、Delete(删除)、Paste as Background(粘贴为背景)、Select all Slides(选择全部幻灯片)等命令。

　　鼠标选项:如图 4.52(a)的"(7)"所示,Mouse 菜单是关于鼠标的操作。如图 4.60 所示,鼠标选项有 Show Mouse(显示鼠标轨迹),效果如图 4.61(a)所示;Straight Pointer Path(取直鼠标路径)效果如图 4.61(b)所示。要想删除鼠标轨迹,在时间轴上删除相应的图层即可。

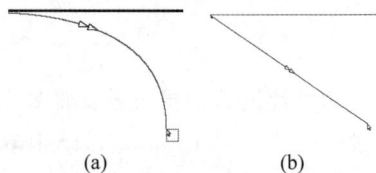

图　4.60　　　　　　　　　　图　4.61

　　音频选项:如图 4.52(a)的"(8)"所示,Audio 菜单是关于音频的操作。如图 4.62 所示,Audio(音频)菜单主要为幻灯片添加音频,有两种方式:Record(录制到)和 Import(导入到)。

图　4.62

2. 组合幻灯片

同时选择两张以上的幻灯片,在右键快捷菜单中选择 Group(组合)→Create(创建)命令,如图4.63所示。组合幻灯片使幻灯片带显示的幻灯片更好操作和管理。

组合幻灯片后,在属性窗口可以为幻灯片组命名,如图4.64所示。

图 4.63   图 4.64

在组合好的幻灯片图标上右击,在弹出的快捷菜单中单击Group(组合),弹出如图4.65所示的子菜单。Expand(展开)用于展开折叠的幻灯片,Ungroup(取消组合幻灯片)用于取消组合。

在展开的组合幻灯片上右击,在弹出的快捷菜单中单击Group(组合),弹出如图4.66所示的子菜单。Collapse(折叠)命令用于把展开的幻灯片组折叠起来,Ungroup(取消组合幻灯片)用于取消组合。

图 4.65   图 4.66

3. 改变幻灯片的顺序

改变幻灯片的顺序只需要在幻灯片带用鼠标拖动幻灯片到想要的位置即可,如图4.67所示,把第1张幻灯片拖放到第2张的位置。

4. 为幻灯片设置标签

在幻灯片带选择要设置标签的幻灯片,在属性面板的相应位置输入幻灯片标签的名称,如图4.68所示。

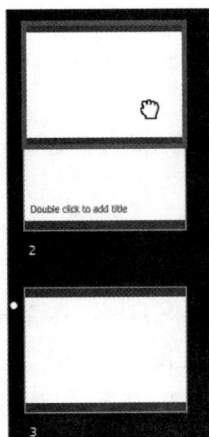

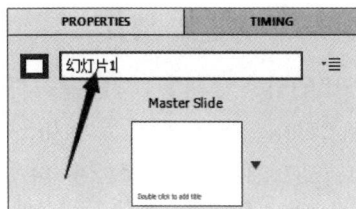

图 4.67   图 4.68

5. 导出项目的相关文本

单击主菜单 File(文件)的子菜单 Print(打印),弹出如图 4.48 所示的面板,显然这不是
输出到打印机的,而是生成一些文本文件。这些文件主要有 Handouts(原稿)、Lesson(课
程)、Step by Step(一步步的)和 Storyboard(故事版),如图 4.69 所示。

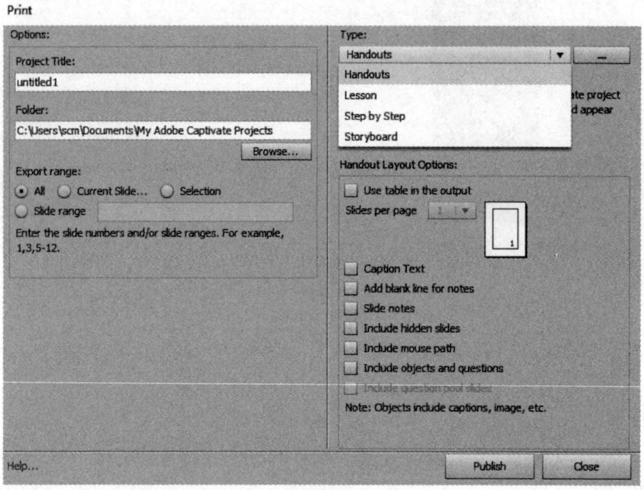

图　4.69

Handouts(原稿)将把当前项目生成一个类似于设计图纸的 Word 文档。Lesson(课程)
将把当前项目生成一个类似于课程的 Word 文档,包括问题幻灯片的题目和答案等。Step
by Step(一步步的)将把当前项目生成一个类似于分步指南说明书的 Word 文档,该文档列
出了项目中所采取步骤的摘要。例如,如果项目教用户如何导航到网站,则该文档将列出到
达该网站所采取的步骤,Storyboard(故事版)将把当前项目生成一个类似于内容概要的
Word 文档,其中包括项目属性的摘要和每个幻灯片的详细视图,项目属性包括使用的幻灯
片数、分数设置详细信息、幻灯片长度等,每张幻灯片的详细视图包含幻灯片属性的摘要。

这些文件从不同角度对项目进行描述,对项目的使用者有很大的参考意义。请读者自
行打开本章范例文件进行以上 4 类文件的打印生成练习。

4.2　本章范例制作

打开"Lesson04\范例文件\04Start\04Start. cptx"文件,另存为 04Startdemo. cptx,该
文件的库面板中包含了所有要使用的素材。

4.2.1　母版幻灯片制作

(1) 进入母版幻灯片编辑界面,选择幻灯片带的"2. Blank"幻灯片,在库面板中把"背景
1. jpg"文件拖到幻灯片中,调整其大小和幻灯片尺寸一样大覆盖在幻灯片上面作为背景
图片,在"背景 1. jpg"文件的属性面板中,单击 Edit Image 按钮,在随后出现的图片编辑面
板中调整 Alpha(透明度)为 33,Saturate(饱和度)为 −63,Hue(色调)为 −94,如图 4.70
所示。

视频讲解

（2）设计幻灯片头部如图 4.71 所示，其中白色横线使用智能形状工具的直线画出，Type the caption text here 处为文本字幕占位符，"机器人视频"为文本字幕。

图 4.70

图 4.71

（3）设计右下角的 3 个按钮，分别使用的是智能形状面板中的 3 个形状工具制作，如图 4.72 所示，其中 🔼 的 Actions（动作）设置为 Go to the Previous Slide（到上一张幻灯片），🔽 的 Actions（动作）设置为 Go to the Next Slide（到下一张幻灯片），🏠 的 Actions（动作）使用默认设置（暂不设置）。至此，该母版幻灯片就设置好了。

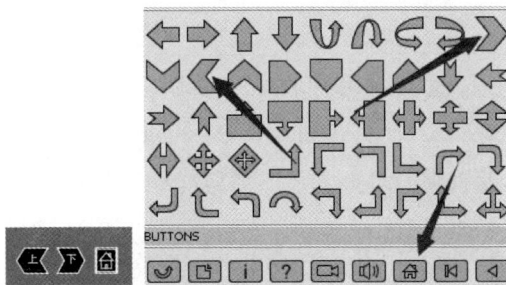

图 4.72

（4）在幻灯片带的刚设计好的幻灯片上右击，在弹出的快捷菜单中选择 Duplicate（副本），复制一张幻灯片，替换其背景图片为库面板中的"背景 2.jpg"，在图片编辑面板中设置其 Alpha（透明度）为 33，Saturate（饱和度）为 -63，Hue（色调）为 -94。

至此，两张母版幻灯片就设置好了，回到项目幻灯片编辑界面。

4.2.2　第 1 张幻灯片制作

第 1 张幻灯片主要涉及添加视频、声音和字幕。

（1）第 1 张幻灯片的背景设置为纯黑色，把库面板中"踩香蕉.MP4"拖放到幻灯片上，在出现的面板中选择 Multi-Slide Synchronized Video（幻灯片同步播放视频）和 Modify slide duration to accommodate video（修改幻灯片的播放长度和视频播放长度一致），然后单击 OK 按钮，如图 4.73 所示。这样当进入该幻灯片时视频会自动播放。

（2）在幻灯片上部添加字幕"认识机器人"，如图 4.74 所示。

（3）为幻灯片添加字幕。

选择幻灯片上的视频，在属性面板单击 Edit Video Timing（编辑视频时间）按钮，在弹出的面板中单击 Closed Captioning（隐藏字幕），如图 4.75 所示。

视频讲解

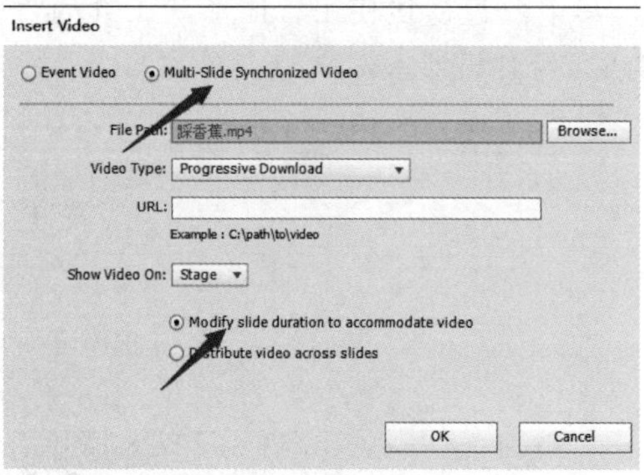

图 4.73

图 4.74

单击 0s 的位置把播放头定位在 0s 处,单击 ➕ 图标,如图 4.76 所示。

图 4.75

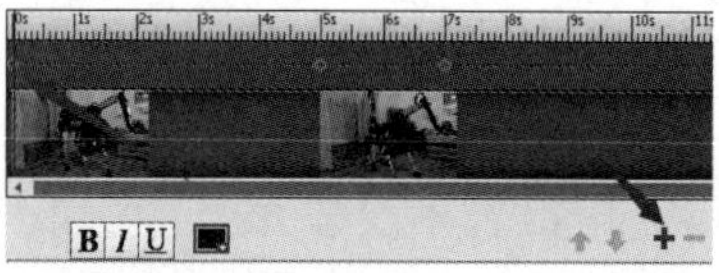

图 4.76

在弹出的输入框中输入"我是机器人小马,我可厉害了,你看着啦...."单击第 15s 位置(可通过拖拉上部的  73 滑块调整显示长度),然后继续单击 ➕ 图标,在输入框中输入"哎哟……你还是去看别的机器人吧",最后的效果如图 4.77 所示。

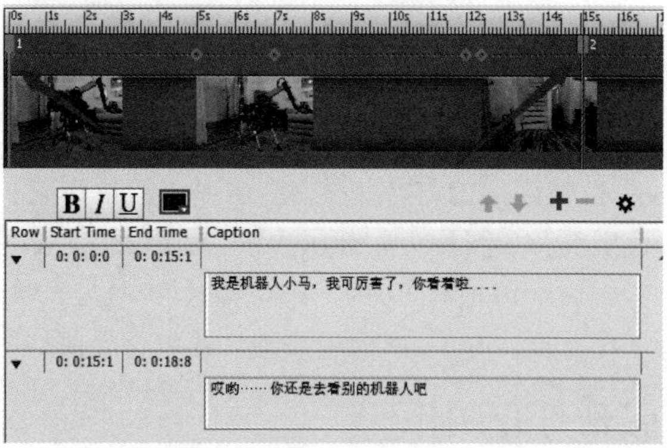

Row	Start Time	End Time	Caption
▼	0: 0: 0:0	0: 0:15:1	
			我是机器人小马,我可厉害了,你看着啦....
▼	0: 0:15:1	0: 0:18:8	
			哎哟……你还是去看别的机器人吧

图 4.77

单击 ⚙ 进入字幕设置,选中 Show Closed Captions(显示隐藏字幕),Color(颜色)选择白色,字幕背景的 Opacity(透明度)设置为 0,如图 4.78 所示。也可以根据自己的爱好对各项参数(如字体、字号、字体颜色、位置、背景等)进行自定义。

设置完成后单击 Apply(应用)按钮,再单击 Close 按钮关闭字幕设置面板后回到 Edit Video Timing 面板,单击 OK 按钮。预览项目,查看字幕效果。

(4) 为幻灯片添加声音。

为幻灯片添加音频可以有多种方式。

第一种,Text to Speech(文本到语音),该案例使用了的方法添加语音。

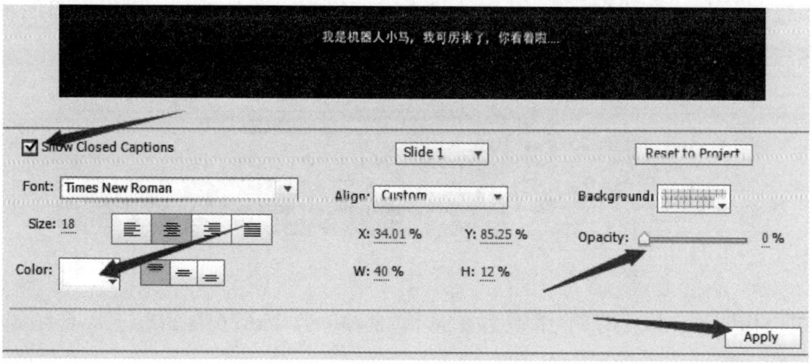

图　4.78

　　如果计算机安装了文本到语音代理软件，可把幻灯片注释转换为语音，也可以直接把文本转化为语音。

　　在 Window（窗口）菜单下单击 Slide Notes（幻灯片注释），以显示出幻灯片注释面板，如图 4.79 所示。

　　在 Slide Notes（幻灯片注释）面板中单击 Filter（过滤）下拉列表框中的 Text-to-Speech（文本到语音），然后单击 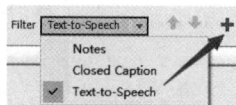 图标，如图 4.80 所示。

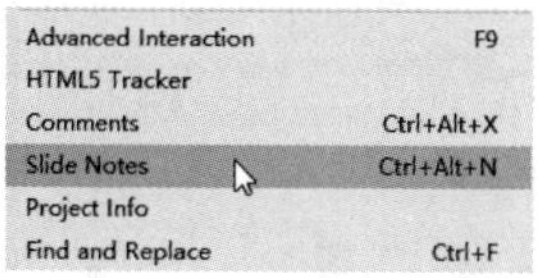

图　4.79　　　　　　　　　　　　图　4.80

　　在随后出现的文本输入框中输入"我是机器人小马，我可厉害了，你看着啦……，哎哟不行了，还是去看别的机器人吧。"后，单击 图标，出现 Speech Management（语音管理）面板，如图 4.81 所示，选择 Speech Agent（语音代理）后，单击 Generate Audio 生成语音，随后单击 按钮可听到生成的语音效果。

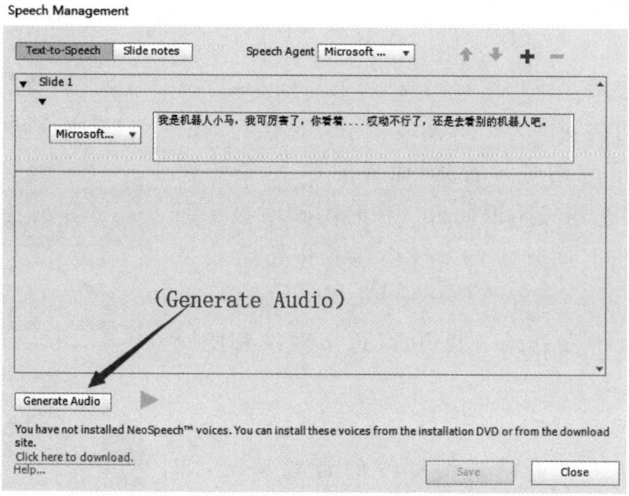

图　4.81

在时间轴面板可以看到多了一层声音图层,如图 4.82 所示。在声音图层右击,在弹出的快捷菜单中选择 Edit(编辑),如图 4.83 所示。

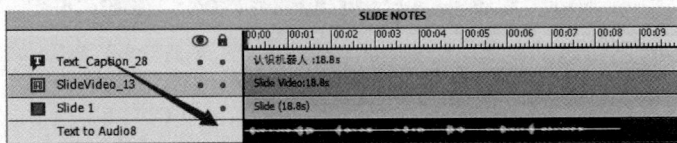

图　4.82

在出现的 Slide Audio(幻灯片音频)面板中,单击 Edit(编辑)进入声音编辑面板,如图 4.84 所示。

图　4.83　　　　　　　　　　　　　　　图　4.84

声音面板将在后面章节详细介绍,这里主要是在声音中间加入 12s 的静音,以便语音和实际画面动作匹配。拖动 ⟨滑块⟩ 17 滑块的值为 17,使所有波形都显示出来,通过鼠标拖动分别选择头部和尾部静音部分,按 Delete 键删除,如图 4.85 所示。

图　4.85

按播放按钮,找到"哎呦"声音的波形,把播放头定位在"哎呦"声音的前面,然后单击 ▤ 按钮插入静音,时间长度设为 12s,然后单击 OK 按钮,如图 4.86 所示。

单击 Slide Audio(幻灯片音频)面板的 Save 按钮保存,然后单击 Close 按钮关闭该面板。在时间轴面板看到声音延长了,可单击时间轴上的 ▶ 小播放按钮听效果如何。

第二种,通过外部麦克风录制声音(该案例没有使用此方法)。

在幻灯片带选择第 1 张幻灯片,在属性面板的 Options(选项)下,显示了该张幻灯片的音频情况,如图 4.87(a)所示。每一张幻灯片只能有一个音频图层,单

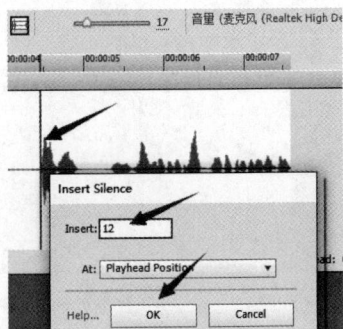

图　4.86

击 🗑 图标可以把音频文件删除,删除后时间轴上的音频图层消失,Options(选项)的属性如图 4.87(b)所示。

(a)　　　　　　(b)

图　4.87

单击 Add Audio 按钮就会打开 Slide Audio(幻灯片音频)面板,在该面板中可以通过录音添加音频,也可以从库面板导入音频,当然也可以创建隐藏字幕转化为音频。具体知识将在第 6 章讲解。

该案例不使用此方法,如果删除了音频,则按 Ctrl+Z 组合键恢复删除的音频。

第三种,为每一句字幕单独录音(该案例没有使用此方法)。

Captive 的每一张幻灯片只能有一个音频文件,但 Adobe Captivate 的每一个对象也可以有自己的独立的音频文件。例如,在幻灯片上的每一句字幕的属性 Options(选项)中都有添加音频的按钮,也可以在字幕上右击,在弹出的快捷菜单中选择 Audio(音频),然后可以使用 Record 命令录制音频,也可以使用 Import 命令导入音频,如图 4.88 所示。

图　4.88

4.2.3　第 2 张幻灯片制作

第 2 张幻灯片的制作相对简单,首先把库面板中的 timg.jpg 文件拖放到幻灯片左侧,然后在右侧使用智能形状制作按钮,具体制作请参考图 4.1,按钮的功能主要是幻灯片导航,按钮导航动作在所有幻灯片制作完成后再添加。

4.2.4　第 3~6 张幻灯片制作

(1)添加 4 张空白幻灯片,母版都使用"2.Blank",分别把库面板的"爬山,搬运.mp4""跳舞.mp4""乒乓球、跳绳、短跑 1.mp4"和"足球.mp4"视频文件放到第 3、4、5 和 6 张幻灯片上,在出现的面板中选择 Multi-Slide Synchronized Video(幻灯片同步播放视频)和 Modify slide duration to accommodate video(修改幻灯片的播放长度和视频播放长度一致),然后单击 OK 按钮,最后调整好其大小。

(2)更改每张幻灯片顶部的字幕占位符,分别为"多功能人型机器人""机器人舞蹈""乒乓球、跳绳和短跑机器人"和

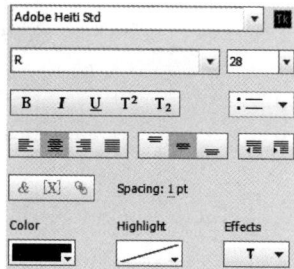

图　4.89

"机器人足球"。文字的属性如图 4.89 所示。以第 3 张幻灯片为例,结果如图 4.90 所示。

（3）设置每张幻灯片使用的过渡类型为 Iris,如图 4.91 所示。

图　4.90

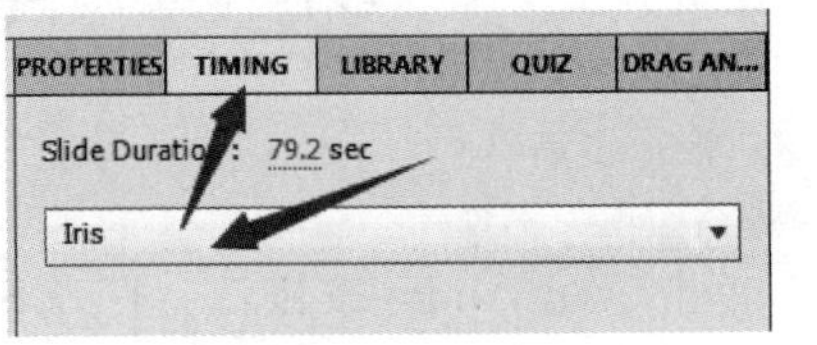

图　4.91

（4）在幻灯片带选择第 3～6 张幻灯片,右击选择 Group(组)→Create(创建),在属性面板输入组名称"视频"。

4.2.5　第 7～15 张幻灯片制作

（1）添加 9 张空白幻灯片,母版都使用"3.Blank",分别把库面板的"服务类.jpg""3D打印.jpg""医疗类.jpg""协作类.jpg""智能交通.jpg""智能装备.jpg""工业来.jpg""移动类.jpg"和"能源类.jpg"依次放到各张幻灯片上并调整其大小,顶部的字幕占位符文字分别修改为"服务机器人""3D 打印机器人""医疗类""协作机器人""智能交通机器人""智能装备类""工业机器人""移动机器人"和"能源机器人",文字的属性参见图 4.90。以第 7 张幻灯片为例,结果如图 4.92 所示。

图　4.92

（2）设置每张幻灯片使用的过渡类型为 Wipe。

（3）在幻灯片带全选择第 7～15 张幻灯片,右击选择 Group(组)→Create(创建),在属性面板输入组名称"图片"。

4.2.6　第 16 张幻灯片制作

（1）从库面板添加视频"再见.MP4"，在弹出的设置面板中选中 Multi-Slide Synchronized Video（幻灯片同步播放视频）和 Modify slide duration to accommodate video（修改幻灯片的播放长度和视频播放长度一致）。

（2）录制音频，内容为"再见，大家后会有期了"，录制方法见第 1 章。

（3）在右下角用智能形状制作两个如图 4.93 所示的导航按钮，其中左侧按钮导航到前一张幻灯片，另一个按钮导航到第 2 张幻灯片。

图　4.93

4.2.7　为第 2 张幻灯片上的按钮添加导航和背景音乐

（1）在第 2 张幻灯片分别选择各个导航按钮，根据其题目所反映的幻灯片内容，在其属性的 Actions（动作）中，设置导航到对应幻灯片。如："走路和搬运"按钮是导航到第 3 张幻灯片，导航设置如图 4.94 所示。

（2）在主菜单 Audio（音频）中选择 Record to（录制入），然后单击 Background（背景），如图 4.95 所示。

图　4.94　　　　　　　　　　图　4.95

在弹出的 Background Audio（背景音频）面板中单击 Library 按钮，在弹出的 Select audio from the library（从库中选择音频文件）对话框中，选择 Recording1_1.mp3 文件，单击 OK 按钮，如图 4.96 所示。

在随后弹出的 Background Audio（背景音频）面板中，选中 Adjust Background audio volume on slides with audio（在有音频文件的幻灯片中调整背景音乐的音量），在右边的滑块中设置值为 18，即当幻灯片播放自身的音频时，背景音乐音量降低到 18%，单击 Save（保存）按钮，并单击 Close（关闭）关闭此面板，如图 4.97 所示。

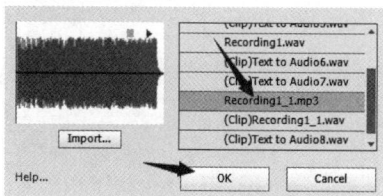

图　4.96

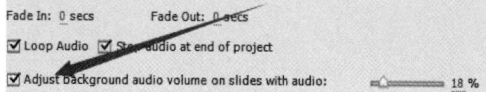

图　4.97

这样，背景音乐就添加成功了。

在幻灯片带选择第 1 张幻灯片,在其属性面板的 Options(选项)中勾选 Stop Background Audio(停止背景音乐),如图 4.98 所示。这样第 1 张幻灯片就不播放背景音乐了,因为第 1 张幻灯片有自己的语音音频,以免互相干扰。

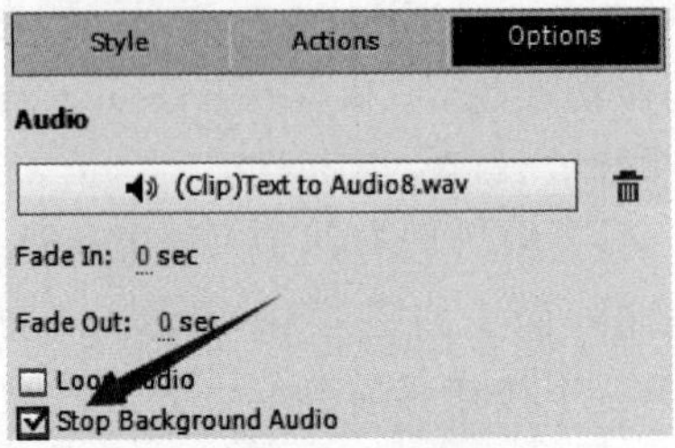

图 4.98

最后预览项目,若有不完善的地方则继续修改,直到满意为止。

作业

一、模拟练习

打开"Lesson04\模拟练习"文件夹中的"04 模拟 complete. cptx"文件,并进行预览,根据本章知识内容,做一个类似的项目。课件资料已完整提供,获取方式见前言。

二、自主创意

根据本章所学知识,自主创意制作一个项目,熟练掌握 Adobe Captivate 幻灯片的编辑技巧。

三、理论题

1. 简述母版幻灯片的作用和种类。

2. 知识检查幻灯片和问题幻灯片的主要区别有哪些?

3. 如何为幻灯片中的视频添加隐藏字幕,并在屏幕中显示字幕?

4. 如何使用语音代理把幻灯片注释转化为语音?

第5章

对象的基本编辑

本章学习内容

（1）交互型对象的使用；

（2）非交互型对象的使用；

（3）使用交互对象导航；

（4）为对象添加声音；

（5）对象特效、多态和样式。

完成本章的学习需要大约 3 小时，相关资源获取方式见前言。

知识点

输入文本框	单击框	为单击框和按钮添加声音
图像和滚动图形	使用交互对象导航	在单击框和按钮中使用 JavaScript 代码
文本字幕和滚动字幕	缩放区域	智能形状
滚动幻灯片	突出显示区域	

本章案例介绍

范例

本章范例是关于我国行政区的地理学习课件，涉及对象特效、滚动文本、滚动图像、滚动幻灯片、拖放对象、音频添加等各种操作技巧，生动形象地阐述了我国行政区划分、各行政区的简称、首府、分布位置等，双击运行"Lesson05/我国的行政区划.exe"文件，预览范例，如图 5.1 所示。

模拟案例

本章模拟案例是关于《荷塘月色》一课的讲解，课件制作涉及本章学习的主要操作技巧，生动形象地展示了课程讲解内容，双击运行"Lesson05/荷塘月色.exe"文件，预览范例，如图 5.2 所示。

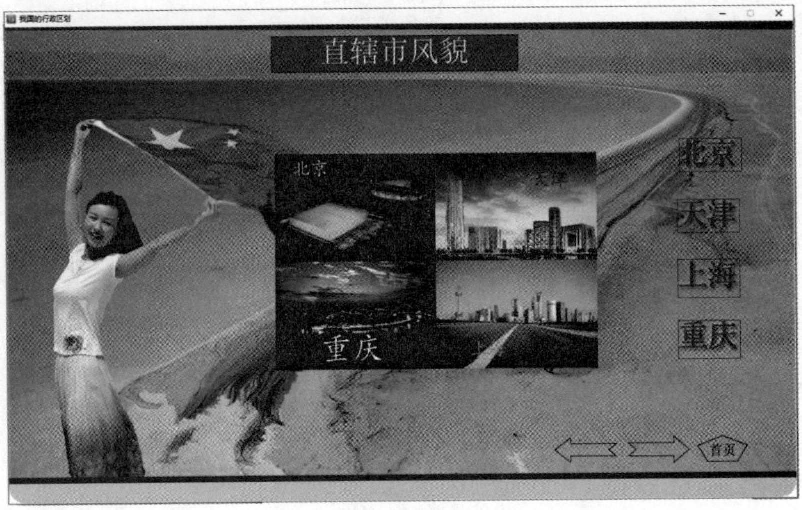

图 5.1

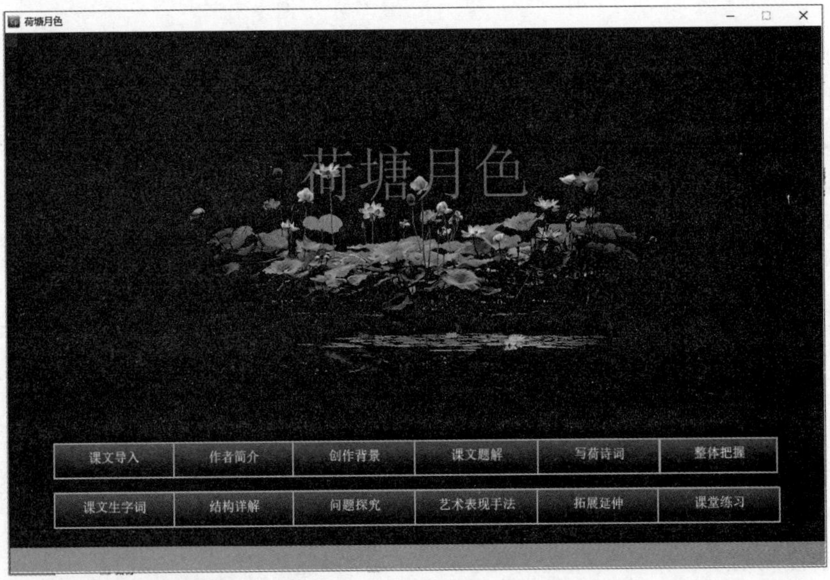

图 5.2

5.1 交互对象

5.1.1 输入文本框

视频讲解

交互对象是可以和用户进行交互的对象,其属性面板都有一个 Actions(动作)属性,用来添加交互内容。

1. 创建输入文本框

(1) 新建一个项目,选择要添加文本框的幻灯片,单击工具栏的 T 按钮,在弹出的下拉列表框中选择 Text Entry Box(输入文本框),如图 5.3 所示。

（2）拖动设置文本框的大小到合适大小，输入文本框自带一个 Submit（提交）按钮，如图 5.4 所示。

（3）选择输入文本框，在 PROPERTIES（属性）面板设置其属性，如图 5.5 所示。

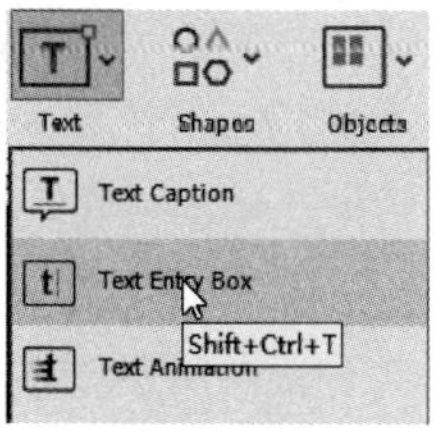

图　5.3 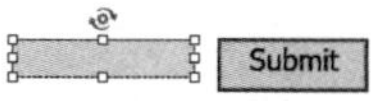　　　　　　　　　图　5.4 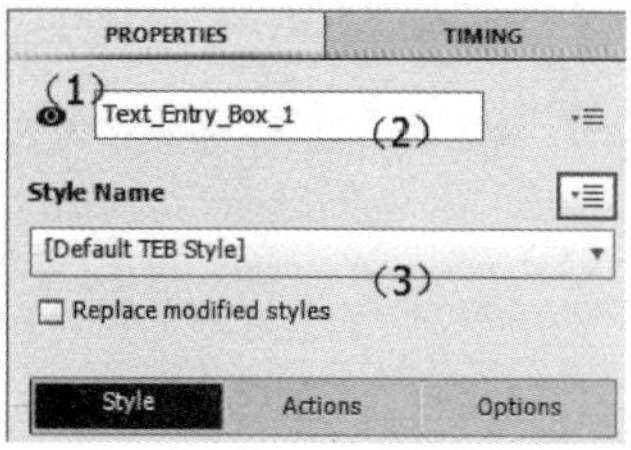　　　　　　　　图　5.5

在图 5.5 中，单击"（1）"所示的眼睛图标，图标形状变为 ∅ 时，该对象在项目播放时将会隐藏。为此，可以使用高级动作设置当某个条件发生时去掉对象的隐藏；"（2）"是输入文本框的名称；"（3）"是输入文本框使用的样式名称。

说明：现举例说明使隐藏的对象在播放时显示出来的一个操作，比如上面建立了一个名称为 Text_Entry_Box1 的输入文本框，并且设置为隐藏（∅），在幻灯片中再插入一个按钮，在按钮的属性面板的 Actions（动作）操作区域中，选择 On Success（在成功时）列表中的 Show（显示），然后在 Show（显示）列表中选择 Text_Entry_Box1。播放项目时，只有单击该按钮，此输入文本框才会显示出来。

2. Style 项

如图 5.6 所示："（1）"用来设置文本框显示的初始文本；"（2）"被选中后表示当用户第二次翻到该页时，还可看到之前输入文本框中输入的文字；"（3）"设置是否显示输入文本框边框；"（4）"设置输入文本框作为密码输入时不显示实际输入内容，输入时看不到输入的具体内容，以星号显示；"（5）"设置输入文本框验证输入的文字是否符合规定的要求，当选中此项时会弹出验证标准输入框，可输入多个标准；"（6）"用来指定更多的选项，主要有 Maximum Length（指定输入的最大长度）、Auto Submit（当达到指定输入的字符数限制自动提交）、Numbers（设置只能输入数字）、Uppercase（输入框中的所有字符都会自动转换为大写）、Lowercase（输入框中的所有字符都会自动转换为小写）、None（对输入字数、大写或小写等都不限制）；"（7）"是保存输入文本框内容的变量，如果要改变变量，则单击 ✖ 重新输入新的变量名称来保存；"（8）"设置输入文本框的背景颜色、填充和透明度等；"（9）"设置字体属性；"（10）"设置输入文本框外观的阴影和反射，主要有 Shadow（阴影）、Direction（阴影和反射的方向）、Presets（单击选择一个图像以应用具有标准角度、距离、模糊和颜色设置的阴影预设）、Color（颜色）、Blur（模糊）、Angle（角度）、Distance（距离）、Reflection（将光反射效果添加到文本标题）。

3. Actions 项

如图 5.7 所示："（1）"当用户单击提交按钮时指定后面要执行的动作；"（2）"允许用户无限制次数的尝试；"（3）"设置用户尝试的具体次数；"（4）"设置快捷键；"（5）"设置当失去焦点时发生的动作；"（6）"是否显示操作成功时显示提示框（当前不可用，当图 5.6 所示的 Validate User Input 被选中时才可以用）；"（7）"是否显示操作失败时显示提示框（当前不

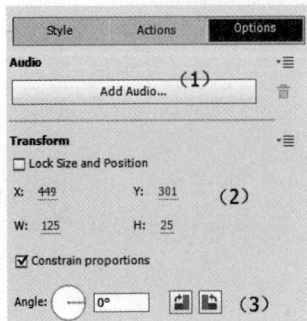

图　5.6

可用,当图 5.6 所示的 Validate User Input 被选中时才可以用);"(8)"设置当鼠标指针放到该输入文本框时是否显示提示框;"(9)"选中此复选框可暂停项目,直到显示所有成功和失败的标题(当前不可用,因为"(6)(7)"的成功和失败操作不可用);"(10)"设置是否显示提交按钮;"(11)"设置是否显示滚动条;"(12)"设置反馈报告(当需要向网上学习管理系统反馈时使用)。

图　5.7

4. Options 项

如图 5.8 所示:"(1)"为该输入文本框设置音频;"(2)"设置位置和大小,Lock Size and Position 为是否锁定大小和位置;"(3)"旋转角度设置。

5. Timing 项

设置输入文本框的显示时间,如图 5.9 所示。

图　5.8

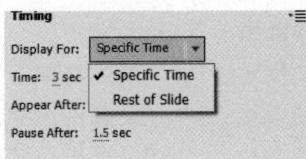

图　5.9

Display For 显示类型有 Specific Time（具体时间）和幻灯片 Rest of Slide（剩余时间）；Time 设置以秒为单位的时间；Appear After 设置多少秒以后显示；Pause After 指定项目暂停的点，以便用户在文本输入框中输入文本。只有在用户提交正确的答案之后，项目才会继续。

5.1.2　单击框

单击框是幻灯片上用户必须单击才能执行下一操作的区域。可以将它们放在用户必须单击的菜单或按钮上以确定用户成功单击之后会发生什么。例如，项目可以前进到下一张幻灯片、打开 URL 或发送电子邮件。

在工具栏的 Interactions（交互）工具下拉列表框中选择 Click Box（单击框），出现如图 5.10 所示的单击框。

单击框除默认的左键单击外，可以在属性面板设置为右击或双击，方法如图 5.11 所示。

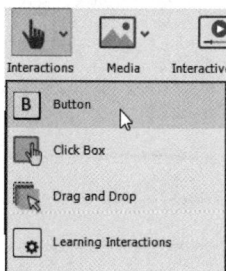

图　5.10

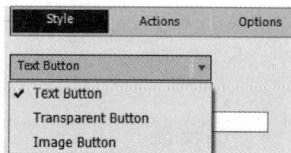

图　5.11

5.1.3　按钮

1. 创建按钮

在工具栏的 Interactions（交互）工具下拉列表框中选择 Button（按钮），如图 5.12 所示。

插入按钮后在属性面板的 Style（样式）选项卡可以设置按钮的类型，如图 5.13 所示。主要有 Text Button（文本按钮）、Transport Button（透明按钮）和 Image Button（图像按钮）。

图　5.12

图　5.13

如果要显示 Success（成功）、Failure（失败）和 Hint（提示）文字框，则在属性面板选中如图 5.14 所示的 Display（显示）选项。

Success（成功）：选中此复选框设置用户单击按钮时要显示的文字框。

Failure（失败）：选中此复选框设置用户单击按钮外部时要显示的文字框。

Hint（提示）：选中此复选框设置要向用户显示的提示。当用户将鼠标指针移到按钮上时，将显示提示信息。

2. 智能形状按钮

智能形状包括许多种类的现成形状,如箭头、按钮或基本形状。要使智能形状作为按钮使用,需要在其属性面板选中 Use as Button(作为按钮使用),如图 5.15 所示。

图　5.14

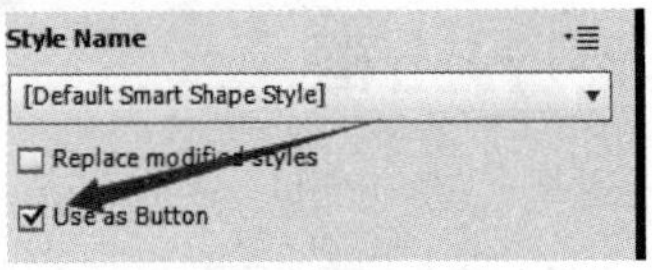

图　5.15

利用智能形状可以使按钮的外观多种多样,适应各种环境的应用。那么如何设置这些特性呢,同样,可以利用属性面板完成。在幻灯片上插入一个智能形状,打开其属性面板,选中 Use as Button(作为按钮使用),如图 5.16 所示。

图 5.16 中的"(1)"设置智能对象的形状,打开 ⬭· 的下拉列表可以选择多种形状,如图 5.17 所示;"(2)"为背景填充和透明度设置;"(3)"为边框设置;"(4)"为阴影和反射设置。

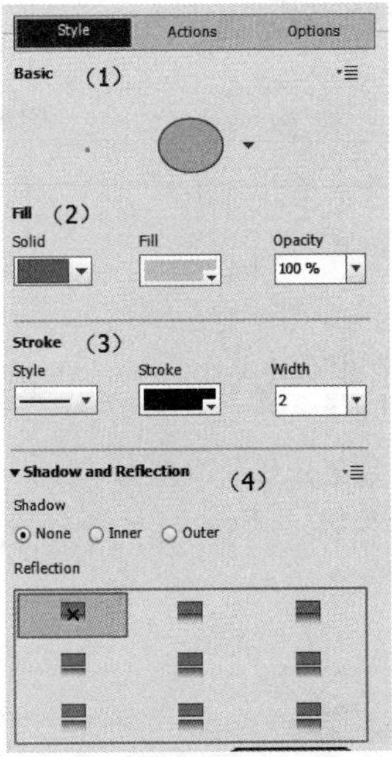

图　5.16

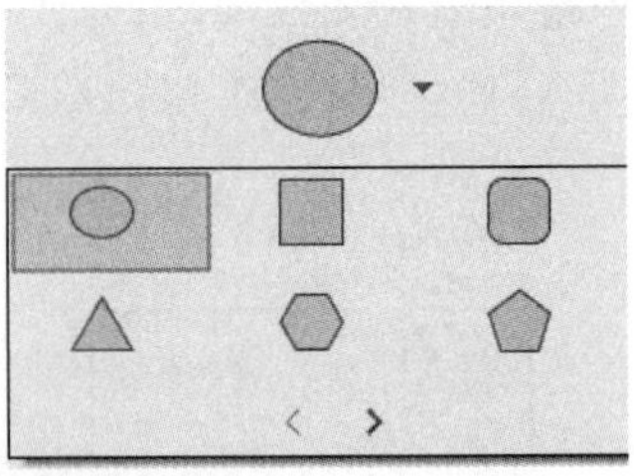

图　5.17

3. 拖放按钮的使用

打开"Lesson05\范例文件"文件夹下的"5.1.3 拖放按钮.cptx"文件,从库中拖放 4 张图片到幻灯片上,调整位置和大小,在幻灯片的顶部添加"请把图片拖放到对应位置"为内容的字幕,如图 5.18 所示。

第一步,在幻灯片下方添加 4 个智能形状,并在属性面板调整填充、透明度和边框,输入相应的文字,如图 5.19 所示。

在工具栏 ▦· Interactions(交互)工具的

图　5.18

下拉列表中选择 Drag and Drop(拖放),如图 5.20 所示。

图　5.19

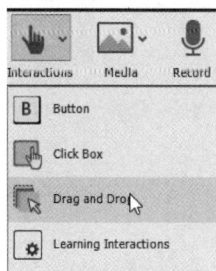

图　5.20

出现如图 5.21 所示的拖放向导中的第一步(共 3 步),设置拖放源。

图　5.21

这里把水果图都设置为拖放源,方法是选择"草莓"图片,单击图 5.21 所示的 ＋|添加,在出现的如图 5.22(a)所示的面板中,使用默认名称 Interaction_Type1,单击 OK 按钮。依次选中后面 3 张图片,进行同样操作,这样就把 4 张水果图片都设置为拖放源,如图 5.22(b)所示。

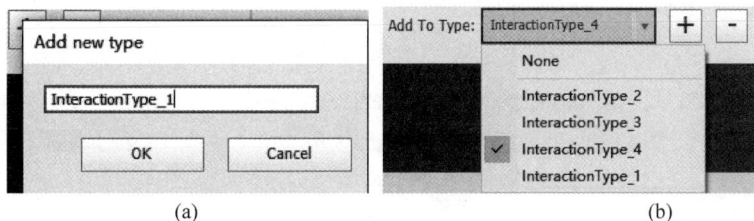

(a)　　　　　　　　　　　(b)

图　5.22

第二步,把 4 个智能形状图形设置为拖放目标。单击右侧的 Next(下一步)按钮,弹出如图 5.23 所示的界面,设置拖放目标。

图　5.23

选中标注为"苹果"的智能形状,单击图 5.23 所示的 ＋|图标,如图 5.24(a)所示,使用默认名称 Interaction_Type5,单击 OK 按钮。依次选中后面 3 个智能形状,进行同样的操作,这样就把 4 个智能形状图片都设置为拖放目标,如图 5.24(b)所示。

单击右侧的 Next(下一步)按钮,进入第三步,弹出如图 5.25 所示的界面。

Add To Type: InteractionType_8 [+] [−]

None

InteractionType_6

InteractionType_7

✓ InteractionType_8

InteractionType_5

Add new type

InteractionType_5

[OK] [Cancel]

(a)　　　　　　　　　　(b)

图　5.24

Drag and Drop Interaction Wizard:　　Step 3 of 3

Specify correct answers by mapping drag sources to correct drop targets. To do so, click and drag the handle at the center of drag sources.

图　5.25

这时候幻灯片上的图片右上角都出现了一个 图标,单击可以删除刚才添加的拖放行为。分别在 4 张水果图片(设置为了拖放源)单击选择图片,其中央出现了 标志,拖动该箭头形状到对应的智能形状图中央,单击 Finish 按钮完成设置,如图 5.26 所示。

请把水果图片拖放到对应位置

Type success text here
Type failure text here

苹果　草莓　金桔　猕猴桃

Submit

图　5.26

最后美化提示文本和按钮设置。双击 Type success text here,改为"正确";双击 Type failure text here,改为"不正确"。在属性面板的 Drag and Drop(拖放)项的 Actions(动作)选项卡中选中 Undo(撤销)和 Reset(重做),增加两个按钮,如图 5.27 所示。

分别选择 3 个按钮(Submit、Undo 和 Reset),在属性面板 Style(样式)选项卡中更改 Caption(标题)属性为"提交""重做"和"重新开始",如图 5.28 所示。

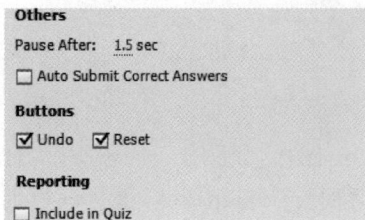

Others

Pause After:　1.5 sec

☐ Auto Submit Correct Answers

Buttons

☑ Undo　☑ Reset

Reporting

☐ Include in Quiz

图　5.27

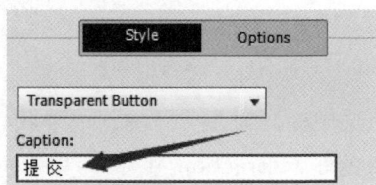

Style　Options

Transparent Button　▼

Caption:

提交

图　5.28

浏览运行项目,可以把图片拖放到对应的文字上,如图 5.29 所示。

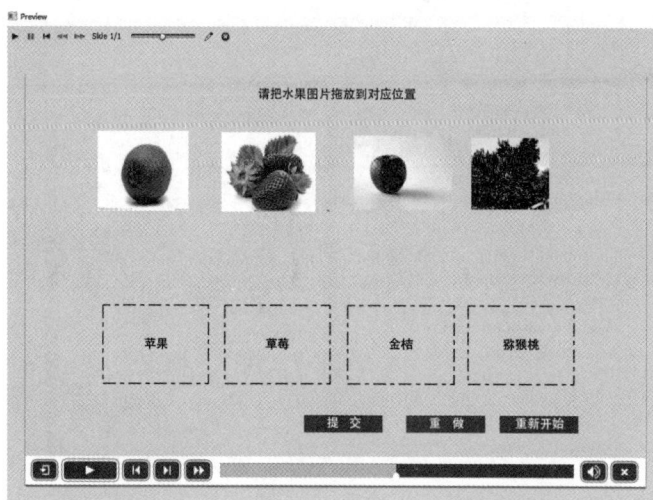

图　5.29

5.1.4　为对象添加声音

可以为所有对象添加声音,方法有两种。第一种方法是在对象上右击,在弹出的对话框中选择 Audio(音频)→Record to 或者 Import to 命令,如图 5.30 所示。

视频讲解

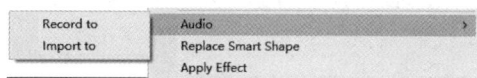

图　5.30

第二种方法是在该对象属性面板的 Options(选项)选项卡中单击 Add Audio(添加音频)按钮,如图 5.31 所示。

音频的具体操作将在第 6 章介绍。为对象添加音频后,在项目播放中,当该对象出现时音频就会播放,比如可以为字幕添加音频,字幕出现就会出现字幕文字的声音(在 4.2.8 节有叙述),可以为卡通人物添加出现时的会话声音等。

添加声音的对象在时间轴上会出现一个小喇叭的标志,如图 5.32 所示的按钮对象被添加了声音。

图　5.31

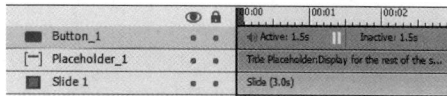

图　5.32

5.1.5　使用交互对象导航

交互对象其属性面板都有一个 Actions(动作)选项卡,是可以通过单击执行动作的对象,在 On Success(成功时)选项卡的下拉列表中有各种可执行的动作来选择,如图 5.33 所示(图中灰色条目是该对象目前不能执行的动作)。

视频讲解

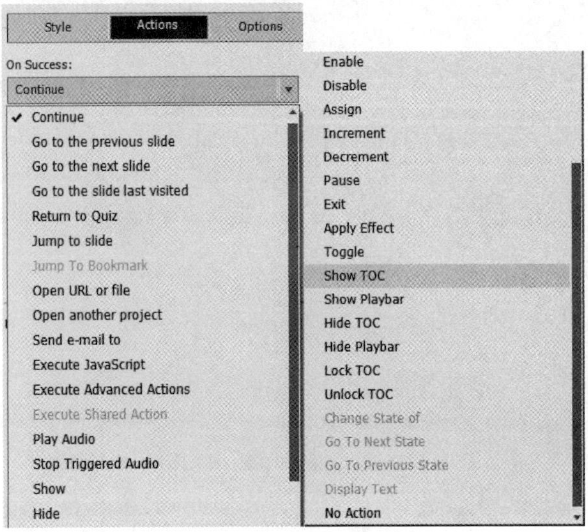

图 5.33

图 5.33 的图像

5.1.6 在单击框和按钮中使用 JavaScript 代码

可以在 Adobe Captivate 项目中向单击框、文本输入框和按钮添加 JavaScript。当用户单击单击其内部或外部时,可以运行 JavaScript。添加的方式是在单击框、文本输入框和按钮的属性面板 Actions(动作)选项卡中打开 On Success(成功)下拉列表,选择 Execute JavaScript(执行 JavaScript 代码)。

下面创建一个示例。

(1) 创建一个项目,在幻灯片中创建一个输入文本框。

(2) 在其属性面板的 Style(样式)选项卡中,单击 Variable(变量)下的 [X],在弹出的输入框中输入变量名称 Myname,如图 5.34 所示。

(3) 在其属性面板的 Actions(动作)选项卡的 On Success(成功)下拉列表中选择 Execute JavaScript(执行 JavaScript 代码),如图 5.35 所示。

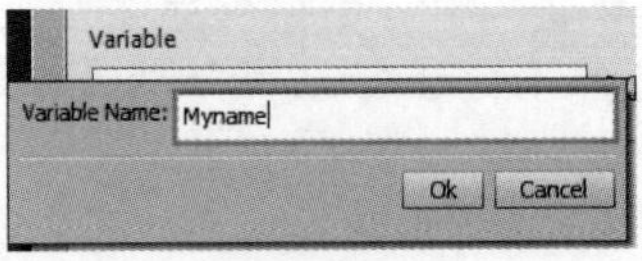

图 5.34　　　　　　　　　　　图 5.35

(4) 单击 Script_Window 按钮,在弹出的窗口中输入以下 JavaScript 代码后单击 OK 按钮。

```
Name = window.cpAPIInterface.getVariableValue("Myname");
```

```
if(Name == "John")
  {
    alert("Hello " + Myname + "!");
  }
  else
  {
    alert("Wrong name. Try again.");
  }
```

取消选中 Continue Playing the Project(继续播放项目),单击 Submit 提交按钮后不让项目继续往下走。

(5) 单击 按钮,在下拉列表框中可选择要显示的浏览器窗口：Current(当前窗口)、New(新窗口)、Parent(在项目分配的区域中显示)和 Top(在页面的顶框中显示)。选择 Current,如图 5.36 所示。

(6) 在浏览器中运行项目进行浏览,如果在文本字段中输入 john,然后单击"提交",则可以看到一个弹出窗口,显示"hello john!",如果输入任何其他内容,则可以看到显示错误消息的弹出窗口。

图 5.36

5.2 非交互对象

非交互对象在属性面板没有 Actions(动作)属性。

5.2.1 图像和滚动图像

滚动图像由一个图像和一个滚动区域(热区)组成。当用户在运行时将指针移到滚动区域时,将显示滚动图像。它们对于需要提示的按钮或工具等很有用。

视频讲解

(1) 打开"Lesson05\范例文件"目录下的 5.2.1.cptx 文件,如图 5.37 所示。

(2) 在工具栏单击 Objects(对象)图标,在下拉列表框中选择 Rollover Image(滚动图像),如图 5.38 所示。

(3) 在弹出的选择文件对话框中选择"Lesson05\范例文件\素材"目录下的"君子兰.jpg"图片,把 Rollover Area(滚动区域)拖到文字"君子兰"上方并调整其大小,把导入的君子兰图片缩放到合适大小并放到舞台右侧,如图 5.39 所示。

图 5.37

(4) 按照上述步骤,把"梅花"和"玫瑰花"图片添加滚动图像,运行项目可以看到,把鼠标指针放到相应的花文字上时,对应花的图片就会在右侧出现,当鼠标指针滑出时,图片也消失。

(5) 在时间轴面板分别选择 3 张图片的滚动区域图层,在属性面板把它们的填充透明度设置为 0,边框宽度设置为 0。

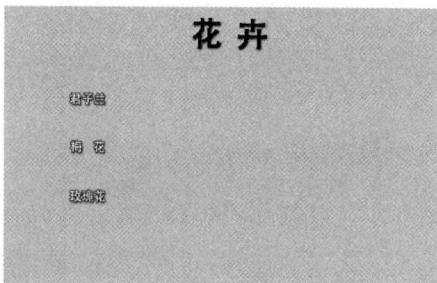

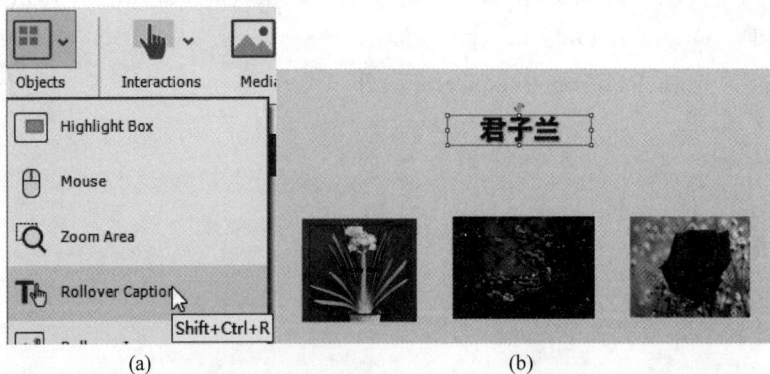

图 5.38

图 5.39

对应导入项目的图片,在其属性面板的 Style(样式)选项卡中单击 Edit IMage 按钮,在弹出的面板中可以编辑图片的各种属性值,比如旋转、剪切、透明度和对比度等,该知识点在2.3节有详细介绍。

5.2.2　滚动字幕

滚动字幕的意思是当鼠标指针位于悬停区域时会弹出文字,比如把鼠标指针放到菜单上时弹出菜单的快捷键提示。

(1) 打开"Lesson05\范例文件"目录下的 5.2.2.cptx 文件。

(2) 在工具栏单击 Objects(对象)图标,在下拉列表框中选择 Rollover Caption(滚动字幕),如图 5.40(a)所示。把插入的滚动字幕的滚动区域(Rollover Area)拖放到君子兰图片上并调整大小,把滚动字幕的提示文本改为"君子兰",并在属性面板对文字进行适当修饰,如图 5.40(b)所示。下面依次对梅花和玫瑰花进行同样的操作,加上滚动字幕。

(a)

(b)

图 5.40

(3) 浏览项目,查看滚动字幕效果。

5.2.3　文本字幕

在 Adobe Captivate 中用到文本的地方有多处,比如文本工具中的 Text Caption(文本字幕)、SmartShare(智能形状)、Closed Captioning(隐藏字幕)、Interactive Object

Captions(交互对象提示字幕)和录制视频的提示字幕等。下面对其中的难点进行阐述(隐藏字幕和字幕的导入导出在以前章节中已经介绍过)。

1. 一般文本字幕

从 T· Text(文本)下拉列表框中添加的 Text Caption(文本字幕)是一般文本字幕,在其属性面板的上部可以设置文本框的名称、运行时是否可见 ◉ 、State(状态)和样式等。在 Style 选项卡中可以选择 Style name(文本框的类型)、Character(字符)特性(字体、大小、颜色等)、Margin(边界)和 Shadow and Reflection(阴影与反射)等。

用户可以根据以往的操作经验和面板提示操作。下面着重演示如何在一般文本字幕中使用变量和为文本文字添加交互动作。

1) 在文本字幕中应用变量

新建一个项目,在项目中插入一个 Text Caption(文本字幕),输入"我的名字叫:"如图 5.41(a)所示,把光标放在冒号后面,在属性面板单击 ⊠ (注意,文本框必须处于输入状态该图片按钮才可以用),出现如图 5.41(b)所示的插入变量面板。

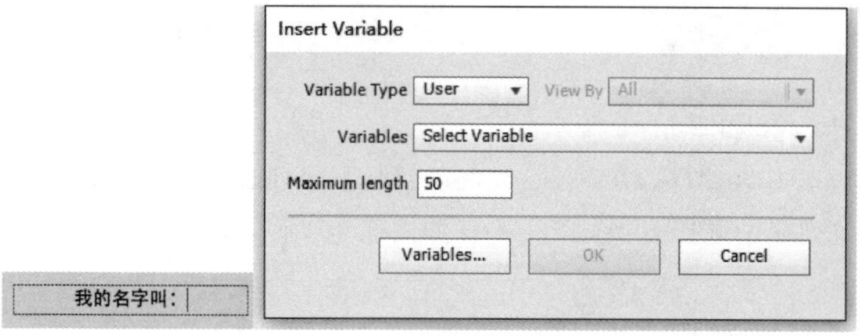

图　5.41

单击 Variables(变量)按钮,在出现的变量面板中单击 Add New(添加)按钮,在 Name 项中输入 myname,在 Value 项中输入 Jhon,单击 Save(保存)按钮后关闭面板,如图 5.42 所示。

打开图 5.41(b)中 Variables(变量)下拉列表,选择刚才添加的 myname 用户自定义变量,单击 OK 按钮。

图　5.42

文本框中的文字变成了"我的名字叫:$$myname$$",其中 $$myname$$ 代表引用变量 myname 的值。运行项目,可以发现文本框的值变成了"我的名字叫:Jhon",Jhon 是定义变量时输入的 Value 的值。

2) 为文本字幕的文字添加交互动作

可以选择文本字幕里的文本加上各种交互动作,方法是在属性面板单击 🔗 图标,在 Link To(链接到)下拉列表框中选择下列功能:Web Page(网页)、Open a File(打开一个文件)、Send email to(发送邮件到)、Slide(幻灯片导航)、Open another project(打开另一个项目)、Execute JavaScript(执行 JavaScript 代码)、Execute Advanced Actions(执行高级动作)、Show(显示)、Hide(隐藏)、Enable(使能够)、Disable(使不能够)、Assign(赋值)、

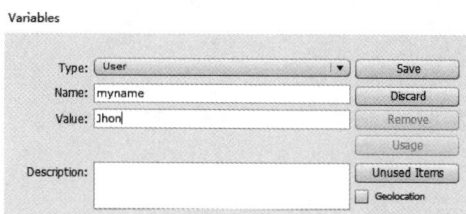

Increment(递增)、Decrement(递减)、Change State of(改变状态)和 Apply Effect(应用效果),如图 5.43 所示。

下面是一个示例,打开"Lesson05\范例文件"目录下的"5.2.3 文字添加交互动作.cptx"文件,这是一个关于对象入场效果展示的案例,打开后的项目界面如图 5.44 所示。

图　5.43　　　　　　　　　　　　　　　　　图　5.44

选择第一行文字,如图 5.45 所示。

在属性面板单击 图标,在 Link To(链接到)下拉列表框中选择 Apply Effect(应用效果),在效果对象列表中选择 SmartShape_2,如图 5.46 所示。

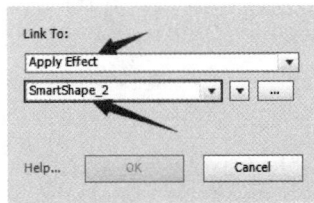

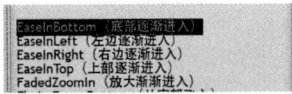

图　5.45　　　　　　　　　　　　　　图　5.46

单击图 5.46 中的 按钮,跳转到属性面板 TIMING(定时)选项卡。在效果类型下拉列表框中选择 Entrance(进入),如图 5.47(a)所示,然后选择文字代表的效果 EaseInBottom,如图 5.47(b)所示。

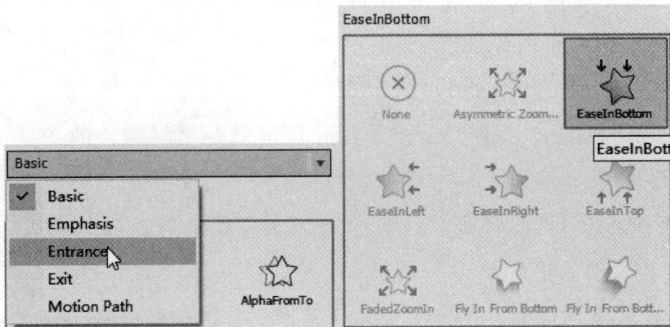

(a)　　　　　　　　　　　　　(b)

图　5.47

选择第2行,依照第1行的步骤继续添加效果,直到把所有的效果添加完,预览项目。

2.将交互式对象字幕转换为智能形状

交互对象的字幕主要有成功字幕、失败字幕和提示字幕。

在幻灯片上添加一个 Click Box(单击框),在 Type success text here 文本框上右击,在弹出的菜单上单击 Replace Smart Shape(替换为智能形状)如图 5.48(a)所示。

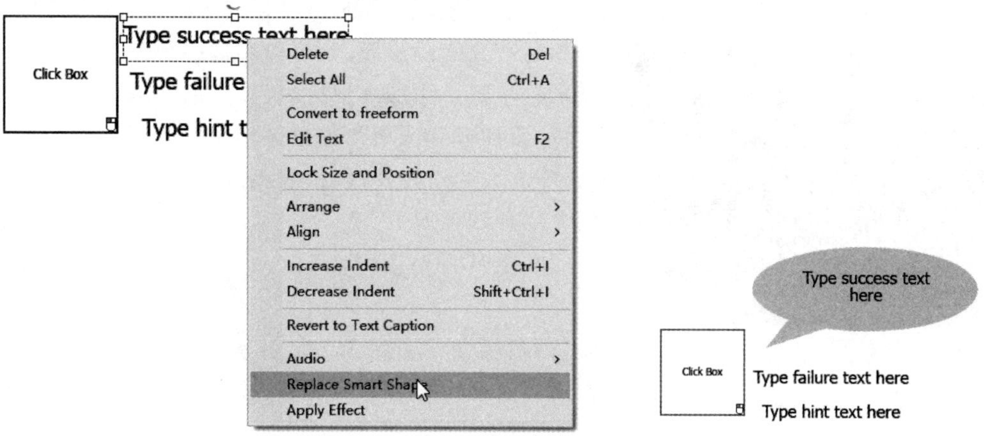

图 5.48

在弹出的智能形状选择面板中选择一个要替换成的智能形状,原来的文本框就替换成了选择的智能形状了,如图 5.48(b)所示。

3.改变录屏时生成的字幕的语言

在 Adobe Captivate 的安装目录下,有一个扩展名为.RDL 的文件,该文件就是录屏时用的字幕源,复制一份这个文件(命名为要改的语言的名字,扩展名不变),用记事本或其他文字编辑软件打开,翻译成所要使用的语言版本。

在首选项的 Recording(录制)选项卡中打开 Generate Captions In(从……生成字幕)下拉列表,选择要使用的语言,如图 5.49 所示。

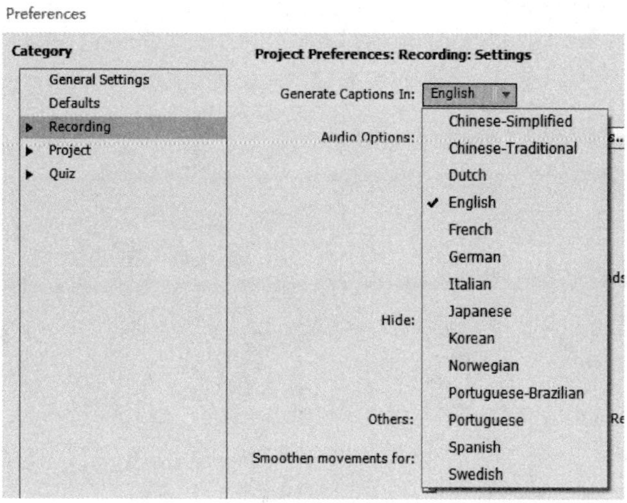

图 5.49

Adobe Captivate 英文版带有一个简体中文的 RDL 文件,可以选择使用。在"Lesson05\范例文件"目录下的"CaptureTextTemplates_Chinese-Simplified. rdl"文件是简体中文,可以复制到 Adobe Captivate 安装目录来使用。

视频讲解

5.2.4 缩放区域

缩放区域可用于将学习者的注意力吸引到幻灯片的重要部分。例如,如果作品包含一

图   5.50

个容易被忽略的步骤,则可以添加一个缩放区域来突出显示该步骤。添加缩放区域后,可以向缩放效果添加计时、过渡和音频选项。缩放区域由以下部分组成:缩放源(要放大的幻灯片区域)和缩放目标区域(显示幻灯片放大部分的区域)。

在工具栏单击 Objects(对象)图标,在下拉列表框中选择 Zoom Area(缩放区域),在幻灯片上调整缩放目标和缩放源的位置、大小等,如图 5.50 所示。可以在属性面板设置缩放源和缩放目标区域的各种属性。

视频讲解

5.2.5 智能形状和用户自定义智能形状

智能形状包括 Adobe Captivate 自带的许多种类的现成形状,如箭头、按钮或基本形状,可以将智能形状转换为滚动字幕或任何自由形状。

1. 创建智能形状

(1) 在工具栏单击 Shape(形状),出现如图 5.51 所示的下拉列表,包括(1)RECENTLY USED SHAPES(最近使用的形状);(2)BASIC(基本形状);(3)ARROWS(箭头);(4)BUTTONS(按钮);(5)BANNERS(旗帜);(6)MATHS(数学符号)。

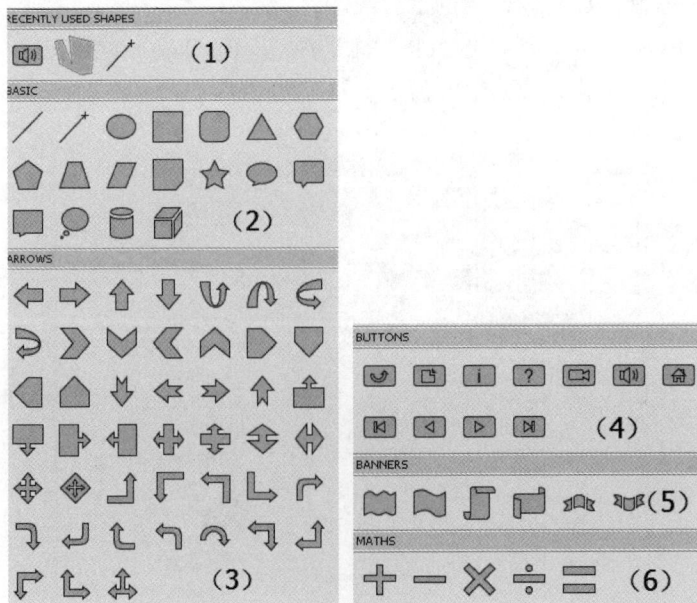

图   5.51

（2）单击需要的任意一个形状，鼠标指针形状变成了"＋"符号，在舞台上拖动画出智能形状，使用白色和黄色手柄调整形状，如图5.52所示。

2．转变为自由形状或滚动智能形状

（1）在智能形状上右击，在弹出的快捷菜单中单击 Convert to Freeform（转变为自由形状），单击一个黑色手柄以查看贝塞尔曲线，该曲线允许将该线转换为曲线，还可以通过单击并拖动黑色手柄来更改点的位置，单击形状之外的任何位置以确认编辑，如图5.53（a）所示。

（2）单击 Convert to Smart Shape（转变为滚动智能形状），在幻灯片上出现一个 Rollover Area（滚动区域），运行时当鼠标指针在该区域时就会显示出添加的智能形状，如图5.53（b）所示。

图　5.52

(a)　　　　　　　　(b)

图　5.53

3．智能形状编辑

可以通过属性面板对智能形状的填充、颜色和边框等进行编辑，具体操作用户可自行根据属性面板的工具特点进行，在此不再具体叙述。

另外，还可以对智能形状进行旋转、替换和转化为按钮等操作。

4．在智能形状上添加文本

所有的智能形状都可以在其中添加文本，方法是右击智能形状，然后在弹出的快捷菜单中选择 Add Text（添加文本），也可以双击智能形状并在光标处输入文本。对添加的文本可以使用属性面板的字符区域来进行格式化，如图5.54所示。

5．用户自定义智能形状

在工具面板单击 Shape（形状工具），选择 Polygon（多边形），如图5.55所示。

图　5.54

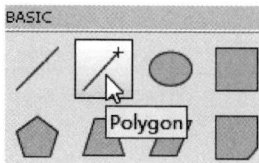

图　5.55

在幻灯片中绘出自己的图形，在属性面板单击 Save Shape（保存形状）［也可以通过右击选择 Save Smart Shape（保存智能形状）］来保存自定义智能形状，如图5.56所示。

这样，当该计算机打开智能形状添加框时，自定义的形状就出现在上面了，如图5.57所示。

如果要在另一台计算机使用自定义图形，则需要把相应的文件复制到另一台计算机中，方法是导航到"C:\用户\共用\公用文档\Adobe\eLearning Assets\Shapes"文件夹,有如图 5.58 所示的 3 个文件,将其复制到另一台计算机的相同文件夹下,在另一台计算机 Adobe Captivate 的智能形状属性面板的 Style(样式)选项卡的 Custom(用户自定义)项下可插入复制过来的用户自定义智能形状。

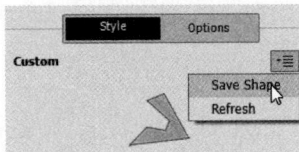

图 5.56　　　　　　　　图 5.57　　　　　　　图 5.58

5.2.6　滚动幻灯片

视频讲解

在 Adobe Captivate 中,Rollover Slidelet(滚动幻灯片)是幻灯片上的一个空间,当鼠标指针移动到该空间上时,该空间将显示一个关联的幻灯片(幻灯片中的一个幻灯片)。例如,可以为地图上的某个状态创建滚动幻灯片,以便当鼠标指针移到该状态上时显示该状态的人口统计信息。不能在问题或测验幻灯片上创建滚动幻灯片。

滚动幻灯片同样包含滚动区域(鼠标悬停区域)和滚动幻灯片自身(内容显示区域),如图 5.59 所示。

下面通过一个例子加以说明。

(1) 打开"Lesson05\范例文件"目录下的"5.2.6 滚动幻灯片.cptx"文件,把文件另存为"5.2.6 滚动幻灯片 demo.cptx"。该文件要求实现当鼠标出现在"动物一""动物二""动物三"上时,分别在右侧播放狮子、老虎和猩猩的视频,使用滚动幻灯片来实现,因为在滚动幻灯片上可以放置视频等对象。

(2) 插入滚动幻灯片,把滚动区域放在上述对应文字上,如图 5.60 所示。

图 5.59

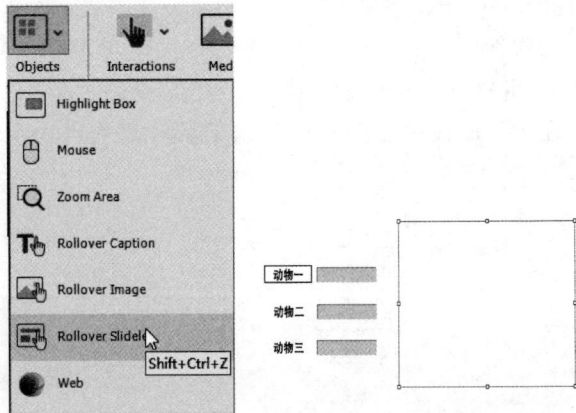

图 5.60

(3) 选择滚动幻灯片,单击 Video(视频)→Insert Video(插入视频)命令,在弹出的视频选择面板中导航到"Lesson05\范例文件\素材"文件夹,选择"狮子.MP4",最后单击 OK 按钮,如图 5.61 所示。

（4）重复步骤（2）、（3），依次为"动物二""动物三"添加滚动幻灯片，分别放置"老虎.mp4"和"猩猩.mp4"，如图 5.62 所示。最后预览项目，查看效果。

图 5.61　　　　　　　　　　　　　　　　　　图 5.62

5.2.7　突出显示框

使用突出显示框（Highlight Box）突出显示幻灯片中的区域。突出显示框将用户的注意力集中在幻灯片所需的区域。插入突出显示框的方法如图 5.63 所示。

5.2.8　添加动画

添加动画指向幻灯片添加扩展名为.SWF 的动画文件，SWF 文件动画不能发布为 HTML5 格式，但动画的生动性和交互方便性为作品大大增色。插入 SWF 文件的方式如图 5.64 所示。

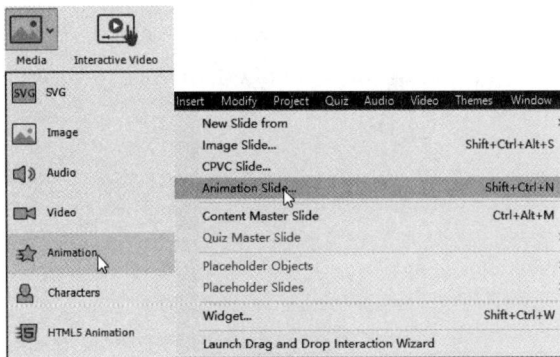

图 5.63　　　　　　　　　　　　　　　图 5.64

5.2.9　改变鼠标的属性

在主菜单选择 Modify（修改）→Mouse（鼠标）→Show（显示），在 PROPERTIES（属性）面板出现设置鼠标的内容，如图 5.65 所示。

视频讲解

如图 5.65 所示，"（1）"设置使用的鼠标指针类型，〈　〉按钮可左右翻页；"（2）"Browse（浏览）按钮可打开文件浏览界面，选择可添加的鼠标指针，如图 5.66 所示。

图 5.65

图 5.66

　　如图 5.65 所示,选中"(3)"Double Mouse Size(扩大鼠标大小一倍)后鼠标指针大小扩大一倍;选中"(4)"Straight Pointer Path(取直鼠标路径)后鼠标路径变为直线;选中"(5)"Reduce Speed Before Click(单击前减速)后鼠标在单击前速度变慢;"(6)"Mouse Click Sound(鼠标单击声音),鼠标单击时发出的声音设置。如图 5.67 所示,可对单击(Single-click)和双击(Double-click)分别设置声音,单击 ▦ 打开声音文件选择界面,可从磁盘选择要使用的声音文件,单击 ▶ 按钮播放选择的声音文件。

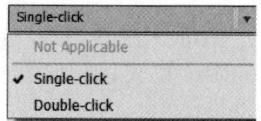

图 5.67

　　如图 5.65 所示,"(7)"Show Mouse Click(显示鼠标单击),设置鼠标单击时的显示效果,可以使用默认设置,如图 5.68(a)所示,也可以选择 Custom(用户自定义),如图 5.68(b)所示。

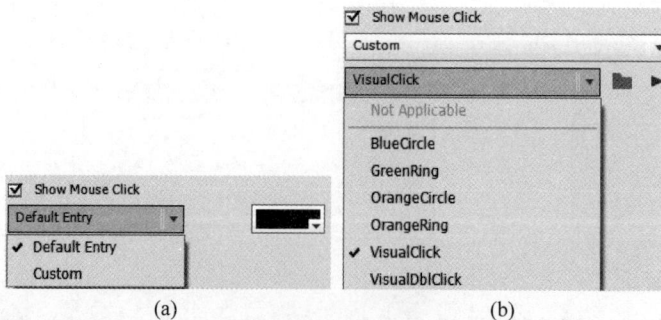

(a)　　　　　　　　(b)

图 5.68

　　单击 ▦ 打开动画文件选择界面,可从磁盘选择要使用的动画文件,单击 ▶ 按钮播放选择的动画文件,如图 5.69 所示。

　　可在首选项面板设置是否在整个项目禁用鼠标,如图 5.70 所示;设置是否使用鼠标滑轮,如图 5.71 所示。

图　5.69　　　　　　　　　　　　　　　　　　图　5.70

图　5.71

　　鼠标动作主要在录制软件模拟等项目中应用的比较多,每一张幻灯片只能有一个鼠标动作,在时间轴上单独占一个图层,可设置其显示的开始于结束时间,显示时间的长短等。下面进行一点实际操作。

　　第一步,新建一个项目,在主菜单选择 Modify(修改)→Mouse(鼠标)→Show(显示),在幻灯片上就出现一个鼠标的轨迹,在属性面板选择鼠标指针 ,鼠标单击效果选择 VisualClick,如图 5.72 所示。

　　第二步,插入一张空白幻灯片,同样设置该张幻灯片显示鼠标(同第一步),拖动鼠标箭头,拖出一个鼠标轨迹,如图 5.73(a)所示。在第一张幻灯片对象上右击,在弹出的快捷菜单中选择 Straight Pointer Path(取直鼠标轨迹),如图 5.73(b)所示。

(a)　　　　　　(b)

图　5.72　　　　　　　　　　　　　图　5.73

　　第三步,在每张幻灯片的时间轴上查看,鼠标对象单独作为一个图层出现,具有其他 Adobe Captivate 对象的一些共同属性。运行项目,查看效果。

5.3　管理和编辑对象

5.3.1　对象的多态

　　所谓多态,就是一个对象可以有多个状态,当你需要哪个状态时就让其出现。使用多态　视频讲解更有利于交互设计,使时间轴更加简洁。

每个对象可以有多个状态,交互对象有自带的内置状态(比如按钮有鼠标单击、按下和悬浮等状态),用户可以自定义对象的状态并添加到常规幻灯片中,问题幻灯片上自带按钮、拖放对象没有多状态,提示字幕、输入文本框和滚动对象带有内置状态,但没有用户自定义状态。

下面通过一个示例进行说明。

(1) 打开"Lesson05\范例文件"目录下的"5.3.1对象的多态.cptx"文件,把文件另存为"5.3.1对象的多态 demo.cptx"。

(2) 把 Library(库)里的"蝴蝶.jpg"拖动到幻灯片上,如图 5.74 所示。

(3) 在"蝴蝶.jpg"图片的属性面板中单击 State View(状态视图)按钮,进入对象状态编辑界面,单击 New State(新建状态)按钮,在状态名称对话框中输入 hdl 后单击 OK 按钮,如图 5.75 所示。

图 5.74 图 5.75

(4) 选择新建的 hdl 幻灯片,如图 5.76(a)所示,在幻灯片上删除"蝴蝶.jpg"图像,把 Library(库)里的"蝴蝶卵.jpg"拖动到幻灯片上,适当调整其大小,如图 5.76(b)所示。

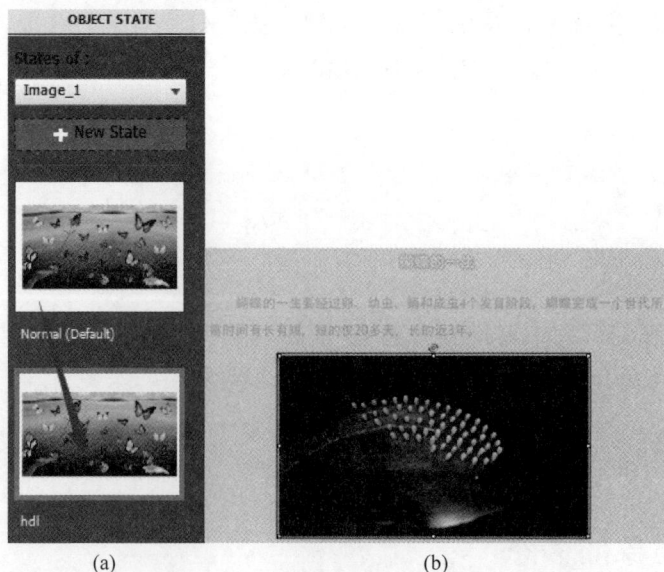

(a) (b)

图 5.76

（5）依照第（3）、（4）步，创建 hdyc 和 hdy 幻灯片，分别把库中的"蝴蝶幼虫.jpg"和"蝴蝶蛹.jpg"放到 hdyc 和 hdy 幻灯片上，调整好位置和大小。单击工具栏的 Exit State（退出状态）⊗ 回到常规界面。选择文本框中的"卵"，如图 5.77 所示。

（6）单击属性面板的 🖘 Insert Hyperlink（插入超链接）按钮，单击 ▼ Link To（链接到），在弹出的列表中选择 Change State of（转到状态），如图 5.78 所示。

（7）如图 5.79 所示，选择蝴蝶卵图片的那个状态幻灯片后，单击 OK 按钮，此时"卵"字添加了下画线，颜色变为超链接设置的颜色。

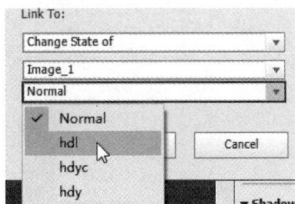

图 5.77　　　　　　图 5.78　　　　　　图 5.79

（8）重复第（6）、（7）、（8）步，选择"幼虫""蛹"和"成虫"文字，分别链接到 hdyc、hdy 和 Normal 3 个状态，运行项目，单击文字超链接，查看效果。

从这个示例可以看出，用对象状态操作可以避免隐藏和显示的方法来切换图片，如果图片比较多，那么使用隐藏和显示的方法会更麻烦，而且时间轴特别简洁，避免了一张图片占用一个图层。所有的图片都是对象，切换时交换显示状态即可。

5.3.2　插入 Web 对象

通过单击如图 5.80 所示的 Web（网页），可以将 HTML5 Web 对象插入到幻灯片中。在其属性面板的地址字段中输入对象的 URL，网页将显示在对象容器中。这样，在幻灯片中可以打开网页中的文字、视频等内容。当然，也可以选择使用外部浏览器打开。

5.3.3　对象特效

1. 特效应用概述

为对象添加效果有助于快速吸引用户注意力。要查看可以应用于对象的效果，右击对象并选择 Apply Effects（应用效果）。或者，要启动"效果"面板，请选择对象，然后单击属性面板选项卡旁边的 TIMING（定时）选项卡，就出现了对象的 Effects（效果）设置面板，如图 5.81 所示。

如图 5.81 所示，"（1）"是选择 Animation Trigger（效果的触发方式），主要有两种触发器：Time-based（基于时间）或 Event-based（基于事件）。基于时间的触发器的对象效果将在播放上一个对象后应用。当特定事件发生时（如单击按钮等）将应用基于事件的触发器的

视频讲解

视频讲解

图　5.80

图　5.81

对象效果。

下面演示一下基于事件的效果创建方法。

新建一个项目,在幻灯片上放置一个按钮和任意一个对象,比如智能形状等,在其属性面板 Actions(动作)选项卡的 On Success(成功)的下拉列表框中选择 Apply Effect(应用效果),然后在出现的 Object Name(对象名称)下拉列表框中选择要应用效果的对象,单击 fx 按钮选择要使用的效果,如图 5.82 所示。

应用效果后可以看到效果触发的方式变成了事件触发的方式,单击 ▶ 按钮可以预览效果,单击 🖫 可以保存效果为 XML 文件,如图 5.83 所示。

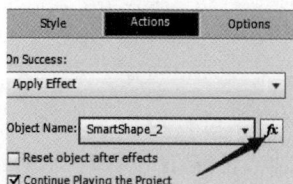

图　5.82

图　5.83

如图 5.81 所示,"(2)"是显示效果应用列表。一个对象可以应用多种效果,在此进行效果的添加 ➕、删除 🗑、从外部导入保存的 XML 效果文件 📁 和禁用添加的效果 ⊘ 等;"(3)"是选择效果的类别,对象效果有 5 大类,基本、强调、入口、退出和运动路径,如图 5.84(a)

所示,图 5.84(b)为中文翻译。每种类型有多种效果,如图 5.81 所示,< > 按钮可左右翻页。

如图 5.81 所示,"(4)"设置选择的每种效果的参数,不同的效果,其参数可能有所不同;"(5)"设置对象的 Transition(过渡)效果,如图 5.85(a)所示,图 5.85(b)为中文翻译。

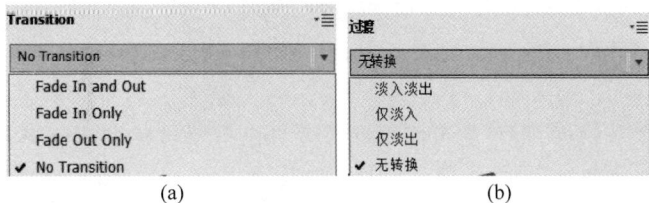

(a)   (b)   (a)   (b)

图 5.84   图 5.85

下面对添加效果进行示例操作。

第一步,打开"Lesson05\范例文件"目录下的"5.4.3 对象效果.cptx"文件,把文件另存为"5.4.3 对象效果 demo.cptx"。这是 5.4.1 的完成作品,现在为图片的每一种状态加上一个显示效果。

第二步,进入图片的状态编辑视图,选择名称为 Normal 的幻灯片,在效果面板的 Entrance(进入)类中选择 StratchFromBottom(从底部拉伸),如图 5.86 所示。

第三步,依次为 hdl、hdyc 和 hdy 添加效果面板的 Entrance(进入)类中的 StratchFromRight(从右部拉伸)、StratchFromLeft(从左部拉伸)和 StratchFromTop(从顶部拉伸)。

第四步,退出对象状态编辑界面,预览项目效果。

说明:可以为多个对象通过 Group(组合)命令组合成的组添加特效,当为合并为组的对象添加效果后,组中单个对象添加的效果将失效。

2.用户自定义运动路径特效

第一步,选择对象,在效果面板的运动路径里选择 CustomLines(用户自定义路径),如图 5.87 所示。

   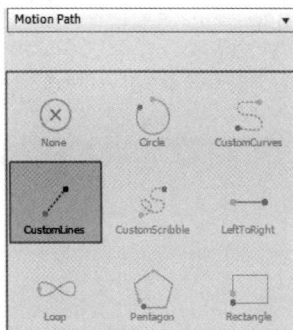

图 5.86   图 5.87

第二步,将＋号标记放在对象中的任意位置,并将标记拖到幻灯片中的任意位置,然后释放鼠标按钮。将看到一条从对象内部开始并在结束运动路径的位置终止的路径,如图 5.88 所示。

图　5.88

这样,用户就可以根据需要自己定义对象的运动路线,图 5.88 是一个球自由落下的动画效果。

5.3.4　对象样式

对象样式是一组视觉属性,例如颜色和字体。项目中的对象自动继承应用于项目的主题。可以对对象样式执行以下操作:通过修改预定义的样式属性自定义对象样式;将自定义对象样式从一个项目导入或导出到另一个项目;搜索使用特定样式的对象。

在主菜单打开 Edit(编辑)→Object Style Manager(对象样式编辑器)。从列表中选择要编辑的对象,单击 Clone 按钮,输入样式名称,编辑样式的属性后单击 OK 按钮,要应用该编辑的样式请选择对象,在属性面板选择该样式,如图 5.89 所示。

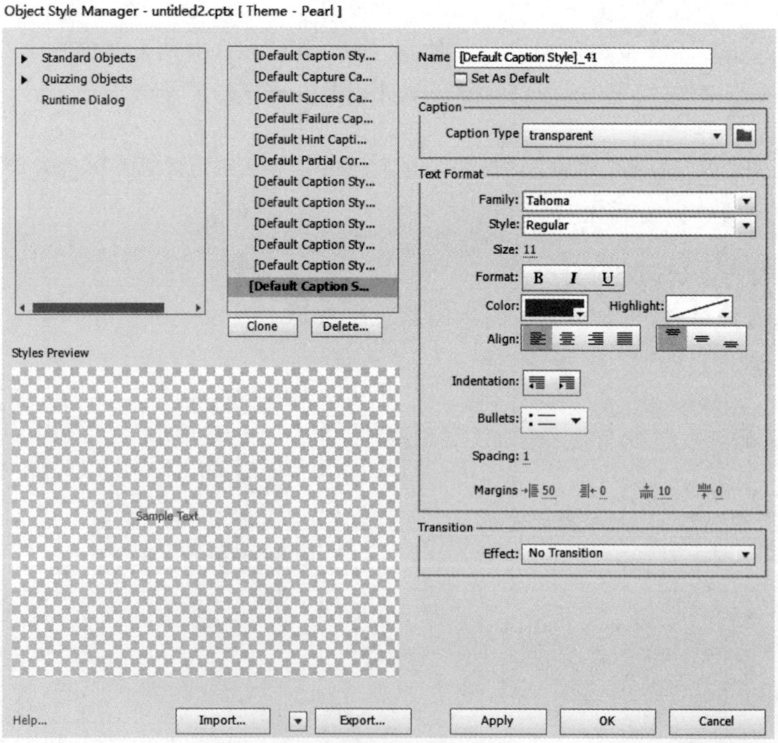

图　5.89

使用属性面板对对象样式所做的更改仅应用于对象的选定实例。使用对象样式管理面板修改对象样式时,样式的名称以"＋"标记作为前缀。

使用 Import(导入)按钮导入外部保存的对象样式(．cps 格式);使用 Export(导出)导出所选对象的样式,可供另一个项目导入使用(．cps 格式);若要应用更改并继续使用对象样式管理器,请单击 Apply(应用)按钮;要应用更改并退出对象样式管理器,请单击 OK 按钮;取消当前的编辑请单击 Cancel(取消)按钮。

通过选择主菜单的 Edit(编辑)→ Find And Replace(查找和替换),打开 FIND AND REPLACE(查找和替换)面板,如图 5.90 所示。

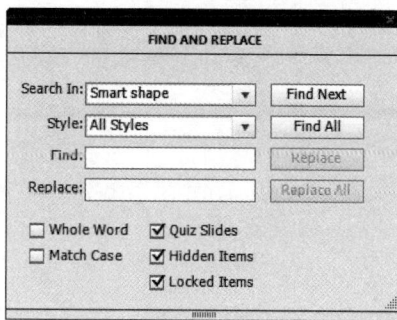

图　5.90

在 Search In(搜索范围)下拉列表框中选择对象类型,在 Style(样式)下拉列表框中选择样式。执行以下任一操作:要逐个查找使用指定样式的对象,请单击 Find Next(查找下一个)按钮;要查找项目中使用指定样式的所有对象,请单击 Find All(全部查找)按钮。

5.3.5　对象右键菜单

通过右击对象弹出的快捷菜单,几乎可以执行对象的所有操作,根据对象的类型不同,弹出的菜单内容也不尽相同。比如有常用的剪切、复制、删除、副本、排列、对齐等命令,还有一些对象自身特有的命令。图 5.91(a)是同时选择两个智能形状的右键菜单,图 5.91(b)是中文翻译。

视频讲解

图　5.91

图 5.92(a)是选择一个智能形状的右键菜单,图 5.92(b)是中文翻译。

从图 5.91 和图 5.92 可以看出同时选择两个对象和选择一个对象右键菜单的区别。当选择两个以上对象时会出现 Group(组合)按钮菜单。

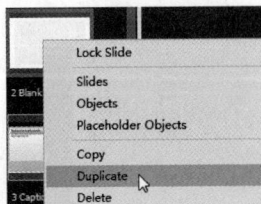

Cut	Ctrl+X		剪切(T)	Ctrl+X
Copy	Ctrl+C		复制(C)	Ctrl+C
Duplicate	Ctrl+D		副本(U)	Ctrl+D
Delete	Del		删除(D)	Del
Convert to freeform			自由转换	
Convert to rollover Smart Shape			转换滚动形状	
Add Text	F2		添加文本	F2
Lock	Ctrl+Alt+K		锁定(K)	Ctrl+Alt+K
Lock Size and Position			锁定大小和位置	
Hide	Ctrl+Alt+H		隐藏(H)	Ctrl+Alt+H
Arrange	>		排列	>
Align	>		对齐(L)	>
Sync with Playhead	Ctrl+L		同步播放(P)	Ctrl+L
Show for the rest of the slide	Ctrl+E		显示其余的幻灯片(S)	Ctrl+E
Increase Indent	Ctrl+I		增加缩进(I)	Ctrl+I
Decrease Indent	Shift+Ctrl+I		减少缩进(D)	Shift+Ctrl+I
Audio	>		音频	>
Replace Smart Shape			替换智能形状	
Apply Effect			应用效果	

(a)   (b)

图   5.92

5.4   本章范例制作

打开"Lesson05 \ 范 例 文 件 \ 05Start"文 件 夹 下 的 05Start. cptx 文 件,另存为
05Startdemo. cptx 文件,该文件已把项目所需的所有素材导入到了库中。

5.4.1   制作母版幻灯片

(1) 进入母版幻灯片编辑界面,在"2 Blank"幻灯片上右击,在弹出的快捷菜单中单击
Duplicate(创建副本),新建一个空白幻灯片,如图 5.93 所示。

(2) 选择新添加的"3 Blank"幻灯片,在属性面板设置背景图片为"背景.jpg",首先在
Background(背景)下拉列表框中选择 Custom(自定义),在填充下拉列表框中选择 Image
Fill(图像填充),如图 5.94 所示。

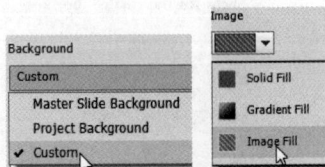

图   5.93

图   5.94

双击 Slide Color(幻灯片颜色),在弹出的面板中取消选中 Tile(平铺)和 Stretch(拉
伸),如图 5.95 所示。单击 ▦ 按钮,在弹出的面板中选择库中的"背景.jpg",如图 5.96
所示。

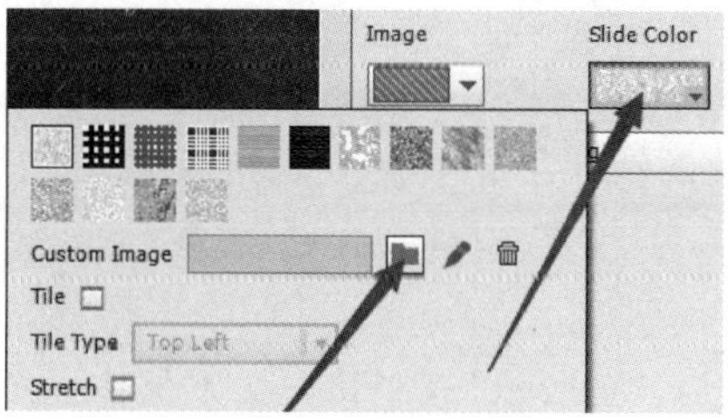

图 5.95

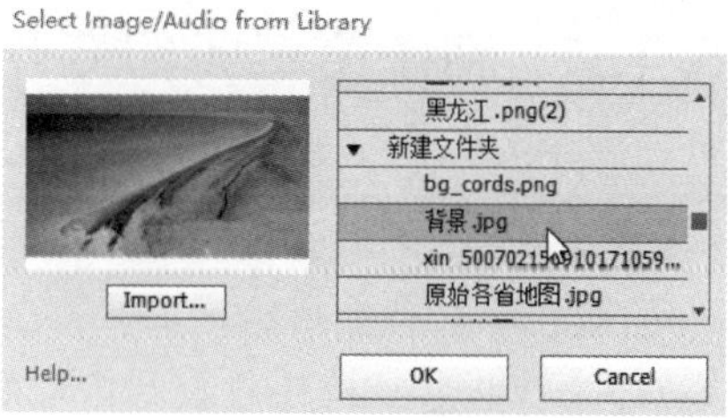

图 5.96

（3）从库面板拖放"国旗.png"到幻灯片的左侧，使用智能形状的直线在幻灯片的上下方各画一条红色装饰性线条，宽度为 13，如图 5.97 所示。

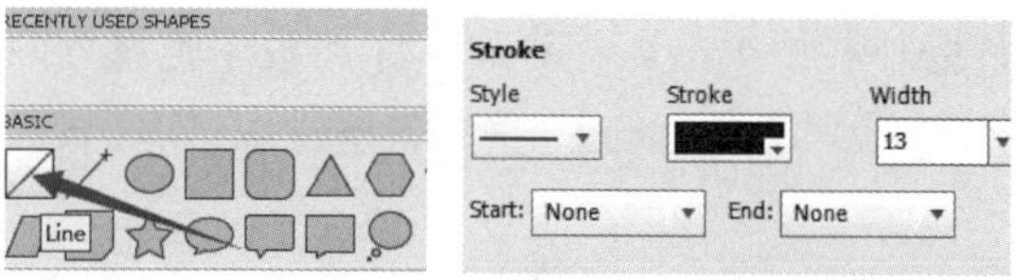

图 5.97

（4）使用智能形状在幻灯片右下角创建如图 5.98(a)所示的 3 个按钮，智能形状作为按钮需要勾选 Use as Button 属性，高级动作分别设置为 Go to the next slide（导航到下一张幻灯片）、Go to the previous slide（导航到上一张幻灯片）和 Jump to the slide（跳转到幻灯片）幻灯片 1，图 5.98(b)是按钮的属性设置。

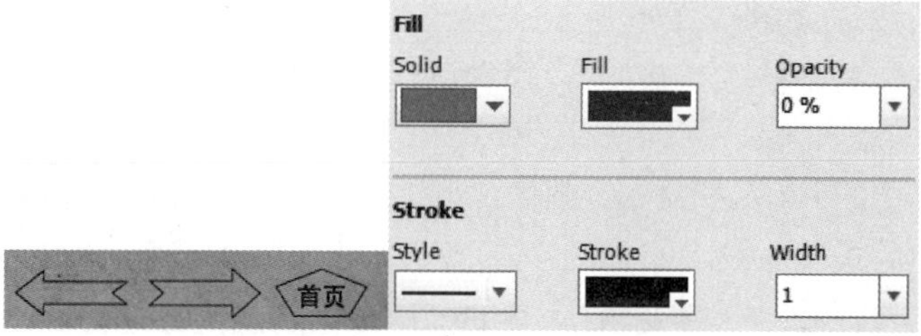

(a)   (b)

图 5.98

母版幻灯片的最后效果如图 5.99 所示，退出母版编辑界面。

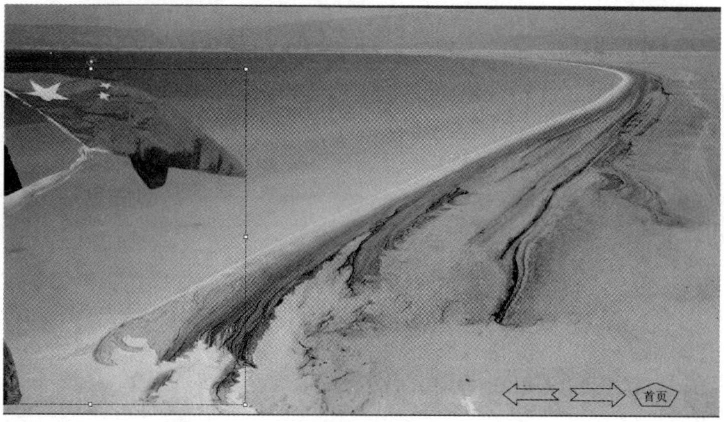

图 5.99

视频讲解

5.4.2 制作第1张幻灯片

(1) 幻灯片的效果图如图5.1所示(本章开头处的第1张图片),使用的背景图片是库中的"背景.jpg(2)","版图.png"和一个不透明的文本字幕"我国行政区划"放在一个透明度为40％的蓝色矩形智能形状上面。

(2) 3个智能形状按钮放在幻灯片的下方,如图5.100所示,其制作方法不具体介绍,如不熟悉制作过程,请参照前面所述的智能形状相关内容。

按钮的高级动作在项目的最后阶段进行设置。

(3) 为幻灯片添加声音和静音按钮。在幻灯片带选择第1张幻灯片,在属性面板的Actions(动作)项的On Enter(幻灯片开始播放时)下拉列表中选择Play Audio(播放音频),在随后出现的选择音频文件操作栏中单击 ■ 图标,在库面板中选择"(Clip)《中华人民共和国国歌》—管乐合奏版_1.mp3",如图5.101所示。这样每次进入该张幻灯片时都会播放国歌。

图 5.100

图 5.101

为了让用户能够停止音乐播放,增加一个停止播放按钮。这个按钮在智能形状面板已提供,在智能形状面板的BUTTONS栏中选择喇叭按钮,如图5.102所示,在幻灯片的最右下角画出一个喇叭按钮,如图5.100所示。

在刚画出的按钮处于被选择状态下,查看属性面板的Actions(动作)项,发现它自带了高级动作,如图5.103所示。

其意思是:为变量cpCmndMute赋值1,当该变量值为1时,所有的声音将停止播放。所以当按下此按钮时就停止播放当前的声音。

但是,出现的另一个问题是在后续的幻灯片播放中还有声音需要播放,如果cpCmndMute变量的值一直为1,后面就一直不能播放声音了。解决的办法是在第1张幻灯片播放完后,设置cpCmndMute的值为0,在幻灯片带选择第1张幻灯片,在属性面板设置Actions(动作)下On Exit(退出)的动作,如图5.104所示。

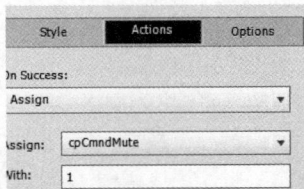

图 5.102

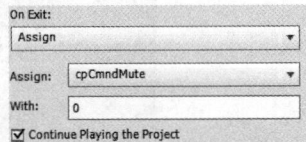

图 5.103

图 5.104

视频讲解

5.4.3 制作第2~7张幻灯片

这6张幻灯片是对象特效和滚动幻灯片技术的应用,幻灯片的背景全部设置为母版幻灯片的"3 Blank"幻灯片。

由于对象特效的使用和滚动幻灯片操作在本章前半部分已有详细讲解,此处不再重复。请在 05Complete.cptx 文件中查看相应幻灯片中使用的对象的属性参数,进行模拟制作。例如,如图 5.105 所示,选择箭头所指对象,在属性面板中可以看到该对象是一个智能形状,名称为 SmartShape_7,其属性参数如图 5.106 所示。

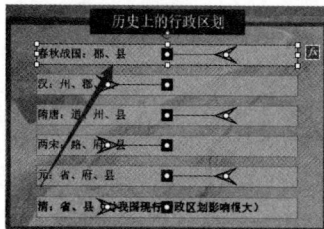

图 5.105

图 5.106

其所使用的效果为 EaseInLeft(左部淡入),如图 5.107 所示。

可以在对象上右击,选择 Find in the Library(在库面板中找到),然后就打开了库面板,当前选择的对象在库面板中处于被选择状态,如图 5.108 所示,这样,在制作过程中就知道应该使用库中的哪一个文件了。

图 5.107

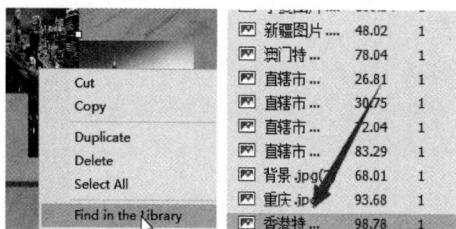

图 5.108

5.4.4 制作第 8 张幻灯片

视频讲解

将幻灯片的背景设置为母版幻灯片的"3 Blank"幻灯片。

该张幻灯片使用的是按钮的状态,比如,选择 05Complete.cptx 文件中第 8 张幻灯片的"黑龙江"文字,在属性面板看到其名称为 Button_26,没有 Fill(填充),Stroke(边框)为 0,如图 5.109 所示。

单击属性面板的 State 按钮,进入状态编辑界面,在幻灯片带点选幻灯片 RollOver(悬

图　5.109

停),在舞台上可看到在左下方有一个文本框。也就是说,当将鼠标指针放到按钮上时,就会播放 RollOver(悬停)幻灯片,并且幻灯片上添加了省级行政区的介绍文字,如图 5.110 所示。

图　5.110

在制作过程中,把每一个省的名字做成像以上介绍"黑龙江"的按钮那样,并在状态编辑界面的 RollOver(悬停)幻灯片左下方放置介绍文本。

5.4.5　制作第 9 张幻灯片

将幻灯片的背景设置为母版幻灯片的"3 Blank"幻灯片。

该张幻灯片使用的是滚动图像,在每一个省、自治区的名称上放上 Rollover Area(滚动区域),把 Rollover Image(滚动图像)放到合适的区域即可。

如单击工具栏 ▦ Objects(对象)图标下的 Rollover Image(滚动图像)菜单,在弹出的文件选择框中选择"\Lesson05 \范例文件\素材"文件夹中的"福建.png",如图 5.111 所示。把中间的 Rollover Area(滚动区域)矩形框缩放到合适大小,放到"福建"二字的上方。

其他省区滚动图像的制作类似。由于滚动图像较多,为了制作方便,可把先制作的滚动图像在时间轴上隐藏起来,以便后面添加滚动图像的操作,如图 5.112 所示。

图　5.111

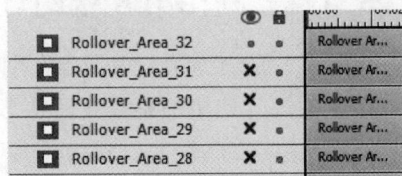

图　5.112

5.4.6　制作第 10～13 张幻灯片

将幻灯片的背景设置为母版幻灯片的"3 Blank"幻灯片。

该 4 张幻灯片结构相对简单，如第 10 张幻灯片，首先创建一个文本字幕，输入答案内容，在属性面板更改名称为 D5（名称任意命名），单击 ◉ 图标，使其变为 ⌀，即使该对象在项目运行时不出现，如图 5.113 所示。

在幻灯片的右下角创建一个按钮，设置按钮的动作为单击后显示 D5 文本字幕，如图 5.114 所示。

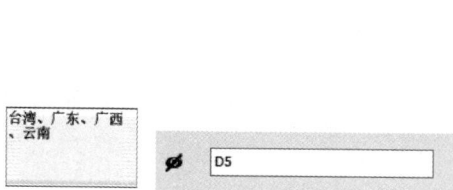

图　5.113

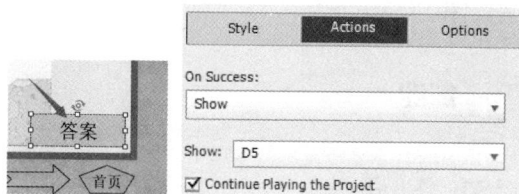

图　5.114

5.4.7　制作第 14 和 15 张幻灯片

将第 14 张幻灯片的背景设置为母版幻灯片的"3 Blank"幻灯片。

该张幻灯片主要使用了对象的拖放功能，省会城市用黑色圆点表示，没有标注城市名称，在每一个黑色圆点的上方放一个 HighLight_Box（高亮框）。在幻灯片右侧显示了所有省会城市的名称，每一个名称都是一个独立的文本字幕对象。

运用前面学习的拖放操作技巧，把 HighLight_Box（高亮框）设置为拖放目标，把右侧的城市名设置为拖放源，并分别对应每一个拖放源和目标。

注意在 Drag and Drop（拖放）属性面板设置下列参数：

在 Actions（动作）下选中 Undo（撤销）和 Reset（复位）复选框，这样就可以显示撤销和复位按钮，使拖放操作更加灵活。在 Options（选项）下选中 Redrag the dropped source（重新拖放已拖放过的对象），即如果拖错了位置，则可以重新拖放到新的位置，否则一旦拖放错了位置就不能再移动了，如图 5.115 所示。

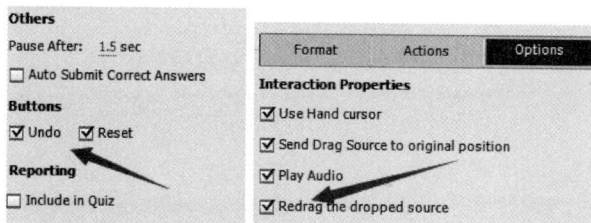

图　5.115

在 Drag and Drop 属性面板，可修改 Undo 和 Reset 按钮的标签为"撤销"和"重新开始"。

第 15 张幻灯片（最后一张幻灯片）的背景使用"背景.jpg"文件，制作样式如图 5.116 所示。EXIT（退出）按钮执行的高级动作是 Exit（退出），在运行中单击该按钮就会结束程序。

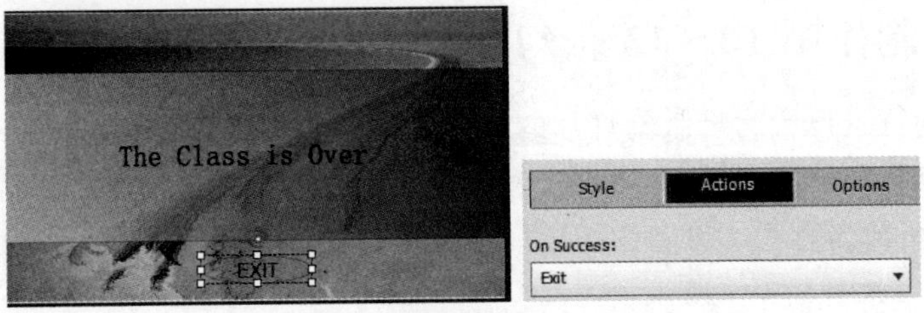

图　5.116

制作完成后,预览程序,如有运行不理想的地方,比照 05Complete.cptx 文件继续修改,直到制作成功为止。

作业

一、模拟练习

打开"Lesson05\模拟练习"文件夹中的"05 模拟 complete.cptx"文件,并进行预览,根据本章知识内容,做一个类似的项目。课件资料已完整提供,获取方式见前言。

二、自主创意

根据本章所学知识,自主创意制作一个项目,熟练掌握 Adobe Captivate 中对象的基本编辑。

三、理论题

1. 什么叫交互对象和非交互对象?

2. 什么叫对象的多态? 它有什么作用?

3. 什么叫滚动字幕、滚动图像和滚动幻灯片? 它们各有什么作用?

4. 对象特效有哪几种? 如何为对象添加特效?

第6章

音视频的编辑和使用

本章学习内容

(1) 幻灯片的音频设置;
(2) 导入和导出音频;
(3) 录制音频;
(4) 把录制的单一音频文件连续分布到多个幻灯片;
(5) 背景音频、系统音频和为对象录制音频;
(6) 编辑音频文件;
(7) 多张幻灯片连续自动播放一个视频;
(8) 在单张幻灯片上控制播放一个视频。

完成本章的学习需要大约2.5小时,相关资源获取方式见前言。

知识点

查看音频的属性	幻灯片音频设置	音频的导入与导出
录制音频	多张幻灯片连续自动播放视频	多张幻灯片连续自动播放音频
录制对象音频	背景音频	系统音频
编辑音频文件	单张幻灯片控制播放视频	

本章案例介绍

范例

本章范例是介绍中国茶文化的项目,涉及音频和视频的各种操作技巧,包括导入、编辑、发布、背景音乐和系统音乐等,双击运行"Lesson06/茶介绍.exe"文件,预览范例,如图6.1所示。

图　6.1

模拟案例

　　本章模拟案例提供一个关于春天的诗句的课件,项目中基本没有添加视频和音频素材,要求读者自行寻找匹配的素材来设计和添加,也可以使用 Adobe Captivate 的录制功能自己录制音频和视频添加到作品中。做的过程中可以模拟范例中使用的方法,也可以参考本章讲解的其他方法。双击运行"Lesson06/春.exe"文件,预览范例,如图 6.2 所示。

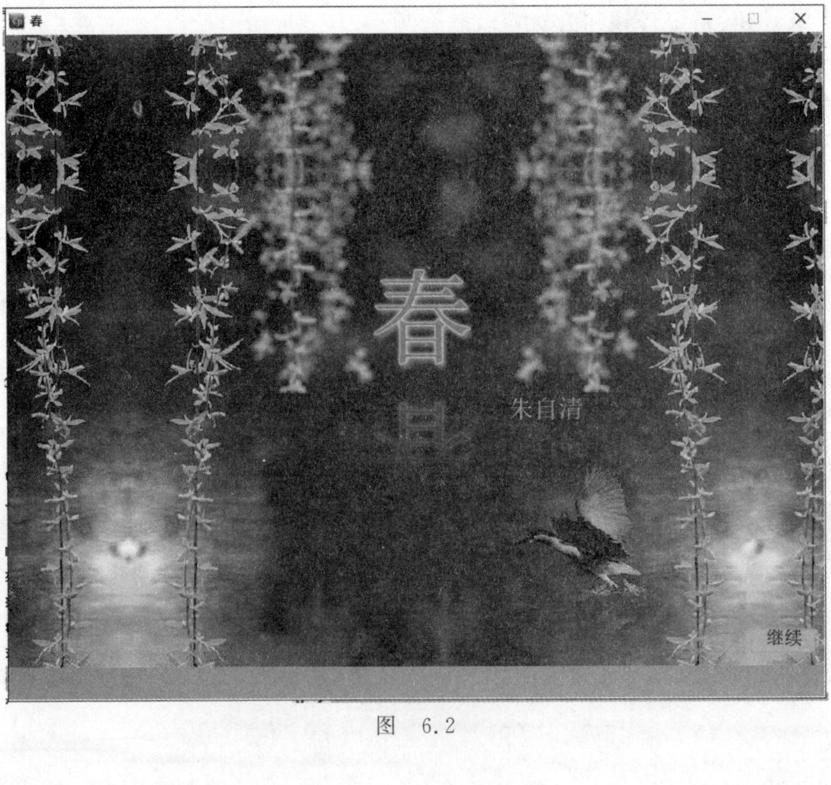

图　6.2

6.1　音频编辑

✎ **提示**：在 Adobe Captivate 中，每一张幻灯片都可以有自己的一个音频文件，即在时间轴上创建一个音频图层；幻灯片上的每一个对象也可以有自己的音频，在播放中对象出现时播放。

6.1.1　查看音频的属性

在 Adobe Captivate 中打开"lesson06\素材\范例素材"文件夹中的 06complete.cptx 文件。选择菜单栏的 Audio（音频）→Audio Management（音频管理），弹出 Advanced Audio Management（高级音频管理）对话框，如图 6.3 所示。

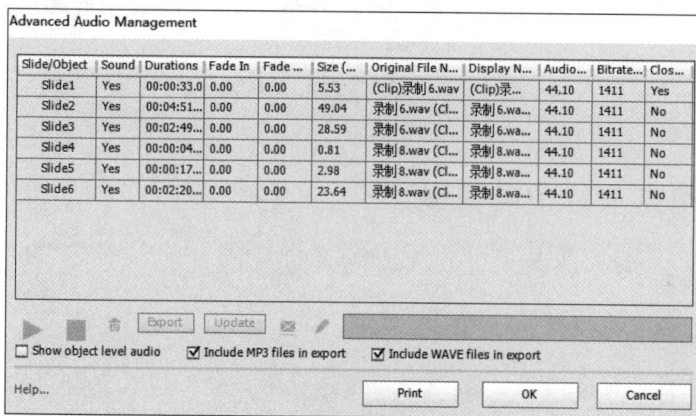

图　6.3

如图 6.3 所示，Advanced Audio Management（高级音频管理）对话框上部表头的内容分别是：

（1）Slide/Object（幻灯片/项目）——幻灯片或对象的名称。

（2）Sound（声音）——声音文件在此幻灯片是否存在。

（3）Durations（持续时间）——声音文件的长度，以秒为单位。

（4）Fade In（淡入）——淡入效果是否存在。

（5）Fade Out（淡出）——淡出效果是否存在。

（6）Size（尺寸）——声音文件的大小。

（7）Original File Name（初始文件名）——声音文件的原始名称。

（8）Display Name（显示名称）——在 Adobe Captivate 中重命名文件之后的文件名，如果未重命名文件，则显示原始名称。

（9）Audio Sample Rate（kHz）[音频采样率（kHz）]——音频的频率，也称采样率，音频质量和采样率成正比，CD 质量音频的采样率为 44 100Hz。

（10）Bitrate（kbps）[比特率（kbps）]——音频文件在特定时间段中使用的比特数，以 bps 为单位，音频文件编码的比特率越高，声音质量越高，128kbps 是常用比特率。

（11）Closed Caption（隐藏字幕）——隐藏字幕是否已包含在音频文件中。

对话框下部的图标按钮及选项分别是：

（1）Play（播放）——单击此图标可播放所选幻灯片的音频。

（2）Stop（停止）——单击此图标可停止播放音频。

（3）Remove（删除）——单击此图标可删除选定幻灯片的音频。

（4）Export（导出）——单击此处可打开"浏览文件夹"对话框，并将选定的音频文件导出到文件夹。

（5）Update（更新）——单击以导入音频文件的更新版本。

（6）Closed Caption（隐藏按钮）——单击此图标可输入音频文件的隐藏字幕。该功能提高了听力受损用户对项目的可访问性。

（7）Show object level audio（显示对象电平音频）——选中此复选框以显示与对象相关联的任何音频文件（单击框、标题、按钮、高亮框等）。

（8）Include MP3 files in export（导出包括 MP3 文件）——选中此复选框以在导出音频时包含 MP3 文件。

（9）Include WAVE files in export（导出包括 WAVE 文件）——选中此复选框以在导出音频时包含 WAVE 文件。

6.1.2　预览项目中的音频

打开"lesson06\素材"文件夹中的"（完成）音频编辑.cptx"文件，学习预览该文件中的音频。

1. 预览项目音频

在舞台上，选择具有音频的对象，这里单击选择第一张幻灯片在舞台上的文字"1.音频编辑，2.字幕讲解"，在属性面板单击 Options（选项），单击音频区域中的音频文件名"（Clip）录制 9.wav"，如图 6.4 所示。

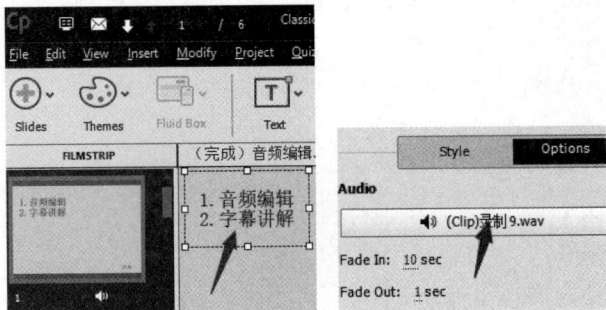

图　6.4

在 Object Audio（对象音频）对话框中，单击播放图标 ▶ 以播放音频文件，如图 6.5 所示。单击 Close 按钮关闭 Object Audio 对话框。

2. 预览幻灯片音频

选择包含音频的幻灯片。选择菜单栏中的 Audio（音频）→Record to（录制到）→Slide（幻灯片），如图 6.6 和图 6.7 所示，在弹出的 Slide Audio（幻灯片音频）对话框中单击播放图标 ▶ 以播放音频文件。

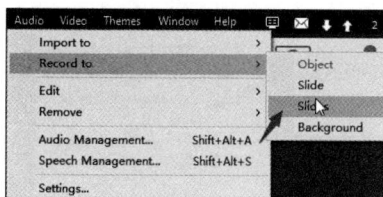

图 6.5

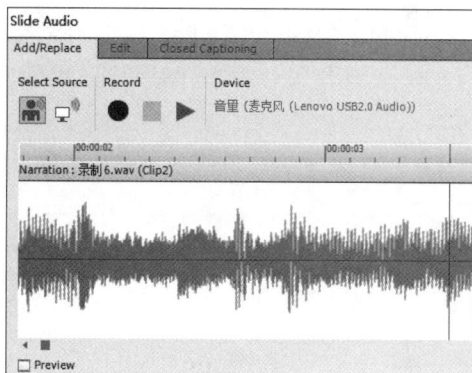

图 6.6

图 6.7

3. 预览背景音频

在打开的项目中,选择菜单栏的 Audio(音频)→Edit(编辑)→Background(背景),在 Background Audio(背景音频)对话框中单击播放图标 ▶ 以播放音频文件。

6.1.3 导出音频

1. 从幻灯片中导出音频

(1) 在以上打开的项目中,选择菜单栏的 Audio(音频)→Audio Management(音频管理)。

(2) 单击包含要导出的音频文件的幻灯片。

(3) 如果要导出 MP3 文件,则选中 Include MP3 files in export(在导出中选择包含 MP3 文件)复选框;如果要导出 WAVE 文件,则选中 Include WAVE files in export(在导出中选择包含 WAVE 文件)复选框,如图 6.8 所示。

(4) 单击 Export(导出)按钮,导航到要保存文件的目标文件夹,然后单击 OK 按钮。

2. 从项目中导出音频

(1) 选择菜单栏的 Audio(音频)→Edit(编辑)→Project(项目),如图 6.9 所示。

此时弹出 Audio(音频)对话框,提示如果编辑项目音频,所有的隐藏字幕将不可用,隐藏字幕的时间设置同时失效,编辑后应在 Slide Notes Panel(幻灯片注释面板)选中 Audio CC(音

视频讲解

频隐藏字幕)复选框,将隐藏字幕设置为可用,单击 Yes 按钮继续下一步。

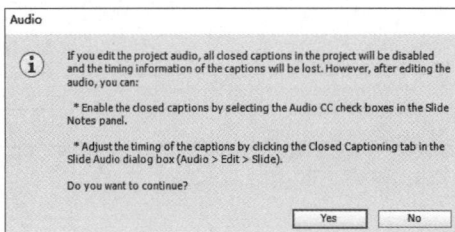

图 6.8

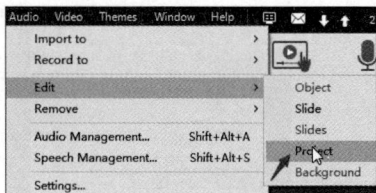

图 6.9

(2) 在弹出的 Slide Audio(幻灯片音频)对话框中,单击 Podcast(导出音频)按钮,如图 6.11 所示,弹出另存为文件对话框,可在保存类型中选择 mp3 或 wav 格式。

图 6.10

图 6.11

6.1.4　录制音频

视频讲解

录制音频文件质量越高,文件越大;音频文件压缩率越高,采样率越低,质量越低。

> **注意**:能否正确定位麦克风对录制的音频文件的质量有很大的影响。首先,靠近麦克风(4～6英寸),这样附近任何其他的声音都没有被录制的机会。不要对着麦克风低声说话,将麦克风放在嘴边,可以帮助字母 S 和 P 的发音变得柔和。

1. 确定录制目标
有以下几种方式可确定录制目标。

选择菜单栏的 Audio(音频)→Record to(录制到),如图 6.6 所示。

(1) Object(对象):在幻灯片上为选定的对象录制音频。

(2) Slide(幻灯片):录制到当前幻灯片,也即录制到选中的单张幻灯片上。

(3) Slides(多张幻灯片):录制到一组幻灯片,在弹出的 Record from Slide 对话框中可输入从开始到结束的幻灯片编号,如图 6.12 所示。

(4) Background(背景):为项目创建背景音频。

2. 录制到单张幻灯片
(1) 关闭已打开的 Adobe Captivate 项目,新建一个空白项目,在项目中插入 3 张空白幻灯片,选择第一张幻灯片,打开菜单栏的 Audio(音频)→Record to(录制到)→Slide(幻灯片),在弹出的幻灯片音频对话框中确保 Narration(旁白)按钮 █ 被选中,即设置录制的声音来源为外部,单击 Record(录制)按钮 ●,在弹出的 Narrate Audio Input(校准音频输入)对话框中根据提示校准一下麦克风。麦克风校准方式有两种:第一种方式可单击 Auto calibrate(自动校准)按钮,第二种方式可单击 Record(录制)按钮,录制一句话,如图 6.13 所示,当校准好后会提示 Input level OK(录音输入就绪)。

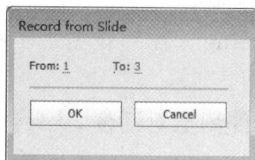

图 6.12

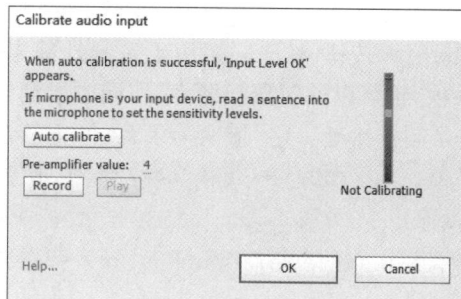

图 6.13

单击 OK 按钮,出现倒序数字窗口,并开始录音,如图 6.14 所示。

(2) 任意录制 10s 左右的时间,单击 Pause(暂停)按钮 ▇,然后单击 Save(保存)按钮,如果录制的时间超过该张幻灯片时间轴的长度(幻灯片默认的时间长度是 3s),就会弹出如图 6.15 所示的 Audio 对话框,询问是否同意延迟幻灯片显示时间以匹配音频的播放时间。

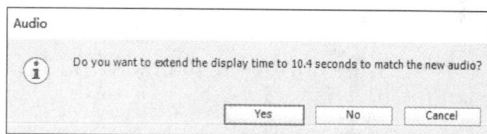

图 6.14

图 6.15

(3) 如果单击 Yes 按钮,将把时间轴的长度延伸到声音时间的长度,如图 6.16 所示。如果单击 No 按钮,则 3s 以后的声音将被截断,如图 6.17 所示。单击 Cancel 按钮将重新返回声音编辑面板。

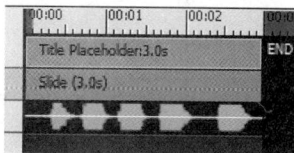

图 6.16

图 6.17

(4) 关闭新建的 Adobe Captivate 文件,在文件保存对话框中选择不保存文件。

3. 幻灯片音频对话框中 Add/Replace 选项卡功能按钮介绍

在 Slide Audio(幻灯片音频)对话框中,Add/Replace 选项卡用于浏览、添加和替换幻灯片中的各种音频;Edit 选项卡用于编辑幻灯片中的各种音频文件;Closed Captioning 选项卡用于添加和编辑幻灯片中音频文件的隐藏式字幕,如图 6.18 和图 6.19 所示。下面对 Add/Replace 选项卡中的功能按钮进行介绍。

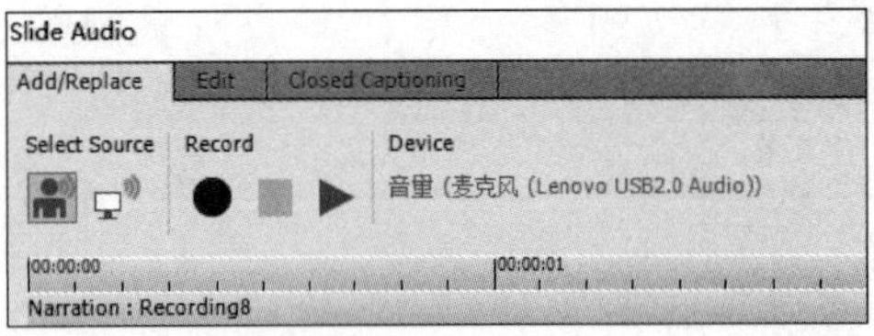

图 6.18

图 6.19

（1）录音源按钮，用于录制外部志音，用于录制计算机系统的声音。可选择其中一项，也可以同时选择两个，即同时录制计算机内部和外部声音。

（2）录制按钮，依次为录音、停止录音和停止播放、播放。

（3）单击 音量 (麦克风 (Lenovo USB2.0 Audio)) 菜单，将弹出 Audio Settings（音频设置）对话框，如图 6.20 所示。

（4）单击 Import Narration(F6)（导入旁白）按钮可打开文件浏览对话框，从外部导入声音文件。

（5）单击 Library（库）按钮可从库导入声音文件到幻灯片。

（6）单击 Captions & Slide Notes（字幕 & 幻灯片注释）按钮可在打开的对话框中朗读字幕和幻灯片注释进行录制音频。

4. 在幻灯片音频对话框中分别为多张幻灯片录音

可以在幻灯片音频对话框的编辑面板中分别为各张幻灯片录制音频。

（1）新建一个 Adobe Captivate 空白项目文件，在项目中插入 3 张空白幻灯片。打开菜单栏的 Audio（音频）→Record to（录制到）→Slides（多张幻灯片）。

（2）在弹出的 Record From Slide（从幻灯片录制）对话框中，设置录制幻灯片为 1 到 3，单击 OK 按钮。

（3）取消选中 Continuous Play，单击 ● 按钮，在录制超过 5s 后，单击 ▓ 按钮停止录制音频。

说明： 选中 Continuous Play 复选框代表会将录制的音频根据每个幻灯片的时间分布到多张幻灯片中；← → 按钮用来导航到各个幻灯片进行录制和编辑；选中 Preview 复选框后将在其下面显示被选择幻灯片播放时的状态，如图 6.21 所示。

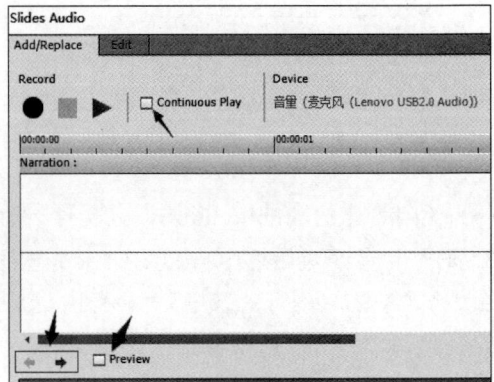

图 6.20

图 6.21

（4）单击 Save(保存)按钮，发现在第一张幻灯片的下方有一个小喇叭，如图 6.22 所示，其时间轴扩展为超过 5s(原来是默认的 3s)，如图 6.23 所示。

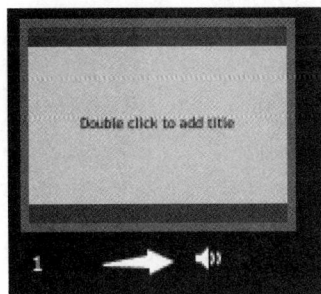

图　6.22

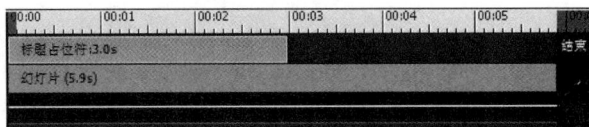

图　6.23

（5）单击 ➡ 导航箭头，导航到"幻灯片 2"，如图 6.24 所示。

（6）重复第(3)和(4)步后，第二张幻灯片的下面也出现了小喇叭。按照上面的方法继续为第三张幻灯片录音，第三张幻灯片下面也会出现小喇叭，如图 6.25 所示。

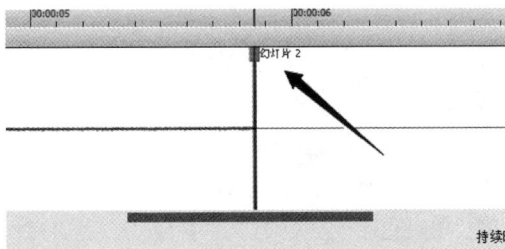

图　6.24

图　6.25

这说明，可以在该面板中导航到相应的幻灯片进行录音。录音长度超过幻灯片时间后会自动延长幻灯片时间。

5．把录制的单个音频文件连续分布到多个幻灯片

（1）打开菜单栏的 Audio(音频)→Record to(录制到)→Slides(多张幻灯片)，在打开的幻灯片音频对话框中选中 Continuous Play。

（2）用导航按钮 ⬅ ➡ 定位到第一张幻灯片，单击 ● 录制按钮开始录制，大约 8s，按下 ■ 按钮，结束录制。单击 Save 按钮，此时音频分布到 3 张幻灯片。

说明： 录制时间超过第一张幻灯片的时间,音频会自动分布到下一张幻灯片,以此类推。录制时间如果超过项目的总时间,录制会自动结束。

6. 给对象录制声音

(1) 新建一个项目,在第一张幻灯片创建一个文本字幕对象,在该对象上右击,在弹出的快捷菜单中单击 Audio(音频)→Record to(录制到),如图 6.26 所示。

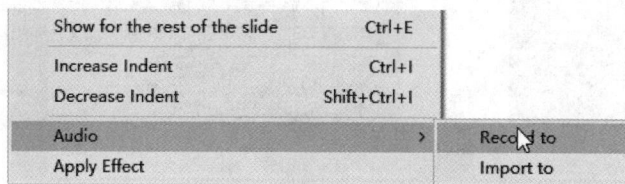

图 6.26

(2) 在弹出的 Object Audio(对象音频)对话框中单击录制按钮 ●,如图 6.27 所示。

(3) 录制完成后,在对象所在幻灯片的 TIMELINE(时间轴)字幕轨道上出现了一个喇叭图标,如图 6.28 所示。

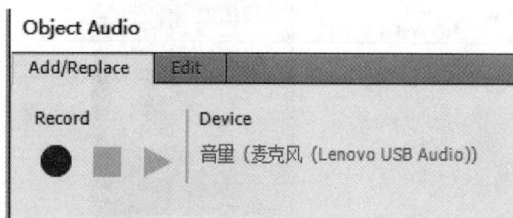

图 6.27

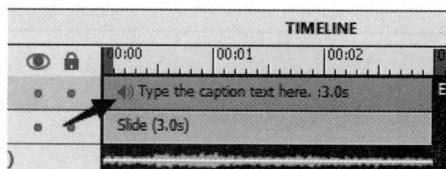

图 6.28

(4) 在时间轴上单击播放按钮试听录制效果。

7. 使用系统音频

新建一个项目,在 FILMSTRIP(幻灯片带)中单击第一张幻灯片,在菜单栏中打开 Audio(音频)→Record to(录制到)→Slide(幻灯片),打开 Slide Audio(幻灯片音频)面板。首先,使图标 处于选择状态录制一段音频;其次,取消图标 的选中,使图标 处于选择状态,在计算机中播放音频并进行录制。这样该张幻灯片就具有了外部音频和系统音频了。

系统音频是录制的计算机内部的声音,在一些特定的幻灯片中使用。当幻灯片包含两种音频时,时间轴显示这两个音频波形的两个不同的层,如图 6.29 所示。然而,在视频演示项目中,系统音频没有单独时间轴而是和视频合并成一个单一的轨道。系统音频不能添加隐藏字幕。

图 6.29

在 Slide Audio(幻灯片音频)面板中显示外部录制的音频,选择图标 ,如图 6.30 所示。

在 Slide Audio(幻灯片音频)面板中显示系统音频,选择图标 ,如图 6.31 所示。

图　6.30

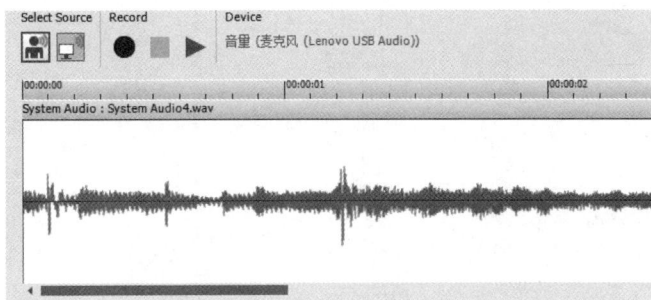

图　6.31

要想两种音频都显示,则选择两个图标 📻 、🖥 ,如图 6.32 所示。

图　6.32

6.1.5　给按钮或单击框添加单击声音

可以使用按钮或单击框的成功字幕音频属性,在用户单击按钮时播放音频。

首先在幻灯片中创建一个按钮。选中按钮后,在 PROPERTIES(属性)面板中的 Actions(动作)选项卡中选中 Success,如图 6.33(a)所示,这样在舞台上就会显示出按钮的成功字幕。在舞台中单击成功字幕 Type success text here,如图 6.33(b)所示。如图 6.34(a)所示,在属性面板的 Style(样式)选项卡中将成功字幕的边框以及填充颜色透明度设置为 0%,边框宽度设置为 0 像素,删除默认文本 Type success text here,此时成功字幕处于不可见状态。选择成功字幕,在 PROPERTIES(属性)面板中 Options(选项)选项卡中,单击 Add Audio(添加声音)为成功字幕添加音频文件,如图 6.34(b)所示。这样在单击按钮时就会播放声音。

视频讲解

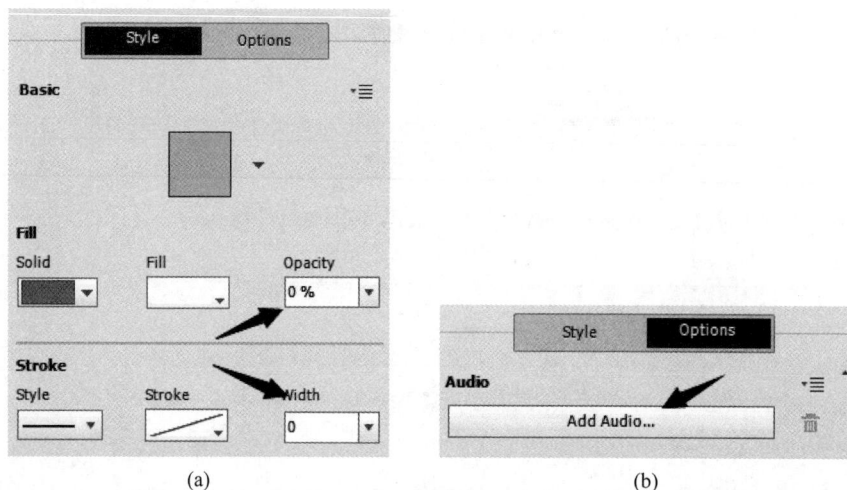

(a)　　　　　　　　　　　　(b)

图　6.33

(a)　　　　　　　　　　　　(b)

图　6.34

说明：按钮单击框的成功字幕是一个文本框,当按钮被单击时显示操作成功文本；另外还有失败字幕,当按钮之外地方被单击时提示失败文本；还有提示字幕,当鼠标指针悬浮在按钮上面时显示提示文本。这些字幕通过属性面板设置是否放到舞台上。输入文本框、单击框等交互对象也具有成功、失败和提示 3 个字幕属性。

6.1.6　导入音频、从库中添加音频和删除项目中的音频

1. 导入音频

导入音频可以有多种方式：在舞台中右击要添加音频的对象,在弹出的菜单中选择 Audio(音频)→Import to(导入到),在弹出的导入音频对话框中选择需要的音频文件；在时间轴相应的轨道右击,在弹出的快捷菜单中选择 Audio(音频)→Import to(导入到),在弹出的导入音频对话框中选择需要的音频文件；在菜单栏中打开 Audio(音频)→Import to(导

视频讲解

入到)命令,可以选择把音频导入到对象、幻灯片和背景中;在舞台中选择要添加音频的对象,在属性面板的 Options(选项)选项卡中,单击 Add Audio(添加音频),如图 6.35 所示,在弹出的 Object Audio(对象音频)对话框中单击 Import(导入)按钮,在弹出的导入音频对话框中选择需要的音频文件。

说明: Adobe Captivate 包含一个有按钮、声音和动画(SWF 格式)的画廊(Gallery)可在项目中使用。默认情况下,安装在 C:\Program File\ Adobe \Adobe Captivate 2017 \Gallery 文件夹下。

2. 从库中添加音频

可以为项目中的任何幻灯片或对象重复使用现有的音频文件。

(1) 在打开的项目中,单击 Library(库)面板,然后从 Audio(音频)文件夹中选择导入到库的音频文件,如图 6.36 所示。

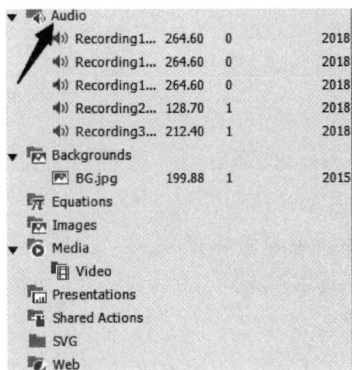

图 6.35   图 6.36

(2) 将音频对象从库中拖放到对象或幻灯片。

3. 删除音频

删除幻灯片音频,可在 FILMSTRIP(幻灯片带)面板中右击带有音频的幻灯片,在弹出的菜单中选择 Audio(音频)→Remove(移除),如图 6.37 所示。在弹出的对话框中单击 Yes按钮。也可以在时间轴删除音频图层。

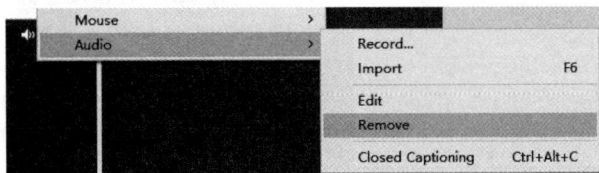

图 6.37

删除对象音频,可在对象上右击或在具有音频的对象时间轴图层上右击,在弹出的快捷菜单中选择 Audio(音频)→Remove(移除)。

在音频管理面板和音频编辑面板同样可以删除不需要的音频。

6.1.7 创建和设置背景音乐

项目中可以使用背景音频。每张幻灯片都可以在属性面板设置是否禁止背景音频在该幻灯片中播放,也可以降低背景音频的音量,例如,配乐诗朗诵课件的制作,为了突出朗诵音频,可以降低配乐音量。背景音频可以通过在菜单栏中单击 Audio(音频)→Record to(录制到)→Background(背景),也可以通过导入现有音频来创建。

(1)新建一个项目,在菜单栏中打开 Audio(音频)→Import to(导入到)→Background(背景)命令,在弹出的 Import Audio(导入音频)面板中选择"Lesson06/范例文件/素材"文件夹中的 zjg. mp3 文件,单击 Open(打开)按钮,弹出 Background Audio(背景音频)对话框,如图 6.38 所示。

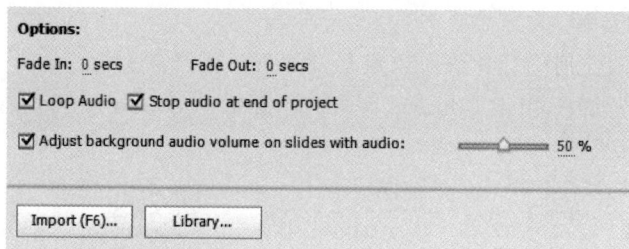

图　6.38

Fade In 和 Fade Out 选项用来设置背景音频在开始和结束处的淡入和淡出。

Loop Audio 和 Stop audio at the end of project 用来设置背景音频是否循环播放和是否在项目结尾处停止播放。

Adjust background audio volume on slides with audio 用来设置在具有自己音频的幻灯片中背景音频播放的音量大小。

(2)在单张幻灯片中停止播放背景音频:首先选择该张幻灯片,在屏幕右上角单击 ☰ 属性按钮后,在 Options(选项)中选中 Stop Background Audio(停止背景音乐)复选框,如图 6.39 所示。

(3)删除背景音频:在菜单栏中打开 Audio(音频)→Audio Management(音频管理),在打开的 Advanced Audio Management(高级音频管理)对话框中选择背景音频,然后单击删除按钮 🗑 ,如图 6.40 所示。

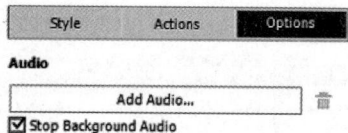

图　6.39

图　6.40

视频讲解

6.1.8　编辑音频文件

在音频编辑对话框中可以编辑项目中的音频文件,就像用 Word 编辑文本文件一样对音频文件进行剪切、复制和粘贴;可以给音频文件插入静音;可以对音频文件的音量重新调整;可以对多个幻灯片上的音频文件的音量进行平衡,不至于音频文件音量有的高,有的低;可以给音频文件加上字幕等。

在 Adobe Captivate 中打开"Lesson06\素材"文件夹下的 6.1.8. cptx 文件,该文件包含7 张幻灯片,其中第二、三张幻灯片包含有音频文件。

1. 基本编辑功能

（1）选择第二张幻灯片，在菜单栏中打开 Audio（音频）→Edit（编辑）→Slider（幻灯片）命令，在弹出的 Slide Audio（幻灯片音频）对话框中选择 Edit 选项卡，如图 6.41 所示，编辑工具 ✂ 🖼 🖵 🗑 🔄 🔃 🔳 分别代表"剪切""复制""粘贴""删除""撤销""重做""插入静音"。

图　6.41

（2）拖动缩放滑块的值到 5%，单击播放 ▶ 按钮听该张幻灯片的音频，如图 6.42 所示。

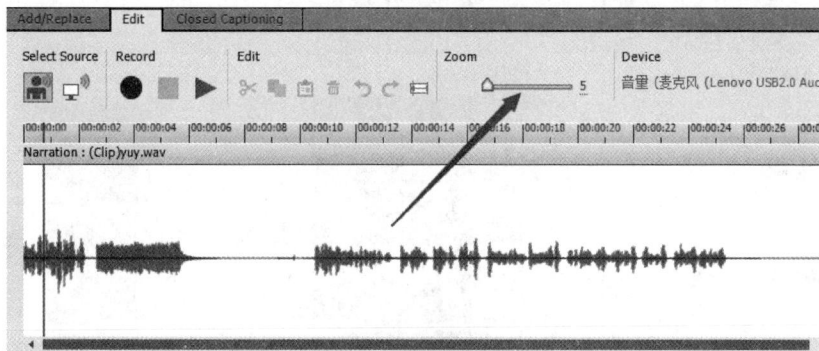

图　6.42

从听的内容看，这是一个老师上课的音频，但音频有不完善的地方，主要体现在：第一，老师开始说了一句话后，上课铃才响；第二，有的话之间停顿时间较长，有的停顿时间又太短；第三，老师中间说的两句话音量可以适当提高。

（3）选择一段铃声，如图 6.43 和图 6.44 所示。单击剪切按钮 ✂，把红色时间线定位到音频最开始处单击粘贴按钮，单击播放按钮，可以听到铃声已被放到了最开始位置。

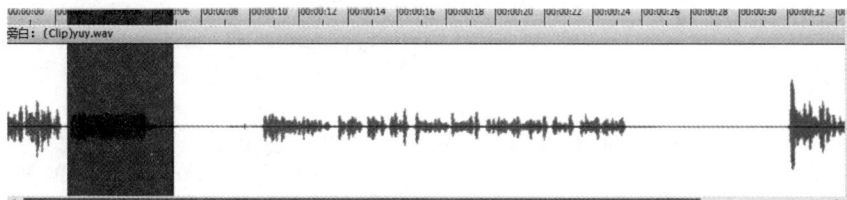

图　6.43

（4）铃声和老师说话之间的停顿稍短，再插入一点静音。把红色时间线定位到铃声之后，单击插入静音按钮 🔳，在弹出的对话框中时间设为 0.3s，单击"好"按钮，如图 6.45 和图 6.46 所示，延长了停顿时间。

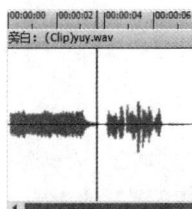

图　6.44

图　6.45

（5）选择 26～30.5s 内的音频，单击按钮 🗑，然后选择 6.5～10s 内的音频，删除这之间的停顿，如图 6.47 和图 6.48 所示。

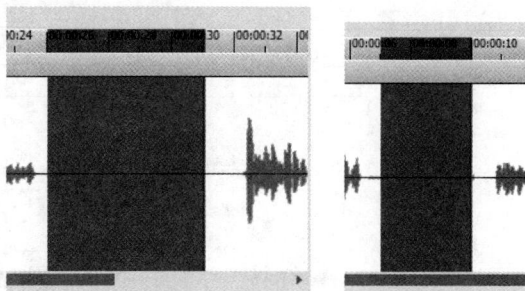

图　6.46　　　　　　　　　　　　　　图　6.47

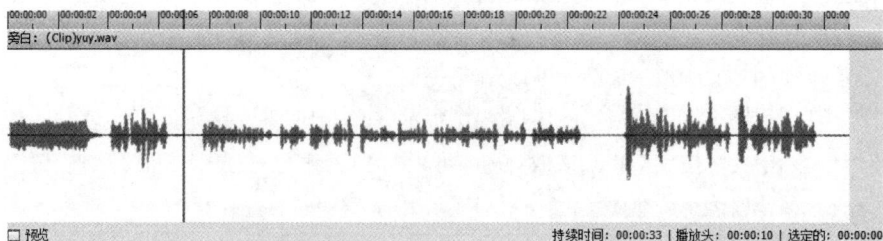

图　6.48

（6）选择中间老师说话的音频，单击 Adjust Volume（调节音量）按钮，在出现的对话框中设置音量为 5dB，单击 OK 按钮，如图 6.49 和图 6.50 所示，老师说话音频的波形明显放大了。

2. 为音频添加字幕

（1）单击幻灯片音频对话框的 Closed Captioning 按钮，进入隐藏字幕编辑界面。把 ◇——⬜ 5 滑块值设为 5，以便显示全部音频。

（2）用 Word 打开"Lesson06\素材"文件夹下的"隐藏字幕文字.docx"文件，把红色时

图　6.49

图　6.50

间线定位到第一句话"同学们好,我们现在开始上课"之前,单击 ➕ 按钮,在下方出现的输入框输入"同学们好,我们现在开始上课",也可将"隐藏字幕文字.docx"中的相关文字复制粘贴过来。可用 B I U 🖥 工具修饰文字,比如把文字设置为粗体,颜色为红色,如图 6.51 和图 6.52 所示。

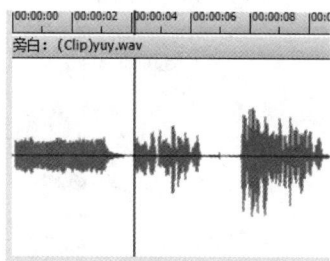

图　6.51

图　6.52

（3）可通过播放按钮听音频文件来定位时间线。把红色时间线定位到"电子白板上显示了三个国家的地图,在东汉末年,宦官秉政,政治腐败"之前,单击 ➕ 按钮,输入这句话;

把红色时间线定位到"汉灵帝中平元年,黄巾起义爆发,从此开始了近一百年的战乱时代,史称'三国'"之前,单击 ➕ 按钮,输入这句话;把红色时间线定位到"三国是指哪三个政权呢?"之前,单击 ➕ 按钮,输入这句话;把红色时间线定位到"三国是上承东汉下启西晋的一段历史时期,分为曹魏、蜀汉、东吴三个政权"之前,单击 ➕ 按钮,输入这句话。最后结果如图 6.53 所示。

图　6.53

(4) 单击 ⚙ 按钮,设置文字透明度为 0,对齐:中下,尺寸:23,颜色:暗红等,一定要选中 Show Closed Captions,否则字幕将不会显示,最后单击 Apply(应用),如图 6.54 所示。

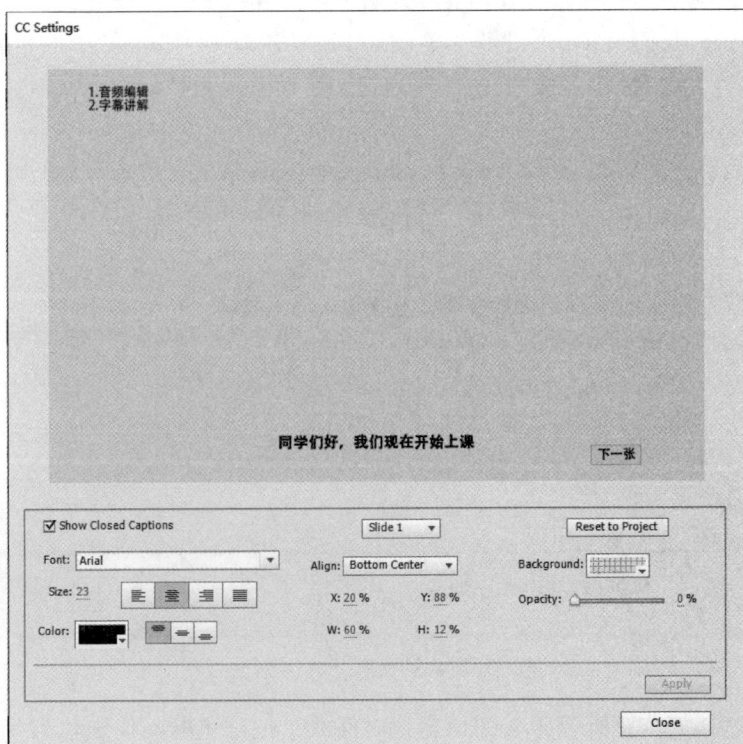

图　6.54

（5）在 Closed Captions（隐藏式字幕）编辑界面，单击 Save（保存）按钮，单击 Close（关闭）按钮退出音频编辑对话框。

（6）预览项目，查看效果。

3. 编辑多个幻灯片上的音频

（1）在 FILMSTRIP（幻灯片带）面板，按住 Ctrl 键，分别单击幻灯片 1～3，选择前 3 个幻灯片。在菜单栏中打开 Audio（音频）→Edit（编辑）→Slides（多张幻灯片）命令，如图 6.55 所示。在弹出的对话框中单击 ➡ 按钮，向右翻看，可以看到第 1 张和第 2 张幻灯片有音频，第 3 张没有音频。把红色时间线导航到第 3 张幻灯片，单击 Import 按钮，把"Lesson06\素材"文件夹下的 swyl. mp3 文件导入到第 3 张幻灯片，如图 6.56 所示。也就是说，可以通过 ⬅ ➡ 按钮导航到各个幻灯片分别对其音频文件进行各种编辑工作。

图 6.55

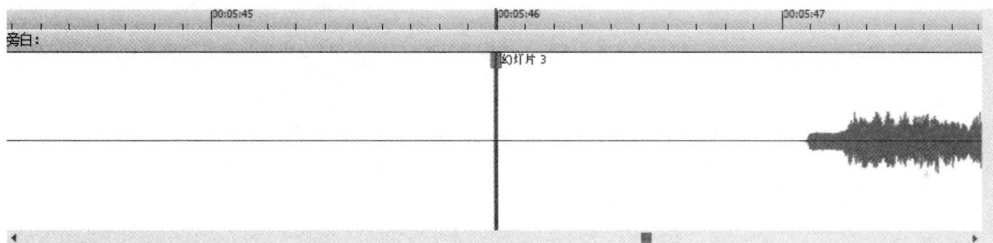

图 6.56

（2）单击 Save（保存）按钮后，单击 Close（关闭）按钮退出音频编辑对话框。

4. 调整幻灯片音频的时间

（1）在 FILMSTRIP（幻灯片带）面板的第 4 张幻灯片上右击，在弹出的菜单中选择 Audio（音频）→Import（导入），在打开的文件对话框中选择"lesson06\素材"文件夹下的 zjg. mp3 文件，在弹出的对话框中选中 Retain current·slide duration and distribute the audio flies over several slides（保持当前幻灯片持续时间，分布此音频文件到多张幻灯片），单击 OK 按钮。

（2）查看时间轴，发现该音频文件分布到了 4、5、6 这 3 张幻灯片上，其中第 1、2 张幻灯片时间轴保持不变，为原来的 3s，最后一张幻灯片的时间轴延长到了音频的长度。在幻灯片带选择 4、5、6 这 3 张幻灯片，打开幻灯片音频对话框，向左拖动幻灯片界标，出现提示文字"您已达到最低幻灯片显示时间幻灯片 4"，如图 6.57 所示。说明幻灯片 4 的时间不能分配给幻灯片 5，因为幻灯片 4 的播放时间不能小于幻灯片 4 中按钮的播放时间。

图 6.57

(3) 把幻灯片 4 和幻灯片 5 的界标向右拖动任意长度后,单击 Save(保存)并退出幻灯片音频对话框,打开幻灯片 4、5、6 的时间轴,可以发现幻灯片 5、6 的时间长度已不是原来的默认 3s,而被延长了,音频的播放时间也相应延长,如图 6.58 和图 6.59 所示。可以通过这种方法改变多张幻灯片连续音频在各张幻灯片中的时间长度。

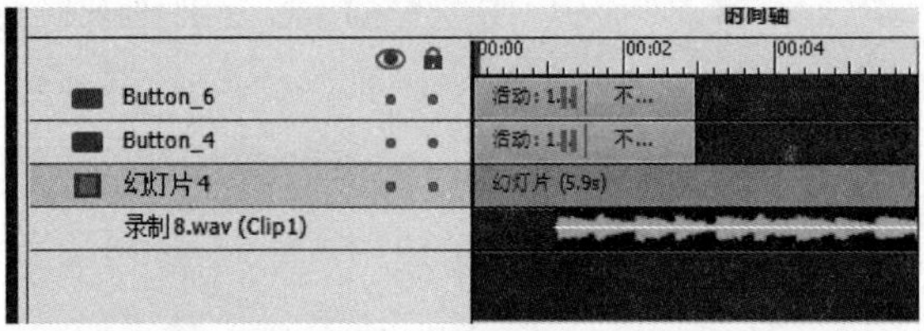

图　6.58

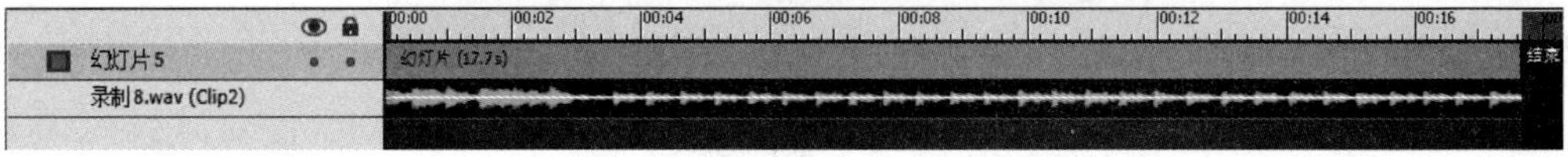

图　6.59

6.2　视频编辑

视频在项目中最好保持原视频的尺寸和比例、帧频。视频在单张幻灯片的长度不小于 3s,不超过 999s,否则项目会出现不正常现象。

6.2.1　插入 Slide Video

Slide Video 的意思是当幻灯片的时间小于视频的播放时间时,视频将跨到后面的幻灯片播放,可以连续跨多个幻灯片播放。

(1) 在 Adobe Captivate 中新建一个空白项目,项目尺寸为 1024×627 像素(和下面要添加的视频尺寸匹配),添加 3 张幻灯片,在 FILMSTRIP(幻灯片带)单击选择第 1 张幻灯片,在菜单栏中选择 Video(视频)→Insert Video(插入视频)。

(2) 在弹出的插入视频对话框中选择 Slide Video(多张幻灯片连续自动播放视频)(若使用 Adobe Captivate 2017 版本,则选择 Multi-Slide Synchronized Video)。

(3) 单击 Browse(浏览)按钮,在文件对话框中选择"Lesson06\素材"文件夹下的"1.2 认识开始工作区.mp4"文件,选择 Distribute video across slides(分布视频到整个幻灯片),设置幻灯片从第 1 张到第 3 张,如图 6.60 所示。

单击 OK 按钮将视频导入到 1~3 张幻灯片上,第 1、2 张幻灯片时长分别为 3s,视频剩下的 4.7s 全到分配在第 3 张幻灯片上,第 3 张幻灯片的时间由原来的 3s 自动延长到 4.7s。

(4) 在上一步,可以选择视频显示位置是舞台或 TOC,如图 6.61 所示。当选择 Stage(舞台),单选项 Modify slide duration to accommodate video 被选中时视频将放到选定的幻灯片上,如果幻灯片的时间不够长,幻灯片的时长将会延长到与视频相同;单选项 Distribute video across slides 被选中时,下面会出现分布到哪几张幻灯片的选项;设置 From slide:1(current) to slide:3,也可以更改幻灯片的序号,以便将视频分布到相应幻灯片上。

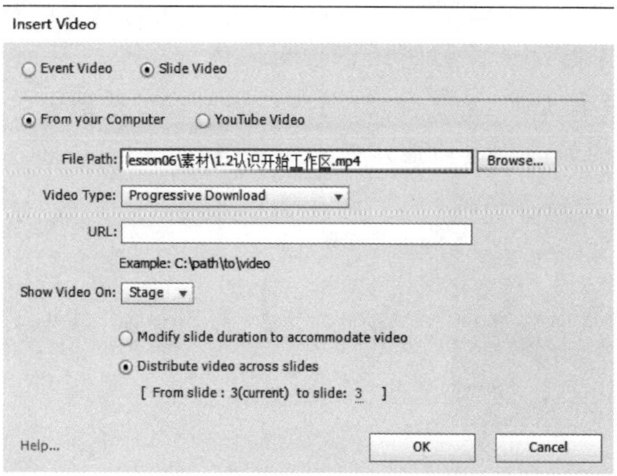

图　6.60

如果选择 TOC,视频的分辨率要求是 192×144 像素,否则会弹出如图 6.62 所示对话框。

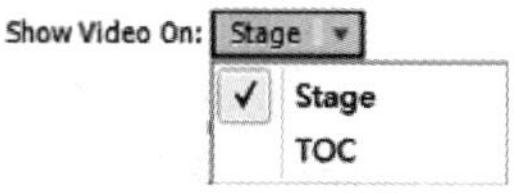

图　6.61 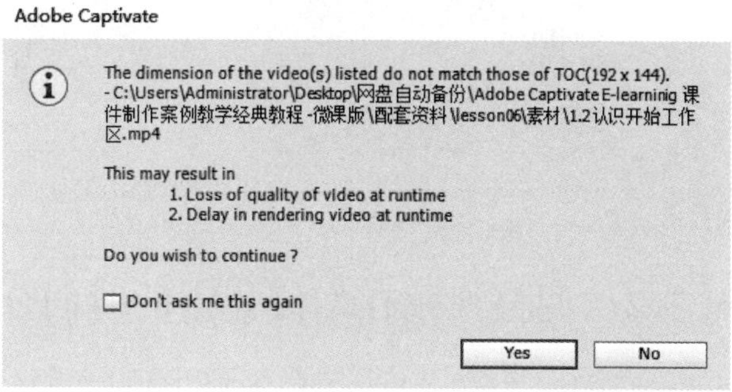　　　　　　　　　　　　　　　　　　图　6.62

(5) 再添加 3 张空白幻灯片,选择第 4 张幻灯片,在菜单栏中选择 Video(视频)→Insert Video(插入视频),在弹出的插入视频对话框中选择 Multi-slide synchronized video(多张幻灯片连续自动播放),单击 Browse(浏览)按钮,在打开的文件对话框中选择"Lesson06\素材"文件夹下的"TOC 视频.mp4"文件,选中 Distribute video across slides(分布视频到多个幻灯片),设置幻灯片从当前(第 4 张)到第 6 张,在 Show Video On(显示视频)下拉列表中选择 TOC,单击 OK 按钮。这样就把视频放到了第 4 张到第 6 张幻灯片,预览项目但并没有看到该视频播放,是因为没有设置 TOC 显示。

(6) 在菜单栏打开 Project(项目)→Table of Contents(目录),在弹出的皮肤编辑对话框中选中 Show TOC 选项,选中要显示的幻灯片,如图 6.63 所示。

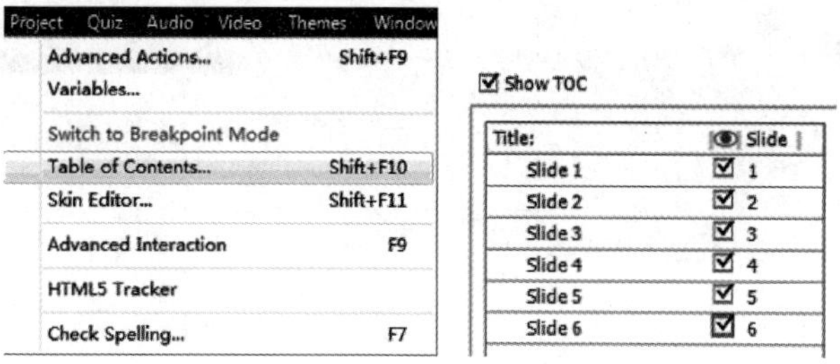

图　6.63

（7）预览项目，在项目的左侧出现一个导航目录，单击目录上的第4、第5或第6张幻灯片，视频就会在 TOC 目录上播放，如图 6.64 所示。

如果希望播放时隐藏 TOC 导航目录，则在皮肤编辑对话框中单击 Settings，在设置界面选择 Style(样式)中的 Overlay(覆盖)，如图 6.65 所示。

图　6.64　　　　　　　　　　图　6.65

6.2.2　调整视频在幻灯片中的时间分配

（1）在 Video(视频)菜单栏中选择 Edit Video Timing(编辑视频定时)，在弹出的对话框中编辑视频在幻灯片中的时间分配，如图 6.66 所示。

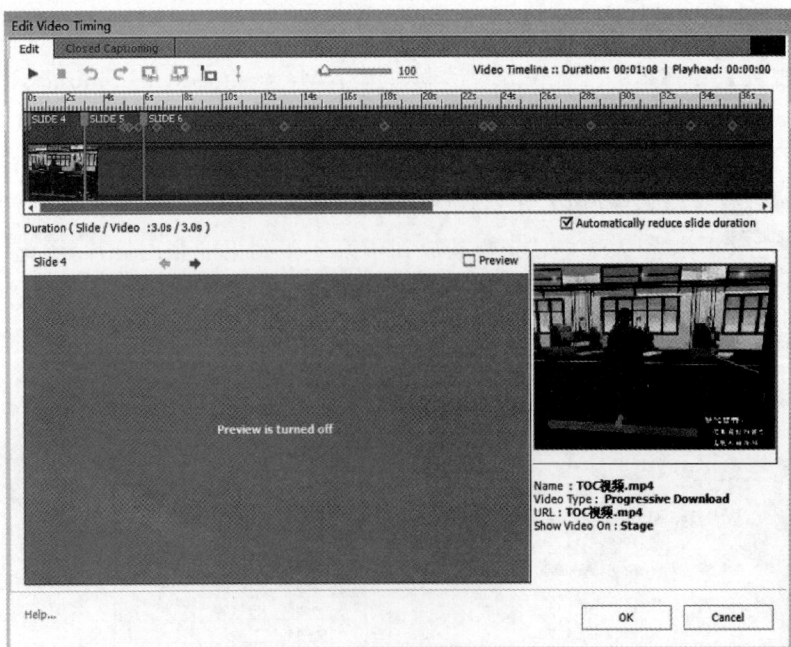

图　6.66

（2）如图 6.67 所示，可以拖动幻灯片分割线，以调整视频在每张幻灯片中出现的时间。

图　6.67

例如，将幻灯片 2 分割线拖动到 4s 处，单击 OK 按钮，在时间轴上查看幻灯片的播放时间，第 1 张幻灯片由 3s 延长到了 4s，第 2 张幻灯片由 3s 变为 2s，如图 6.68 和图 6.69 所示。

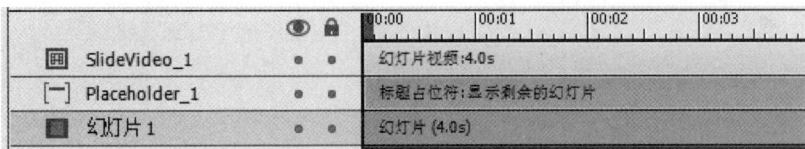

图　6.68

图　6.69

6.2.3　Event Video 视频

Event Video 的意思是在一张幻灯片上播放视频文件，用户可以使用控制条控制播放、暂停、倒带或转发视频。

1. 插入 Event Video 视频

新建一个空白项目，设置项目的尺寸最好和视频的尺寸大小相等，如果有变化，最好保持视频的尺寸比例。单击菜单栏的 Video（视频）→ Insert Video（插入视频），在弹出的 Insert Video（插入视频）对话框中，选中 Event Video 和 On your computer（添加本地文件），单击 Browse（浏览）按钮，在打开的文件对话框中选择"Lesson06\素材"文件夹下的"1.8 使用仿制图章工具.mp4"文件，单击 OK 按钮。视频出现在舞台上，视频窗口的底部出现了播放控制条，如图 6.70 所示。

图　6.70

2. 设置 Event Video 属性

（1）在属性面板中的 Style（样式）选项卡中选中 Auto Play，项目运行时视频会自动播放，若选择 Auto Rewind，则视频播放完后自动从头播放，如图 6.71 所示。

（2）在 Skin（皮肤）下拉列表框中，可以选择控制条的样式，如图 6.72 所示。

（3）在属性面板的 Timing（定时）界面中，Pause slide till end of video 代表视频播放完后幻灯片才结束播放。在 Display For（显示）下拉列表框中，Specific Time（具体时间）代表在用户指定时间内播放视频;Rest of Slide(剩余的幻灯片)代表该张幻灯片剩余的播放时间;Rest of Project(剩余项目)代表项目剩余播放时间;Duration of Video(视频持续时间)代表视频有多长时间即播放多长时间。Loop(循环)代表循环播放,如图 6.73 所示。

图　6.71

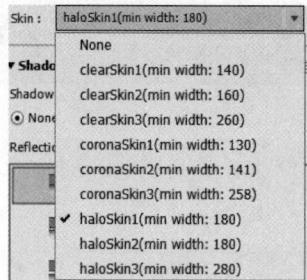

图　6.72

图　6.73

在 Timing(定时)界面中还可以设置视频的过渡和特殊效果。

6.2.4　Slide Video 和 Event Video 的区别

表 6.1 列出了 Slide Video 和 Event Video 的区别。

表 6.1　**Slide Video 和 Event Video 的区别**

单张幻灯片控制播放视频	多张幻灯片连续自动播放视频
可能与幻灯片不同步	与幻灯片同步播放
只能放在舞台上	可以放置在舞台上或 TOC
不能添加到库中	视频可以从库中替换或更新
可以在幻灯片中添加多个视频	只有一个视频可以添加到多个幻灯片中
不支持隐藏字幕	支持隐藏字幕
可以使用皮肤中的回放控件来播放、暂停、倒带或转发视频	无法控制幻灯片视频。视频的播放取决于项目和视频的同步安排

6.2.5　视频管理

(1)在 Video(视频)菜单栏中选择 Video Management(视频管理),如图 6.74 所示。

(2)在弹出的 Video Management(视频管理)对话框中单击 ✏ 按钮可编辑选择的视频的播放时间,单击 🗑 按钮可删除选择的视频,如图 6.75 所示。

图　6.74

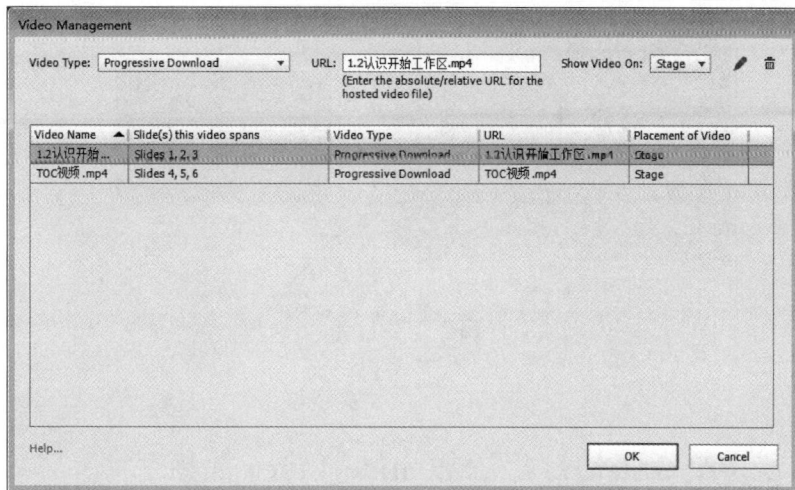

图　6.75

6.3　本章范例制作

视频讲解

本章范例是在给定的 Start 文件中制作,主要任务是给项目加上背景音乐,在不需要播放背景音乐的幻灯片中去掉背景音乐,在第 1 张幻灯片加上一个 SWF 动画,在第 5 张幻灯片加上一个在多张幻灯片连续播放的一个视频(Slide Video,播放到该张幻灯片时视频自动打开,视频可以跨多张幻灯片播放,本次只在第 5 张幻灯片播放。Adobe Captivate 2017 是 Multi-slide synchronized video),在第 8 张幻灯片加一个单张幻灯片控制播放的视频(Event Video,视频不能跨多张幻灯片并且由单张幻灯片控制播放视频的播放),在第 9 张幻灯片中加入朗诵语音,在第 12 张幻灯片中加入一个在多张幻灯片连续播放的视频,在最后一张幻灯片中加入一个 SWF 动画,给项目加上目录导航。

6.3.1　给项目加上背景音乐

(1) 在 Adobe Captivate 2019 中打开“Lesson06/范例/06Start”文件夹下的 06Start.cptx 文件,在菜单栏中打开 Audio(音频)→Import to(导入到)→Background(背景)命令,在弹出的 Import Audio(导入音频文件)选择面板中选择“lesson06\范例文件\素材”文件夹中的“背景音乐.mp3”文件,单击 Open(打开)按钮。在弹出的对话框中不进行操作,直接单击 Close(关闭)按钮。

(2) 因为第 7、12 张幻灯片有单张幻灯片控制播放的一个视频和文本朗诵声音,所以要把背景音乐去掉。在幻灯片带单击选择该幻灯片,在属性面板中单击 Options,然后选择 Stop Background Audio(停止背景音乐)。

6.3.2　为第 1 张幻灯片加一个视频封面

把“lesson06\范例文件\素材”中的文件除“背景音乐.mp4”以外的其他文件导入到库中,从 Library(库)中拖动“倒茶.mp4”放到第 1 张幻灯片上,调整“倒茶.mp4”的大小符合幻灯片的协调布局,如图 6.76 所示。

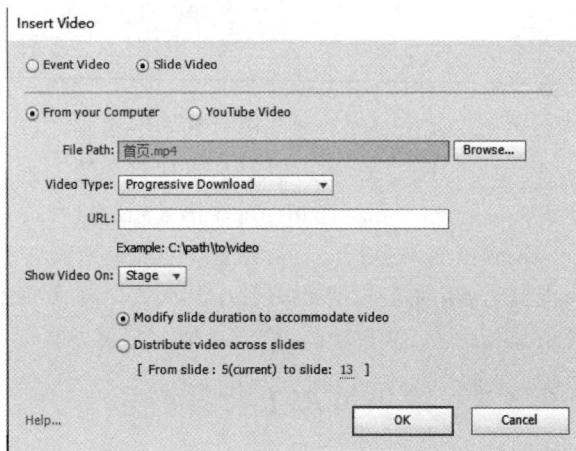

图 6.76

6.3.3 为第5张幻灯片添加 Slide Video 视频

该视频比较短,主要是为了突出过渡效果。从 Library(库)中拖动"首页.mp4"放到第5张幻灯片上,在出现的对话框中选择 Slide Video 后单击 OK 按钮,如图 6.77 和图 6.78 所示,在幻灯片上调整"首页.mp4"的大小符合幻灯片的协调布局。

图 6.77   图 6.78

6.3.4 为第8张幻灯片添加 Event Video 视频

从 Library(库)中拖动"茶.mp4"放到第8张幻灯片上,在出现的对话框中选择 Event Video 后单击 OK 按钮,在幻灯片上调整"首页.mp4"的大小符合幻灯片的协调布局。然后在属性面板设置 Skin(皮肤)样式,如图 6.79 所示。当播放到该幻灯片时用户通过播放控制条控制视频。

6.3.5 为第9张幻灯片的"朗诵"按钮加入朗诵语音

第9张幻灯片是一段文字,通过单击按钮来朗诵,这就需要设置按钮单击时播放朗诵的音频,具体步骤如下。

(1)选中按钮 朗诵 。

图 6.79

（2）在 Property（属性）面板的 Actions（动作）项下的 On Success 下拉列表框中选择
Play Audio。

（3）单击 █ 图标，在弹出的对话框中选择"茶述.mp3"，然后单击 OK 按钮，如图 6.80
所示。

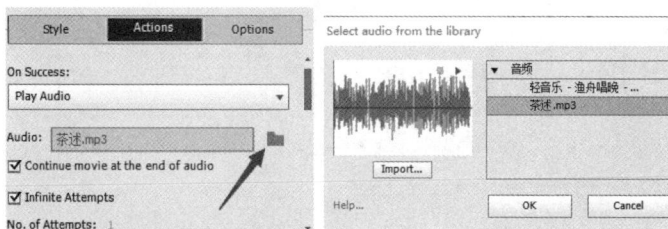

图 6.80

如果需要的音频文件不在库中，可以通过单击图 6.80 右侧图中的 Import 按钮导入。
也可以自己录制朗诵的音频，右击"朗诵"按钮在弹出的菜单中选择 Audio（音频）→Record
to（录制）命令直接录制音频，如图 6.81（a）所示，录制结束后音频会保存到库中，然后再用
上面方法把声音链接到按钮，但需要在"朗诵"按钮属性面板的 Options 选项卡下，删除音频
属性，如图 6.81（b）所示，否则按钮出现在舞台不需要单击就会播放声音。

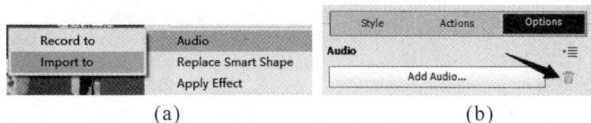

(a)   (b)

图 6.81

6.3.6 为第 12 和 13 张幻灯片加入 Slide Video 视频

从 Library（库）中拖动"茶艺演示.mp4"放到第 12 张幻灯片上，在出现的对话框中选择
Slide Video 后单击 OK 按钮，在幻灯片上适当调整"茶艺演示.mp4"的大小。当播放到该幻
灯片时会自动播放该视频。

在第13张幻灯片用同样方法放入"首页.mp4"视频,作为项目的最后过渡效果。

作业

一、模拟练习

用 Adobe Captivate 2019 打开 "Lesson06/模拟练习/Complete/06 模拟 complete.cptx"进行浏览。自己动手找资料,为项目加入音频、视频和动画,进一步美化该项目。

要求1:视频要包括 Slide Video 视频和 Event Video。

要求2:音频可以加入自己录制的,也可以用其他现成的,要为项目设置一个背景音乐。

二、自主创意

根据本章所学知识,自主创意制作一个项目,熟练掌握 Adobe Captivate 中音视频的应用。

三、理论题

1. 如何把录制的单个音频文件连续分布到多个幻灯片?

2. 如何设置和使用背景音乐?

3. Adobe Captivate 2019 中的视频分为哪两种? 有什么区别?

第7章

添加动作与变量

本章学习内容

（1）变量的定义；
（2）系统变量和用户自定义变量；
（3）高级动作的创建与编辑；
（4）高级动作的使用实例演示；
（5）共享动作的创建与使用。
完成本章的学习需要3～4小时，相关资源获取方式见前言。

知识点

Adobe Captivate 变量类型　　变量设置面板的使用　　高级动作的概念
高级动作编辑面板　　共享高级动作

本章案例介绍

范例

本章范例是关于一个看图片猜成语的游戏课件，使用了 Adobe Captivate 的变量和高级动作来实现动作的交互和分值的计算，双击运行"Lesson07/看图片猜成语.exe"文件，预览范例，如图7.1所示。

模拟案例

本章模拟案例是学习英语单词的游戏课件，涉及的变量和高级动作更多，动作的表示内容逻辑性更强更复杂，双击运行"Lesson07/做游戏学英语单词.exe"文件，预览模拟案例，如图7.2所示。在本章"模拟文件"文件夹中还提供有"认识20以内的数""认识100以内的数"等课件源文件，还有"认识20以内的数制作帮助"文档，欢迎学习，以便更好地掌握 Adobe Captivate 的高级动作使用。

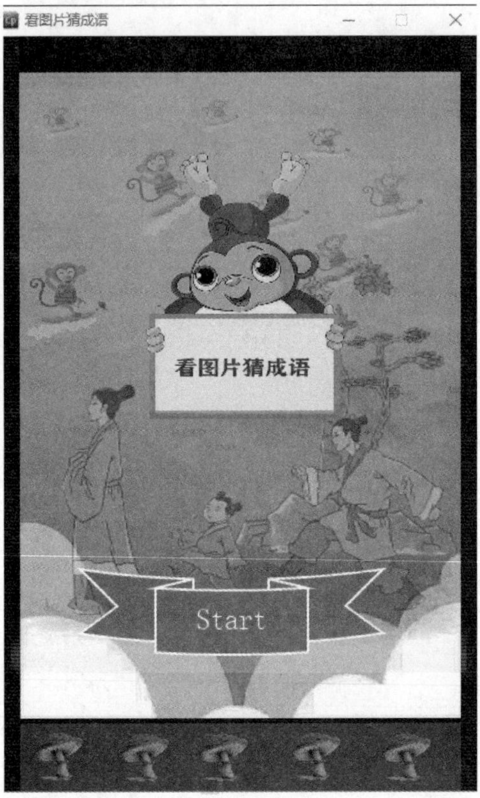
看图片猜成语
看图片猜成语
Start

图 7.1

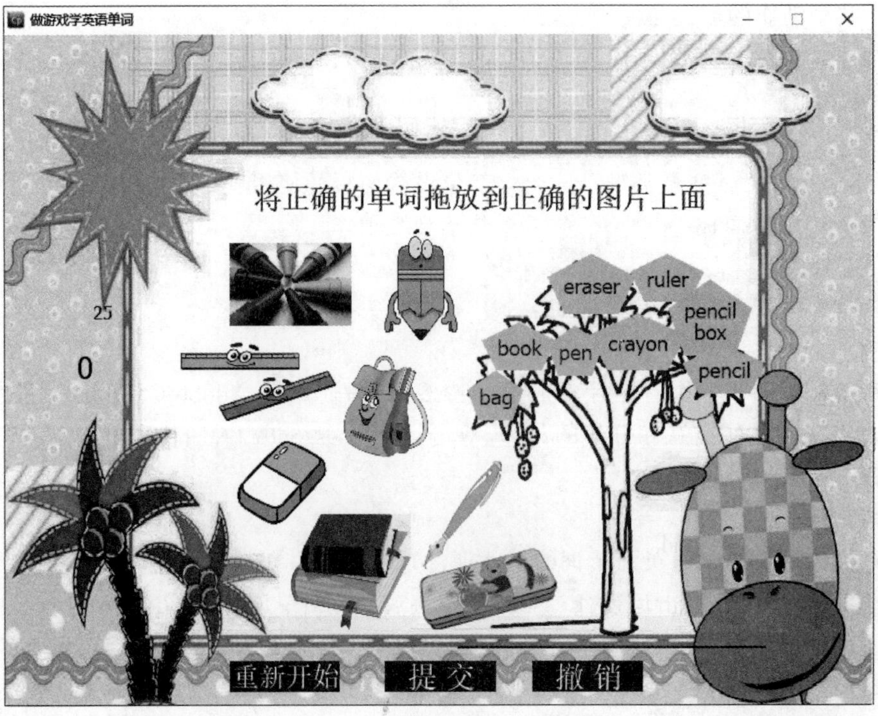
做游戏学英语单词
将正确的单词拖放到正确的图片上面
eraser
ruler
pencil box
book
pen
crayon
pencil
bag
25
0
重新开始
提交
撤销

图 7.2

7.1　初识 Adobe Captivate 代码交互

虽然 Adobe Captivate 不用编程就可以设计交互性较强的课件，但使用其高级动作功能可以设计出交互性更好的课件。下面首先做一个用户登录的界面，来体验一下代码在 Adobe Captivate 中的使用。

（1）定义变量 username，用来保存用户名称。

新建一个空白项目，单击主菜单 Project（项目）→Variables（变量），如图 7.3 所示。

在弹出的 Variables（变量）面板中单击 Add New（添加新变量）按钮，如图 7.4 所示。

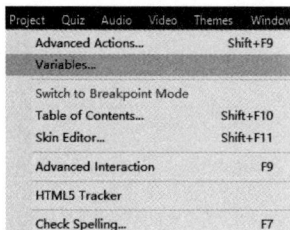

图　7.3

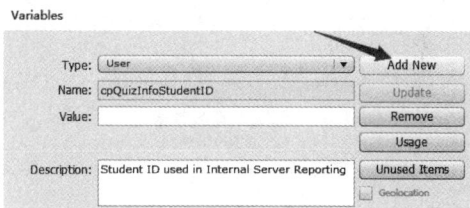

图　7.4

在 Name（名称）文本框中输入 username，在 Value（值）文本框中输入 user 后单击 Save（保存）按钮，如图 7.5 所示。

（2）定义变量 mypassword，用来保存密码，Value（值）为 password，操作方法如前所述，完成后在 Variables（变量）面板中可以看到添加了两个变量，单击 Close（关闭）按钮关闭面板，如图 7.6 所示。

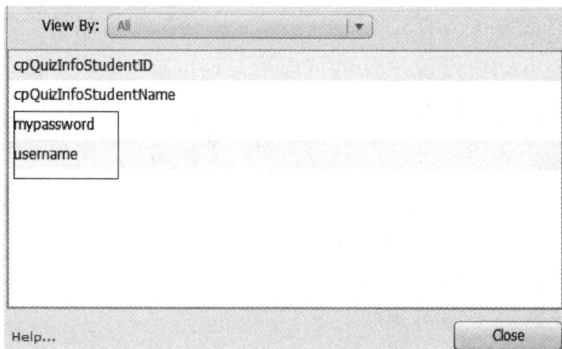

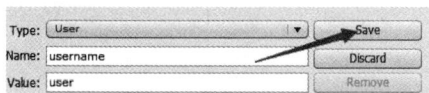

图　7.5

图　7.6

（3）布局登录界面。

图 7.7 是界面整体设计，"（1）（2）（3）（4）"是 Text Caption（文本字幕），"（5）（6）"是 Text Entry Box（输入文本），删除了输入文本框的 Submit（提交）按钮，"（7）"是智能形状，作为按钮使用。

（4）设置如图 7.7 所示"（4）（5）（6）"的属性。

布局好图 7.8 的对象后，下面对其中一些对象的属性进行设置，选中标号为"（4）"的文本字幕对象，在属性面板单击 ⊘ ，带有红色斜杠的眼睛图标表示该对象将不在运行时显示,如果出现密码或用户名错误时用代码触发其显示出来,记住该对象的名称以便设置代码时调用(对象的默认名称每个项目中可能不一样),如图7.8所示。

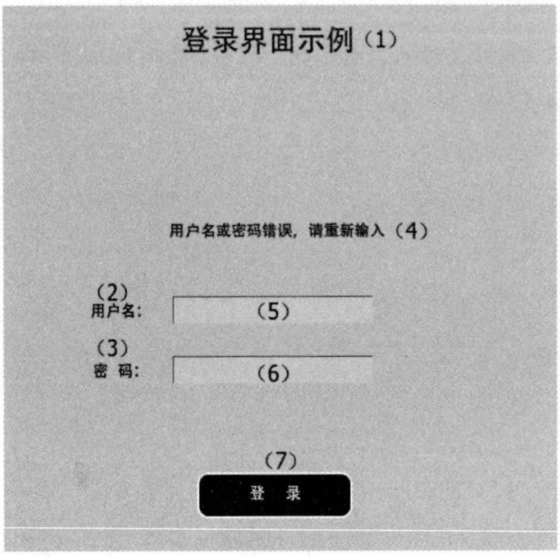

登录界面示例(1)

用户名或密码错误,请重新输入(4)

(2)
用户名:　　　　　(5)

(3)
密　码:　　　　　(6)

(7)
登　录

图　7.7

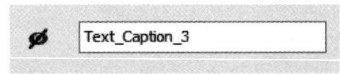

图　7.8

对象名称说明:

在Captivate中放置到幻灯片上的对象系统会对其自动命名,如Text Caption(文本字幕)对象第一次添加时名称为Text_Caption_1,第二次添加时名称为Text_Caption_2,第三次添加名称为Text_Caption_3,如果此时删除名称为Text_Caption_2的文本字幕对象,然后继续添加一个文本字幕对象,那么名称是Text_Caption_2还是Text_Caption_4呢?答案是Text_Caption_4。

为了方便,用户可自行修改添加到幻灯片上的对象名称,方法是在属性面板的第一行的文本框里修改默认名称即可,如图7.9所示。如果在运行时不想让对象出现在舞台上,可单击名称前的 ◎ 图标。

选择标号为"(5)"的输入文本对象,在属性面板的Actions(动作)项下的On Success(成功)的下拉列表框中选择No Action(没有动作),取消选中Infinite Attempts(尝试次数不限制),No. of Attempts(尝试次数)设置为1,在Last Attempt(最后尝试)的下拉列表框中选择Continue(继续),如图7.10所示。以上设置的效果是该输入文本框在验证正确与否后将处于不可用状态,即不能再进行输入。

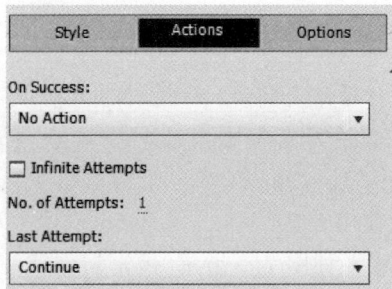

图　7.9　　　　　　　　　　　　　　　　图　7.10

以同样值设置标号为"(6)"的输入文本框。

(5) 为用户名和密码指定保存变量。

单击选择标号"(5)"的输入文本对象,在属性面板 Variable(变量)下拉列表框中选择 username,如图 7.11 所示。

用同样方法设置标号"(6)"的输入文本对象文字的保存对象为 mypassword。

(6) 定义高级动作 myvalidate。

单击主菜单 Project(项目)→Advanced Actions(高级动作),如图 7.12 所示。

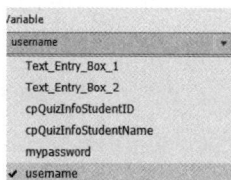

图　7.11　　　　　　　　　　　　图　7.12

在弹出的 Advanced Actions(高级动作)面板中,在 Action Name(动作名称)后输入 myvalidate,选择 Untitled_1(未命名_1),选中 Conditional Tab(条件选项卡),双击第一行后,在左端的下拉列表框中选择 variable(变量),如图 7.13 所示。

在新出现的变量列表中选择 username,即用户名输入框名称,如图 7.14 所示。

在中间的下拉列表框中选择 is equal to(等于),如图 7.15 所示。

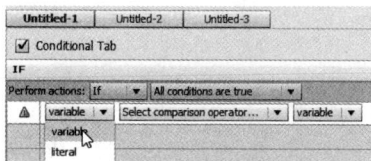　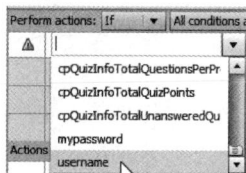　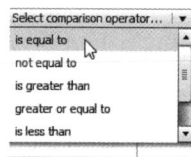

图　7.13　　　　　　　图　7.14　　　　　　　图　7.15

在右边的下拉列表框中选择 literal(文字),在出现的输入框中输入 user,user 是定义 username 时给的默认值,如图 7.16 所示。

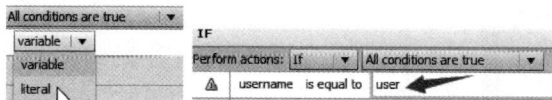

图　7.16

双击第二行,以同样方法设置密码输入框 mypassword is equal to password,password 是定义 mypassword 变量时的默认值,定义如图 7.17 所示。

图　7.17

在前面第(5)步已设置了 username 保存输入的用户名,mypassword 保存输入的密码,所以图 7.17 中两句代码的意思是"如果用户名等于 user 并且密码等于 password"。注意,最右侧的"AND"代表"并且"。那么符合条件怎么办,不符合又怎么办呢?下面继续设计。

双击 Actions(动作)下面的第一行,在下拉列表框中选择 Go to Next Slide(到下一张幻灯片),即如果符合条件就跳到下一张幻灯片播放,如图 7.18 所示。

单击 Else(否则),在出现的界面双击第一行,设置为 Jump to Slide 1 Slide 1(跳转到幻灯片 1)和 Show Text_Caption_3(显示文本字幕 1),意思是如果不符合条件(用户名或密码错误)就重新播放幻灯片 1 让用户重新输入,因为在前面属性设置中设置了用户名和密码框只能尝试验证一次,所以必须重新播放该张幻灯片才能再输入一次,并且显示 Text_Caption_3 的提示内容,如图 7.19 所示。

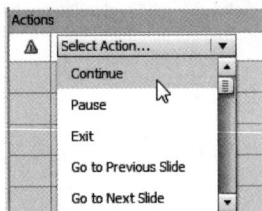
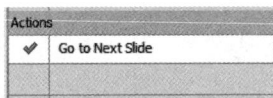
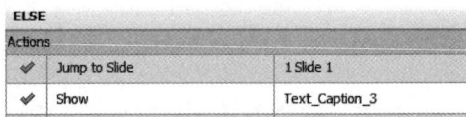

图 7.18　　　　　　　　　　　　　图 7.19

单击 Save As Action(保存为动作)按钮,保存代码后,单击 Close(关闭)按钮关闭面板。

(7) 添加第 2 张幻灯片,显示欢迎语句。

插入一张空白幻灯片,在幻灯片上放入一个 Text Caption(文本字幕),内容输入"＄＄username＄＄,欢迎你!",调整字体和文本框到合适的大小,变量前后放上两个美元符号代表读出这个变量的值,如图 7.20 所示。

(8) 设置第一张幻灯片的登录按钮在单击后执行高级动作 myvalidate。

选择登录按钮,在属性面板选中 Use as Button(作为按钮),在 Actions(动作)的 On Success(成功)的下拉列表框中选择 Execute Advanced Actions(执行高级动作),在 Script(代码)下拉列表框中选择 myvalidate,如图 7.21 所示。

(9) 运行项目,查看效果。

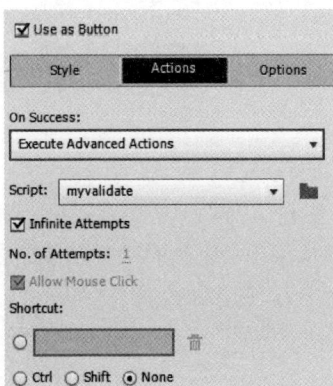

图 7.20　　　　　　　　　　　　　图 7.21

7.2 变量

视频讲解

7.2.1 变量管理面板

Variables(变量)管理面板负责创建和管理变量,查看变量的使用情况。

如图7.22所示,"(1)"Type是变量类型,主要有User(用户变量)和System(系统变量);Name是变量名称;Value是变量的值。"(2)"Add New是添加新变量;Update是更新,变量值和名称修改后按这个按钮;Remove是移除,没有使用的变量可以删除,正在使用的变量不允许删除;Usage是正在使用,可以检测变量被哪个对象使用;Unused Items是未使用,列出未使用的变量。"(3)"Description是描述语句,填写对变量进行描述的语言,以便后期使用查看。

如图7.22所示,"(4)"是变量列表显示的地方,View By是筛选进行查看,主要根据变量的类型进行查看,如图7.23所示。

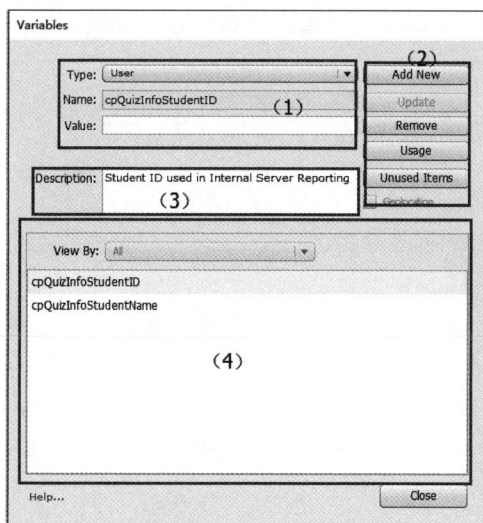

图 7.22

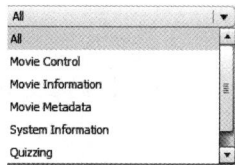

图 7.23

7.2.2 系统变量

根据功能划分,系统变量分为6种。

1. 项目播放控制变量

此类别列出了控制项目播放事件的变量,如暂停、继续、上一张、下一张幻灯片。

cpCmndCC:默认值为0,启用或禁用隐藏字幕。值为1显示隐藏字幕。

cpCmndexit:默认值为0,将值设置为1以退出项目播放。

cpCmndgotoframe:默认值为−1,将该值设置为项目播放跳到并暂停到的帧编号。

cpCmndgotoframeandresume:默认值为−1,将该值设置为项目播放跳到并播放的帧编号。

cpCmndgotoslide:默认值为−1,使项目播放跳到指定的幻灯片。索引从0开始。

cpCmndmute：默认值为 0,静音或取消静音音频。将值设置为 1 以使音频静音。

cpCmndnextslide：默认值为 0,将值设置为 1 以移动到下一张幻灯片。

cpCmndpause：默认值为 0,暂停项目播放。将该值设置为 1 以暂停项目播放。

cpCmndplaybarmoved：默认值为 0,如果播放栏已移动,则将值设置为 1。

cpCmndprevious：默认值为 0,将值设置为 1 以转到上一张幻灯片。

cpCmndresume：默认值为 0,将值设置为 1 以继续播放项目播放。

cpCmndshowplaybar：默认值为 1,显示或隐藏播放栏。设置为 1 以显示播放栏。

cpCmndtocvisible：默认值为 0,显示或隐藏目录(TOC)。设置为 1 以显示 TOC。

cpCmndvolume：默认值为 100,控制项目播放的音量。范围是 0(静音)到 100(最大)。

cpLocktoc：默认值为 0,启用或禁用用户与 TOC 的交互。置为 1 以禁用交互。

2. 项目播放信息

此类别列出了与项目播放相关的变量。

Adobe CaptivateVersion：默认值为 V11.0.0,显示现有的 Adobe Captivate 版本。

cpInfoccurrentframe：默认值为 1,返回当前帧号。

cpInfocurrentslide：默认值为 1,返回当前幻灯片编号。索引从 1 开始。

cpInfocurrentslidelabel：返回当前幻灯片的名称。

cpInfocurrentslidetype：默认值为 normal,返回当前播放幻灯片的类型。幻灯片类型可以是 normal 或 question。

cpInfoElapsedTimes：默认值为 0,返回项目播放开始播放后的时间,以毫秒(ms)为单位。

cpInfops：默认值为 1,返回项目播放的帧速率(fps)。

cpInfoframecount：默认值为 1,返回项目中的帧数。

cpInfohasplaybar：默认值为 1,指示是否为幻灯片启用或禁用播放栏。如果播放栏可见,则返回 1。

cpInfoisstandalone：默认值为 1,用于检测项目播放是作为独立的 Windows(* .exe)或 Mac(* .app)可执行文件回放,还是作为嵌入在网页中的 SWF 回放。默认值为 0。以 * .exe 播放时返回 1。

cpInfoLastVisitedSlide：默认值为 0,返回上次访问幻灯片的幻灯片编号。索引从 0 开始。

cpInfoprevslide：默认值为－1,返回当前幻灯片之前播放的幻灯片的编号。索引从 1 开始。

cpInfoslidecount：默认值为 1,返回项目中的幻灯片数。

3. 项目播放元数据

此类别列出了与项目信息相关的变量。可以在"首选项"对话框中设置项目元数据。

cpInfoauthor：默认值为 author,返回在项目属性中设置的作者名称。

cpInfocompany：返回项目属性中设置的公司名称。

cpInfocopyright：返回项目属性中设置的版权信息。

cpInfodescription：项目说明返回项目属性中设置的项目说明。

cpInfoemail：默认值为 author@company. com,返回项目属性中设置的电子邮件地址。

cpInfoprojectname：默认值为 project name,返回在项目属性中设置的 Adobe Captivate 项目的名称。

cpInfowebsite：默认值为 http://www.company.com，返回项目属性中指定的 URL。

4．系统信息

此类别列出了与现有系统环境相关的变量。

cpInfocurrentdate：默认值为 dd，返回计算机中设置的当前日期。

cpInfocurrentdatestring：默认值为 mm/dd/yyyy，以 mm/dd/yyyy 格式返回当前日期。

cpInfocurrentday：默认值为 1，返回一个数字，指示一周中的日期。例如，变量返回 1 表示星期日，2 表示星期一，以此类推。

cpInfoccurrenthour：默认值为 hh，以 24 小时格式返回计算机中设置的当前小时。

cpInfoccurrentlocaledatestring：根据计算机的区域设置返回当前日期。例如，如果区域设置为 India，则 cpinfocurrentlocale 返回"Mon Jun 27 2016"（cpInfocurrentdatestring 返回"06/27/2016"）。

cpInfocurrentminutes：默认值为 mm，返回计算机中设置的当前分钟数。

cpInfocurrentmonth：默认值为 mm，返回计算机中设置的当前月份。

cpInfocurrenttime：默认值为 hh:mm:ss，以 hh:mm:ss 格式返回当前时间。

cpInfocurrentyear：默认值为 yyyy，返回计算机中设置的当前年份。

cpInfoepochms：默认值为 0，返回自 1970 年 1 月 1 日以来经过的时间，单位：ms。

cpInfomobileos：默认值为 0，返回移动设备的操作系统类型。桌面为 0，iOS 为 −1，安卓为 −2。

5．测验变量

此类别列出了与测验分数和回答问题尝试次数相关的变量。

cpInquickzscope：默认值为 0，指示用户是否在测试范围内。

cpInreviewmode：默认值为 0，指示用户是否处于审阅模式。

cpInfopercentage：默认值为 0，以百分比形式返回测验分数。

cpQuizinfoanswerchoice：默认值为 0，返回用户选择的答案。

cpQuizInfoTritts：默认值为 0，返回已尝试测试的次数。

cpQuickinfolastslidepointscored：默认值为 0，返回上一个测验幻灯片的分数。

cpQuickinfomaxattemptsoncurrentquestion：默认值为 0，返回当前问题允许的最大尝试次数。

cpQuizinfonegativepointsonquestionslide：默认值为 0，返回当前问题幻灯片的负点数。

cpQuickinfopassfail：对于通过的测验返回默认值 1，否则返回 0。

cpQuizinfopointsperquestionslide：默认值为 0，返回为当前问题幻灯片设置的点数。

cpQuizinfopointsstored：默认值为 0，返回项目中的总分。

cpQuizinfopretestmaxscore：默认值为 0，返回预测试问题的最大分数。

cpQuizinfopretesttotalcorrectanswers：默认值为 0，返回正确回答的预测试问题数。

cpQuizinfopretesttotalquestions：默认值为 0，返回项目中的预测试问题数。

cpQuizinfopretestpointsstored：默认值为 0，将预测试分数作为分数返回。

cpQuizinfopretestscorepercentage：默认值为 0，以百分比形式返回预测试分数。

cpQuizinfoquestionpartialscoreon：默认值为 0，指示是否为当前问题启用了部分评分。如果启用，则返回 1。

cpQuizinfoquestionslidetiming：默认值为 0,返回当前问题的时间限制(s)。

cpQuizinfoquestionslidetype：默认值为 0,返回问题幻灯片类型(多选或真-假)。

cpQuizinfoquizpasspercent：默认值为 0,返回测验的通过百分比。

cpQuizinfoquizpasspoints：默认值为 0,返回设置为通过测验的分数。

cpQuizinfototalcorrectanswers：默认值为 0,返回正确答案的数目。

cpQuizinfototalprojectpoints：默认值为 0,返回项目的总测验分数。

cpQuizinfototalquestionsperproject：默认值为 0,返回项目的问题数。

cpQuizinfototalquizpoints：默认值为 0,返回测验的总点数。

cpQuizinfototalunansweredquestions：默认值为 0,返回项目中未回答的问题总数。

6. 移动设备变量

此类别列出了与用户地理位置信息相关的变量。

cpInfogeolocation：返回用户的地理位置,属性包括 Latitude(纬度)、Longitude(经度)、Accuracy(准确度)。

7.2.3　用户变量

用户变量由系统定义了以下两个变量。

cpQuickinfostudentid：从 LMS(学习管理系统)中获取学生 ID。

cpQuickinfostudentname：从 LMS(学习管理系统)中获取学生的姓名。

下面讲述用户自定义变量的实现,添加用户自定义变量有两种途径。

(1) 在变量面板,单击 Add New(添加新变量),然后输入变量的名称和值,也可以输入一些描述信息,然后单击 Save 按钮。

(2) 当添加 Text Entry Box(输入文本框)后,在属性面板中单击 **[X]** 符号,在弹出的输入栏中输入变量名称后单击 OK 按钮就可以定义一个新变量,并且用这个变量来保存输入文本的内容,如图 7.24 所示。

在定义用户自定义变量命名时,注意,不得与 Adobe Captivate 的内部函数、保留关键字、公开的系统变量或其他隐藏变量冲突。命名规则主要有:不要以空白或数字开头,不要使用任何保留关键字。

下面再做一个演示。

第一步,新建一个项目,在幻灯片上添加如图 7.25 所示的对象,"(1)(3)"是文本字幕,"(2)"是输入文本框,"(3)"是按钮。

第二步,新建一个自定义变量 myName。

第三步,把 myName 变量用来保存文本输入框的内容,具体做法是选择输入文本框,在属性面板的 Variable(变量)下拉列表框中选择变量 myName,如图 7.26 所示。

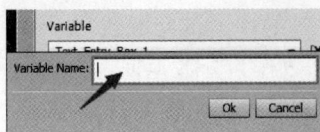

图　7.24

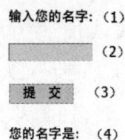

图　7.25

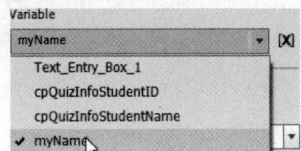

图　7.26

第四步,在图 7.25 的"(4)"的位置,紧接着"您的名字是:"再添加一个文本字幕,在其属性面板中单击 ,使其变为 ,设置其播放时不可见。双击该文本框使其处于可编辑状态,在属性面板单击 ⊠ 符号,插入一个变量,在弹出的 Insert Variable(插入变量)对话框中选择 myName,单击 OK 按钮,如图 7.27(a)所示,这样就在文本框中出现用两个美元符号括起来的变量 myNamc,如图 7.27(b)所示。

(a)　　　　　　　　　(b)

图　7.27

第五步,单击"提交"按钮,将其 Actions(动作)设置为 Show(显示),在下拉列表框中选择 Text_Caption_3,意思是通过单击按钮让 Text_Caption_3 显示出来,Text_Caption_3 是上面设置为运行时不显示的那个文本字幕,如图 7.28 所示。

最后,运行项目,输入内容后单击"提交"按钮,输入的内容就显示出来了。

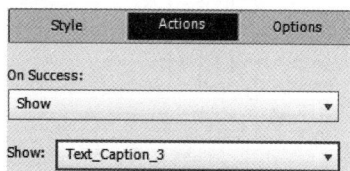

图　7.28

7.3　高级动作面板

要创建一个有趣的在线学习项目,可使用 Adobe Captivate 中的高级动作,通过高级动作,可以基于一个或多个条件创建复杂和简单的基于事件的交互。可以对系统和自定义变量、文本输入框、数学表达式、测验和小部件使用高级动作。

Adobe Captivate 中的高级动作分为两个主要操作:标准动作和条件动作。

1. 标准动作

标准动作是触发一个或多个事件的事件序列,注意是序列,且是两个以上的动作。

标准动作和单个动作的区别在于,在单个动作中,只能触发一个事件执行的一个动作,如图 7.29 所示,单个动作的操作在属性面板的 Actions(动作)选项卡中即可设置完成。

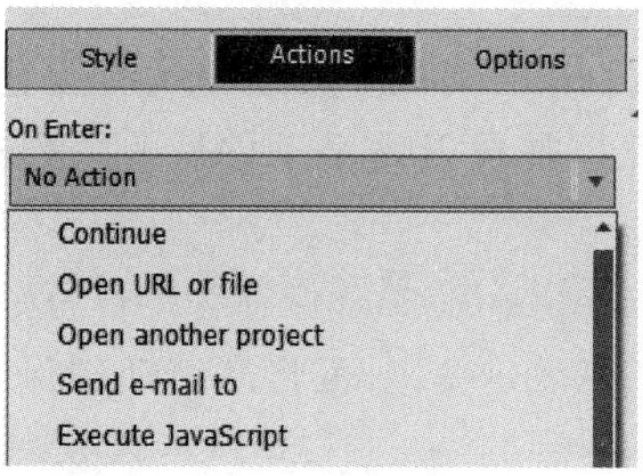

图　7.29

要连续执行两个以上动作,就必须在高级动作面板中进行设计,然后再通过属性面板 Actions(动作)选项卡下拉列表中的 Execute Advanced Actions(执行高级动作)命令来调用。

那么,多个事件触发的动作序列在高级动作面板中如何体现呢? 如图 7.30 所示,在 Untitled-1、Untitled-2 和 Untitled-3 动作模块按钮下面都可以编辑一个标准动作或条件动作,程序运行时从前往后执行,而且可以添加多个动作模块。具体操作在本章范例中将有详细演示。

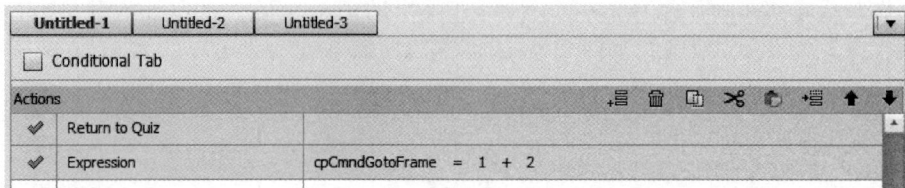

图 7.30

2. 条件动作

高级动作面板中的条件动作指满足某个条件时执行的语句。

(1) 图 7.31 所示是高级动作面板在标准动作状态下的情况。

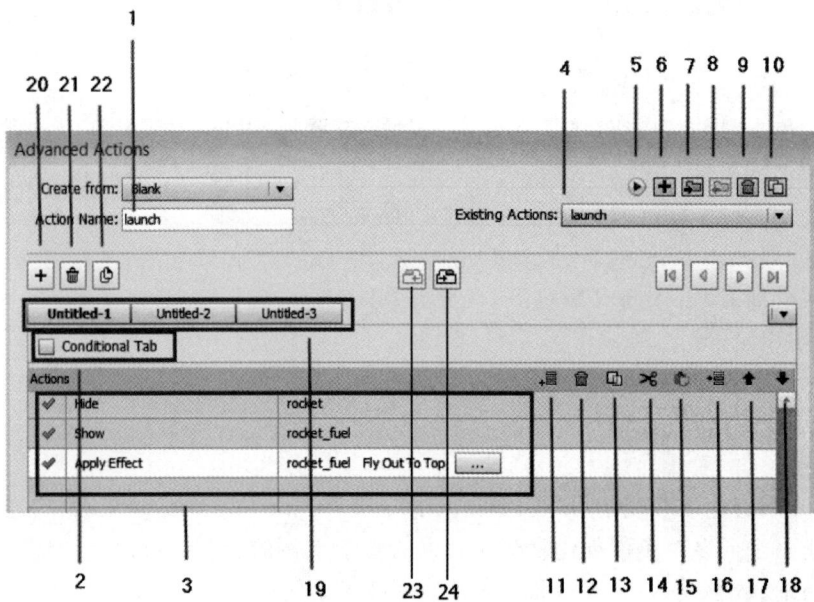

图 7.31

1—高级动作的名称;2—启用此复选框使动作成为条件动作;3—动作条目;4—选择现有动作;
5—预览动作的结构;6—创建一个动作;7—导入共享动作;8—导出共享动作;9—删除动作;
10—添加一个动作副本;11—添加一个动作项;12—删除动作项;13—复制动作项;14—剪切;
15—粘贴;16—插入;17—向上移动;18—向下移动;19—动作模块组;20—增加一个动作模块;
21—删除动作模块;22—复制动作模块;23—向左移动动作模块;24—向右移动动作模块。

(2) 当选中 Conditional Tab 条件选项卡后,编辑界面出现如图 7.32 所示的变化。"(1)"是选择条件的类型;"(2)"是设置各种条件区域;"(3)"是设置满足条件后的系列动作区域;"(4)"是不满足条件时添加动作要单击的按钮。

单击 Variables(变量)按钮打开变量管理面板。单击 Save As Action(保存为动作)保存编辑的高级动作。单击 Save As Shared Action(保存为共享动作)按钮,可将高级动作保存为共享高级动作。

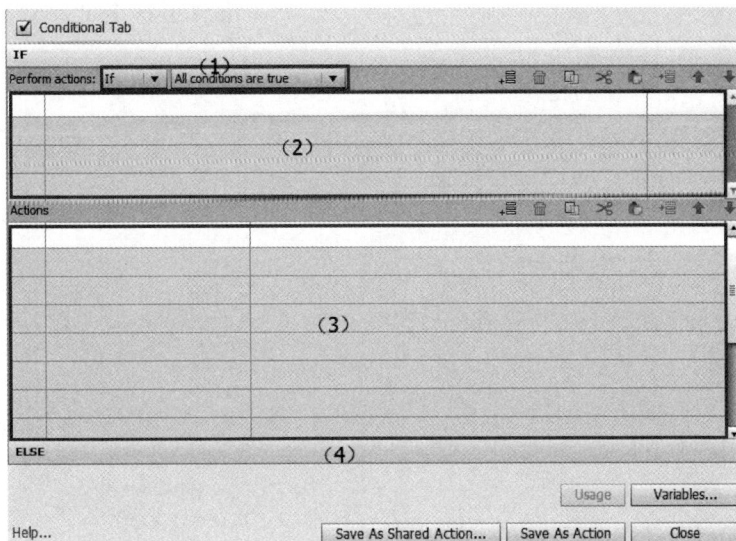

图　7.32

7.4　共享高级动作

视频讲解

如果有高级动作要重复应用或跨项目应用,则可以将脚本保存为模板,在需要时重用它们。例如,显示和隐藏对象的高级动作可以保存为模板,并重复使用。

1. 保存共享高级动作

打开"Lesson07\登录界面.cptx"文件,打开高级动作面板,在 Existing Actions(现有动作)下拉列表框中选择 myvalidate,如图 7.33 所示。

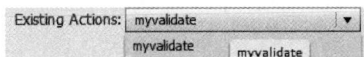

图　7.33

单击 Save As Shared Action(保存为共享动作)按钮,出现保存为共享动作编辑面板,Shared Action Name(共享动作名称)填写 myvalidate_share,Description(描述)填写"学习共享动作",其他还需要填写 Parameter Description(参数描述)等,如图 7.34 所示。

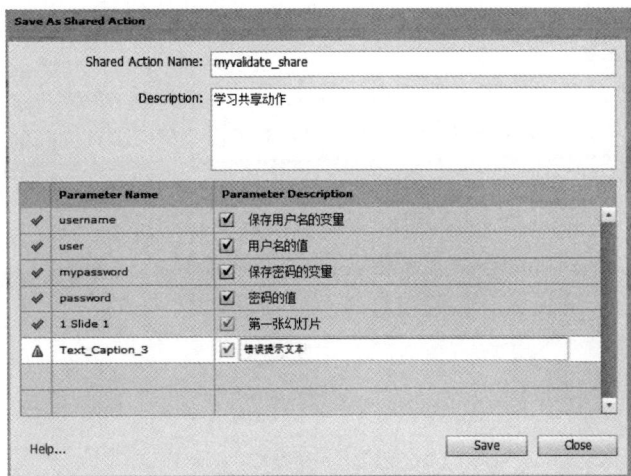

图　7.34

单击 Save(保存)按钮后,在 Library(库)面板中就出现了这个共享动作,如图 7.35 所示。

2. 在项目内使用共享动作

在高级动作面板,在 Create from(从……创建)下拉列表框中选择 myvalidate_share,如图 7.36 所示。在打开的代码中进行修改编辑并保存为另一个高级动作,或者也可以保存为另一个共享高级动作。

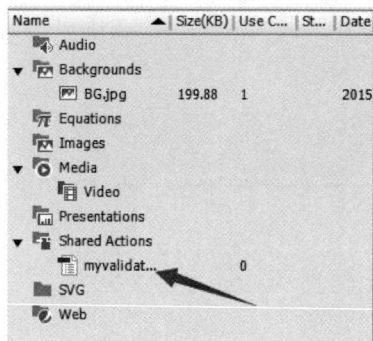

图 7.35

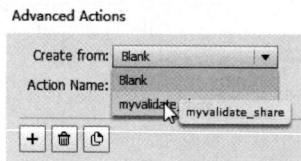

图 7.36

如果要把共享动作应用到具体交互对象上,可在选择交互对象后,在属性面板的 Actions(动作)下拉列表框中选择 Execute Shared Action(执行共享动作)。

3. 在外部 Adobe Captivate 项目中使用共享动作

首先使用高级动作面板的 🖫 导出按钮,把共享高级动作导出到外部磁盘,保存扩展名为 .cpaa 的文件。然后在另一个项目中使用高级动作面板的 🖾 导入按钮,把 .cpaa 文件导入就可编辑使用了。

关闭"Lesson07\登录界面.cptx"文件。

7.5 动作面板操作训练

视频讲解

1. 语句输入

1) 变量和参数的输入

双击每行的第二列可以出现要执行的动作类型,如图 7.37 所示。

选择动作类型后,第三列是动作的参数,有的动作没有参数,比如 Pause,有的动作有多个参数,比如 Expression;如图 7.38 所示,⚠ 符号代表代码还没有设计完整,variable 代表变量参数,literal 代表文字参数,选择后即可输入相应字符和数字。

在选择变量时,可在输入框中输入变量名称的前面字母(或包含的数字)会出现具有相同字母组合的筛选列表,提高选择速度,如图 7.39 所示,输入 2 会出现所有名称包含 2 的变量。

2) 条件语句的输入

如果要设置条件动作,勾选条件选项卡 Conditional

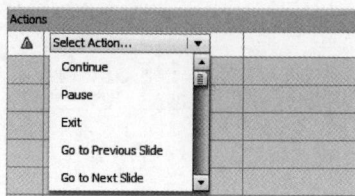

图 7.37

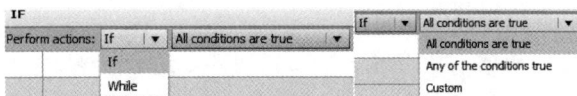

图 7.38

Tab 后出现条件动作编辑界面,如图 7.40 所示,可选择添加语句的类型 If 或 While,可选择"并且"语句 All conditions are true,"或"语句 Any of the conditions true 和 Custom(用户自定义)。

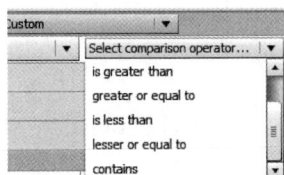

图 7.39   图 7.40

条件计算包括 is less than(小于)、is greater than(大于)、is equal to(等于)、not equal to(不等于)、greater or equal to(大于或等于)、less or equal to(小于或等于)、contains(包含)等,如图 7.41 所示。

已经选择好的参数若需要更改,则可双击参数,在出现的列表中重新选择 variable 或 literal,再选择或输入参数的值,如图 7.42 所示,首先双击 CaptivateVersion,就出现图 7.42 右侧图所示的参数类型下拉列表。

图 7.41   图 7.42

3) 代码编辑工具的使用

在代码编辑窗口的右上方有一排编辑按钮 ,从左到右的功能分别是"插入一行""删除当前行""复制当前行""剪切当前行""粘贴复制的行""在当前位置插入一行""向上移动当前行的位置"和"向下移动当前行的位置"。在代码编辑过程中,要熟练使用这些工具按钮。

2. 代码段落的更名、添加、删除和复制

1) 更改段落名称

打开动作面板后,上面默认有 3 个段落 Untitled-1、Untitled-2 和 Untitled-3,如图 7.43 所示。

双击段落名称,可以自定义段落的名称,如图 7.44 所示。

图 7.43

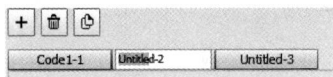

图 7.44

2）添加、删除和复制段落

单击 ⊞ 按钮可添加一个段落，单击 🗑 按钮可删除当前选择的段落，单击 🕒 按钮可复制一个被选择的段落，如图 7.45 所示。

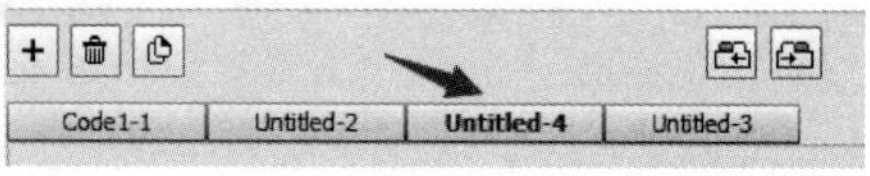

图　7.45

3）调整段落位置顺序

单击 🔄 按钮使当前选择的段落向左移动，单击 🔄 按钮使当前选择的段落向右移动。改变段落的顺序，就会改变程序执行的先后顺序。

3. 高级动作操作按钮

（1）编辑按钮的使用。

在动作面板的右上角有一排编辑按钮 ▶⊞🔄🔄🗑🔄，它们的功能从左向右分别是"预览高级动作代码""添加一个高级动作""从外部导入高级动作""导出高级动作""删除当前编辑的高级动作"和"复制一个当前编辑的高级动作"。

（2）从现有或导入的共享高级动作创建高级动作。

使用 Create from 命令，从下拉列表中选择一个类似结构的共享高级动作创建新的高级动作会大大提高创建速度。

（3）Action Name 命令是输入和更改高级动作的名称。

（4）Existing Actions 命令是从下拉列表中选择现有的高级动作进行编辑和预览。

7.6　本章范例

在 Adobe Captivate 中打开"Lesson07 \ 范例文件 \ 07Complete"文件夹下的 07Complete.cptx 文件，通过工具栏 ▶ 菜单下的 🔄 Project 命令预览该项目，项目是一个学习游戏，把游戏从头到尾认真做几遍，体验游戏的功能。

7.6.1　游戏工作原理

（1）在 Adobe Captivate 中打开"Lesson07\范例文件\07Start"文件夹下的 07Start.cptx 文件，另存为 07 Start demo.cptx。运行项目，发现项目停留在封面不能往下进行，这是因为没有给项目设计和应用高级动作(代码)。

（2）在幻灯片带选择第 2 张幻灯片，此时该幻灯片就显示到舞台上了，如图 7.46 所示。

图 7.46 所示图片的上部分是猜成语的图，猜好后把成语输入到中间的文本框中，然后单击"提交"按钮，如果答案正确就进入第二个成语的猜测，如果错误会显示错误提示 错误,可点击"提示"按钮 ，该提示在程序运行时是隐藏不显示的。如果不会做，可单击 提示 按钮，就会进入答案提示页面，如图 7.47 所示。

（3）每次进入提示页面，都会自动播放成语的名称和释义的语音，如果想进一步了解成语故事，可单击 🔄 按钮听语音故事，完成提示操作后可单击 🔄 按钮，返回前面页面并输入正确的成语后提交。

（4）在操作过程中，项目将根据用户操作行为统计分数，每提交错误一次扣 5 分，每浏览提示页面一次也要扣 5 分，但每轮游戏最多扣 40 分，满分 100 分。在游戏结尾会给出游戏结果，如图 7.48 所示。

图 7.46

图 7.47

图 7.48

（5）游戏包括 5 个成语，可根据该游戏原理扩展更多成语。游戏界面大小采用适合手机浏览的尺寸，当然也可在台式计算机上运行。

7.6.2 设计和应用高级动作

1. 定义变量

（1）打开 Variables（变量）面板，可以发现已定义好的 7 个变量，如图 7.49 中矩形圈出的变量。

（2）Txt_1、Txt_2、Txt_3、Txt_4、Txt_5 变量是保存输入文本框中成语的变量，对应的正确值是凿壁借光（凿壁偷光）、亡羊补牢、刻舟求剑、愚公移山和闻鸡起舞。这几个变量不是在 Variables（变量）面板中定义的，定义的方式以 Txt_1 为例说明如下。

视频讲解

选择第二张幻灯片的输入文本框,在其属性面板的 Style(样式)选项卡下单击 **[X]** 图标,在弹出的对话框中输入 Txt_1 后单击 OK 按钮,如图 7.50 所示。

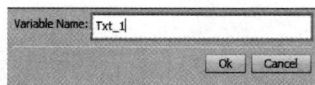

图 7.49   图 7.50

输入文本框的各种属性设置如图 7.51 所示。

(3) Wrong_times 在变量面板定义,用来保存做错的次数,游戏中每错误一次,Wrong_times 的值加 1,最后根据 Wrong_times 的值从总分 100 中扣除分数,每错一次扣 5 分。

定义变量前面已有讲述,步骤为:单击 Add New 按钮,在 Name 后面的输入框中输入变量的名称 Wrong_times,在 Value 后面输入变量的初始值 0,在 Description 后面输入变量的描述语句"保存做错次数",最后单击 Save 按钮保存变量,如图 7.52 所示。

图 7.51   图 7.52

(4) Marks 用来保存计算出的总分,值等于 100 减去因错误次数扣除的分数。该变量在 Variables(变量)面板定义,方法同(3)中所述。

2. 为"提示"按钮设计高级动作

(1) 每个成语输入页面都有一个"提示"按钮,作用是导航到提示页面,并且每单击一次,错误计数变量 Wrong_times 都要加 1。因为每个页面的"提示"按钮功能相同,所以设计一个共用的高级动作让所有的"提示"按钮执行即可。

打开高级动作面板,在 Action Name(动作名称)中输入 tip。Untitled-1 代码如图 7.53 所示。

第一步,Increment 是自增命令,Wrongtimes by 1 代表 Wrongtimes 值每次加 1。

第二步,Go to Next Slide 代表导航到下一张幻灯片。

Untitled-2 和 Untitled-3 没有代码。

(2)让"提示"按钮应用 tip 高级动作。以第二张幻灯片上的"提示"按钮为例:选择"提示"按钮,在属性面板的 Actions(动作)选项卡的下拉列表框中选择 Execute Advanced Actions(执行高级动作),在出现的高级动作选择栏中选择 tip,如图 7.54 所示。

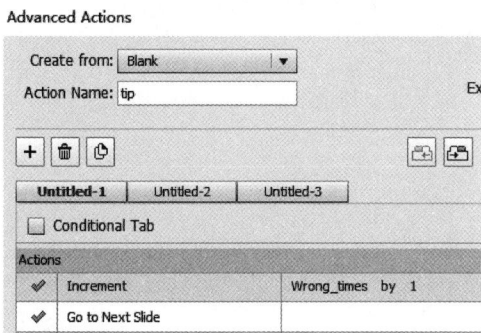

图　7.53

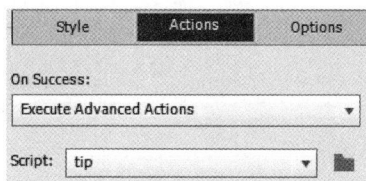

图　7.54

对第 4、6、8、10 张幻灯片上的"提示"按钮,按上述方法进行设置。

3. 为"提交"按钮设计高级动作

"提交"按钮的功能是检查输入的成语是否正确,如果正确就导航到下一个成语页面;如果错误就显示错误提示,并且错误计数变量值加 1。由于每个"提交"按钮要导航到的幻灯片不一样,要显示的错误提示对象也不一样,所以对每个"提交"按钮都需要单独设计一个结构相同但内容不同的高级动作。

1)设计第二张幻灯片上提交按钮的高级动作

第一步,首先需要确定操作对象的名称,可从对象的属性面板获得,该张幻灯片错误提示对象的名称是 C_1,输入文本框的变量是 Txt_1,下一张猜成语幻灯片是幻灯片 4。

第二步,设计高级动作,打开高级动作面板,输入高级动作名称 tijiao_1(名称可自定义),在 Untitled-1 输入如图 7.55 所示的代码。

代码的意思是:"如果'Txt_1=凿壁借光',或者'Txt_1=凿壁偷光',就导航到第 4 张幻灯片"。

第三步,单击底部的 ELSE 按钮,输入如图 7.56 所示的代码。

代码的意思是:"如果'Txt_1=凿壁借光',或者'Txt_1=凿壁偷光'不成立,就显示错误提示对象 C_1,并且错误次数变量 Wrong_times 的值加 1"。

单击 Save As Action 按钮,保存高级动作后,关闭高级动作面板。

第四步,给"提交"按钮应用 tijiao_1 高级动作。首先选择第 2 张幻灯片上的"提交"按钮,在属性面板的 Actions(动作)选项卡的下拉列表框中选择 Execute Advanced Actions(执行高级动作),在出现的高级动作选择栏中选择 tijiao_1。

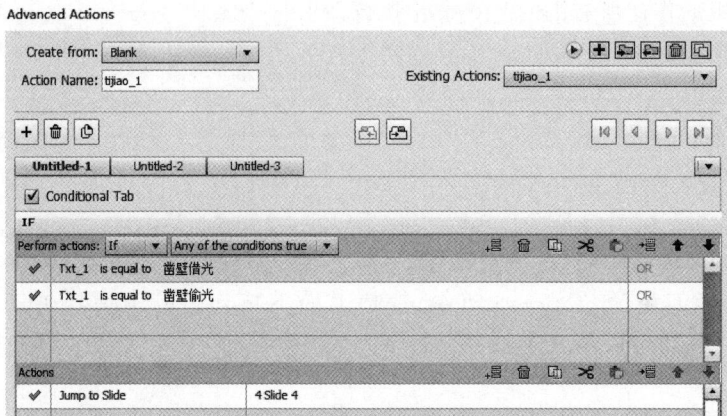

图 7.55

图 7.56

2) 把 tijiao_1 保存为共享高级动作

把 tijiao_1 保存为共享高级动作后,可使后面"提交"按钮的高级动作设计快捷高效。

第一步,打开高级动作面板,在 Existing Actions 的下拉列表中选择 tijiao_1,这样就打开 tijiao_1 高级动作了。

第二步,单击底部的 Save As Shared Action 按钮,出现如图 7.57 所示对话框,在标有 ⚠ 符号的行输入注释语句,在 Shared Action Name 后面输入名称 tijiao_1_gx。

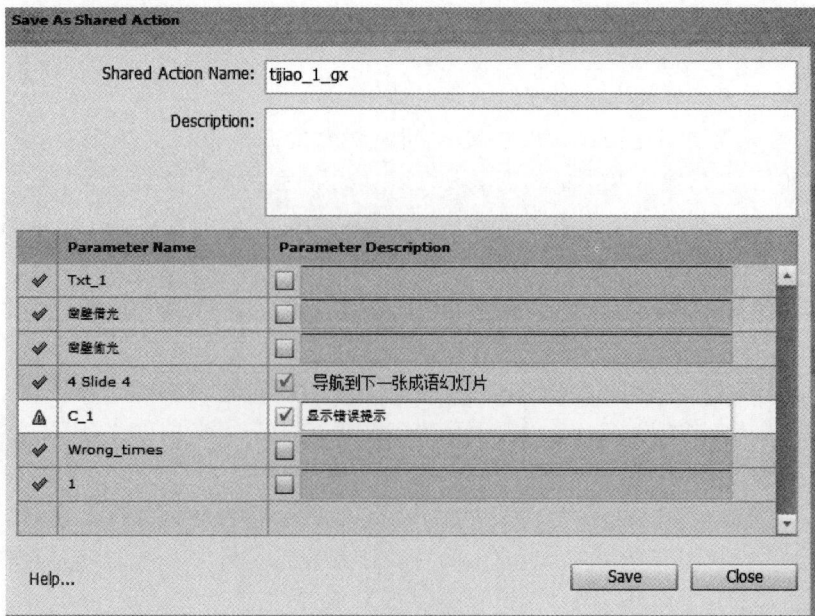

图 7.57

单击 Save(保存)按钮,保存共享高级动作。

3) 设计第 4 张幻灯片上提交按钮的高级动作

该张幻灯片上的错误提示对象的名称为 C_2,输入文本框的变量为 Txt_2,要导航到下一张成语幻灯片的序号是幻灯片 6。

第一步,在高级动作面板的 Create from 下拉列表框中选择创建的共享高级动作 tijiao_1_gx,此时会打开该共享动作,如图 7.58 所示。

第二步,输入要创建的新高级动作名称,在 Action Name 后面输入 tijiao_2。

第三步,更改成语答案,第 4 张幻灯片的成语是亡羊补牢,而且只有一个答案,所以要删除第二行的"Txt_1 is equal to 凿壁偷光",把第一行的"凿壁借光"改为"亡羊补牢"。

第三步,改变输入文本框变量,把第一行的 Txt_1 变量改为 Txt_2 变量。

第四步,修改回答正确后导航到的下一张幻灯片,在 jump to slide 语句的下拉列表中选择"6 slide 6"。

第五步,改变输入错误后显示的错误提示对象,单击底部的 ELSE 按钮,在 Show 下拉列表框中选择 C_2 变量,如图 7.59 所示。

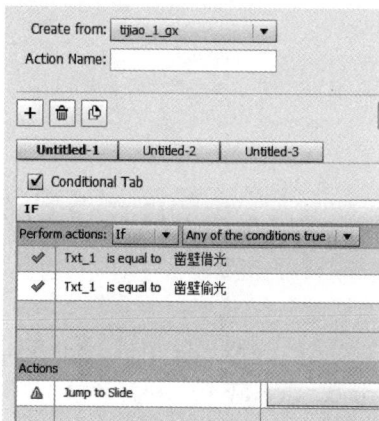

图 7.58

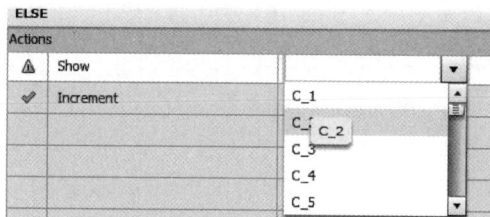

图 7.59

第六步,保存高级动作,单击底部的 Save As Action 按钮,保存高级动作。至此就完成了第二个"提交"按钮高级动作的设计,名称为 tijiao_2。

单击高级动作面板右上角 ▶ 按钮,出现如图 7.60 所示的代码预览,检查有无错误,如有请修改并保存。

第七步,为第二个"提交"按钮应用 tijiao_2,选择第 4 张幻灯片上的"提交"按钮,在属性面板的 Actions(动作)选项卡的下拉列表框中选择 Execute Advanced Actions(执行高级动作),在出现的高级动作选择栏中选择 tijiao_2。

4) 设计其他幻灯片上提交按钮的高级动作

参照设计第 4 张幻灯片上提交按钮的高级动作的操作流程,设计第 6 张、第 8 张和第 10 张幻灯片上的"提交"按钮高级动作。图 7.61(a)为第 6 张幻灯片"提交"按钮的高级动作代码,图 7.61(b)为第 8 张幻灯片"提交"按钮的高级动

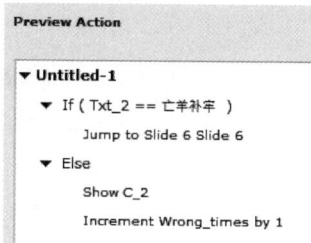

图 7.60

作代码,图7.61(c)为第10张幻灯片"提交"按钮的高级动作代码。

4. 设计统计最后得分的高级动作 get_marks

1) 计分原理设计

计分保存的变量为 marks,满分100分,出错变量用 Wrong_times 表示,每错误一次扣5分,当扣除的分数满40分时停止扣分,Marks 的值最低为60。

当 Marks 的值为100时程序跳转到幻灯片13,否则停留在原幻灯片。

2) 计分高级动作设计

计分高级动作命名为 get_marks(用户可自定义命名),代码如图7.62所示,请参照自行设计。

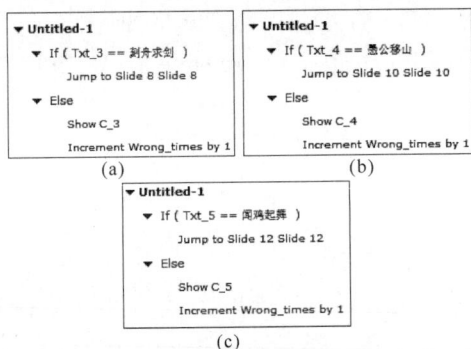

图 7.61

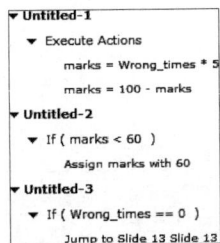

图 7.62

> **注意**:图7.62中 Execute Actions 代表的是高级动作面板的 Expression 命令。本书后续同样问题都按此解决。

3) 应用 get_marks 高级动作

在什么地方和时间统计分数呢? 当然放在了游戏做完后的幻灯片中,即第12张幻灯片,如果分数不满100分就停留在第12张幻灯片显示分数,如果满100分就到第13张幻灯片显示分数。方法是:

第一步,在幻灯片带选择第12张幻灯片。

第二步,在属性面板的 Actions(动作)选项卡的 On Enter 下拉列表框中选择 Execute Advanced Actions(执行高级动作),在出现的高级动作选择栏中选择 get_marks,如图7.63所示。

5. 设计"再做一遍"按钮的高级动作 do_again

当游戏做完时,用户可能想再做一遍,此时就要返回开始界面,但返回后必须清除当前变量中保存的值,以便保存新的数据,否则就会新旧数据混合出现错误。那么怎么设计呢? 图7.64是设计后的代码,请参照设计。

图 7.63

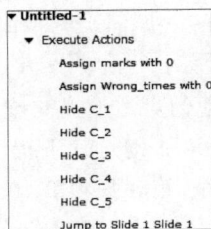

图 7.64

设计完成后,请在第12张幻灯片和第13张幻灯片的"再做一遍"按钮上应用该高级动作,具体方法如前所述。

7.6.3 应用其他动作

1. 设置当进入提示幻灯片时播放成语名称和释义语音

第3张、第5张、第7张、第9张和第11张幻灯片是提供提示帮助的幻灯片,每张幻灯片在进入时都要播放成语的名称和简短寓意解释。实现的方法是在幻灯片进入时调用动作来完成。播放的语音文件已导入库面板,按幻灯片的先后顺序分别是"凿壁偷光.mp3""亡羊补牢.mp3""刻舟求剑.mp3""愚公移山.mp3"和"闻鸡起舞.mp3"。

下面以第3张幻灯片为例介绍实现方法。

第一步,在幻灯片带选择第3张幻灯片,在属性面板的 Actions(动作)选项卡的 On Enter 下拉列表框中选择 Play Audio(播放音频),在属性面板出现如图7.65所示状态。

第二步,单击 ▇ 图标,出现如图7.66所示面板。

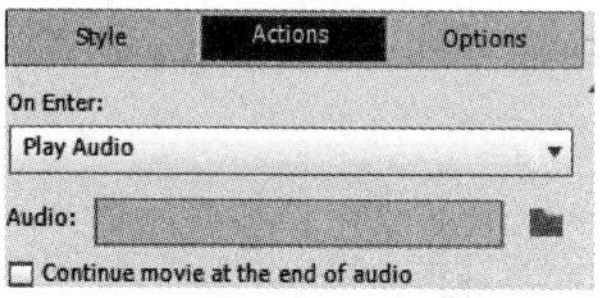

图 7.65

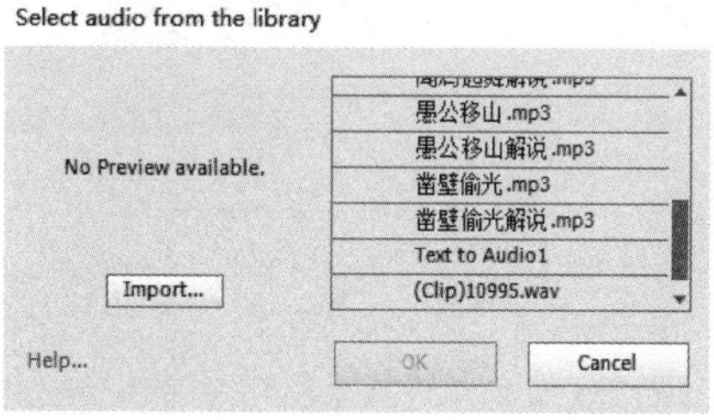

图 7.66

第三步,选择"凿壁偷光.mp3",就设置好了,另外记住一定不要选中 Continue movie at the end of audio(音频播放结束后继续),否则播放完音频后就会自动导航到下一页,如图7.67所示。

第四步,按照以上方法设置第5张、第7张、第9张和第11张幻灯片。

2. 设置当单击提示幻灯片上的 ▇ 按钮时讲成语故事

第3张、第5张、第7张、第9张和第11张幻灯片上都有一个 ▇ 按钮,单击后会播放该成语的语音故事。语音文件

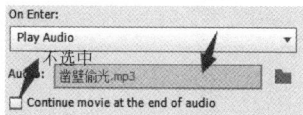

图 7.67

已导入库面板,按幻灯片的先后顺序分别是"凿壁偷光解说.mp3""亡羊补牢解说.mp3""刻舟求剑解说.mp3""愚公移山解说.mp3"和"闻鸡起舞解说.mp3"。

下面以第3张幻灯片为例介绍实现方法。

在第3张幻灯片上选择 ▇ 按钮,在属性面板的 Actions(动作)选项卡的 On Success 下拉列表框中选择 Play Audio(播放音频),后面的步骤同1)中第二步以后的各步骤。

按照以上方法设置第5张、第7张、第9张和第11张幻灯片。

3. 设置提示幻灯片的返回

第3张、第5张、第7张、第9张和第11张幻灯片上都有一个 ▇ 按钮,功能是返回前面的答题幻灯片继续答题。实现的方法是选择该按钮,在属性面板的 Actions(动作)选项卡的 On Success 下拉列表框中选择 Go to Previous Slide(导航到前一张幻灯片)。

4. 设置游戏的进入和退出

在封面幻灯片有一个  Start 按钮，请设置为执行动作 Go to the next slide(导航到下一张幻灯片)。

在第 12 张和第 13 张幻灯片都有一个  退出 按钮，请设置为执行动作 Exit(退出)。

7.6.4　发布和预览

制作完成后，预览项目，如有问题请继续调试，直至运行完好。调试完成后，可把游戏发布为独立运行的 .exe 文件，可在任何 Windows 操作平台上运行；也可发布为 HTML5 文档，放在互联网上运行，或者在本地计算机用浏览器打开 index.htm 文件运行。在第 13 章将对发布进行详细讲解。操作步骤如下。

(1) 在 Publish(发布)菜单中运行 Publish to Computer 命令，如图 7.68 所示。

(2) 在弹出的面板中，打开 Publish as 下拉列表选择发布类型，如果发布为单独的可执行文件(EXE)就选择 Executable，如果发布为 HTML5 就选择 HTML5/SWF，设置好文件名和保存路径单击 OK 按钮即可，如图 7.69 所示。

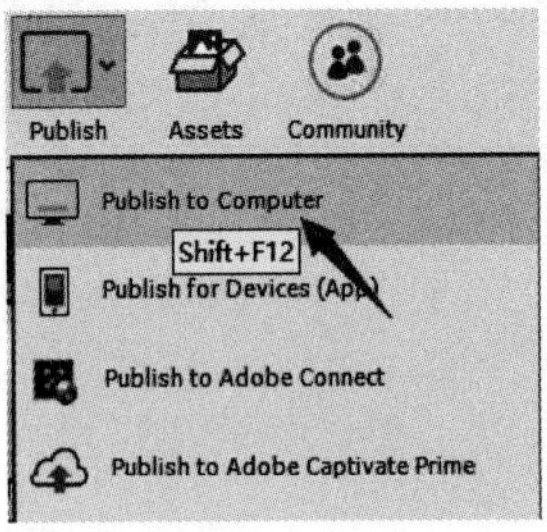

图　7.68

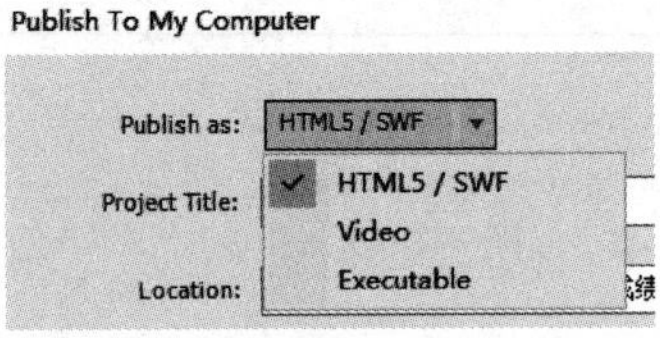

图　7.69

作业

一、模拟练习

打开"Lesson07\模拟练习"中的"07 模拟 complete.cptx"文件，并进行预览，根据本章知识内容，做一个类似的项目。课件资料已完整提供，获取方式见前言。

二、自主创意

根据本章所学知识，自主创意制作一个项目，熟练掌握高级动作的应用。

三、理论题

1. 变量的类型有哪些？如何自定义变量？

2. 执行一条动作和执行两条以上的动作序列在处理上有什么不同？

3. 什么叫标准动作和条件动作？

第8章

小 组 件

本章学习内容

本章学习内容

（1）小组件的概念和创建；

（2）静态小组件；

（3）交互小组件；

（4）问题小组件；

（5）小组件中的变量使用；

（6）小组件应用示例。

完成本章的学习需要大约 2 小时，相关资源获取方式见前言。

知识点

由于本书篇幅有限，下面的知识点并非在本章中都有涉及或详细讲解，在本书的学习网站（http://nclass.infoepoch.net）有详细的视频讲解，欢迎登录学习和下载。

小组件的属性设置　　　　小组件的创建　　　　　　小组件的类型

小组件的可视化设置

本章案例介绍

范例

本章范例是关于一年级数学 20 以内加法的课件，在规定时间内全部正确做完题目便会成为"亿万富翁"，以此调动小朋友的学习兴趣。课件使用了 Process Circle（转轮）和 Millionaire（百万富翁）两个小组件，以期产生举一反三、触类旁通的效果。双击运行"Lesson08/做 20 以内加法当亿万富翁.exe"文件，预览范例，如图 8.1 所示。

模拟案例

本章模拟案例是关于一年级数学 20 以内减法的课件，根据答题正确率分别授予努力

图　8.1

奖、铜奖、银奖和金奖,以此调动小朋友的学习兴趣,课件设置了时间限制。课件中有代码使用,已放在初始文件中,读者可在初始文件的基础上添加 Pyramid Matrix(金字塔矩阵)和Hangman(刽子手)两个小组件来完成制作。双击运行"Lesson08/20 以内减法训练.exe"文件,预览范例,如图 8.2 所示。

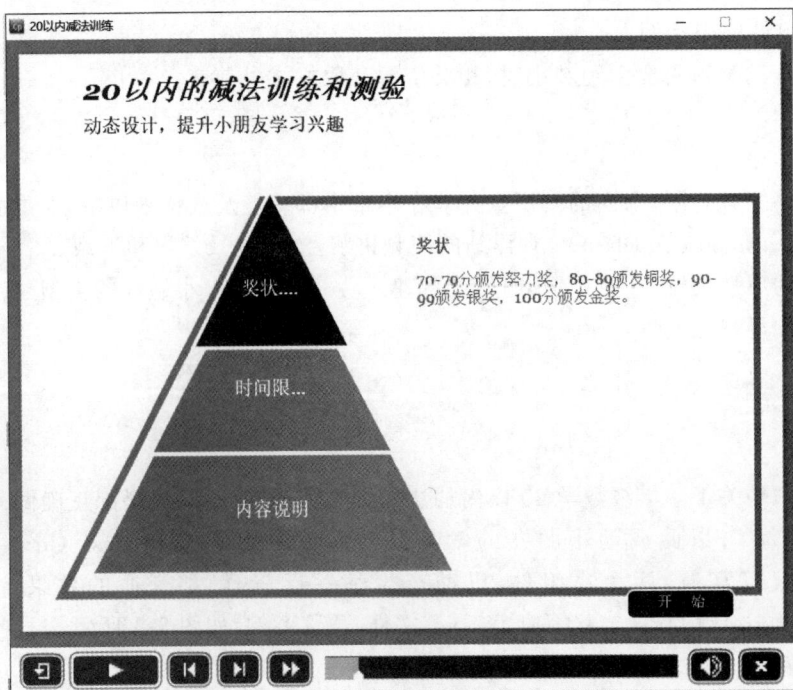

图　8.2

8.1　小组件概述

使用小组件可以使 Adobe Captivate 项目功能更加强大、效率更高和视觉效果更加多样化。但存在使用 SWF 小组件无法发布为 HTML5 网页的局限性。但是,也存在有大量的 HTML5 小组件可以应用。

8.1.1　小组件的创建

说明：如果不需要进行小组件的创建工作,在学习过程中请直接跳过本节内容,可更多关注小组件的介绍和应用方面内容。

在 Adobe Captivate 2019 中创建一个空白项目,打开主菜单的 File(文件)→New Project(新建项目)→Widget in Flash(在 Flash 创建 Widget),如图 8.3 所示。

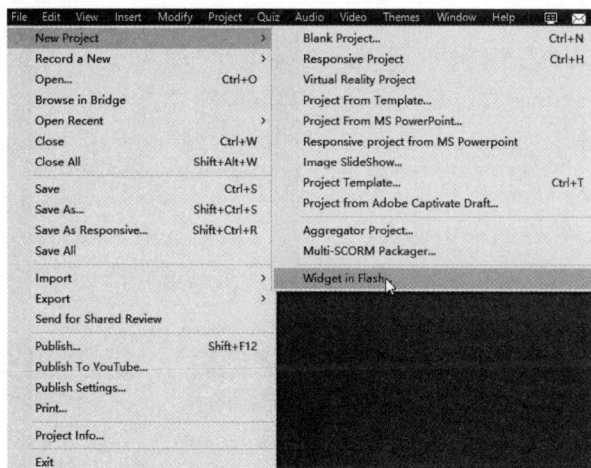

图　8.3

在弹出的对话框中可以选择创建 3 种类型的小组件：静态小组件(Static)、交互小组件(Interactive)和问题小组件(Question),单击其中要编辑的类型,如图 8.4 所示。

接着,如果计算机中安装了 Flash(从 2016 年开始改名为 Animate),会自动打开该软件并弹出一个对话框,如图 8.5 所示。

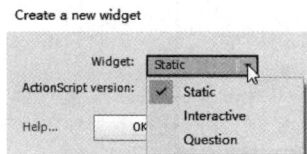

图　8.4

图　8.5

选择“作为命令运行”后单击“确定”按钮,Flash 会建立一个 Canvas 类型文件(HTML5模块),打开其动作面板,里面已经有了该类型组件的代码框架(JavaScript 代码),修改并编辑自己设计的内容即可。如果选择"打开进行编辑",则直接进入代码窗口(ActionScript 3.0 代码)。

说明：小组件的创建需要熟悉 Flash 的编程操作(ActionScript 3.0)和 JavaScript 语言编程,需要了解这方面知识的读者请参考相关书籍。

8.1.2 在项目中添加小组件

可通过两种途径为项目添加小组件。

第一种,在工具面板的 Interactions(交互)下拉列表框中选择 Learning Interactions(学习交互),在弹出的面板中选择需要的组件后单击 Insert(插入)按钮,如图 8.6 和图 8.7 所示。

第二种,在主菜单 Insert(插入)的子菜单中选择 Widget(小组件),在打开的文件选择对话框中选择需要的小组件文件,如图 8.8 和图 8.9 所示。

图 8.9 的目录是"C:\Users\Public\Documents\Adobe\eLearning Assets\Interactions_11_0",是 Adobe Captivate 学习小组件的默认目录。在 Adobe Captivate 安装目录的"Gallery\Widgets"下,默认安装了 SWF 格式的小组件,同样可以选择并插入项目,如图 8.10 所示。

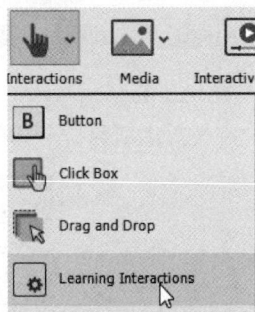

图 8.6

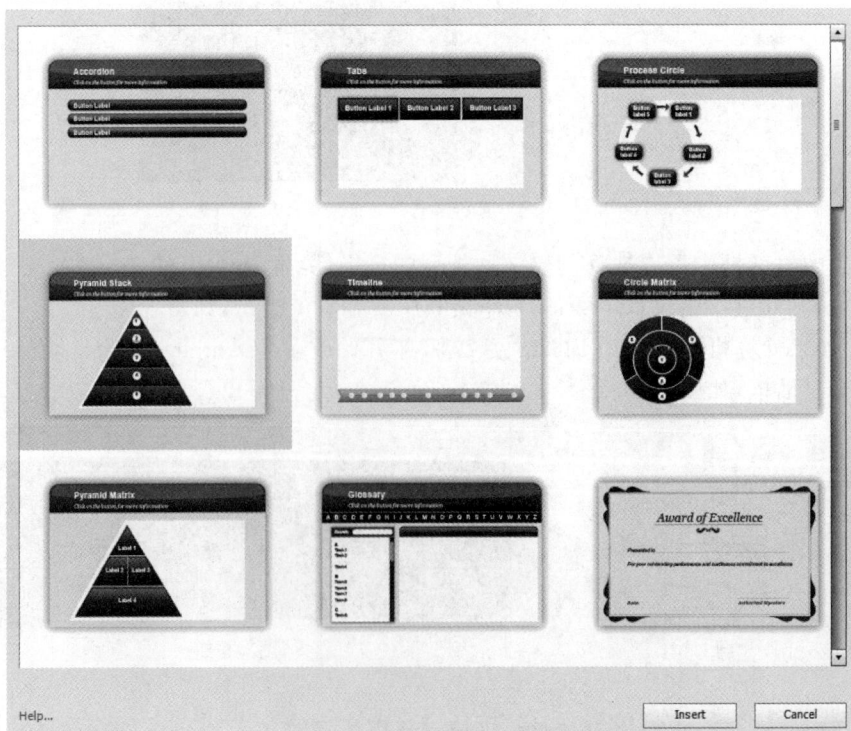

图 8.7

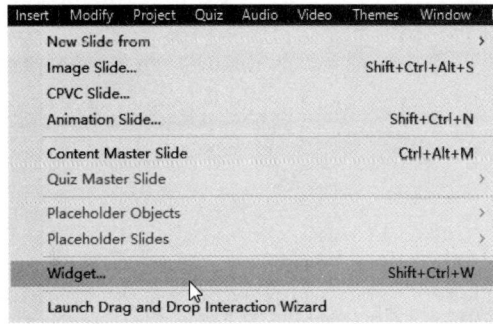

图 8.8

图 8.9

图 8.10

8.1.3 小组件的属性设置

对于从主菜单 Insert(插入)和 Learning Interactions(学习交互)插入的小组件,可以通过弹出面板进行一些属性参数设置,如图 8.11 所示。

图　8.11

设置内容主要包括如下几项。

主题:在图 8.11 窗口的左窗格中,可以看到各种主题,单击任何主题,它将应用到选择的小组件并实时显示。

单击 Custom(用户自定义)按钮,可以查看各种选项,如内容、标题以及基于小组件或交互类型的任何其他标题。可以将不同的样式和颜色应用于屏幕属性。

Full Screen(全屏幕):单击全屏,隐藏"主题或自定义窗口"窗格,以便更好地预览配置的内容。

Import(导入):将现有内容导入小组件。只允许 XML 格式文件。

8.2　静态小组件

视频讲解

静态小组件可以生动、简洁和形象地展示学习内容,给学习者带来便利和深刻的学习印象,提高学习效率,如表 8.1 所示。

表 8.1　静态小组件

组　　件	说　　明
折叠组件（Accordion） 	通过单击上下整齐排列的按钮，可以展开每个按钮链接的文字、声音和图片。 使用过程中可通过双击按钮和按钮下面的内容区域添加按钮标题和内容，左侧有添加声音和图片的图标按钮。通过单击"＋"号来添加折叠按钮，最多可以添加 5 个折叠按钮
选项卡（Tabs） 	通过单击选项卡按钮来展示内容，以避免内容在幻灯片上的堆积。 使用过程中可通过双击按钮和按钮下面的内容区域添加按钮标题和内容。通过单击"＋"号来添加选项卡按钮，最多可以添加 5 个选项卡按钮，双击按钮后出现"－"号，单击可删除按钮
转轮（Process Circle） 	通过单击转轮上的按钮，在右侧显示对应按钮的内容。 使用过程中可通过双击按钮和按钮右面的内容区域添加按钮标题和内容，左侧有添加声音的图标按钮。通过单击"＋"号来添加按钮，最多可以添加 6 个按钮，双击按钮后出现"－"号，单击可删除按钮
金字塔（Pyramid Stack） 	通过单击金字塔的每一层来展示内容，以避免内容在幻灯片上的堆积。 使用过程中可通过双击金字塔的层和右面的内容区域添加按钮标题和内容，右侧有添加声音的图标按钮。通过单击"＋"号来添加金字塔层，最多可以添加 6 层，双击层后出现"－"号，单击可删除层

续表

组　件	说　明
时间线（Timeline） Timeline Click on the button for more information	通过单击下方时间线上的白点按钮来展示内容,以避免内容在幻灯片上的堆积。 使用过程中可通过在选定相应按钮后双击内容区域添加内容。通过单击"＋"号来添加按钮,最多可以添加8个按钮,双击按钮后出现"－"号,单击可删除按钮
圆矩阵（Circle Matrix） Circle Matrix Click on the button for more information	通过单击在里外分层的圆圈上的分割区来展示内容,以避免内容在幻灯片上的堆积。 使用过程中可通过双击按钮在右侧添加标题和内容。通过单击"＋"号来添加圆圈或分割区,最多可以添加8个按钮,双击按钮后出现"－"号,单击可删除按钮(分割区或圆圈)
金字塔矩阵（Pyramid Matrix） Pyramid Matrix Click on the button for more information	通过单击金字塔形状堆叠的按钮,可以展开右边的文字内容。 使用过程中可通过选择按钮后双击右边的内容区域添加内容和标题,右侧有添加声音的图标按钮。通过单击"＋"号来添加按钮,最多可以添加8个按钮,双击按钮后出现"－"号,单击可删除按钮
词汇表（Glossary） Glossary Click on the button for more information A B C D E F G H I J K L M N O P Q R S T U V W X Y Z	使学习者能够从课程内查看不熟悉的术语。添加的内容会根据第一个字在左侧进入导航列表,查询非常方便,更适合于英文资料。 通过单击"＋"和"－"号来添加删除内容

续表

组　　件	说　　明
单词查询（Word Search） 	通过向用户提供搜索单词的线索。用户可以在规定的尝试次数内根据线索选择单词的首字母和尾字母。 通过单击 Edit words 进入线索和单词的编辑界面。适合于英文信息
图片缩放（Image Zoom） 	可以在课程幻灯片中插入图像,使用户可以进行缩放并获得更好的视图。只能导入.png 和.jpg 图像文件
表格（Table） 	以表格的形式表示幻灯片的内容。 通过双击表格标题和表格单元添加内容。可以以.csv 文件的形式导入现有表
旋转木马（carousel） 	可以导入多张图片进行手动和自动播放,可以设定每张图片停留的时间等

组　件	说　明
公告（Bulletin） 	此交互是一个交互式小部件，它允许用户选择添加多个公告点，这些公告点可以包括图像和音频，并允许用户在运行时查看每个公告点。 　　可以设置公告内容在第几张幻灯片显示
书签（Bookmarks） 	通过书签组件可以添加幻灯片快速导航帮助，比如设定对问题幻灯片设置书签，运行时打开书签就会显示问题幻灯片序号，以供单击快速浏览
做笔记（Note） 	该组件在幻灯片页面添加一个图标，打开后可输入文字，并快捷地保存为磁盘上一个独立的文本文件，扩展名为. doc
音量控制（Volume Control） 	插入该组件，在幻灯片上形成一个音量控制滑块，方便快捷

8.3 交互小组件

交互类型小组件都有变量的设置导入或导出数据,与 Adobe Captivate 的变量和高级动作相结合使用,如表 8.2 所示。

表 8.2 交互类型小组件

组 件	说 明
证书(Certificate) 	可以在课程中插入证书。可以编辑默认变量并添加其他变量。 双击证书文字可以修改证书的文字内容。主要配合测验幻灯片使用
捕获字母(Catch AlphaNums) 	这个游戏的目的是用篮子捕捉丢失的字母(文字)或数字,在规定的时间和生命线的机会内完成。 双击组件在出现的界面添加问题和答案,以及规定每道题的得分
复选框(CheckBox) 	类似于单选按钮交互,但用户可以选择多个答案。对于每个复选框项,用户可定义一个变量。 通过单击"+"和"-"号来添加删除复选框。 在小组件中设定的变量必须在项目中重新定义才能使用。比如第一个复选框定义了变量 V1,那么在项目中也必须定义一个 V1 变量
定时器(Timer) 	可以显示时间计时数据,可以设定在一定时间后跳到某个幻灯片和显示提示信息。定时器设定的变量在没有达到规定时间之前值为 0,到达定时时间点后值为 1。在组件中设定的变量必须在项目中重新定义

组　　件	说　　明
下拉列表（Drop Down） 	使能够在课程幻灯片中为学习者提供快速选项，以便从选项下拉列表中选择正确的选项。用户选择的选项以变量的形式存储，在组件中设定的变量必须在项目中重新定义。 　　双击为下拉列表打开设置界面设置选项内容，每个选项之间用英文逗号分隔，在组件中设定的变量必须在项目中重新定义
刽子手（Hangman） 	一款基于游戏的学习组件，适合在英文环境下使用
沙漏（Hourglass） 	功能有点类似于定时器，只不过显示时间的方式以沙漏的方式进行。 　　可以设定在一定时间后跳到某个幻灯片和显示提示信息。定时器设定的变量在没有达到规定时间之前值为0，到达定时时间点后值为1。在组件中设定的变量必须在项目中重新定义
危险境地（Jeopardy） 	游戏互动的测验形式，使学习者能够根据用户提供的问题选择答案。jpdy_fscore 是一个默认变量，用于存储结果，可以修改它。每个问题都有一个时间限制设定和一个分数。答错和超时没有分数。 　　在组件中设定的变量必须在项目中重新定义

续表

组　件	说　明
拼图游戏（Jigsaw Puzzle） 	可以设定图片的分割数量和时间限制,可以将分数存储在变量中,以便在幻灯片中使用,在组件中设定的变量必须在项目中重新定义。允许添加多个图像
记忆游戏（Memory Game） 	这个记忆游戏的目标是找到一个图像或文本的匹配。默认情况下,图像或文本将被隐藏。单击每张卡时,将显示一个图像或文本。然后,需要通过随机单击其他卡片来为打开的图像或文本找到合适的匹配项。 memgame_var 是存储结果的默认变量名,可以修改默认变量名,在组件中设定的变量必须在项目中重新定义
百万富翁（Millionaire） 	游戏互动以想成为百万富翁为游戏主题。mlnr_fscore 是默认变量名,可以修改默认变量名,在组件中设定的变量必须在项目中重新定义。 游戏中可以设定题目的数量和选择答案的数量等
单选框（Radio Button） 	使能够在幻灯片中向学习者提供快速问题,以便他们选择正确的选项。可以选择垂直或水平放置。 答案可以存储在变量中,以便在课程中使用,在组件中设定的变量必须在项目中重新定义

续表

组　件	说　明
滚动文本（Scrolling Text） 	使能够以滚动文本区域的形式在幻灯片中添加内容。超出文本区域尺寸的文本将在滚动条的帮助下显示。可以设置滚动文本的内容为只读。 　　文本内容可存储在设定的变量中,在组件中设定的变量必须在项目中重新定义
列表框（List Box） 	同下拉列表功能有些类似,直接列表显示,为学习者提供快速选项,以便选择正确的选项。用户选择的选项以变量的形式存储,在组件中设定的变量必须在项目中重新定义。 　　双击打开设置界面设置列表内容,每个选项之间用英文逗号分隔,在组件中设定的变量必须在项目中重新定义

8.4　问题小组件

视频讲解

　　Adobe Captivate 软件本身并没有集成问题小组件,但在 Adobe Captivate 安装目录的"Gallery\Widgets"目录中有一个名称为 MCQ_AS3. swf 的 SWF 类型的问题小组件,插入幻灯片后如图 8.12 所示。

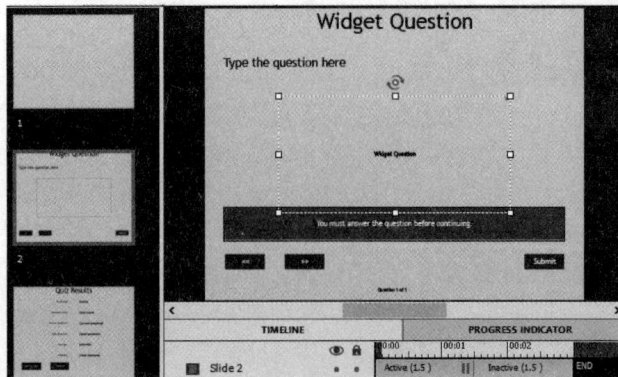

图　8.12

　　在第一次插入时还包括一张 Quiz Results 幻灯片,第二次插入时就只有一张 Widget Question 幻灯片了,下面演示这个组件的使用。

　　(1) 新建一个项目,单击主菜单 Insert(插入)下的 Widgets(小组件),在弹出的文件选择对话框中导航到 Adobe Captivate 安装目录的"Gallery\Widgets"目录,选择 MCQ_AS3. swf 文件,单击"打开"按钮。

（2）把项目保存为"8.4 问题小组件. cptx",接着重复第（1）步,再插入两次 MCQ_AS3. swf 文件,这样包括 Quiz Results 幻灯片在内,共有 4 张问题幻灯片。

（3）双击第一张问题幻灯片的 Type the question here,改写为"5 加 3 等于多少?",双击幻灯片中央的 Widget Question,出现 Widget Properties 设置界面,单击 Add 按钮两次再增加两个答案,在 4 个答案中分别填入 5、8、4、6,选中"8"复选框,将之设置为正确答案,在右半部选择 Single Response(单选),Multiple Response 是多选的意思,最后单击 OK 按钮,如图 8.13 所示界面。

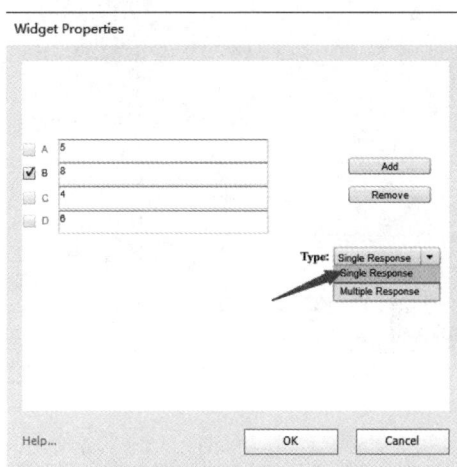

图 8.13

（4）双击"You must answer the question before continuing.",将之改为"你必须在继续前回答问题。";拖走"You must answer the question before continuing.",再把其下面的"Correct‐Click anywhere or press 'y' to continue."和"Incorrect‐Click anywhere or press 'y' to continue."改为"正确,单击任意位置或按下'Y'继续"或者"不正确,单击任意位置或按下'Y'继续",最后把这 3 个对象还拖放到原位置。单击 Submit 按钮,在右侧属性面板的 Style(样式) 项下的 Caption(标题)中改为"提交",如图 8.14 所示。

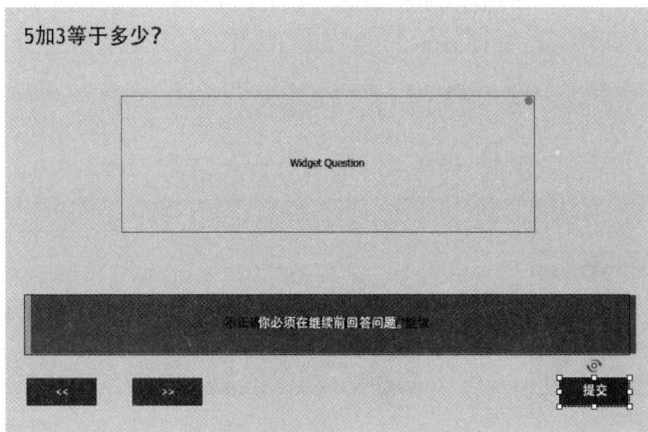

图 8.14

(5) 用同样方法编辑第二、三张问题幻灯片，把“8 加 6 等于多少？”“9 加 5 等于多少？”做上去。快捷的方式是在第一张幻灯片上右击，在弹出的快捷菜单中选择 Duplicate(副本)复制两张幻灯片，然后修改其中内容。

(6) 把最后一张 Quiz Results 幻灯片的文字改为如图 8.15 所示内容，注意，按钮标签的修改方法与第(4)步中 Submit(提交)按钮的操作方法类似，文本框可通过双击进行修改。

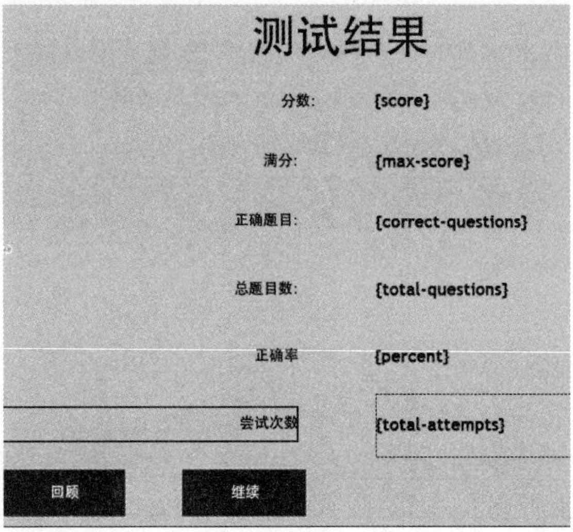

测试结果
分数:
{score}
满分:
{max-score}
正确题目:
{correct-questions}
总题目数:
{total-questions}
正确率
{percent}
尝试次数
{total-attempts}
回顾
继续

图 8.15

运行项目浏览效果。

注意：SWF 组件不支持 HTML5，即不可在发布的 HTML5 网页中使用。

视频讲解

8.5 本章范例制作

本章范例使用静态小组件 Process Circle(转轮)来制作课件说明等文字类内容，使用动态小组件 Millionaire(百万富翁)来制作课件学习内容，最后一张幻灯片是制作奖状的，使用了一个变量来保存分数，以此了解小组件中的学习结果数据如何导入到项目中使用。

(1) 新建一个 800×600 的空白项目，删除标有 Double click to add title 新建时带的智能形状对象，单击工具栏 Interaction(交互)图标下的 Learning Interactions(学习交互)按钮，在弹出的面板中选择 Process Circle(转轮)小组件后单击 Insert(插入) 按钮，如图 8.7 所示。

(2) 在左边的 Themes(主题)栏选择 Theme 12(主题 12)，如图 8.16 所示。

(3) 分别双击 Title(标题)和 Description(描述)，把内容改为如图 8.17 所示内容。

Interaction Title
Theme 12

图 8.16

Title
Description
做20以内加法，当亿万富翁
学习游戏

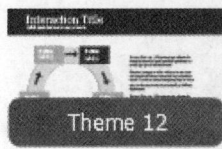

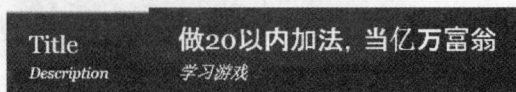

图 8.17

（4）分别双击 Label1（标签 1）、Label2（标签 2）、Label3（标签 3）和 Label4（标签 4）改为如图 8.18 所示内容。图 8.19 中的 ⊖ 符号是删除按钮，⊕ 号是添加按钮，最多可添加到 6 个按钮。

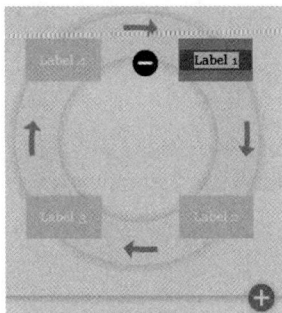

图　8.18　　　　　　　　　　　图　8.19

（5）选择"规则 1"，双击左边内容，打入文字"做对一道题得一千万人民币"，如图 8.20 所示。

（6）双击 🔊 图标，在弹出的"Select Image/audio form Library（从库中选择图像/音频）"面板中单击 Import（导入）按钮，如图 8.21 所示。

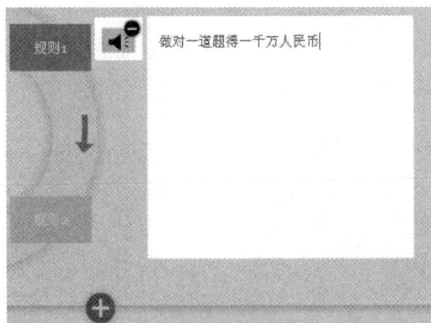

图　8.20　　　　　　　　　　　图　8.21

（7）在弹出的文件选择对话框中导航到 Adobe Captivate 安装目录下的 GallerySound 目录，选择 Whoosh2.mp3 文件后单击"打开"按钮，如图 8.22 所示。

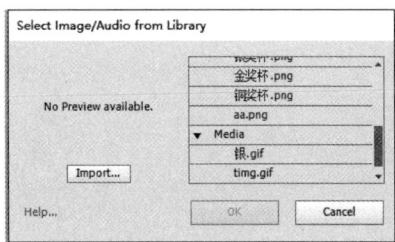

图　8.22

(8) 依照上述方法,依次为第 2 至第 4 个按钮添加内容"中途做错题目,游戏就终止""时间限制是每道题 20s,超过时间游戏结束"和"满分最后颁发亿万富翁奖",每个按钮都添加 Whoosh2. mp3 声音文件,不过再次添加该声音文件时直接从库中选择即可,因为在上面已经导入到库中了。最后再添加一个智能形状按钮,按钮标签设为"下一步",在其属性面板中的 Actions(动作)选项卡中设置 Go to Next Slide (导航到下一张幻灯片),这样第 1 张幻灯片就做好了。

(9) 下面做第 2 张幻灯片。插入一张空白幻灯片,并插入 Millionaire(百万富翁)小组件(插入方法如插入 Process Circle(转轮)小组件)。分别选择界面上的 3 个文本框 Type hint text here、Type failure text here 和 Type success text here,进行删除,如图 8.23 所示。

图　8.23

(10) 双击组件,进入编辑界面。把图 8.24 所示的 8 个地方改为图 8.25 所示的设置,然后单击 OK 按钮。

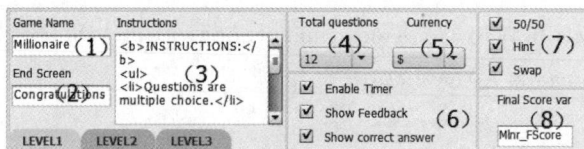

图　8.24

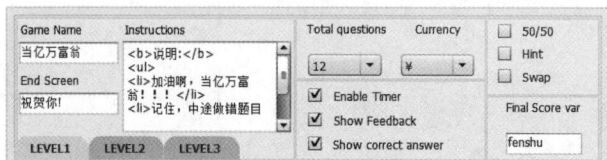

图　8.25

Game Name(游戏题目):改为"当亿万富翁"。

End Screen(终页):改为"祝贺你"。

Instruction(提示):改为

```
<b>说明:</b>
<ul>
<li>加油啊,当亿万富翁!!!</li>
<li>记住,中途做错题目就游戏结束了啊。</li>
<li>选择答案后请单击 Lock Answer 提交。</li>
</ul>
```

Total Questions(题目总数):设置为"12"。

Currency(货币):设置为人民币符号"¥"。

选中全部复选框[Enable Timer(允许显示计时)、Show Feedback(显示正确与否的反馈)、Show Current Answer(显示当前答案)]。

取消选中全部复选框。

Final Score Var(保存最后得分的变量)：改为 fenshu。

（11）下面在项目中定义一下 fenshu 变量。单击主菜单 Project（项目）下面的 Variables（变量）命令，如图 8.26 所示。

（12）在弹出的 Variables（变量）对话框中单击 Add New（新建）按钮，在 Name（名字）后输入 fenshu，在 Value（值）后输入 0，然后单击 Save（保存）按钮。这样就定义了在小组件中同一变量名称的变量，小组件的最后打分就会保存到该变量中了，如图 8.27 所示。单击 Close（关闭）按钮关闭对话框。

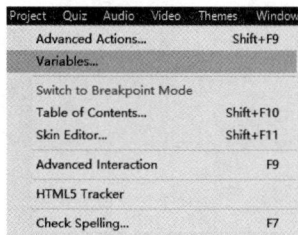

图 8.26

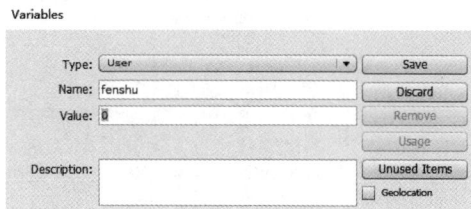

图 8.27

（13）把表 8.3 中的内容输入小组件中，一共 12 题。

表 8.3 案例输入内容

LEVEL1	LEVEL2	LEVEL3
15＋3＝	14＋4＝	12＋7＝
5＋11＝	6＋9＝	7＋5＝
13＋5＝	18＋2＝	2＋14＝
8＋8＝	4＋15＝	12＋8＝

如图 8.28 所示，LEVEL1、LEVEL2 和 LEVEL3 分别有 4 道题可输入，当前状态时 LEVEL1 的第 1 道题设置界面，标号 1、2、3 和 4 的长条按钮分别是 4 道题的按钮，要设置那道题就单击那个按钮即可。

在 Question（问题）后输入第 1 道题题目"15＋3＝"，下面可选答案中必须有一个正确答案并选择正确答案前的单选框，如该题第 3 个选项 18 是正确答案。

在 Score（分数）中输入阿拉伯数字的一千万（10000000），在 Time Limit（时间限制）中输入 20，在 Correct Answer Feedback（正确答案反馈）输入"你已经赚了一千万"。

（14）按照步骤（13）的方法，依次根据表 8.3 输入内容；每题分数设置是前一道题分数加上本题分数，所以第 2 题分数为"2000000"，第 3 题是"30000000"，以此类推；每题时间都是 20s，正确答案提示可用鼓励性语言，比如第 2 题可写"你已赚了二千万"，以此类推。

（15）可以改变一下界面的颜色，用橘黄色显得欢快一些。单击右下角的 ≫ 按钮，进入皮肤设置界面，如图 8.29 所示，单击 按钮就可以加入编辑界面了。上排按钮分别是 Start Screen（开始界面）、Game Screen（游戏界面）、Other Panels（其他界面）和 End Screen（结束界面），可分别单击进行设置。

（16）至此，小组件内容就做好了，下面做发奖界面。发奖界面如图 8.3 所示，首先插入

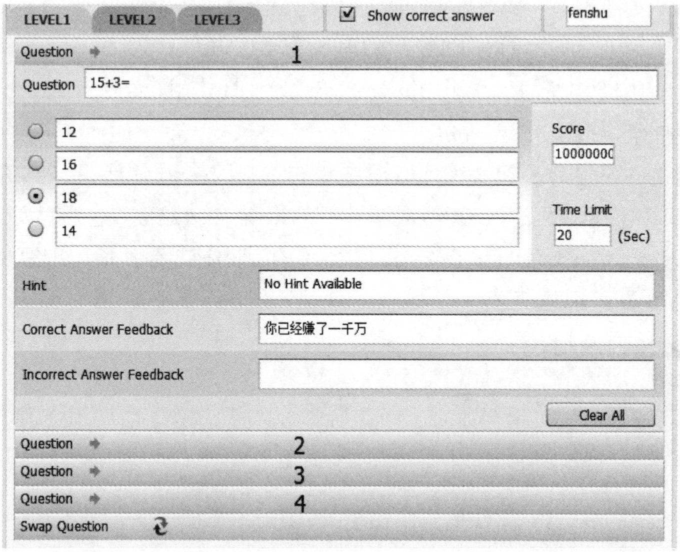

图 8.28

图 8.29

一个空白幻灯片为第 3 张幻灯片,在 Library(库)中的 Images(图像)上右击,在弹出的快捷菜单中单击 Import(导入),把"Lesson08\资料"文件夹如图 8.30 所示的 3 个文件导入库中。

图 8.30

（17）依次把"奖状.bmp""金奖杯.png"和"欢迎.gif"放到第3张幻灯片上，参照图8.30摆放好位置。然后为"金奖杯.png"添加FadedZoomIn特效，方法为在TIMING（定时）面板的Entrance（进入）分类中选中FadedZoomIn，如图8.31所示。

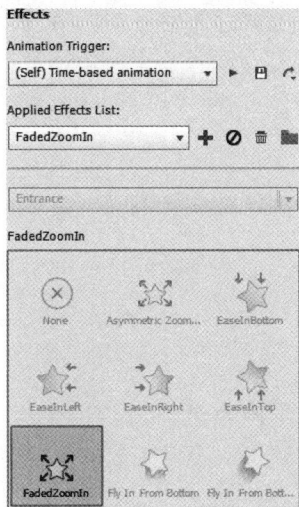

图 8.31

（18）在第3张幻灯片上分别插入5个Text Caption（文本字幕），内容如图8.32所示，第2个文本字幕中的"＄＄fenshu＄＄"代表把fenshu保存的成绩显示出来。

提示：要显示变量的值可用＄＄符号，即在Text Caption（文本字幕）中用＄＄符号把变量括起来，如＄＄fenshu＄＄。

（19）最后设置第2张幻灯片的游戏组件运行完成后的走向。一般游戏结束后要跳到第3张幻灯片领奖，但该小组件在运行结束后就停止了，解决的方法是：首先选择第2张幻灯片的小组件，在其属性面板的Actions（动作）选项卡的On Success（成功）中设置Go to Next Slide（到下一张幻灯片），如图8.33所示。设置完成后运行项目，查看效果。

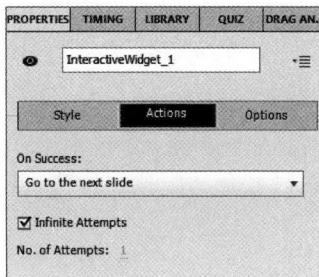

图 8.32   图 8.33

作业

一、模拟练习

打开"Lesson08\模拟练习"中的"08模拟complete.cptx"文件，并进行预览，根据本章知识内容,做一个类似的项目。课件资料已完整提供,获取方式见前言。

> **注意:**
> 1. 请打开"08 模拟 Start.cptx"文件,在该文件基础上添加相应组件完成作品。
> 2. 项目中涉及的变量和代码在"08 模拟 Start.cptx"文件中已做好,直接使用即可,该内容后面章节将讲解。但要把 Jeopardy 组件的变量 jpdy_fscore 改为 fenshu,具体原理在后续章节介绍。

二、自主创意

根据本章所学知识,自主创意制作一个项目,熟练掌握 Adobe Captivate 小组件的应用。

三、理论题

1. 什么叫静态小组件和交互小组件?

2. 如何在项目中插入小组件?

3. 如何在项目中使用交互小组件的变量?

第9章

创建视频演示和软件模拟项目

本章学习内容

(1) 交互式视频；

(2) 视频演示课件；

(3) 软件模拟课件；

(4) 录制的首选项设置；

(5) 录制区域和录制模式选择。

完成本章的学习需要大约 3 小时，相关资源获取方式见前言。

知识点

交互式视频　　　　软件模拟　　　　视频演示　　　　PIP 视频

录制区域的选择　　录制软件窗口　　录制模式的选择

本章案例介绍

范例

本章范例是一个 Photoshop 课件，内容是关于青春痘的修复，包括视频演示、模拟仿真训练和学习效果评估等，如图 9.1 所示，课件尺寸适合于手机运行，同样适合其他设备运行。双击运行"Lesson09/去除脸部青春痘.exe"文件，预览范例，如图 9.1 所示。

模拟案例

本章模拟案例同样是一个 Photoshop 课件，传授如何利用 Photoshop 对照片的亮度进行处理，主要设计了模拟训练和学习效果自我评估，如图 9.2 所示。双击运行"Lesson09/为照片增加亮度.exe"文件，预览范例，如图 9.1 所示。

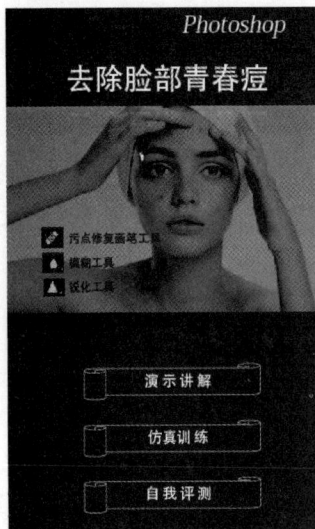

图 9.1

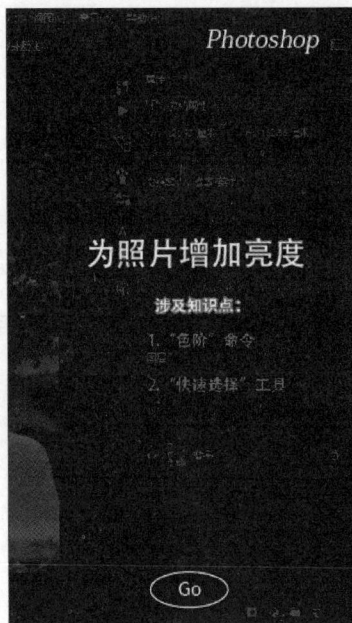

图 9.2

视频讲解

9.1 创建交互式视频

该功能为在 Adobe Captivate 2019 中新增。项目只可以发布为网页形式。

交互式视频是支持用户交互的视频。这些视频像常规视频文件一样播放,但与常规视频的线性播放不同的是可以非线性播放,使观众能够通过交互元素与视频交互,增强了观众的认知推理能力,可以使用户快速掌握复杂的知识内容,是教育、教学、企业培训等的重要工具。

交互视频可以使用. FLV、. FV4、. MP4、. AVI、. MOV、3GP 等类型的文件,Adobe Captivate 2019 录制的. CPVC 类型文件也可以直接应用交互视频。交互视频的实现主要通过插入 Bookmark(书签)和 Overlay(悬停)实现。

1. 添加交互视频

在 Adobe Captivate 2019 中新建一个空白项目或响应式项目,单击工具栏 📷 Interaction Video(交互视频)图标,在弹出的对话框中选中 From your Computer(从计算机中),单击 Browse(浏览)按钮,导航到并选择"Lesson09\范例文件\素材\交互视频. mp4",然后单击 OK 按钮,如图 9.3 和图 9.4 所示。

图 9.3

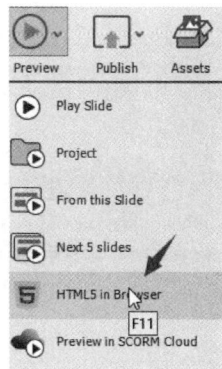

图 9.4

2. 添加书签

添加交互式视频(或者录制的 CPVC 文件)后,在时间轴上就有了两个图层 Bookmark
(书签)和 Overlay(悬停),对应的红色播放头下有 ⊞ 和 ◈ 两个图标,分别单击可添加书签
和悬停幻灯片,如图 9.5 所示。

3. 预览交互式视频案例

使用 Adobe Captivate 2019 打开"Lesson09\范例文件\9.1 创建交互式视频.cptx"文
件,在工具栏 Preview(预览)下拉列表框中单击 HTML5 in Browser(在 HTML5 浏览器中)
命令,如图 9.6 所示。

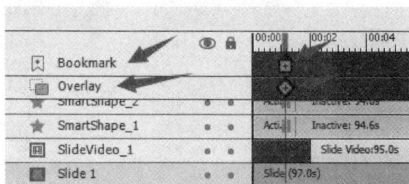

图 9.5

图 9.6

在浏览器中单击左侧的导航按钮,可以导航到视频中指定的位置进行播放。在 Adobe Captivate 的幻灯片带中的第 2、3、4、5 张幻灯片显示尺寸变小,其下方有一个 ▦ 图标,说明此幻灯片为悬停幻灯片,在项目播放过程中其是穿插在视频中指定的位置播放出来的,而不是在第 1 张幻灯片后顺序播放的,如图 9.7 所示。

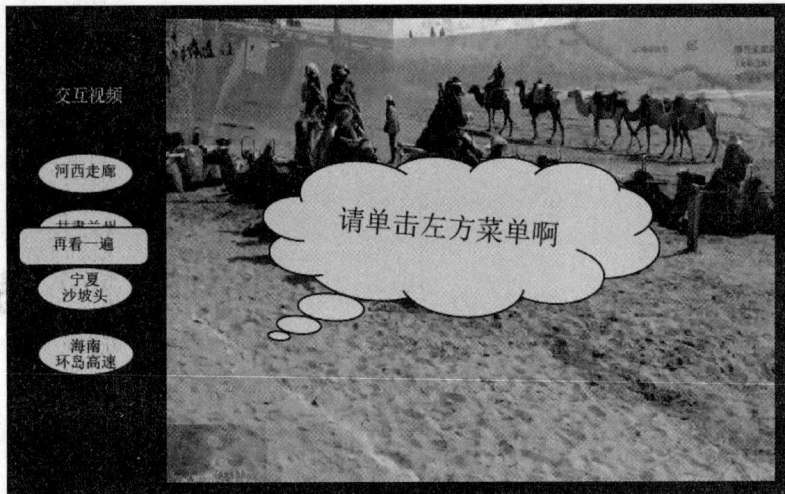

图 9.7

使用 Adobe Captivate 2019 打开"Lesson09\范例文件\9.1 创建交互式视频(高级动作).cptx"文件进行预览,发现该项目增加了看视频并进行测验的功能,其实现方式应用了高级动作,如图 9.8 所示。

关闭"9.2 创建交互式视频(高级动作).cptx"项目。

4. 为本节案例添加书签

打开"Lesson09\范例文件\9.1 创建交互式视频(开始).cptx"文件,将文件另存为"9.1 创建交互式视频(开始)demo.cptx",该文件提供了设计所需的所有元素并进行了布局,需要做的仅仅是添加 Bookmark(书签)和设置 Overlay(悬停)幻灯片。

把时间轴上的播放头定位在 0.1s 处,单击 ➕ 图标,创建书签,命名为 Bookmark1,如图 9.9 所示。

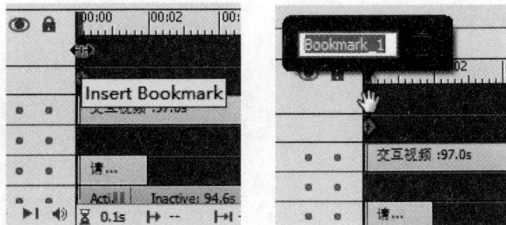

图 9.8   图 9.9

分别在 2 秒、25 秒、43 秒和 1 分 12 秒处创建书签，分别命名为 Bookmark2、Bookmark3、Bookmark4 和 Bookmark5。可以拖动创建的书签移动位置；如果要删除书签，可单击鼠标指针放在书签上时弹出的面板上的 ▦ 按钮。

5．为本节案例添加悬停幻灯片

在时间轴上把播放头定位在 19s 处，时间轴面板左下角有显示，单击 ⊕ 图标按钮，如图 9.10 所示。

图　9.10

在弹出的对话框中，选择标号为 2 的幻灯片，单击 Insert（插入）按钮，便会在此处插入一个悬停幻灯片，如图 9.11 所示。

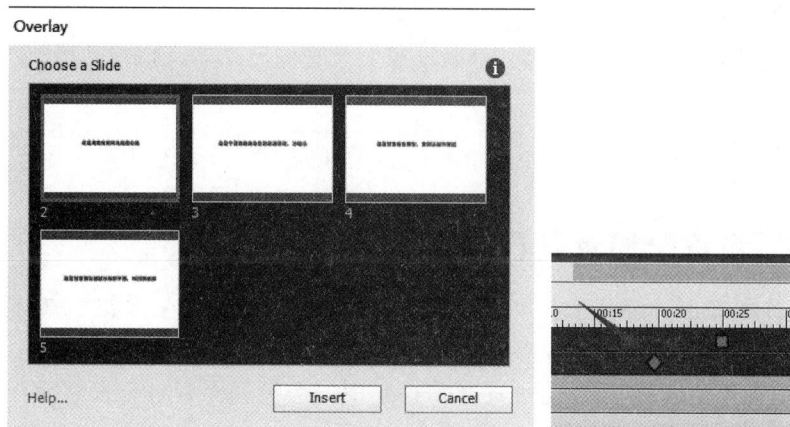

图　9.11

用同样方法在 37 秒、1 分零 4 秒、1 分 33 秒处分别插入悬停幻灯片，分别选择第 3、4、5 张幻灯片，最后结果如图 9.12 所示。

图　9.12

编辑完成后,在浏览器中预览编辑效果。

✍ **提示**：本书还提供了在本节交互视频中使用变量和高级动作统计分数的案例,感兴趣的读者请打开"Lesson09\范例文件\ 9.2 创建交互式视频(高级动作). cptx"文件进行浏览和学习。

案例在首页的按钮上加了书签导航,命令为 Jump To Bookmark。在悬停幻灯片上添加了"对"和"错"选择按钮,执行相应的高级动作,最后统计出做题分数。

9.2　设置录屏首选项

视频讲解

在录制或创建项目时,Adobe Captivate 使用一组默认的首选项设置。用户可以使用"首选项"对话框自定义首选项设置。

9.2.1　镜头平移方式

当希望录制窗口跟随鼠标指针在屏幕上的移动时,可以使用 Panning(平移)。即使录制窗口小于屏幕大小,平移也可以在大屏幕上捕获需要的画面区域。Adobe Captivate 提供以下平移选项。

Automatic Panning(自动平移)：录制过程中只要移动鼠标,录制窗口就会自动随指针移动。

Manual Panning(手动平移)：必须手动将录制窗口移动到下一个要录制的区域。其他方面都类似于自动平移的操作。

9.2.2　设置全局录制首选项

在主菜单的 Edit(编辑)下单击 Preferences(首选项),在弹出的对话框中选择 Recording(录制)下的 Settings(设置),如图 9.13 所示。

在右侧的设置项区域,可以通过选择和打开下一级设置面板进行设置操作,如图 9.14 所示。下面对各设置项进行介绍。

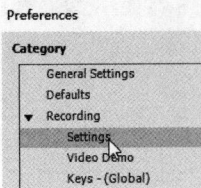

图　9.13

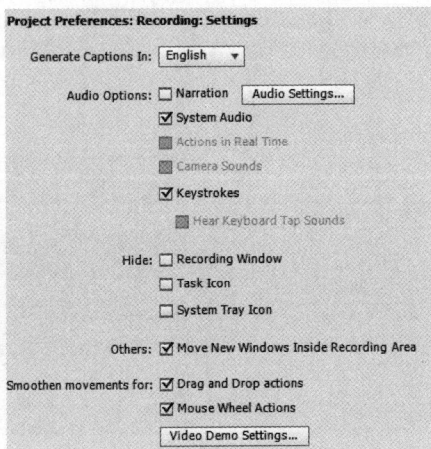

图　9.14

Generate Captions In（生成字幕语言）：通过此选项可以选择录制过程中自动生成的字幕所使用的语言，如图9.15所示。

Narration（解说）：选中该选项后在录制屏幕时录制解说音频。在该状态下不能使用相机快门声音和键盘敲击声音。

System Audio（系统音频）：选中该选项后在录制时同时录制计算机系统的声音，如计算机播放的音乐、视频等声音。

Actions in Real Time（实时动作）：选中该选项后使用要录制的程序实际运行速度进行录制，项目的时间轴将反映出实际的时间。

Camera Sounds（相机声音）：选中该选项后在录制过程中捕获屏幕快照将会伴随相机快门的声音。

Keystrokes（键盘行为）：选中该选项后记录键盘操作，如在屏幕上显示一个个输入的文本。Adobe Captivate记录键盘输入，但不为输入的每个字符创建幻灯片。

Hear Keyboard Tap Sounds（听到键盘敲击的声音）：确定在录制过程中是否可以听到键盘按下的声音。

Recording Window（录制窗口）：选中该选项后录制期间不显示录制窗口的红色边框。

Task Icon（任务图标）：选中该选项后在录制过程中隐藏任务图标。

System Tray Icon（系统托盘图标）：选中该选项后在录制过程中隐藏系统托盘图标。此图标是显示在计算机屏幕右下角的系统托盘中的小Adobe Captivate图标。如果不想在录制项目时录制此图标，则选中此选项。

Move New Window Inside Recording Area（将新窗口移动到录制区域内）：在录制过程中，Adobe Captivate会自动将出现的新窗口移动到录制窗口中。在录制时如果应用程序时会打开许多对话框，则选中此选项。

Drag and Drop Actions（拖放操作）：选中该选项后当录制拖放操作时，Adobe Captivate会自动切换到视频模式。

Mouse Wheel Actions（鼠标滚轮动作）：选中该选项后当录制鼠标移动时，Adobe Captivate会自动切换到视频模式。

提示：如果在发布时想去掉键盘敲击声，可在首选项的发布设置（Publish Settings）中取消选中Play tap audio for recorded typing（播放录制的键盘敲击声），如图9.16所示。

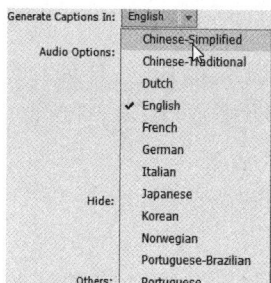

图 9.15

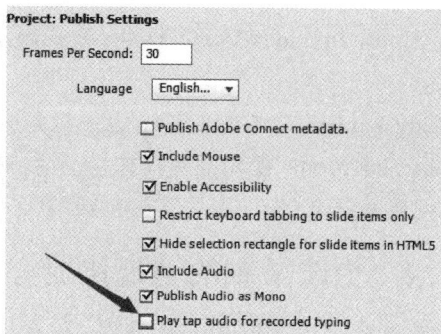

图 9.16

当录制软件模拟时音量可能低于预期,可能需要转到每个幻灯片来调整音量。要调整项目中所有幻灯片的音量,请单击 Audio(音频)→Record to(录制到)→Slides(幻灯片)→Edit(编辑)→Adjust Volume(调整音量),选择 Normalize(select best volume)[正常化(选择最佳音量)]单选按钮,所有幻灯片都将具有统一的音量,如图 9.17 所示。

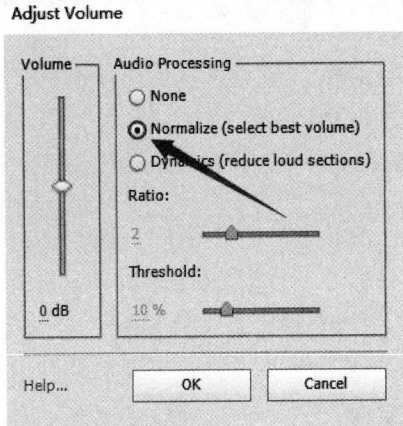

图　9.17

9.2.3　设置视频录制首选项

在主菜单的 Edit(编辑)下单击 Preferences(首选项),在弹出的对话框中选择 Recording(录制)下的 Video Demo(视频演示),如图 9.18 所示。

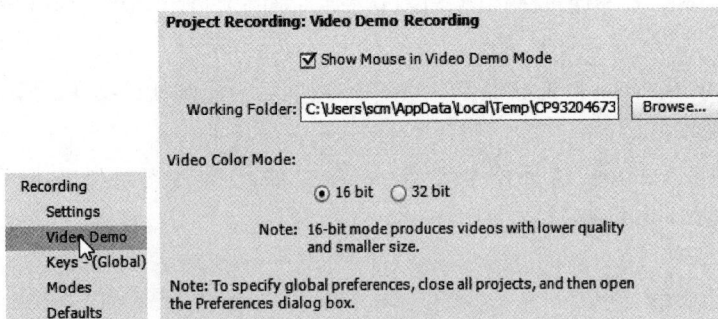

图　9.18

Show Mouse in Video Demo Mode(在视频演示模式下显示鼠标):播放视频时显示鼠标指针的移动。

Working Folder(工作文件夹):录制视频时生成的临时视频文件在计算机上的位置。

Video Color Mode(视频颜色模式):录制视频使用的采样率,可以是 16 位或 32 位,位数越大视频质量越高,文件占用存储空间越大。

9.2.4　更改录制的键盘快捷方式

在主菜单的 Edit(编辑)下单击 Preferences(首选项),在弹出的对话框中选择 Recording(录制)下的 Keys-(Global)(键盘),如图 9.19 所示。

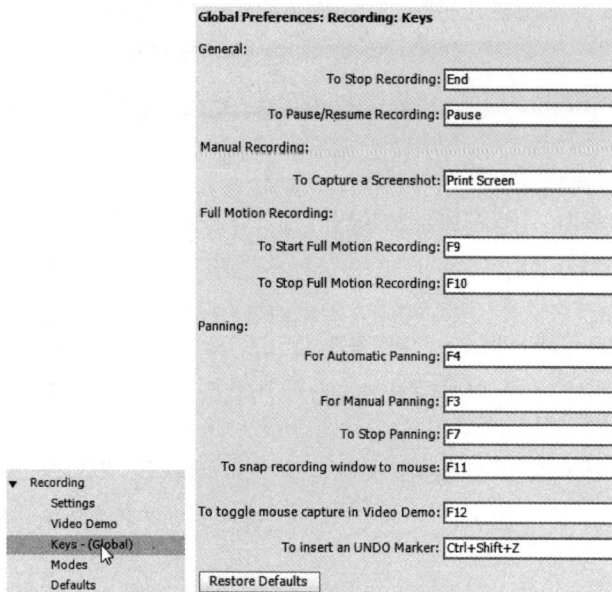

图 9.19

可以使用"首选项"对话框设置自己的录制快捷键。例如,End 键用于停止录制,可以用
Esc 等键来替换默认快捷键。

9.2.5 设置不同录制模式的首选项

在主菜单的 Edit(编辑)下单击 Preferences(首选项),在弹出的对话框中选择
Recording(录制)下的 Modes(模式),如图 9.20 所示。

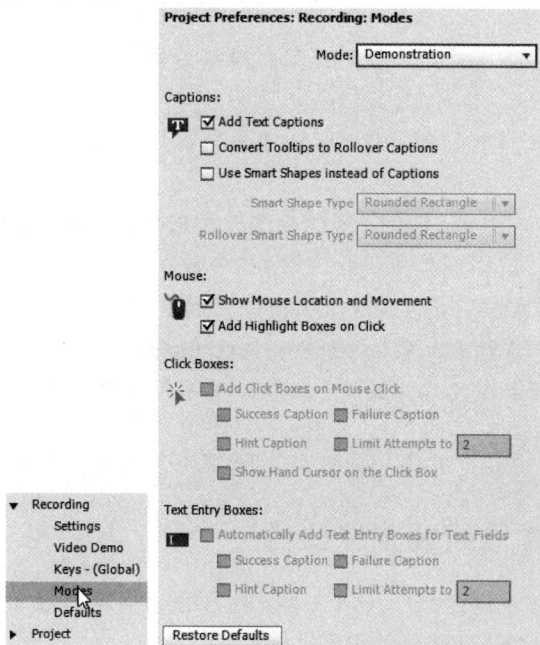

图 9.20

某些选项在特定的录制模式中被禁用,禁用选项的原因是基于在该模式下录制的功能需要,如果有特殊要求,仍然可以启用一些选项。例如,人们通常不会在评估项目中添加文本标题,因此,文本标题选项在该模式下没有启用。

一共有 4 种录制模式,如图 9.21 所示。

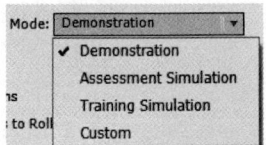

图　9.21

Demonstration(演示):当希望录制某些内容,而不希望用户交互时此模式非常理想。默认情况下,演示模式包括 Text captions(文本标题)、Highlight boxes(高亮框)、Simulated mouse cursor(鼠标轨迹)。

Assessment Simulation(评估):当想要创建交互式学习项目时,此模式非常理想。主要包括 Click boxes(单击框)、Text entry boxes(文本输入框)、Success and failure captions(成功与失败字幕)。

Training Simulation(模拟训练):模拟训练类似于评估,默认情况下,此模式下提供 Click boxes(单击框)、Text entry boxes(文本输入框)、Success and failure captions(成功与失败字幕)。

Custom(自定义):自定义录制可以设置为演示、评估和模拟训练模式的组合。

下面解释设置的内容。

Add Text Captions(添加文本字幕):自动录制期间根据用户操作自动创建字幕,文本字幕使用应用程序中的标签来描述步骤。

Convert Tool Tips To Rollover Captions(将工具提示转换为滚动字幕):自动将要捕获的屏幕上的任何工具提示转换为滚动字幕。工具提示是当鼠标指针悬停在按钮上时出现的小型浮动文本窗口。默认情况下,任何录制模式都不会选择此选项。

Use Smart Shapes Instead Of Captions(使用智能形状而不是字幕):为字幕插入指定的智能形状。

Show Mouse Location And Movement(显示鼠标位置和移动):显示自动录制期间的鼠标指针移动。

Add Highlight Boxes On Click(单击时添加高亮框):在单击鼠标的区域周围自动添加高亮框。

Add Click Boxes On Mouse Click(鼠标单击时添加单击框):当单击正在自动录制的屏幕时,自动创建单击框;启用或禁用提示、成功和失败字幕;设置在项目移动到下一张幻灯片之前用户可以单击的次数;当用户将鼠标指针移到鼠标区域上时启用光标显示。

Automatically Add Text Entry Boxes For Text Fields(自动为文本字段添加文本输入框):每当单击要自动录制的文本框时,自动创建文本输入框;启用或禁用提示、成功和失败字幕;设置在项目移到下一张幻灯片之前,用户可以在同一文本输入框中输入文本的次数。

9.2.6　更改对象的录制默认值

Adobe Captivate 在录制过程中插入文本标题和突出显示框等对象时使用默认样式集。可以使用首选项对话框更改这些默认设置。

在主菜单的 Edit(编辑)下单击 Preferences(首选项),在"首选项"对话框中,从

Recording(录制)菜单中选择 Defaults(默认值)。根据需要更改对象的样式。要创建新的对象样式,请单击 Create New Style(创建新样式)按钮,然后在"对象样式管理器"中创建新样式,如图 9.22 所示。

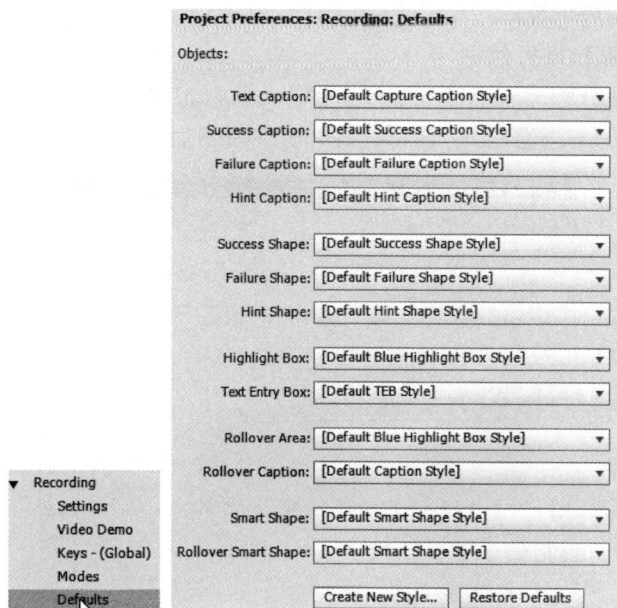

图 9.22

9.3 录制软件模拟课件

视频讲解

9.3.1 录屏对象的选择

1. 在应用程序窗口录制

选择 File(文件)→Record New Software Simulation(录制新建软件模拟),在弹出的面板中选中 Application(应用),然后在 Select the window to record(选择要录制的窗口)下拉列表框中选择要录制的应用程序窗口,如图 9.23 所示。

选择要录制的应用程序窗口后,出现如图 9.24 所示界面。

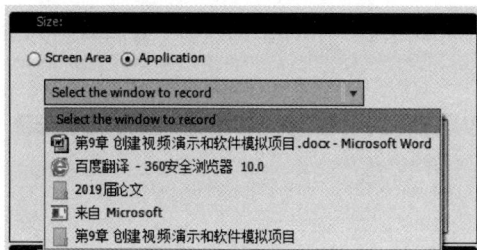

图 9.23

图 9.24

选中 Application Window 会录制整个应用程序窗口。

选中 Application Region,录制窗口会定位在应用程序的某一个或某几个框架中进行录制。移动鼠标要录制的框架区域也会随之改变。

选中 Custom Size,可以从标准尺寸列表中进行选择,也可以定义自定义尺寸。所选应用程序将自动调整大小以适应录制区域的边界。最佳实践是在开始录制项目之前,对项目的大小维度有一个清晰的概念。

2. 在屏幕的区域中进行录制

选择 File(文件)→Record New Software Simulation(录制新建软件模拟),在弹出的面板中,选中 Screen Area(屏幕区域),出现如图 9.25 所示面板。

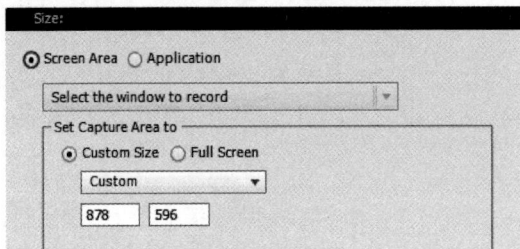

图　9.25

选中 Custom Size,用户可以自定义录制屏幕区域的大小。

选中 Full Screen,录制整个屏幕区域。

9.3.2　录制模式选择

采用不同录制模式的区别主要在于在录制文件上添加的内容不同,在图 9.21 的首选项设置界面中可以改变各种模式添加的内容。下面通过一个示范加以说明。

(1) 用 Word 软件打开"Lesson09\范例文件\素材\Word 排版学习.doc"文件,如图 9.26所示。

(2) 在 Adobe Captivate 中,选择 File(文件)→Record New Software Simulation(录制新建软件模拟)。

(3) 在弹出的面板中选中 Application(应用),然后在 Select the window to record(选择要录制的窗口)下拉列表框中选择要录制的应用程序窗口"Word 排版学习.docx-Microsoft Word"。

(4) 在录制模式选项卡中,选中 Demo(演示)、Assessment(评估)、Training(训练)和Custom(用户自定义)4 种模式,并选中 Automatic(自动录制)后单击 Record(录制)按钮,如图 9.27 所示。

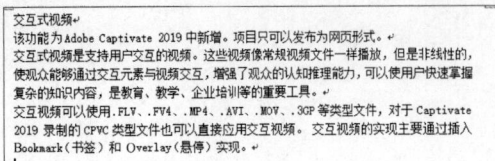

图　9.26

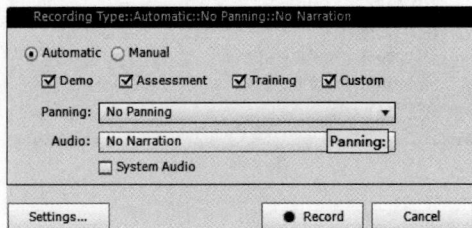

图　9.27

提示：录制几种模式就选几种，最少选一种。

（5）对 Word 文档的题目设置居中，字号为四号；正文的段落首行缩进两个字符，行间距为 1.5 倍，如图 9.28 所示。

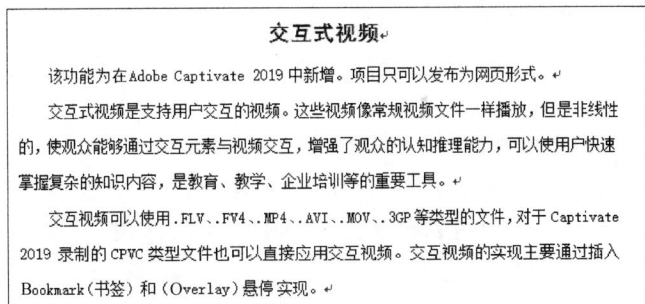

交互式视频

该功能为在 Adobe Captivate 2019 中新增。项目只可以发布为网页形式。

交互式视频是支持用户交互的视频。这些视频像常规视频文件一样播放，但是非线性的，使观众能够通过交互元素与视频交互，增强了观众的认知推理能力，可以使用户快速掌握复杂的知识内容，是教育、教学、企业培训等的重要工具。

交互视频可以使用 .FLV、.FV4、.MP4、.AVI、.MOV、.3GP 等类型的文件，对于 Captivate 2019 录制的 CPVC 类型文件也可以直接应用交互视频。交互视频的实现主要通过插入 Bookmark（书签）和（Overlay）悬停实现。

图 9.28

（6）按 End 键，结束录制，可以看到生成了 4 个文件，分别是演示文件 untitled_demo1.cptx、评估文件 untitled_assessment1.cptx、训练文件 untitled_training1.cptx 和自定义文件 untitled_custom1.cptx。

（7）比较 4 个文档的不同。

① 演示文件 untitled_demo1.cptx。

选择该文件的第 2 张幻灯片，在时间轴上发现有鼠标轨迹、高亮框和文本字幕，高亮框用来突出显示鼠标单击过的地方，文本字幕用来提示要单击的地方，总之一个目的，就是为了更好地演示软件的操作过程，如图 9.29 和图 9.30 所示。

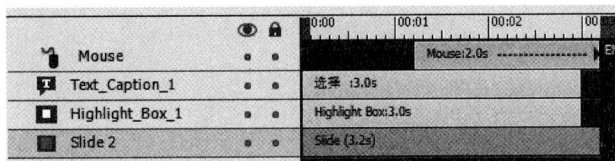

图 9.29

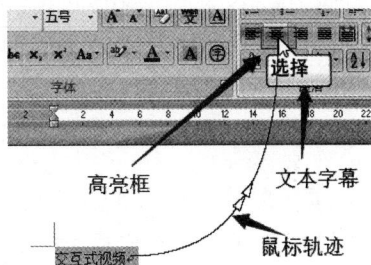

图 9.30

② 评估文件 untitled_assessment1.cptx。

同样，选择该文件的第 2 张幻灯片，在时间轴上发现有 Click_Box，在舞台上还添加了失败提示"不正确，请重试"，单击框的执行的动作是 Go to next slide（到下一张幻灯片），总之一个目的，就是为了检查一下用户是否掌握了软件的操作过程，如图 9.31 和图 9.32 所示。

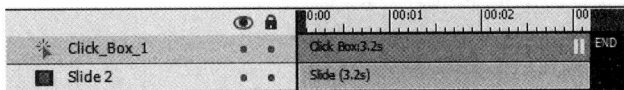

图 9.31

图 9.32

③ 训练文件 untitled_training1.cptx。

同样,选择该文件的第 2 张幻灯片,在时间轴上发现有 Click_Box,如图 9.33 所示。在舞台上还添加了失败提示"不正确,请重试"和操作提示"单击此处!",如图 9.34(a)所示。运行时当鼠标指针放到要单击的地方时就会弹出操作提示,如图 9.34(b)所示。总之一个目的,就是为了训练对软件的操作过程。

图 9.33

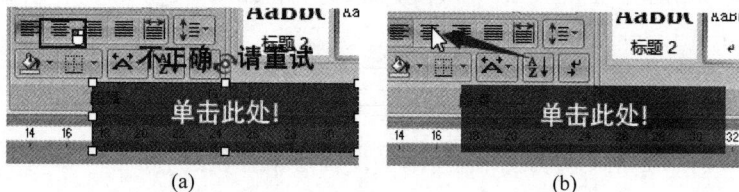

(a)   (b)

图 9.34

④ 自定义文件 untitled_custom1.cptx。

该文件就是根据录制过程中鼠标单击事件(鼠标单击一次生成一张幻灯片)和键盘输入事件(一段文字输入完成就生成一张幻灯片),生成的一张张幻灯片,至于在什么地方添加高亮框、单击框、文本字幕、成功和失败提示等,用户后期可以自己根据需要来添加。

✎ **提示**:演示、评估、训练和自定义 4 种录制模式中到底添加什么样的对象,比如,单击框、高亮框、文本字幕、输入框等可在首选项中进行设置。

文本提示使用的语言也可以在首选项中进行设置,具体设置方法可参考 6.2 节内容。

(8) 打开"Lesson09\范例文件\Word 编辑技巧.cptx"文件,浏览项目。这是对前面录制的内容进行编辑后的成品,如图 9.35 所示。

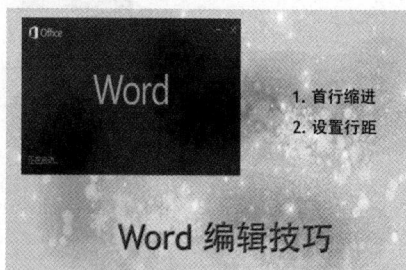

图 9.35

9.3.3 标记后期要修改的幻灯片

在录制软件模拟演示时,有时候可能单击了不该单击的地方,此操作可能会生成不需要的幻灯片。在录制完整个项目之后,查找这些不需要的屏幕截图可能是一项艰巨的任务,特别是在录制了许多幻灯片的情况下。

要在录制的项目中找到要删除或重新访问的幻灯片,可在录制时按 Ctrl＋Shift＋Z 组合键。例如,如果单击屏幕上的某个地方后意识到在录制过程中该操作是错误的,则按 Ctrl＋Shift＋Z 组合键。这样与操作对应的幻灯片会加上撤销标记,并在项目中隐藏,如图 9.36 所示。

录制完成后可快速地找到它们,或删除或去除标记继续使用。

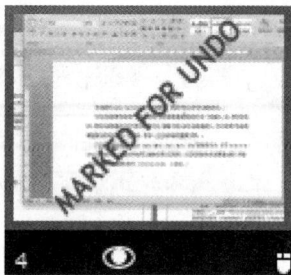

图　9.36

录制软件模拟注意事项

(1) 尽可能使用自动录制。

当在自动录制过程中需要手动添加幻灯片时,请按 Print Screen 键。如果正在录制包含许多弹出窗口、帧和特殊效果的网站,那么此方法是有效的。每次自动捕获屏幕截图时,Adobe Captivate 都会播放相机快门声音。要在听不到声音的地方生成屏幕截图,请按 Print Screen 键手动拍摄屏幕截图。例如,如果正在录制 Microsoft Internet Explorer,则只有当鼠标滚动时,屏幕内容才会不断更新。Adobe Captivate 不会自动捕获鼠标滚动时发生的更改,则按 Print Screen 键手动捕获更改。

(2) 录制时要慢一些,尤其是在 Internet Explorer 中录制网站时。

在录制过程中使用比平时慢的速度执行操作。在 Internet Explorer 中捕获网站上的操作时,速度更要慢一些,这一点尤为重要。如果是手动录制,则应确保在捕获屏幕截图之前加载每个网页。

(3) 等待相机快门声音。

在自动录制过程中,应等待快门声音,然后再执行其他操作。如果是手动录制,则每次按指定的键或组合键时,Adobe Captivate 都会捕获屏幕截图。默认的捕获键是 Print Screen。每次想抓取一张截图时,按 Print Screen 键,就会听到相机快门的声音。

9.4　录制视频演示课件

视频演示文件的扩展名是.CPVC,它与软件模拟课件文件(扩展名.CPTX)的主要区别是前者录制的是全过程视频,放在一张幻灯片上;后者是根据鼠标和键盘事件抓取的多张幻灯片。两种文件在编辑方法和用途上各有不同,视频演示文件更适合于过程记录,软件模拟课件文件更适合于用户交互。

9.4.1　设置录制选项

(1) 选择 File(文件)→Record a New(录制新)→Video Demo(视频演示),如图 9.37 所示。

(2) 此时,将弹出录制窗口(红色框)和录制面板,如果计算机安装有摄像头,就会在右侧出现摄像头拍摄的画面,如图 9.38 所示。

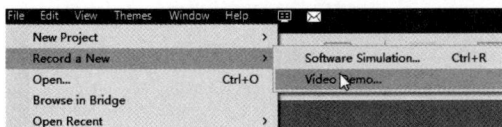

图　9.37

图 9.38
彩色图片

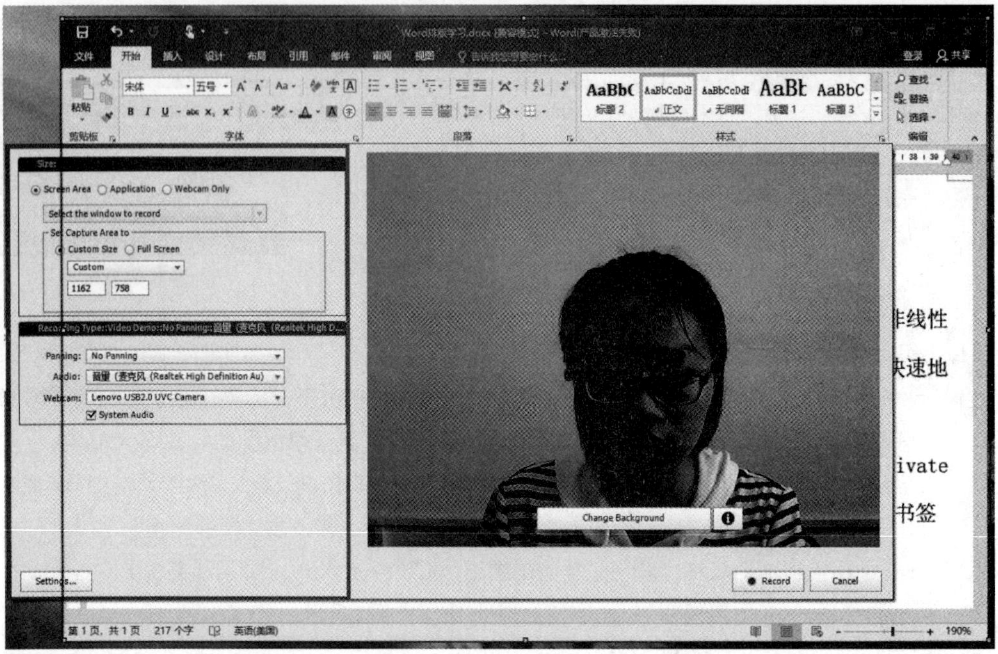

图 9.38

（3）下面对录制面板各选项进行介绍。

Screen Area 和 Application 两个选项在前面已有介绍，Webcam Only 代表只录制摄像头内的影像，不录制屏幕内容。

如图 9.39 所示，Panning（镜头移动）有 3 个选项：No Panning（固定镜头）、Automatic Panning（镜头跟随鼠标自动移动）和 Manual Panning（手动调节镜头）。

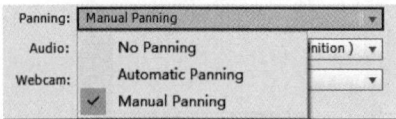

图 9.39

如图 9.40 所示，Audio（音频）主要选择是否录制外部音频，使用哪个麦克风。No Narration（没有旁白）代表不录制外部声音，第 2、3 个选项是麦克风选择（不同的计算机因为安装的麦克风情况不同而有所区别）。

如图 9.41 所示，Webcam（摄像头）设置主要选择是否使用摄像头，使用哪个摄像头。No Webcam（没有摄像头）代表不使用摄像头，第 2 个选项是摄像头选择（不同的计算机因为安装的摄像头情况不同而有所区别）。

图 9.40

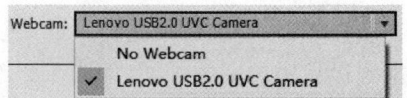

图 9.41

选中 System Audio 选项可以录制计算机自身发出的声音，如播放视频发出的声音等，否则录制过程中将不录制计算机发出的声音。

9.4.2 使用摄像头录制 PIP 画中画视频

摄像头录制的是屏幕外的内容,可以把摄像头画面放到录屏文件中形成画中画的效果。

录制环境布置说明:确保背景灯均匀亮起,且颜色为纯色;穿与背景形成鲜明对比的便服;移开反光物体;确保照明均匀;在你和身后的墙之间留一点空隙,如图 9.42 所示。

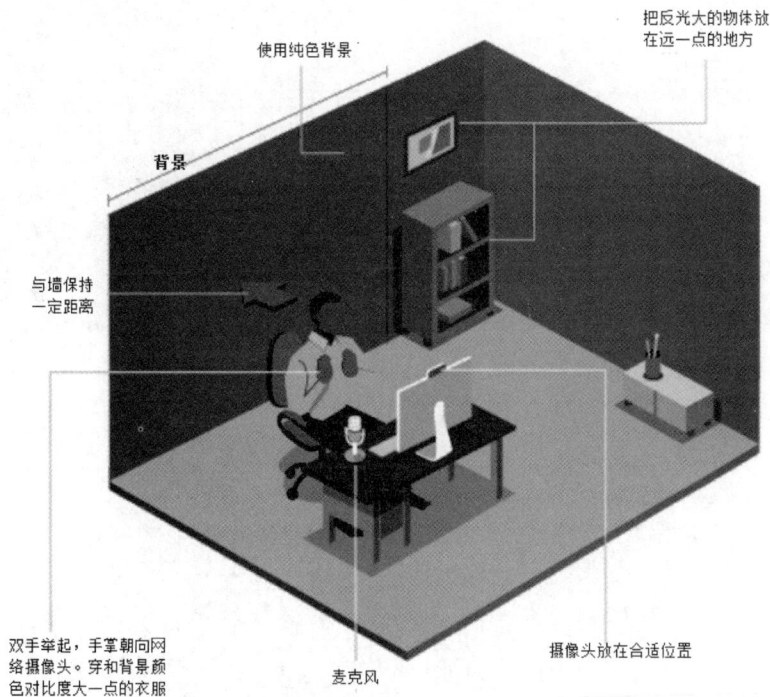

图 9.42

1. 设置

新建一个视频演示文件,在出现的设置面板中不要点选 Webcam Only,在 Webcam 下拉列表中选择一个摄像头,不要选择 No Webcam,No Webcam 代表不使用摄像头。

2. 替换摄像头影像背景

摄像头影像背景可在录制前和录制后进行更换。首先在摄像头界面出现如图 9.43 所示的画面时的单击 Change Background(改变背景)。

然后单击出现的 Take My Snapshot(拍下我的快照)按钮,随后单击出现的 Start Marking yourself by drawing a line from your face all the way down(从你脸上往下拉一条线开始给自己做记号)按钮。如图 9.44 所示,按住鼠标左键从头部上方往下拉一条跨越头部的线。

然后,用同样方法画一条跨越肩部的线,如图 9.45 所示。

图 9.43

　　若出现的白色虚线如果未包括全部人物轮廓,则在未包括处继续画线,如图 9.46(a)所示;如果白色虚线超出人物轮廓,则按住 Alt 键画出红色线段来缩减,如图 9.46(b)所示。

　　如果调整到了满意状态,请单击 I am fully selected(我已完全被选中)按钮,如图 9.47所示。

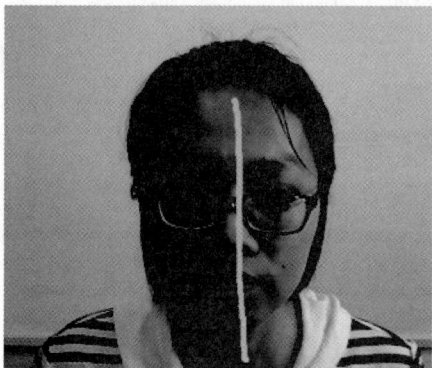

图　9.44

图　9.45

(a)

(b)

图　9.46

　　此时出现如图 9.48 所示画面,单击 My preview looks good(我前面设置看得很好)按钮后就可以通过单击鼠标不断地选择背景了,如果不满意可以单击 ◆ 按钮从头开始重新设置。

图　9.47

图　9.48

如果对选择的背景不满意,那么在录制完成后的编辑界面,在舞台上选择摄像头录制的视频,在属性面板单击 Change Background(改变背景)按钮即可,如图 9.49 所示。

图　9.49

3. 开始和结束录制

单击 Record 按钮开始录制,录制完成后按 End 键结束录制。

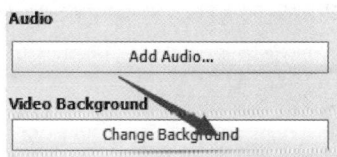

4. 时间轴

录制完成后,查看时间轴发现录屏内容和摄像头录制内容放在了时间轴上的两个图层中,如图 9.50 所示。

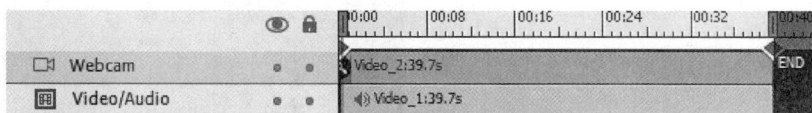

图　9.50

5. 缩放和调整 PIP

摄像头录制的画中画视频可以通过鼠标拖动放大缩小和放到屏幕中的任意位置,如图 9.51 所示。

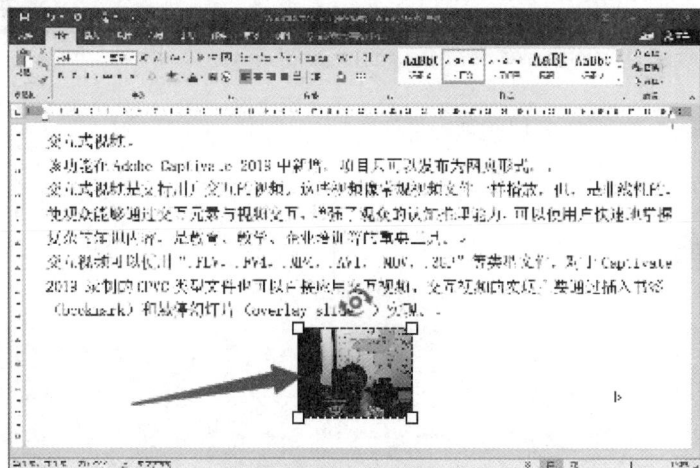

图　9.51

6. 使用遮罩

选择时间轴中的 Webcam 图层,单击下方的 Mask Video(视频遮罩),在时间轴上的播放头处会出现一段选择区,拖动两边的边界可以扩展或缩小选择区大小,如图 9.52 所示。

图　9.52

调整好选择区域大小后,单击下方的 Mask Video(视频遮罩),会出现如图 9.53 所示的遮罩,播放项目会发现在遮罩区间摄像头的画面消失了。

要取消遮罩区域,可在图层上单击设为遮罩的地方,遮罩就消失了。

7．编辑音频文件

可对录制的视频中的音频文件进行编辑,方法如下:

(1) 打开"Lesson09\范例文件\编辑录制的视频.cpvc"文件。

(2) 在具有喇叭图标的图层上右击,在弹出的菜单中选择 Audio(音频)后出现下一级子菜单,如图 9.54 所示。

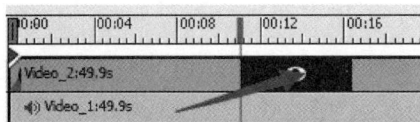

图 9.53

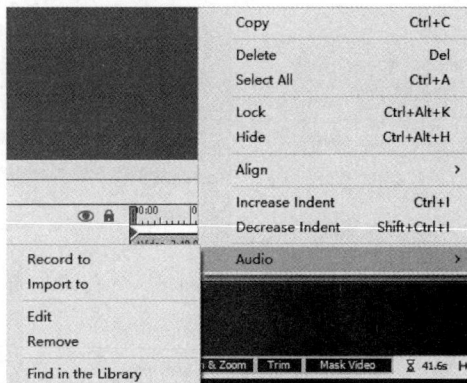

图 9.54

· Record to:录制音频到图层视频中;

Import to:导入音频到图层中;

Edit:编辑图层中的音频;

Remove:移除图层中的音频;

Find in the Library:在库面板中定位该音频。

> 注意:如果选择上述菜单中的 Edit(编辑)命令,则会打开音频编辑面板,编辑完成保存后会生成一个新音频,原音频文件没有变化。要使原音频文件发生变化,应选择 Find in the Library(在库面板中找到)命令在库面板中定位到该文件,然后进行编辑保存。

(3) 选择 Find in the Library(在库面板中找到)命令,在库中就选择了 Narration1 音频文件,如图 9.55(a)所示。在该文件上右击,在弹出的快捷菜单中选择 Edit with Adobe Captivate(使用 Adobe Captivate 编辑),如图 9.55(b)所示。

(4) 在弹出的音频编辑面板中可以看到,音频的波形很平坦,说明音量很小,如图 9.56(a)所示。单击 Adjust Volume 按钮弹出图 9.56(b)所示面板,在该面板上向上拖动左侧的滑块(缩小音量向下拖动)到适当位置后,单击 OK 按钮。

(5) 此时的波形发生如图 9.57 所示变化,音量提高了。如果音量还没提高到理想程度,可继续重复以上步骤继续设置。

9.4.3　使用摄像头录制独立的外部视频

也可以将摄像头画面录制为独立的文件,导出为各种格式的视频文件,可在需要时插入

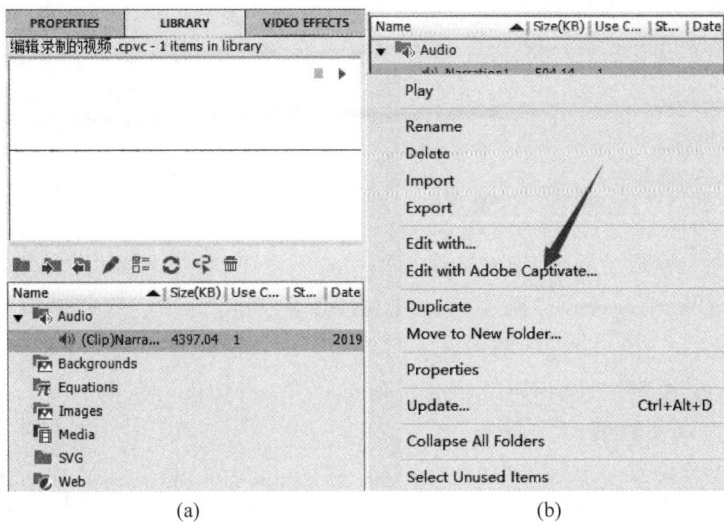

(a)   (b)

图   9.55

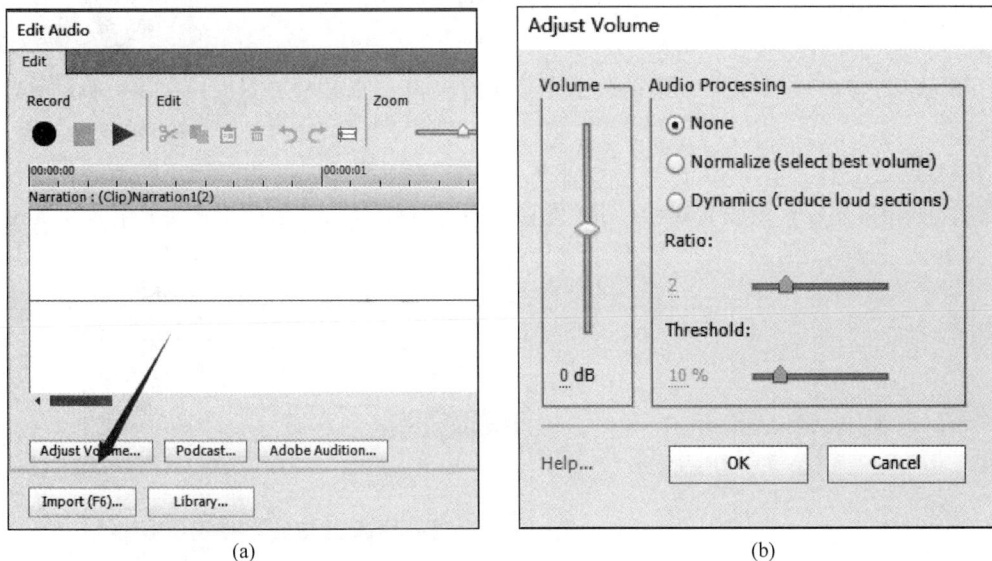

(a)   (b)

图   9.56

到录制的课件中。插入的方法是在 CPVC 文件编辑状态下,单击 Insert(插入)菜单下的
PIP Video(画中画视频),如图 9.58 所示。

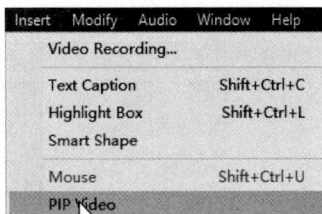

图   9.57

图   9.58

新建一个视频演示文件,在出现的设置面板中选择 Webcam Only,在 Webcam 下拉列表框中选择一个摄像头,单击 Record 按钮开始录制,录制完成后按 End 键结束录制。此时在时间轴上只能看到一个图层,可对视频进行各种编辑,然后在 Publish(发布)菜单中导出为 MP4 视频文件。

9.4.4 编辑视频演示文件

CPVC 文件的编辑主要包括两方面:第一,在 CPVC 文件中插入文本标题、高亮框、图像、智能形状、鼠标、动画和画中画视频(PIP 视频)等;第二,对 CPVC 视频文件进行剪辑、分割和画面缩放等。第一个方面前面已多有练习,下面主要阐述第二个方面。继续在上面打开的"Lesson09\范例文件\编辑录制的视频.cpvc"文件中进行编辑。

1. 添加推拉镜头效果

平移和缩放效果有助于将用户的注意力吸引到视频中的特定区域或动作。例如,在软件模拟过程中,可以将屏幕平移到一个图标上,然后放大到更清晰。

(1)使用时间轴中的播放按钮播放视频文件,如图 9.59 所示。

(2)在需要平移和缩放效果的位置暂停(再次单击播放按钮)。

图 9.59

(3)在时间轴上单击 Pan & Zoom(平移和缩放),"平移和缩放"图标将显示在视频剪辑中(图标位置可通过鼠标拖放改变),并显示 Pan & Zoom 面板,如图 9.60 所示。

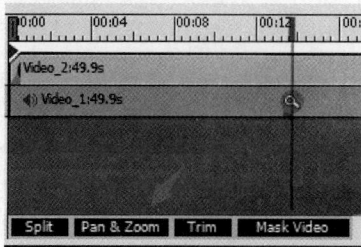

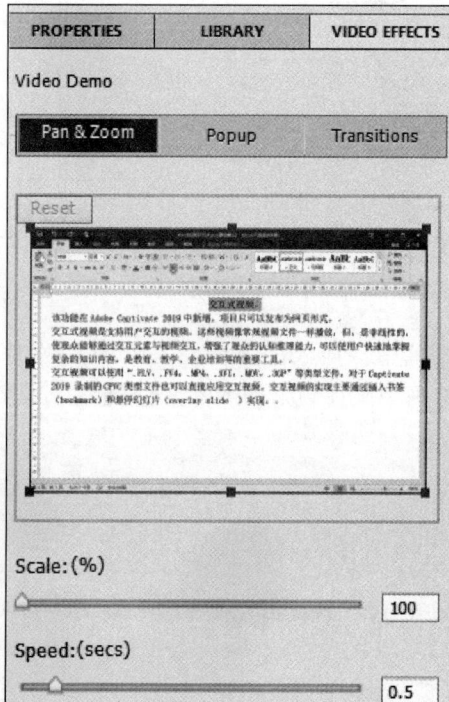

图 9.60

（4）拖放 Scale（放大）到140。指定要放大的区域，使用手柄调整框架周围蓝色框的大小，然后，将框拖放到框架上所需的位置。盒子越小，放大倍数越大。还可以使用比例滑块或框以百分比的形式指定放大值，如图9.61所示。

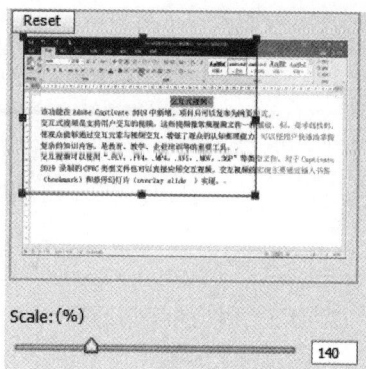

图　9.61

（5）在15s处再添加一个平移和缩放，把 Scale（放大）值设置到100，浏览作品查看效果，如图9.62所示。

（6）可使用速度滑块指定 Adobe Captivate 放大的速度，如图9.63所示。

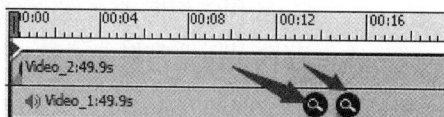

图　9.62

图　9.63

2. 应用过渡效果

在时间轴上，每一段视频片段的开头和结尾处都可以添加过渡效果，如图9.64（a）所示，单击箭头所示的图标，在属性面板会出现选择过渡效果的面板，如图9.64（b）所示。

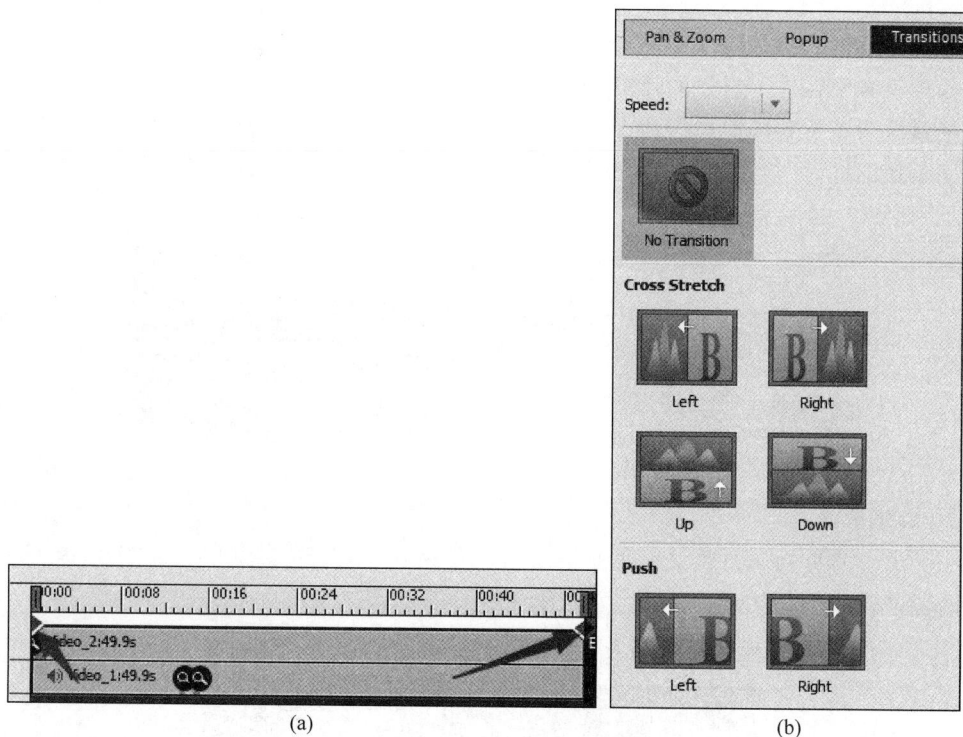

（a）　　　　　　　　　　（b）

图　9.64

选择过渡效果后，可在 Speed（速度）下拉列表框中选择过渡速度，如图9.65（a）所示，如果要删除过渡，可在时间轴上选择过渡图标，然后在过渡效果面板选择 No Transition（没有过渡效果),如图9.65(b)所示。

(a)   (b)

图   9.65

3.拆分录制的视频剪辑

可以通过拆分视频剪辑把视频切成一段一段的,然后在段与段之间插入分隔符文本或视频(PIP),例如,可以插入用户所学内容的摘要等。

将播放头定位到要切割的地方,单击Split按钮,此时视频被切割为两段,向后拖动第二段视频,在留出的空间处就可以插入文本字幕等内容,并可以看到已设置好的背景,注意添加的内容会建立独立的图层,如图9.66所示。

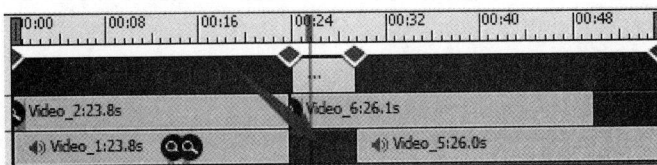

图   9.66

4.剪辑视频

如果视频中存在不想要的片段,那么可使用剪辑命令将其去除掉。

把播放头定位到要剪辑的地方,单击Trim按钮,会在播放头两边出现要剪辑的区域,拖动三角形图标,可扩充和缩小剪辑区域,选择好后再次单击Trim按钮,就把选择的部分删除了,如图9.67所示。

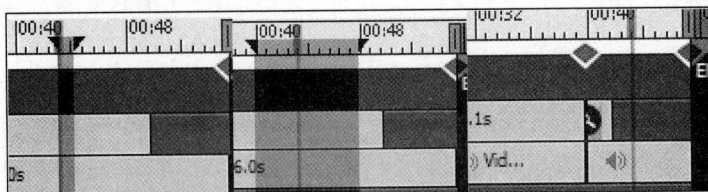

图   9.67

5.编辑鼠标

(1)单击Edit(编辑)菜单下的Edit Mouse Points(编辑鼠标指针)。如图9.68所示,鼠标图标就出现在视频图层中。

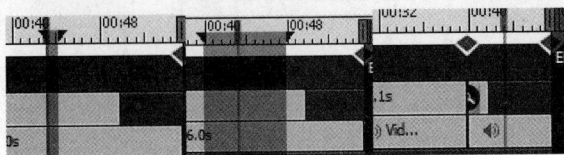

图   9.68

（2）单击鼠标图标并在属性面板中进行设置。

Display 是鼠标指针选择，选择鼠标所用指针类型，如图 9.69 所示，单击 **< >** 按钮可以左右翻页，单击 Browse 按钮后从存储器中选择鼠标按钮文件。

Double Mouse Size 是放大双倍鼠标指针。

Show Mouse 是显示鼠标，可以显示或隐藏鼠标操作。隐藏鼠标操作时，鼠标图标在视频剪辑上仍然可见。但是，播放视频时，从上一个鼠标点到隐藏鼠标点的动作不可见。

Smoothen Mouse Path 是平滑鼠标路径，默认情况下，鼠标路径是粗糙的，由记录期间鼠标的实际移动跟踪。选择此选项可使用直线或曲线使鼠标路径更平滑，如图 9.70 所示。

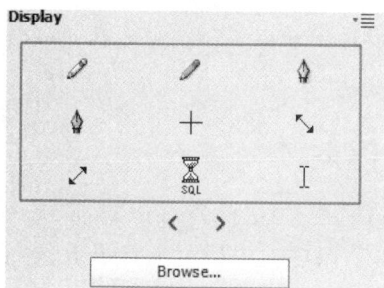

图　9.69

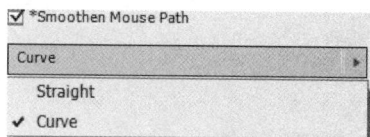

图　9.70

Reduce Speed Before 是 Click（单击）前减速，选择此选项可在单击之前减慢鼠标移动速度。对于快速移动并突然停止的长鼠标路径，此选项非常有用。注意：只有选中了 Smoothen Mouse Path（平滑鼠标路径），此选项才会出现。

Show Mouse Click 是为鼠标单击添加视觉效果。有两个选项：一个是 Default（默认），当用户单击时，用颜色显示动画表示，可以选择一种颜色，如图 9.71（a）所示；另一个是 Custom（用户自定义），使用 SWF 文件动画作为单击视觉效果，用户可从下拉列表中选择，如图 9.71（b）所示。

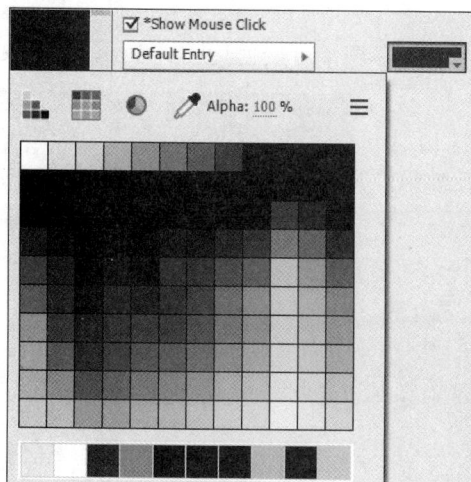

(a)

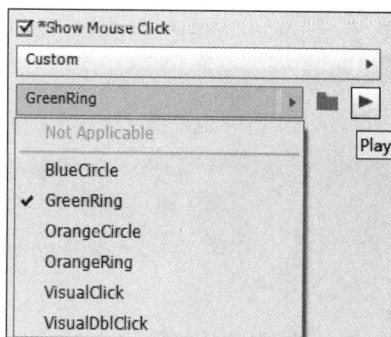

(b)

图　9.71

9.5　范例制作

　　该范例是一个仿真训练课件,课件的优势体现在:首先可以提高学习效率,通过仿真训练便于学习者掌握操作的重难点,强化记忆;其次便于学习效果的精确自动考核,技能操作考核不能纯粹用理论题、填空题等文字性的试卷考核,要实现机器自动化的学习效果考核,可以使用该课件的形式。

　　该课件是学习使用 Photoshop 软件修复面部青春痘的照片,重点是掌握面部青春痘修复命令的选择和使用,课件尺寸为 442×673 像素,适合手机浏览,发布时选中 Scable HTML Content,这样在计算机和手机等设备上都可以很好地适应。

　　范例的模拟训练和自我评估部分采用自己动手制作素材图片和视频片段,然后通过添加单击框和高级动作等 Adobe Captivate 技术合成课件。

9.5.1　从 CPVC 文件提取软件模拟素材

　　在 Adobe Captivate 中打开"Lesson09\范例文件\素材\去除青春痘"文件夹中的"青春痘.cpvc"文件,该文件是录制的去除青春痘视频演示课件。用抓图工具抓取像"去除青春痘"文件夹中的 1～9 的图片,图片尺寸都为 442×763 像素,图片中的鼠标光标用 Photoshop 软件编辑去除。

　　在"青春痘.cpvc"文件编辑界面,删除"去除青春痘"文件夹中的 1.cpvc 文件内容以外的所有内容,然后另存为 1.cpvc。重新打开青春痘.cpvc 文件,用同样方法制作 2.cpvc 和 3.cpvc 文件。

　　在制作过程中,文件不要保存在"Lesson09\范例文件\素材\去除青春痘"文件夹中,以免覆盖原始素材。根据具体情况也可跳过制作素材步骤,直接从 9.5.2 节开始。

9.5.2　制作"视频讲解"部分

视频讲解

　　(1) 用 Adobe Captivate 2019 打开"Lesson09\范例文件\09Start"文件夹下的 09Start. cptx 文件,另存为 09Startdemo. cptx,保留原始文件以备后期使用。09Start. cptx 文件已在库中导入了课件需要的所有素材。

　　(2) 在幻灯片带选择第 1 张幻灯片,选择 Insert(插入)菜单下的 CPVC Slide(CPVC 幻灯片)命令,如图 9.72 所示。

　　(3) 在打开的文件选择对话框中选择 "Lesson09\范例文件\素材\去除青春痘"文件夹里

图　9.72

的"青春痘.cpvc"。这样就会自动添加一张幻灯片,把添加的 CPVC 文件放在其中。为了导航方便,在幻灯片下方使用智能形状添加 3 个按钮"首页""仿真训练"和"自我评测",如图 9.73 所示。

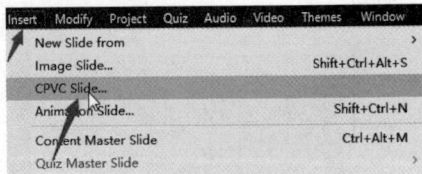

9.5.3　制作"仿真训练"部分

视频讲解

　　该部分共 13 张幻灯片(从第 3 张到第 15 张),下面分别叙述每张幻灯片的制作过程。

1. 第3张幻灯片制作

插入一张空白张幻灯片,背景为黑色,将"库面板"中的1.jpg放到舞台上铺满幻灯片,制作一个智能形状"开始"按钮(导航到下一页)和一个文本字幕"污点修复模拟仿真训练",如图9.74所示。

图　9.73

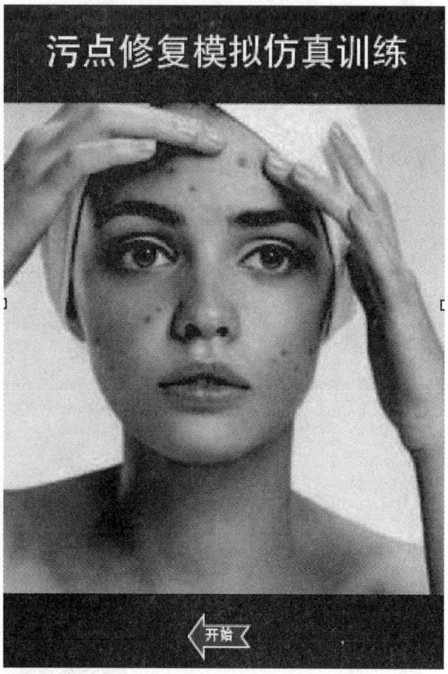

图　9.74

2. 第4、5张幻灯片制作

插入两张空白幻灯片,背景为黑色,第4张幻灯片做一个拖放交互,把库中的2.jpg(背景)和3.jpg(拖动源对象)放到舞台上,在右下角的特定地方放一个全透明的智能形状作为拖放目标,如图9.75所示。使用前面学到的拖放技术实现拖放交互。

在Drag and Drop属性设置面板的Actions(动作)选项卡中设置如图9.76(a)所示参数,让幻灯片在拖放成功后自动导航到下一张幻灯片。然后再添加如图9.76(b)所示的智能形状提示框,并对箭头所示提示框的文字配音。

图　9.75

把库中的4.jpg放到第5张幻灯片,该幻灯片是拖放交互后的运行结果,如图9.77所示。

3. 第6、7、8张幻灯片的制作

这3张幻灯片是关于"污点修复画笔工具"的使用,第6、7张幻灯片是打开该命令的两个步骤,第8张幻灯片是使用该命令操作的视频。

插入两张空白幻灯片,背景为黑色,分别把库中的5.jpg和6.jpg图片放到第6、7张幻灯片上,在这两张幻灯片上都加一个Click Box(单击框),动作都为导航到下一页,图9.78(a)中给出了第6张幻灯片单击框的位置,图9.78(b)中给出了第7张幻灯片单击框的位置。这样就模拟出来软件中实际单击时的场景。

用智能形状添加如图9.78(a)、(b)所示的文字提示框,并加上配音。

图　9.76

图　9.77

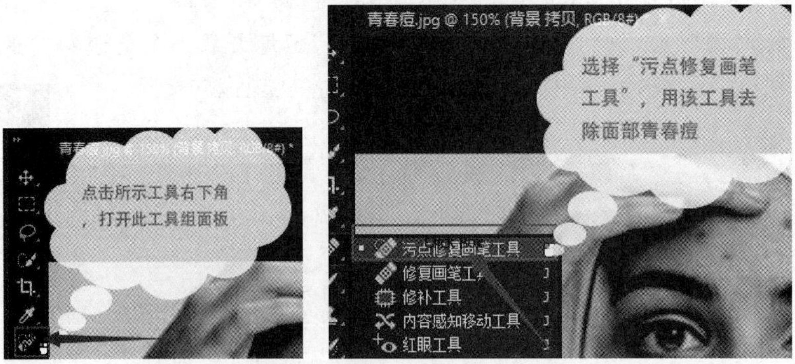

图　9.78

　　在幻灯片带选择第8张幻灯片后,选择 Insert(插入)菜单下的 CPVC Slide(CPVC 幻灯片)命令,在打开的文件选择对话框中选择"Lesson09\范例文件\素材\去除青春痘"文件夹里的 1.cpvc,这样就在第8张幻灯片添加上了污点修复画笔工具的操作视频。

4. 第 9、10、11 张幻灯片的制作

　　这3张幻灯片是关于模糊工具的使用,第9、10张是打开该命令的两个步骤,第11张幻灯片是使用该命令操作的视频。

插入两张空白幻灯片,背景为黑色,分别把库中的 7.jpg 和 8.jpg 图片放到第 9、10 张幻灯片上,在这两张幻灯片上都加一个 Click Box(单击框),单击框的动作都为导航到下一页,图 9.79(a)给出了第 9 张幻灯片单击框的位置,图 9.79(b)给出了第 10 张幻灯片单击框的位置。这样就模拟出在软件中实际单击时的场景。

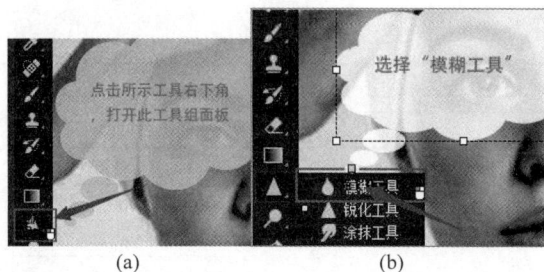

图　9.79

用智能形状添加如图 9.79(a)、(b)所示的文字提示框,并加上配音。

在幻灯片带选择第 11 张幻灯片后,选择 Insert(插入)菜单下的 CPVC Slide(CPVC 幻灯片)命令,在打开的文件选择对话框中选择"Lesson09\范例文件\素材\去除青春痘"文件夹里的 2.cpvc,这样就在第 11 张幻灯片添加上了模糊工具的操作视频。

5. 第 12、13、14 张幻灯片的制作

这 3 张幻灯片是关于"锐化工具"的使用,第 12、13 张幻灯片是打开该命令的两个步骤,第 14 张幻灯片是使用该命令操作的视频。

插入两张空白幻灯片,背景为黑色,分别把库中的 9.jpg 和 10.jpg 图片放到第 12、13 张幻灯片上,在这两张幻灯片上都加一个 Click Box(单击框),动作都为导航到下一页,图 9.80(a)给出了第 12 张幻灯片单击框的位置,图 9.80(b)给出了第 13 张幻灯片单击框的位置。这样就模拟出在软件中实际单击时的场景。

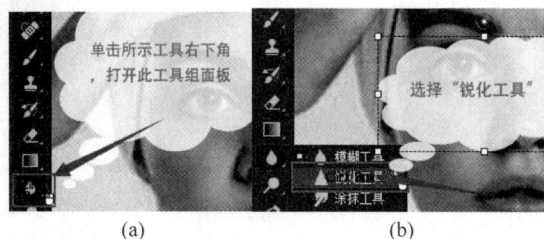

图　9.80

用智能形状添加如图 9.80(a)、(b)所示的文字提示框,并加上配音。

在幻灯片带选择第 14 张幻灯片后,选择 Insert(插入)菜单下的 CPVC Slide(CPVC 幻灯片)命令,在打开的文件选择对话框中选择"Lesson09\范例文件\素材\去除青春痘"文件夹里的 3.cpvc,这样就在第 14 张幻灯片添加上了锐化工具的操作视频。

6. 第 15 张幻灯片的制作

插入一张空白幻灯片,背景为黑色,放入库中的 11.jpg,该图片是照片修饰后的最后效果。幻灯片上同样放置"首页""仿真训练"和"自我评测"3 个按钮,用于课件结束时的导航选择。

9.5.4 制作"自我评测"部分

该部分用高级动作实现错误检测、分数分配和强化训练。制作过程如下。

1. 定义表9.1所列出的变量

表 9.1 变量

变量名称	功　能	变量名称	功　能
All_Marks	总分	marks4	
Know	熟练度	marks5	分别保存有得分的幻灯
marked1		marks6	片能够得到的最高分
marked2		marks7	
marked3	分别保存有得分的 7 张	wrong_times2	
marked4	幻灯片的分数	wrong_times3	
marked5		wrong_times4	分别保存有得分的幻灯
marked6		wrong_times5	片的操作错误次数
marked7		wrong_times6	
marks1	分别保存有得分的幻灯	wrong_times7	
marks2	片能够得到的最高分	play_times	重新做题次数
marks3		temp	计算分数时的临时变量

2. 第16张幻灯片的制作(自我评测封面)

该张幻灯片主要起一个封面的作用,效果如图9.81所示。

该幻灯片使用了1.jpg、"污点修复画笔工具.jpg"、"模糊工具.jpg"和"锐化工具.jpg",制作了"开始按钮",文本提示等。请参考图9.79进行制作。

3. 复制仿真训练部分的幻灯片

该部分的制作与仿真训练部分大致相同,不同之处主要是添加了高级动作控制学习者的交互。

在幻灯片带选择第4～15张幻灯片(首先选择第4张幻灯片,按下 Shift 键后单击第15张幻灯片),右击在弹出的菜单中选择 Copy(复制);单击选择第16张幻灯片(该操作也取消了刚才第4～15张幻灯片的选择),右击,在弹出的菜单中选择 Paste(粘贴),此时第4～15张幻灯片复制到了第16张幻灯片后面,幻灯片编号排到28。

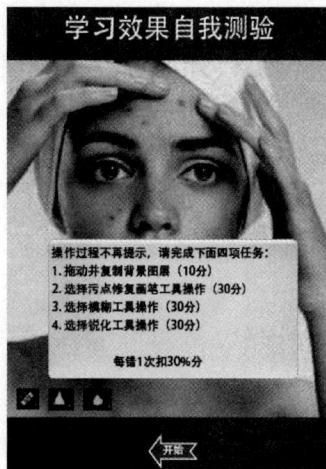

图 9.81

4. 隐藏仿真训练部分的操作提示

第17张是拖放操作,将上面的所有操作提示全部删除。

针对第19、20、22、23、25和26张幻灯片的操作提示,在属性面板的眼睛图标处都打上杠 ⊘。如:选择第19张的操作提示,在其属性面板单击 ◉ 后就会出现一条红色斜线 ⊘,代表该对象在运行时不会显示,如图9.82所示。这几张幻灯片上的语音部分也要删除,可在时间轴上删除语音图层。

图 9.82

5. 设置单击错误后的处理机制

第19、20、22、23、25和26张幻灯片都有鼠标单击模拟操作,当单击的位置错误时要显示操作提示并记录错误次数,以便计算要扣除的分数值。实现原理如下。

在幻灯片上放置一个铺满整个幻灯片的单击框,其层次放到原正确单击框的下方,如图9.83(a)所示在时间轴上的次序,Click_Box_13为新添加的单击框。这样当单击除正确位置以外的其他地方时就可以捕捉并指定高级动作进行处理。

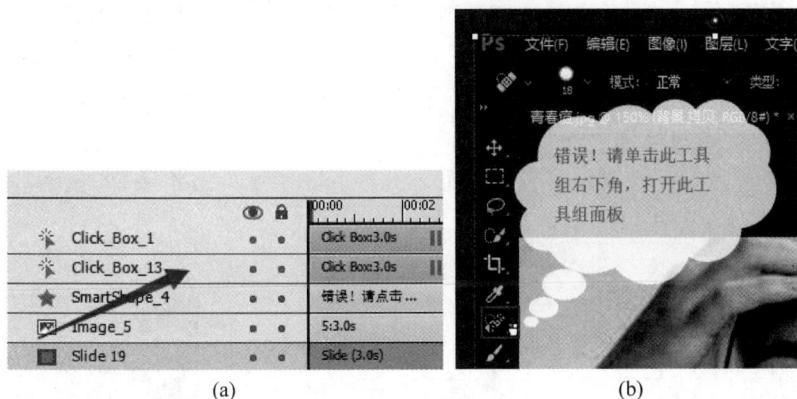

(a)   (b)

图 9.83

以第19张幻灯片为例。

添加一个单击框,宽和高分别为442像素和763像素,X和Y坐标都为0,在时间轴上把该单击框放到第2层,把原先有的单击框放到第1层,如图9.83(a)所示。另外,把原来提示框上的文字改成"错误! 请点击此工具组右下角,打开此工具组面板",如图9.83(b)所示。

假如刚添加的单击框名称为Click_Box_13,错误提示的智能形状名称为SmartShape_4,设计一个名称为Click2_F(名称可自定义)的高级动作,如图9.84所示,意思是当该单击框检测到鼠标单击时就会显示错误提示SmartShape_4,该张幻灯片的错误计数变量wrong_times2加1。这样就实现了单击应该单击的按钮之外的地方都会出错。

设置Click_Box_13属性面板的Actions(动作)执行高级动作Click2_F,如图9.85所示。

按上面所述同样方法,为第20、22、23、25和26张幻灯片制作错误处理机制。

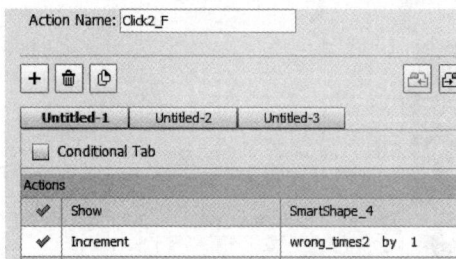

图 9.84

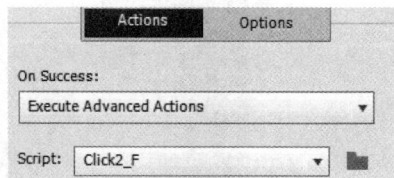

图 9.85

6. 设置单击正确后的处理机制

正确的单击就是单击在"仿真训练"部分设置的单击框,在时间轴上放在第 1 层。

以第 19 张幻灯片为例,单击框的名称为 Click_Box_1,编写名称为 Click2_R 的高级动作,如图 9.86 所示。

代码的意思是:每做错一次扣 10%的分数(假设错误次数不超过 10 次,超过 10 次就为负数了),算出该张幻灯片的得分并加到总分上,隐藏错误提示框,导航到下一张幻灯片。变量 All_Marks 是总分,marks2 是分配给这张幻灯片能得的满分,marks2 的值在定义变量时已经进行了赋值,marked2 是这张幻灯片实际取得的分数,temp 是临时计算分数的变量。

设置 Click_Box_1 属性面板的 Actions(动作)执行高级动作 Click2_R。

按上面所述同样方法,为第 20、22、23、25 和 26 张幻灯片制作单击正确后的处理机制。

7. 制作第 28 张幻灯片

如图 9.87 所示,第 28 张幻灯片包括显示分数和熟练度的文本字幕,包括 3 个按钮和 1 个智能形状提示框,使用 11.jpg 铺在屏幕上。

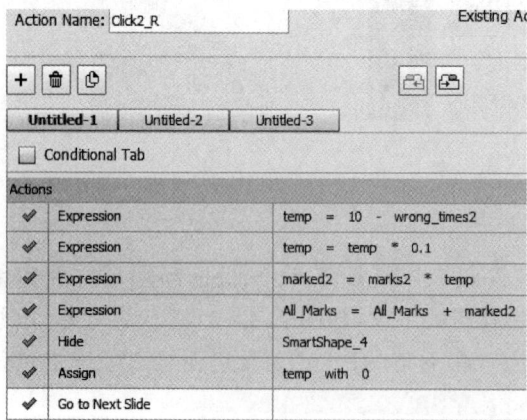

图 9.86

图 9.87

制作过程中对"再测一遍"按钮设计一个高级动作 Do_again,设计如图 9.88 所示,首先将做题次数变量还原为 0,然后导航到第 17 张幻灯片重新开始测试,设置"再测一遍"属性面板的 Actions(动作)执行高级动作 Do_again。

最后给提示文字配音。

8. 设计最后结果处理机制(End_page)

原理:如果没有一次性做对,中间有单击错误就要重做,每重做 1 次扣熟练程度(百分制)10％的分。即强调必须无错误地一次做对,强调把正确的操作步骤清晰地记忆在脑海中,如果有错误就说明没有在脑海中形成正确的概念,所以要继续强化训练。

该段代码是一个条件语句(if…else),如图 9.89 和图 9.90 所示。

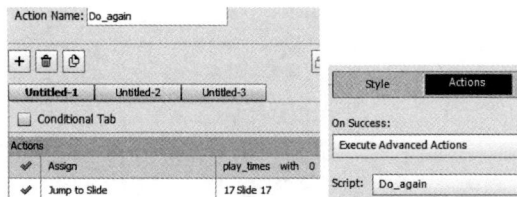

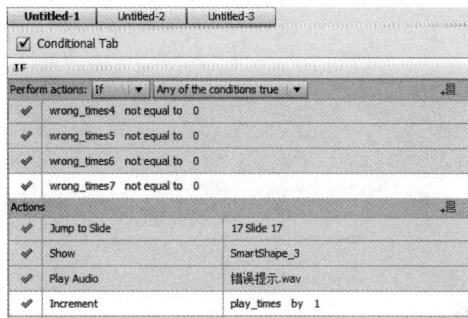

图 9.88　　　　　　　　　　　　　图 9.89

代码的意思是:如果代表每张幻灯片做错次数变量 wrong_times2、wrong_times3、wrong_times4、wrong_times5、wrong_times6 和 wrong_times7 有一个的值大于 0,即说明发生了错误,跳转到第 17 张幻灯片,第 17 张幻灯片的高级动作再分别导航到有错误的幻灯片重做,这样循环检查,直到全部做对。在跳转到第 17 张幻灯片时,播放错误提示音,显示错误提示文字,做题次数变量 play_times 加 1。

如果 wrong_times2、wrong_times3、wrong_times4、wrong_times5、wrong_times6 和 wrong_times7 的值都为 0 说明没有了错误;计算熟练程度,变量为 Know;隐藏重做提示 SmartShape_3。

下面设置在第 28 张幻灯片开始播放时执行 End_page 高级动作。

在幻灯片带选择第 28 张幻灯片,在属性面板的 Actions(动作)中的 On Enter(进入)下拉列表框中选择 Execute Advanced Actions(执行高级动作),在 Script(代码)的下拉列表框中选择 End_page,如图 9.91 所示。

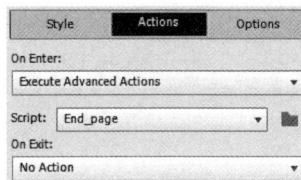

图 9.90　　　　　　　　　　　　　图 9.91

9. 为第 18 张拖放操作幻灯片设计分数统计高级动作(drag1)

其他幻灯片在单击正确后进行了计分运算,该张幻灯片设置成了在拖放成功后自动进入下一张幻灯片,但还没有把分数计入总分。设计图 9.92 所示高级动作,在第 18 张幻灯片退出时执行,把 10 分的值赋给 All_Marks。

在幻灯片带选择第 18 张幻灯片,在 Window(窗口)菜单下选择 Drag and Drop(拖放)。在 DRAG AND DROP(拖放)属性面板的 Actions(动作)的 On Success(成功时)下拉列表选择 Execute Advanced Actions(执行高级动作),在 Script(代码)下拉列表框中选择 drag1,如图 9.93 所示。

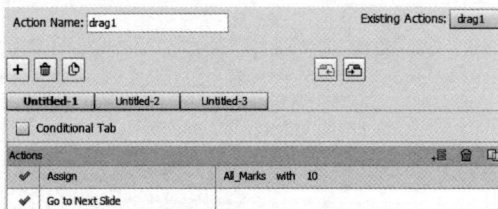

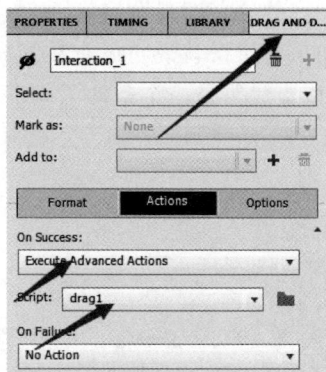

图 9.92   图 9.93

10. 设计变量初始化高级动作(Start_page)

当重新进行评估测验时,已赋值过的变量需要恢复初始状态,为此需要设计如图 9.94 所示的高级动作,在第 17 张幻灯片开始运行时执行。

在幻灯片带选择第 17 张幻灯片,在属性面板的 Actions(动作)的 On Enter(进入)下拉列表框中选择 Execute Advanced Actions(执行高级动作),在 Script(代码)下拉列表框中选择 Start_page。

11. 设计一张过渡幻灯片,矫正运行错误

在调试中发现,如果在第 27 张幻灯片单击了"跳过过程演示"按钮,那么第 28 张幻灯片加入时要执行的高级动作 End_page 就会停止运行,为此采取下面措施。

选择第 27 张幻灯片,插入一张空白幻灯片,背景设置为黑色,过渡效果选择 Blinds,播放时间设置为 0.8s,如图 9.95 所示。

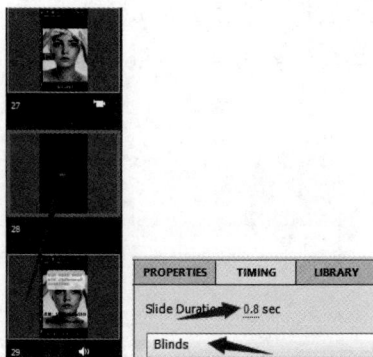

图 9.94   图 9.95

> **注意**:当一张幻灯片的 On Enter(进入时)事件有要执行的高级动作时,并且当使用 Jump to slide(跳转到某张幻灯片)和 Go to the next slide(导航到下一张幻灯片)命令导航到该张幻灯片时,此高级动作可能不被执行。

最后,把第 2 张幻灯片和第 15 张幻灯片的"首页""仿真训练"和"自我评测"分别设置导航到第 1 张、第 3 张和第 16 张幻灯片。把第 1 张幻灯片的"演示讲解""仿真训练"和"自我

评测"分别设置导航到第 2 张、第 3 张和第 16 张幻灯片。

至此,全部过程已做完,测试播放中如发现错误请继续修改,直到完全正常运行。

作业

一、模拟练习

打开"Lesson09\模拟练习"中的"09 模拟 complete. cptx"文件,并进行预览,根据本章知识内容,做一个类似的项目。课件资料已完整提供,获取方式见前言。

二、自主创意

根据本章所学知识,自主创意制作一个项目,熟练掌握 Adobe Captivate 视频演示项目和视频模拟项目的制作。

三、理论题

1. 什么叫交互式视频?

2. 录制软件模拟演示的注意事项有哪些?

3. 简述软件模拟演示和视频演示的区别。

第10章

测 验 课 件

本章学习内容

(1) 测验幻灯片的种类；
(2) 测验幻灯片首选项设置；
(3) 测验幻灯片的使用方法；
(4) 测验幻灯片池和随机测验；
(5) 导入外部文本文件 GIFT 生成测验。
完成本章的学习需要大约 3 小时，相关资源获取方式见前言。

知识点

| GIFT 格式文件 | 测验幻灯片题目类型 | 随机测验 | 考核测验 |
| 测验首选项 | 测验变量的使用 | 知识评估测验 | |

本章案例介绍

范例

本章范例是一个地理课件，设计有 3 个题目池，用 10 张随机测验幻灯片抽题测验，每题 10 分，共 100 分，主要练习测验幻灯片的设计、导入外部 GIFT 文件、随机测验幻灯片的使用等，双击运行"Lesson10/地理知识测验.exe"文件，预览范例，如图 10.1 所示。

模拟案例

本章模拟案例是关于一年级数学 1～10 的加法学习课件，首先检查用户是否掌握了 1～10 的数字，如果掌握了就学习 10 以内的加法内容，如果没有掌握就继续学习认识 10 以内的数字，双击运行

图 10.1

"Lesson10/10以内的加法.exe"文件,预览范例,如图10.2所示。

图 10.2

10.1 测验首选项设置

视频讲解

新建一个空白文件,在主菜单选择 Edit(编辑)→Preferences(选项),打开首选项面板,其中关于测验的设置如图10.3所示。

10.1.1 Reporting 报告

可以设置提交报告的内容和提交目标等,选中 Enable reporting for this project(允许提交报告)就可以进行设置了,如图10.4所示。

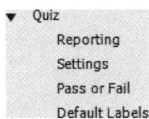

图 10.3

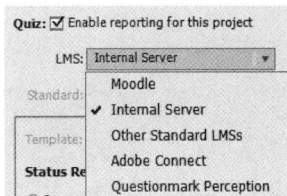

图 10.4

在 LMS(学习管理系统)下拉列表框中列出了要提交报告的目的地设置,Moodle——Moodle 平台;Internet Server——Internet 服务器;Other Standart LMSs——其他标准 LMS 系统;Adobe Connect——Adobe 连接;Questionmark Perception——第三方 LMS 软件系统。

10.1.2 Settings 设置

Name(名字):输入测验的名称。在有多个测验的项目中,命名有助于轻松识别测验。

Required(要求):如图10.5所示,Optional-The user can skip this quiz(可选——允许用户跳过测验并继续进行项目)。Required-The user must take the quiz to continue(必需——只有在用户浏览完所有问题幻灯片后,用户才能参加测验,继续项目移动到下一张幻

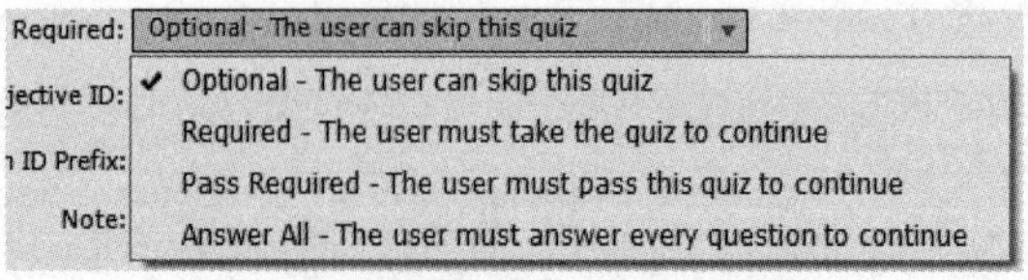

图 10.5

灯片)。Pass Required-The user must pass this quiz to continue the project(需要通过——只有在用户在测验中获得所需分数后,用户才能通过此测验继续项目移动到下一张幻灯片)。Answer All-The user must answer every question to continue the project(全部回答——只有在用户回答完所有问题幻灯片后,用户才能回答每个问题以继续项目移动到下一张幻灯片)。

Objective ID(测验 ID):问题幻灯片所属测验的 ID。在包含多个测验的主测验中,项目 ID 有助于识别问题所属的测验。

Interaction ID Prefix(交互 ID 前缀):用户在问题幻灯片上执行的每一个操作都会被分配一个唯一的交互 ID。例如,当用户第一次错误地尝试一个问题,并在下一轮正确尝试时,Adobe Captivate 会生成两个交互 ID。如果要通过使用指定的字符对生成的交互 ID 进行前缀来自定义,则使用此字段。

Shuffle Answers(重排答案):对于包含多个答案的问题幻灯片,当用户下次尝试同一个问题幻灯片时,将对答案进行重新排列。

Clear、Back、Skip:显示清除、后退、跳过按钮。

Review Mode Navigation Buttons(显示导航按钮):添加"<<"和">>"按钮,以便参与者在完成后查看答案。

Submit All(提交所有):启用此选项可以让用户查看和修改已回答的问题,并同时提交所有问题。启用该选项后,将显示"提交所有消息"对话框,可以在其中自定义提交测验时显示的消息,如图 10.6 所示。

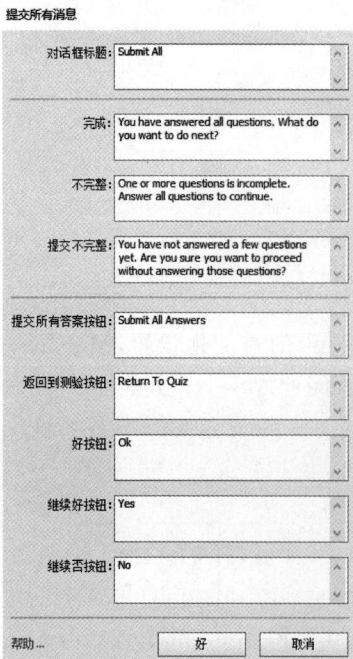

图 10.6

Branch Aware(分支分数计算法):使用此选项仅根据用户查看的"分支"中的问题计算最终分数。例如,假设一个项目包含一个测试,该测试分为两个模块,每个模块又包含一个测试。如果一个用户只查看了其中的 3 个问题,每题 10 分,则总分以 30 计算而不以该测验所有问题的分数作为总分。

如果未启用此选项,则根据项目中的问题总数而不是用户实际查看的模块计算分数。

Show Progress(显示进度条):选择此选项可向用户显示当前测验中所处的问题编号。

Allow Backward Movement(允许后退浏览):选择此项允许参与者访问以前做过的幻灯片。

Show Score At End Of Quiz(测验结束时显示分数):允许用户在测验结束时查看分数。可以自定义用户通过或未通过测验时出现的消息。单击测验结果消息自定义消息。还可以自定义要在分数幻灯片上显示的选项。

启用此选项后,将显示测验结果消息对话框,可以在其中自定义通过和失败的消息,并选择要在测验结束时显示的分数,如图 10.7 所示。

Allow User to Review the Quiz(允许用户查看测验):用户可以在完成测验并显示分数后查看测验。此选项允许用户查找他们回答错误的问题及其正确答案。也可以自定义反馈中提供的消息。

启用此选项后,将显示 Question Review Messages(问题审阅消息)对话框,可以在其中自定义审阅测验时显示的消息,如图 10.8 所示。

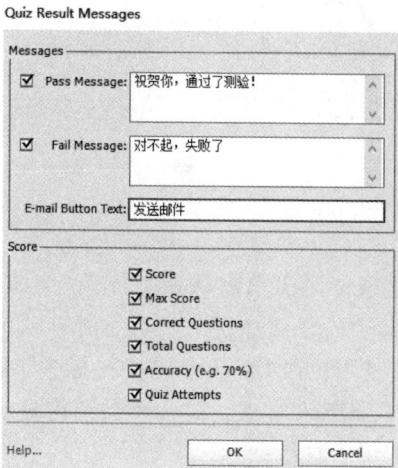

图 10.7

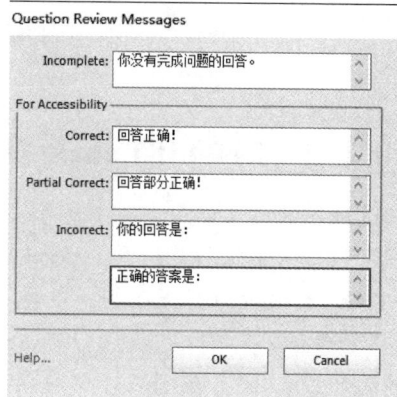

图 10.8

Hide Playbar in Quiz(在测验中隐藏播放条):选择此选项可隐藏问题幻灯片和结果幻灯片上的播放条。注意:知识评估性质的测验不会显示播放栏。

10.1.3 通过和失败

可以设置测验过关所需的最低分数,还可以定义在用户测试合格或测试失败后应执行的操作,如图 10.9 所示。

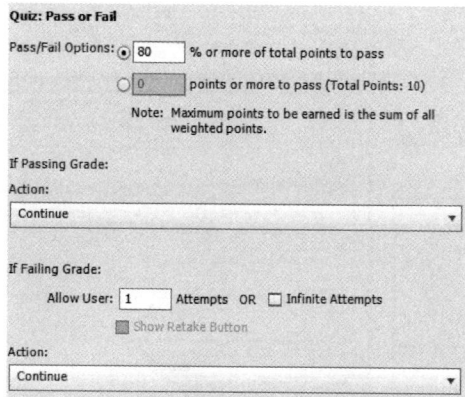

图 10.9

Pass/Fail Options(通过和失败选项)：⊙ 80 % 输入框用于设置通过测验所需的最低分数百分比。○ 0 用于设置通过测验所需的最低分数。两种方式只能设置一种。

在 If Passing Grade(如果通过)下面的 Action(动作)下拉列表框中可选择要执行的动作类型。

在 If Failing Grade(如果不通过)下面的 Action(动作)下拉列表框中可选择要执行的动作类型。

如果选中 Infinite Attempts(不限尝试次数)，Show Retake Button(显示重做按钮) 就会处于可选状态，Action(动作)下拉列表处于不可用状态，如图 10.10 所示。

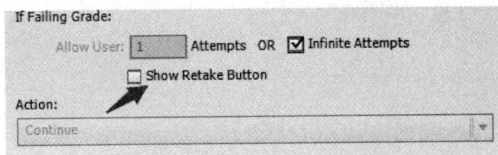

图 10.10

10.1.4 Default Labels 默认标签

默认标签的设置如图 10.11 所示："(1)"是满足条件时显示默认消息反馈(例如，正确回答问题时显示正确消息)；"(2)"是列出添加到测验中的任何按钮上显示的所有默认按钮标签；"(3)"是显示当前正在编辑的消息/按钮的预览。更改"默认问题按钮标签"部分中"提交""全部提交""清除""跳过"和"后退"按钮的默认标签和样式。这 4 个按钮将显示在任何问题幻灯片上，除非在该幻灯片的属性检查器中禁用了它们。

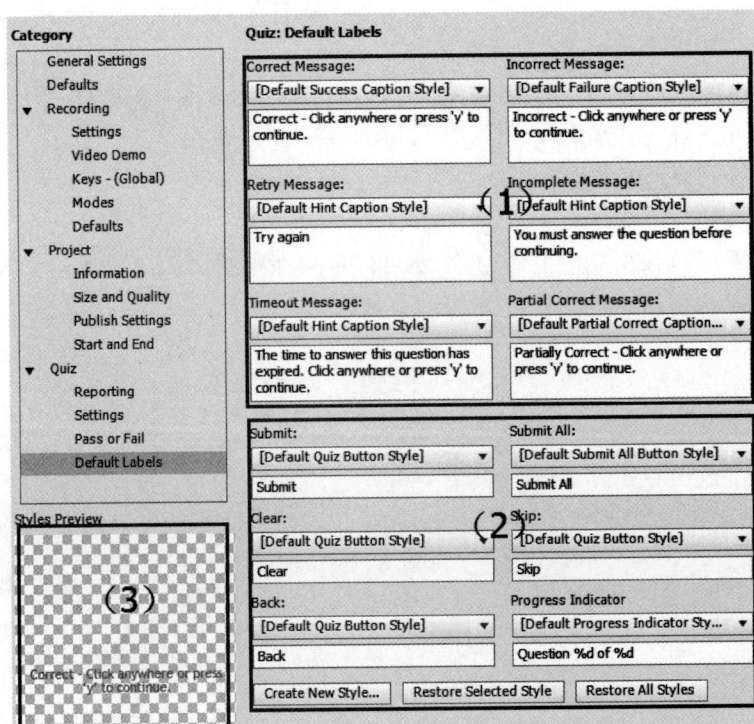

图 10.11

若要为标签创建新样式,则单击 Create New Style(创建新样式);若要恢复所选项的默认样式,则选择 Restore Selected Style;若要恢复所有项的默认样式,则选择 Restore All Styles。

10.2 测验幻灯片的种类和属性

视频讲解

在工具栏的 ⊕· 图标按钮的下拉列表框中单击 Question Slide(测验幻灯片),弹出插入测验幻灯片面板,上面列出了各种测验幻灯片提供选择,如图 10.12 所示。下面逐一对这些幻灯片进行介绍。

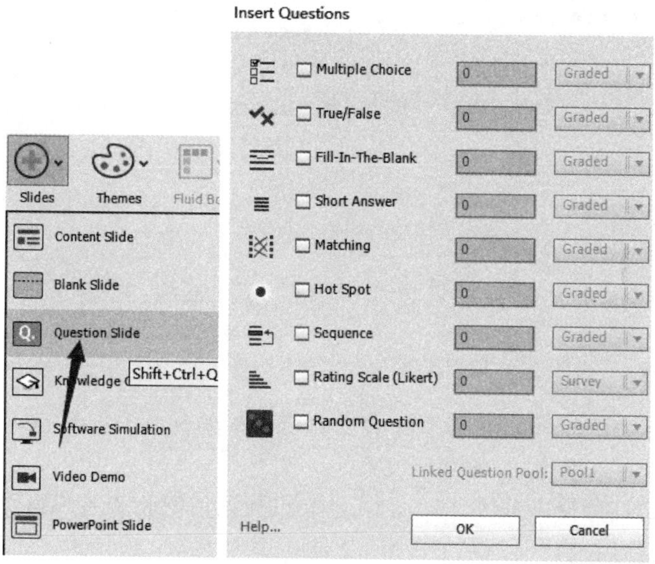

图 10.12

10.2.1 测验幻灯片的通用属性

对于每一种测验幻灯片,它们除了有自己独特的功能和属性外,还有一些共同的属性设置,下面先阐述共性,然后再分别阐述各自的特性。

1. 知识预评估测验(pretests)、考核测验(graded)和反馈型测验(survey)

在插入幻灯片时除等级量表幻灯片[Rating scale(Likert) question slides]外大多都可以选择以上 3 种类型的幻灯片(随机测验幻灯片没有知识预评估测验类型),如图 10.13 所示。

1) 知识预评估测验(pretests)幻灯片

除等级量表幻灯片[Rating scale(Likert) question slides]和随机测验幻灯片(Random

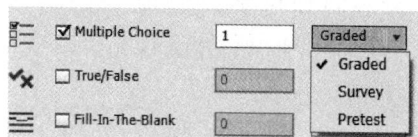

图 10.13

Question)外都可以插入知识预评估测验幻灯片,用于在开始课程前评估学习者的知识。根据在预评估测验中的得分,可以将其引导到课程中的特定幻灯片或模块,通过这种方式,学习者可以通过只学习没有掌握的内容来最大限度地利用时间。

如图 10.14(a)是常规测验幻灯片的 Actions(动作)项内容,图 10.14(b)是知识预评估测验幻灯片的 Actions(动作)项内容。知识预评估测验幻灯片没有 On Success(成功时)的动作选项,但带有一个动作,可单击 Edit Pretest Action(编辑知识预测验幻灯片动作)按钮打开高级动作面板进行编辑,从而设置知识预评估测验后的分支走向。该测验类型也不允许插入随机测验幻灯片。

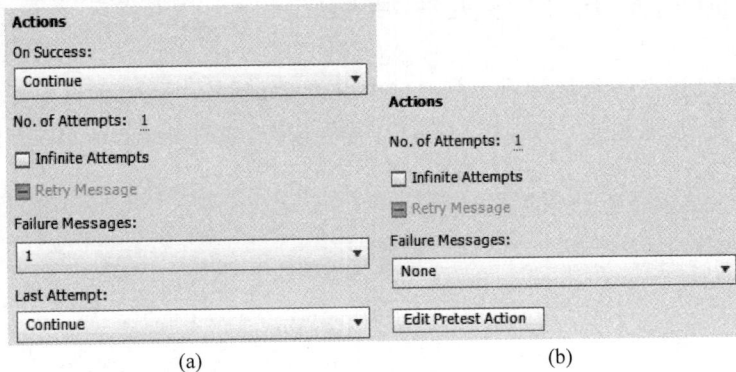

(a)   (b)

图 10.14

2) 考核测验(graded)幻灯片

考核测验幻灯片主要是为了考核学习者的学习成绩,其 Actions(动作)项内容如图 10.14(a)所示。

3) 反馈型测验(survey)

反馈型测验的主要目的是获取学习者的反馈,其 Actions(动作)项内容如图 10.15 所示,只有 After Survey(测验后)的动作设置。

反馈型测验幻灯片没有分数,图 10.16 是知识预评估测验和考核测验的得分选项设置,而反馈型测验的是没有的。

   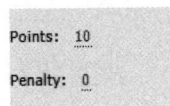

图 10.15   图 10.16

Points(分数)设置得多少分,Penalty(惩罚)设置答错题后要扣的分数,即答错后不但可以不给分,还可以进行惩罚性扣分。

2. Caption(字幕)选项

如图 10.17 所示,选择相应的项可以在幻灯片上显示相关提示字幕。选中 Correct(正确),做题正确后显示正确提示框;选中 Incomplete(未完成),提交时未做完题目显示的提示框;选中 Time Limit(时间限制),显示超过规定时间未完成题目时的提示框,修改 Time Limit: 300 (sec) 中的数字规定该幻灯片的答题时间;选中 Timeout Caption(超时字幕),显示超时时的提示字幕。

3. Buttons(按钮)选项

如图 10.18 所示,选中 Clear(清除),显示"清除"按钮;选中 Back(后退),显示后退按钮;选中 Skip(跳过),显示跳过按钮。

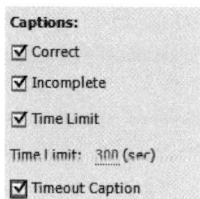

图　10.17

图　10.18

10.2.2　多项选择题

多项选择题(multiple-choice question)包含一个占位符用来输入题目和两个答案选项：
A 和 B。在其测验属性面板中可以设置更多的答案数，可以把答案设置为多项选择(默认的
是单项选择)。

如图 10.19 所示，"(1)"是测验幻灯片的类型，如多选题、连线题、判断题、填空题等，双
击占位符可编辑内容；"(2)"是测验题目，双击占位符可编辑内容；"(3)"是答案，系统运行
时将设计时选择的答案作为正确答案；"(4)"是回答正确、错误或超过答题时间限制的提示
框；"(5)"是答题完成后预览答题结果的提示区域；"(6)"是按钮工具。默认"(4)"、"(5)"是
重叠放置在"(6)"正上方，图 10.19 的布局重新进行了排列。

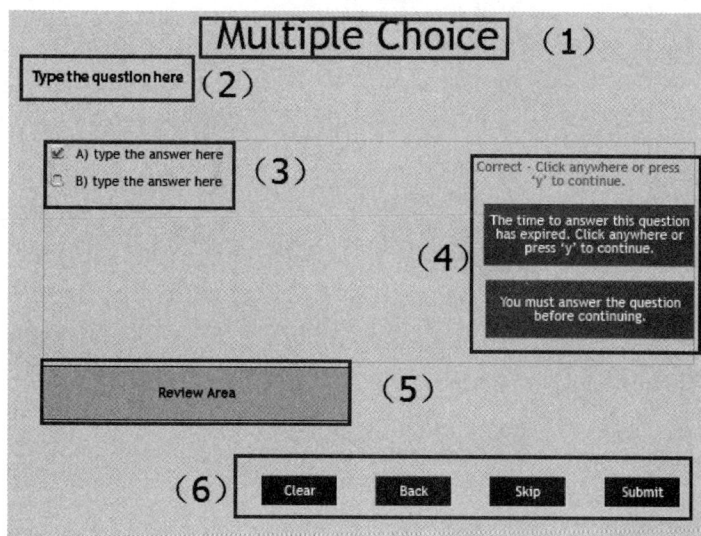

图　10.19

如图 10.20 所示，Answers 设置答案的数量；选中 Shuffle Answers 后，当第二次浏览
时会改变第一次浏览时答案的排列顺序；选中 Multiple Answers 后答案会由单选变成多
选；选中 Partial Score 后可以给出小分即部分正确得分；Points 设置给定分数；Penalty 设
置惩罚性分数；在 Numbering 下拉列表框中可选择答案编号的类型。

10.2.3　判断题

判断题(true-or-false question)设置简单，主要是设置分数和题目标号类型，如图 10.21
所示。

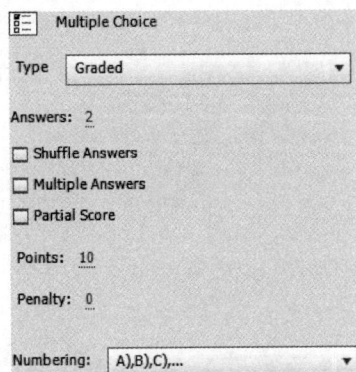

图 10.20

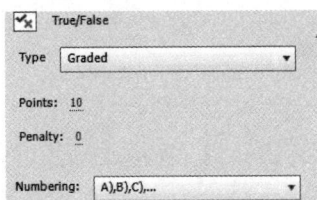

图 10.21

10.2.4 填空题

(1) 填空题(fill-in-the-blank question)的重点是掌握如何设置填空和答案。新建一个空白项目,插入一个填空题幻灯片,输入如图 10.22(a)所示内容,要把"北京"和"华盛顿"设置为填空的内容,先选择"北京",然后在测验属性面板单击 Mark Blank(标记为填空),如图 10.22(b)所示。再用同样方法设置"华盛顿",设置好后在"北京"和"华盛顿"下面会出现一条虚线。

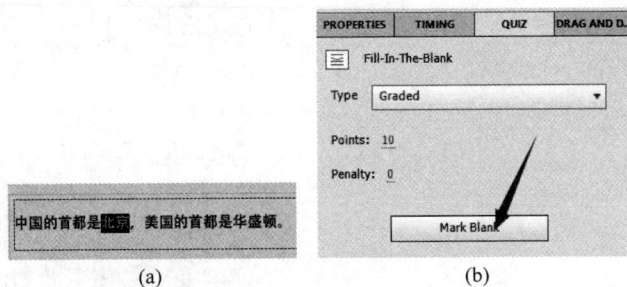

中国的首都是北京,美国的首都是华盛顿。

(a)   (b)

图 10.22

(2) 运行项目,出现如图 10.23 所示效果。

中国的首都是_____,美国的首都是_____

图 10.23

(3) 返回项目,在"北京"上双击,出现如图 10.24 所示面板,单击 ➕ 号分别添加"上海""天津"和"南京",在左下角的下拉列表框中选择 Dropdown List(下拉列表),在出现的多项选择中,选择正确答案"北京"。

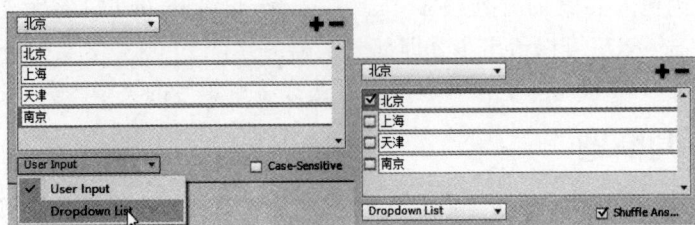

图 10.24

（4）运行项目，出现如图 10.25 所示效果，关闭项目。

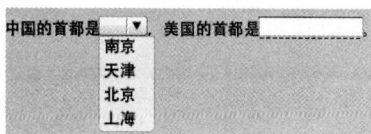

图　10.25

10.2.5　简答题

双击简答题(short-answer question)幻灯片的答案区域，会出现输入答案界面，同样也可以输入多个答案(如果不止一个正确答案时使用)，如图 10.26 所示。

图　10.26

10.2.6　连线题

（1）新建一个空白项目，插入一个连线题(matching question)幻灯片，把"$2+3=5$，$5+7=12$，$9-6=3$，$10+8=18$"做成连线题，连线题幻灯片默认有 3 道题，现在有 4 个算式，那么在该幻灯片的测验属性面板，把 Column1 和 Column2 的数量设置为 4，如图 10.27 所示。

（2）将题目输入幻灯片，在 Column1 中单击题目，在下拉列表框中设定对应 Column2 每道题的正确答案，如图 10.28 所示。

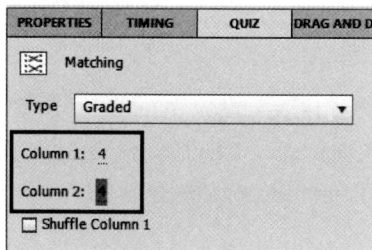

图　10.27

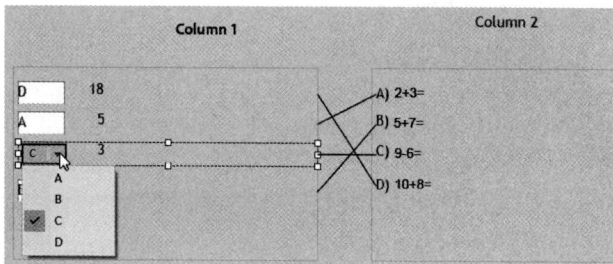

图　10.28

（3）运行项目，拖动右边题目到左边正确题目上，也可在左边题目的下拉列表框中选择对应的右边题目的答案。关闭项目。

10.2.7　热点选择

（1）打开"Lesson10\范例文件\10.2.7 热点选择测验.cptx"文件，如图 10.29 所示。

（2）图中有4个苹果,可热区只有1个,在热点选择(hotspot question)幻灯片的测验属性面板设置 Answers(回答)为4,如图10.30所示。

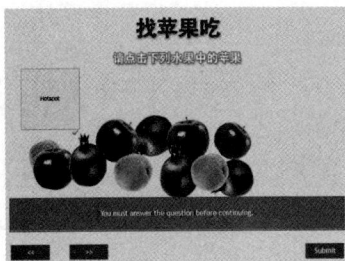

图 10.29

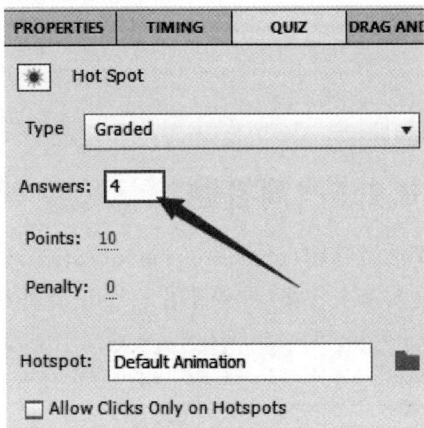

图 10.30

（3）在幻灯片上把热区调整大小放到4个苹果上,分别选择热点,在属性面板把 Fill(填充)的透明度设为0,把 Stroke(边框)的宽度设为0,这样运行时就看不到热点了,而由用户来寻找,如图10.31所示。

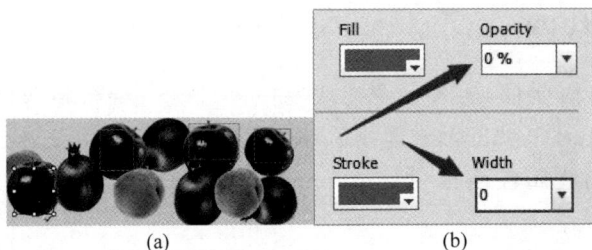

(a)   (b)

图 10.31

（4）运行项目,查看效果后关闭项目。

10.2.8 排序题

（1）新建空白项目,插入一张 sequence question(排序题)幻灯片,设置 Answers(回答)为5,输入"123、222、30、433、59"几个数字(注意,按大小顺序输入表示正确答案,运行时程序自动打乱顺序),设置 Answer Type(回答方式)为 Drag Drop(拖放),如图10.32所示。可从下拉列表框中选择另一种方式 Drop Down。

（2）运行项目,查看效果后关闭项目。

10.2.9 等级量表

rating scale(Likert)question(等级量表)是指幻灯片没有分数和对错答案,而是对一定观点的分级评价测验,比如为用户提供一系列可供选择的级别:不同意、基本不同意、中立、基本同意或同意。

虽然等级量表幻灯片不能基于正确性分配分数或创建分支,但可以决定用户完成分级

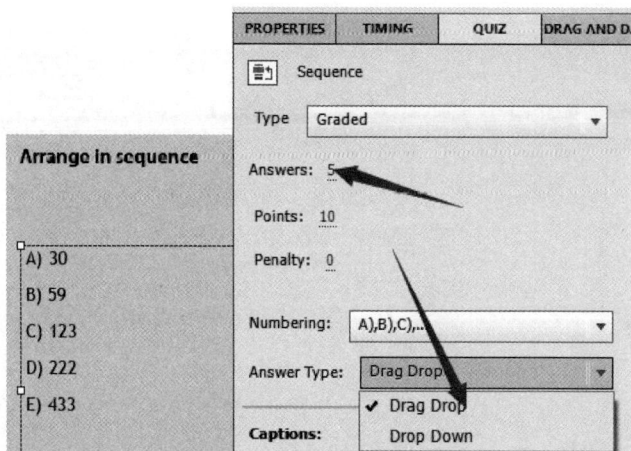

图　10.32

后会发生什么,例如,继续下一张幻灯片、打开另一个项目或显示一个 URL。

双击等级量表幻灯片上的占位符文字,可以将之替换成需要的内容,在其测验属性面板可设定 Answers(回答)的数量和每个题目的 Rating Scale(分级数量),如图 10.33 所示。

在该幻灯片的属性面板 Actions(动作)项,设置完成测验后的导航选择,如图 10.34 所示。

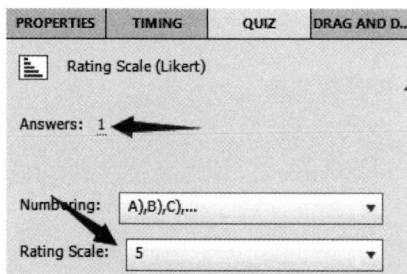

图　10.33

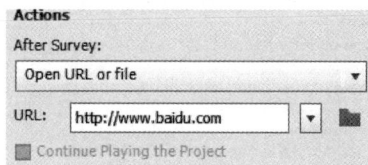

图　10.34

10.3　随机测验

随机测验幻灯片显示从题库中随机选择的问题,有助于避免测验的可预测性。随机测验幻灯片没有自己的时间轴,而是使用运行时选择的测验幻灯片的时间安排。

(1)案例演示。

打开"Lesson10\范例文件\10.3 随机测验.cptx"。在幻灯片带一共放置了 5 个随机测验幻灯片,在测验题池(pool)里有 3 组题目 Pool1、Pool2 和 Pool3。选择不同的题目池,可以发现 Pool1 的幻灯片背景是黄色的,Pool2 的幻灯片背景是土黄色,Pool3 的幻灯片背景是灰色的,如图 10.35 所示。

运行项目两次,可以发现每次每张随机测验幻灯片显示的题目都来自不同的题目池,而且每次运行题目都不一样。这就是随机测验幻灯片的功能。

视频讲解

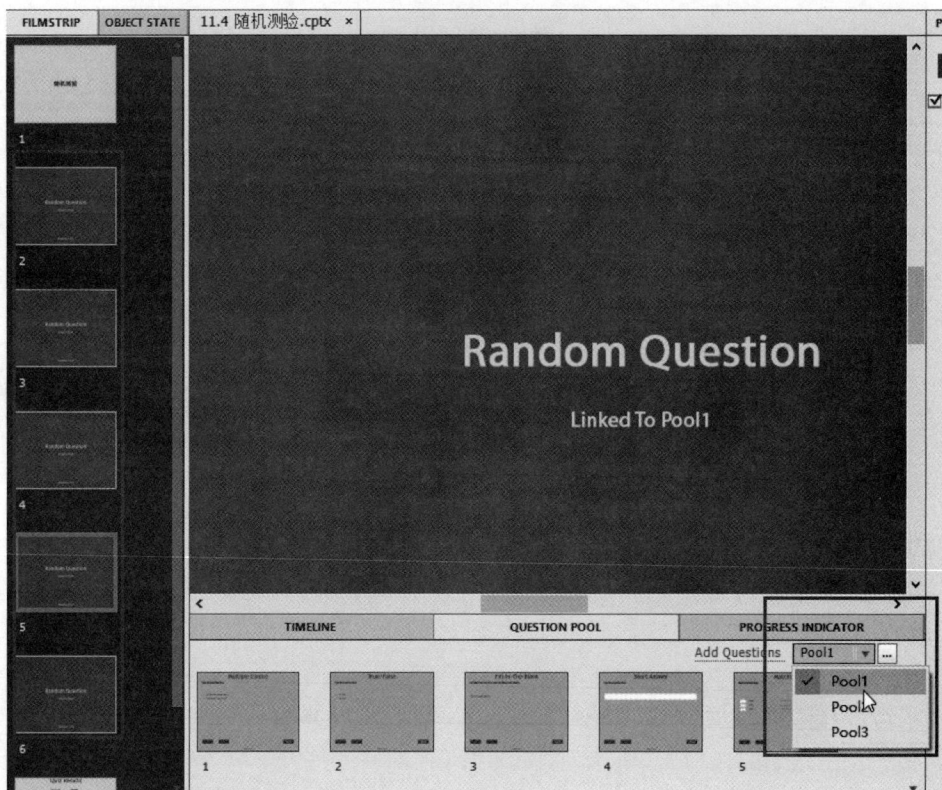

图　10.35

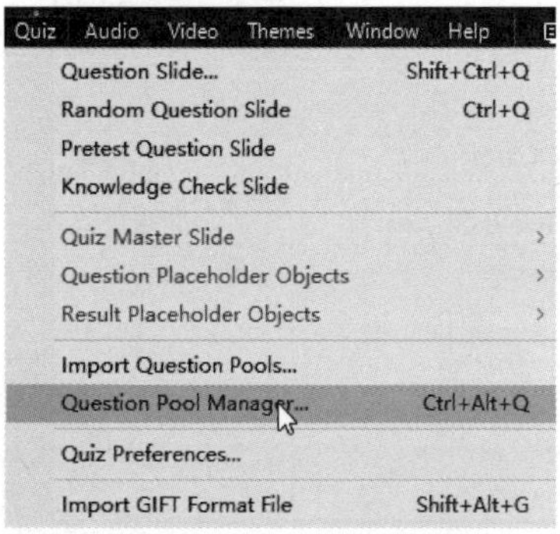

图　10.36

（2）创建和管理测验幻灯片池。

新建一个空白项目，在主菜单栏 Quiz（测验）下单击 Question Pool Manager（管理测验题池），如图 10.36 所示。

在出现的面板中，单击左上角的 ➕ 号可添加测验幻灯片池，单击左上角的 ▬ 号可删除测验幻灯片池；单击中间的 ➕ 号会弹出 Insert Questions（插入测验幻灯片）面板，单击中间的 ▬ 号会删除插入的测验题目，如图 10.37 所示。

单击左上角的 ➕ 号 3 次插入 3 个测验幻灯片池，分别选择这 3 个池，每个池里都插入一个 Insert Questions（插入测验幻灯片）面板的前 7 个测验题，把 Pool1 里的测验幻灯片背景设置为黄色，把 Pool2 里的测验幻灯片背景设置为土黄色，Pool3 里的测验幻灯片背景保持默认的灰色。

在幻灯片带插入 5 个随机测验幻灯片，运行程序，查看效果。

（3）测验幻灯片池中的幻灯片可以从外部导入 GIFT 文件创建，新建一个空白项目文件，在测验幻灯片池管理面板中单击 Import GIFT File 按钮，在弹出的选择文件对话框中选择"Lesson10\素材\范例素材\GIFT 文件示例.txt"，就会发现在 Pool1 中导入了测验幻灯片，如图 10.38 所示。

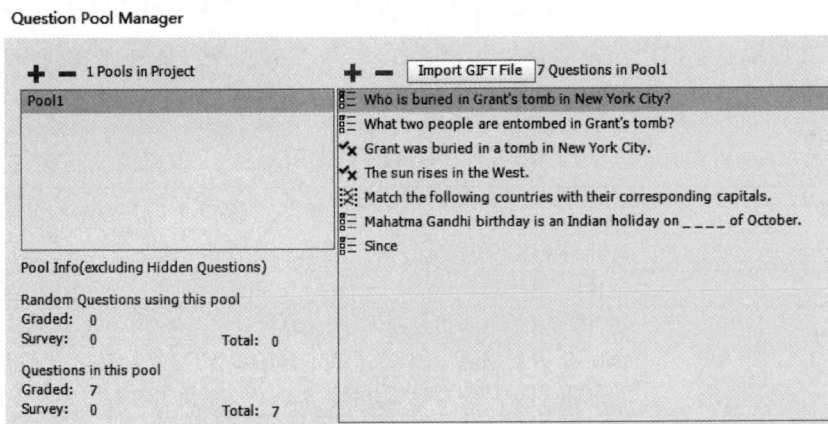

图 10.37

图 10.38

（4）测验幻灯片可以在项目和测验幻灯片池之间以及幻灯片池之间移动。

在幻灯片带添加几张测验幻灯片，在测验幻灯片上右击，在弹出的菜单中选择 Move Question to（移动幻灯片到），会弹出移动幻灯片到哪个测验幻灯片池，如图 10.39（a）所示；在幻灯片池中的测验幻灯片上右击，使用同样的命令，会弹出移动幻灯片到项目中或其他幻灯片池，如图 10.39（b）所示。

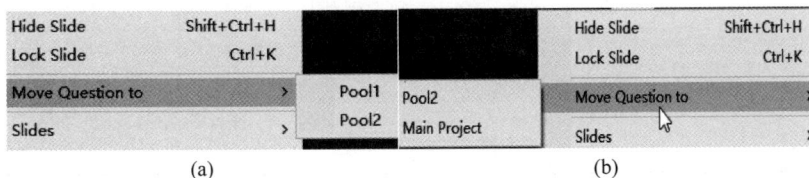

(a) (b)

图 10.39

关闭新建项目。

10.4 导入 GIFT 格式文件生成测验项目

视频讲解

10.4.1 插入 GIFT 格式文件

新建一个空白项目,单击主菜单的 Quiz(测验)下的 Import GIFT Format File(导入 GIFT 格式文件),如图 10.40 所示。

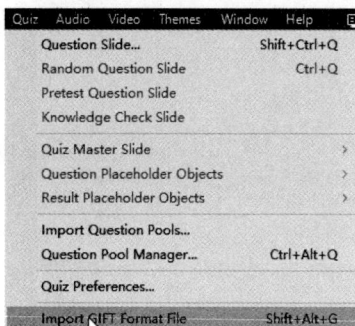

Quiz Audio Video Themes Window Help	
Question Slide...	Shift+Ctrl+Q
Random Question Slide	Ctrl+Q
Pretest Question Slide	
Knowledge Check Slide	
Quiz Master Slide	>
Question Placeholder Objects	>
Result Placeholder Objects	>
Import Question Pools...	
Question Pool Manager...	Ctrl+Alt+Q
Quiz Preferences...	
Import GIFT Format File	Shift+Alt+G

图 10.40

在弹出的选择文件对话框中选择"Lesson10\素材\范例素材\GIFT 文件示例. txt",就会发现在幻灯片带中导入了测验幻灯片。

10.4.2 创建 GIFT 格式文件

GIFT 是英文 General Import Format Technology 的简写,意思是通用导入格式技术。如果测验题较多,而且经常重复使用,那么创建 GIFT 格式文件是最明智的做法。其可在任意文本编辑工具中编辑创建。

GIFT 文件最基本的语法是双冒号代表题目(::),答案放在大括号内({}),题目之间必须有一个空行。表 10.1 给出一些格式符号代表的含义。

表 10.1 格式符号的含义

符 号	含 义
// text	注释到行尾(可选)
::title::	题目标题(可选)
text	题目文本(如果未指定标题,则变为标题)
[...format...]	选项有［Moodle］、［Plain］和［Markdown］。题目文本的默认值是［moodle］,题目的其他部分默认为题目文本使用的格式
{	开始回答
{T} or {F}	回答正确或错误;或者 {TRUE}和{FALSE}
{ ... =right ... }	多项选择题的正确答案
{ ... ~wrong ... }	多选错误答案
{ ... =item -> match ... }	匹配题目
#feedback text	前一个多项选择题的反馈,填空或数字答案的反馈
{#	开始数字应答
answer:tolerance	在±允许的范围内接受数字答案
low..high	接受数字应答的下限和上限值
=%n%answer:tolerance	在答案总分范围内的 n% 分
}	结束回答(s)
\character	反斜杠是转义字符,用来输入~,=,#,{,}和 :: 等字符
\n	换行符

Adobe Captivate 支持 GIFT 文件的多项选择、真/假、简答题、填空题、匹配连线题、数字题 6 种类型的题目,下面分别进行阐述。

（1）单项选择题（单选按钮），如图 10.41 所示。

错误答案的前缀是波浪号（～），正确答案的前缀是等号（＝），例如：

Who's buried in Grant's tomb?{ ＝ Grant ～no one ～Napoleon ～Churchill ～Mother Teresa }

（2）多项选择题（多选按钮），如图 10.42 所示。

例如：

What two people are entombed in Grant's tomb? {

～ % － 100 % No one

～ % 50 % Grant

～ % 50 % Grant's wife

～ % － 100 % Grant's father

}

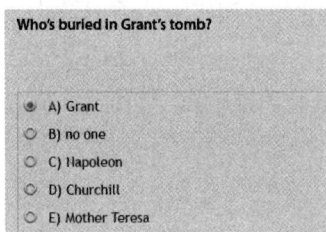

图 10.41

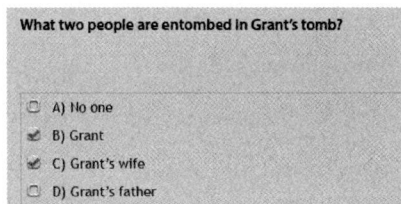

图 10.42

　～％－100％表示答错后不是 0 分，而是要再扣除 100 分。～％50％表示 50 分。单项选择和多项选择的区别是单项选择要用一个"＝"符号表示正确，多项选择要用％50％的形式分配分数。

（3）真假判断题，如图 10.43 所示。

在这个问题类型中，答案应写为{TRUE}或{FALSE}，或者省略写作{T}或{F}。例如：

Grant is buried in Grant's tomb.{F}（错误选择为正确答案）

The sun rises in the east.{T}（正确选择为正确答案）

（4）简答题，如图 10.44 所示。

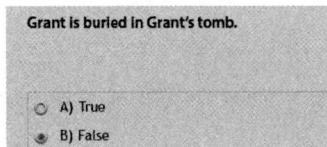

图 10.43

图 10.44

　简答题类型中的答案都以等号（＝）作为前缀，表示它们都是正确答案。答案不能包含"～"符号。下面是两个以上正确答案的例子，如果只有一个正确答案，那么不要使用"＝"符号，以免和真假判断混淆。

Who's buried in Grant's tomb?{ ＝ Grant ＝ Ulysses S. Grant ＝ Ulysses Grant}

Two plus two equals { ＝ four ＝ 4}

（5）填空题，如图 10.45 和图 10.46 所示。

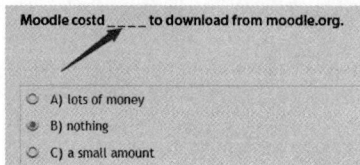

图　10.45　　　　　　　　　图　10.46

如果要把答案放到句子的中间位置，请将答案放在希望在该行出现的位置，例如：

Moodle costd{～lots of money ＝ nothing ～a small amount} to download from moodle.org.
Grant is { ＝ entombed} in Grant's tomb.

这里生成的填空题答案的写法不同，在运行时表现出的形式是不同的，如上面的{～lots of money ＝nothing ～a small amount}和{＝entombed}，前者在填空处留下画线，答案在下面选，后者直接在填空处输入答案。

（6）匹配连线题，如图 10.47 所示。

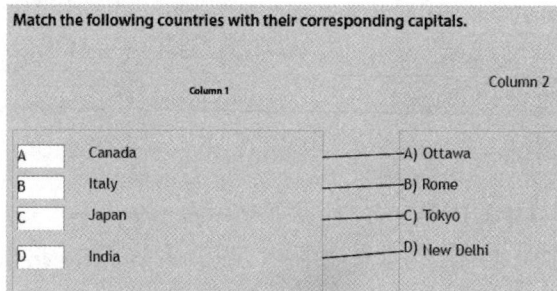

图　10.47

匹配对以等号(＝)开头，并用符号"->"分隔。必须至少有 3 对匹配对，匹配问题不支持反馈或百分比回答权重。例如：

Match the following countries with their corresponding capitals. {
 = Canada -＞ Ottawa
 = Italy -＞ Rome
 = Japan -＞ TOKyo
 = India -＞ New Delhi
}

匹配题默认情况下是按顺序排列，这样在运行做题过程中就可以猜到正确答案。要打乱排列顺序，应在 Quiz(测验) 属性面板选中 Shuffle Column 1。

（7）数字题，如图 10.48 所示。

图　10.48

数字问题的回答部分必须以符号"♯"开头。在 Adobe Captivate 中不支持一定范围的答案(如：When was Ulysses S. Grant born? {♯1822:5}),请按下面的例子设计。

When was Ulysses S. Grant born?{♯1822}

10.5　使用 Submit All 按钮

若要允许用户修改对已回答问题的选择,则可以使用"全部提交"按钮。要插入按钮,可单击 Edit(编辑)→Preferences(首选项)→Settings(设置)→Submit All(全部提交)。

测验中每个问题幻灯片上的"提交"按钮将替换为"全部提交"按钮。尽管用户可以在每张幻灯片上看到此按钮,但如果用户单击按钮而没做完所有题目,Adobe Captivate 将显示适当的警告。这些消息可以在测验首选项中自定义[Edit(编辑)→Preferences(首选项)→Settings(设置)→Submit All Messages(提交全部消息提示)]。还可以使用对象样式管理器[Edit(编辑)→Object Style Manager(对象样式管理器)→Runtime Messages(运行时消息)]更改消息框的外观。

10.6　知识评估测验幻灯片的使用

视频讲解

知识评估测验幻灯片的主要功能是测验所学知识的情况,然后可以根据情况转到相应的知识内容进行学习。本章模拟案例就是知识评估测验的类型,下面对这个案例进行介绍。

打开"Lesson10\模拟练习\10 模拟 complete. cptx"文件,该案例是 10 以内的加法课件,首先检查用户是否掌握了 1~10 的数字,如果掌握了就学习 10 以内的加法内容;如果没有掌握就继续学习认识 10 以内的数字,第 1 张幻灯片是封面,第 2~10 张幻灯片是知识评估测验,第 12 张幻灯片是认识 10 以内的数字,第 13 张过渡到 10 以内的加法学习。

(1) 第 2 张幻灯片的制作。

选择第 2 张幻灯片,在测验属性面板(Quiz)可以看到其类型为 Short Answer(简答题),Points(分数)为 10 分,如图 10.49 所示。

如图 10.50 所示,(a)图中的"(1)(2)(3)(4)"和(b)图中的序号是对应的,(a)图有而(b)图没有的是后来添加的(如背景图、马图片和文字等),(b)图有而(a)图没有的是删除掉了的。

双击"(2)"可以添加答案,这里代表有几匹马,数字是 1,如图 10.51 所示。

(2) 第 3~11 张测验幻灯片的制作。

剩下的第 3~11 幻灯片的制作和第 2 张幻灯片的制作方法和原理一样,不一样的只是内容,可参照完成的案例制作。

(3) 编辑 Edit Pretest Action 按钮。

Edit Pretest Action 按钮放在知识评估测验幻灯片的 Quiz(测验)属性面板,在幻灯片带选择任意一张知识评估幻灯片,单击该按钮可进入 Advanced

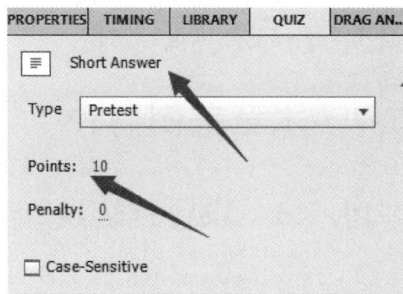

图　10.49

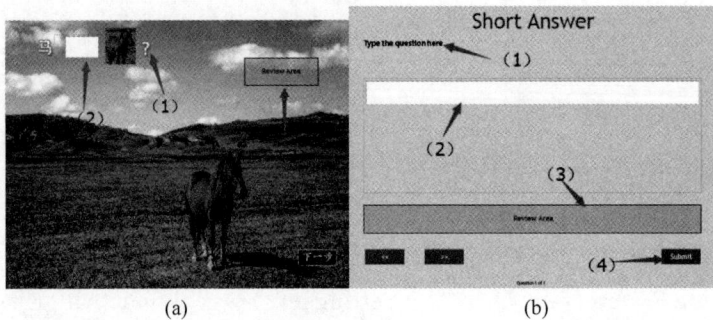

图 10.50

Actions(高级动作)面板,并会打开 CPPretestAction 高级动作,如图 10.52 所示。

图 10.51

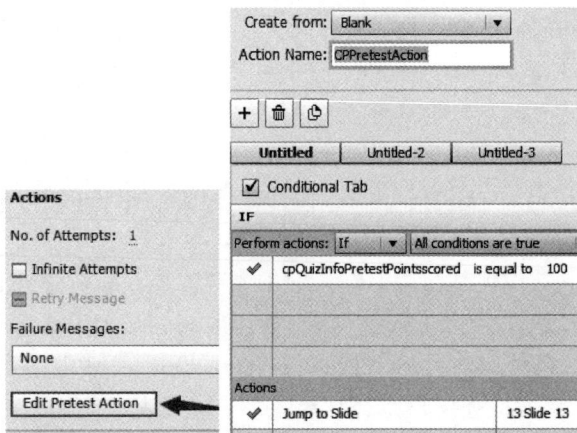

图 10.52

设置的代码意思是,如果 cpQuizInfoPretestPointsscored(保存总分的系统变量)的值等于 100,那么就跳到第 13 张幻灯片学习 1~10 的加法,否则就跳到第 12 张幻灯片继续学习 0~9 的数字。

说明:在每一张知识评估测验幻灯片的 Quiz 属性中都有 Edit Pretest Action 按钮,但该高级动作在最后一张知识评估测验幻灯片运行完成后才执行,因为那时候总分才能出来。

(4) 第 12~14 张幻灯片的制作。因为它们不是测验幻灯片,在此不再介绍,读者可根据前几章学习的知识进行制作。

10.7 本章范例制作

10.7.1 设置首选项

(1) 打开"Lesson10\范例文件\10Start\10Start.cptx"文件,打开首选项设置面板,选择 Quiz(测验)项下的 Settings(设置),如图 10.53 所示。

视频讲解

（2）选中右侧的 Shuffle Answers（调整答案顺序），在出现的询问"Do you want answer shuffling for all of the applicable question types？是否应用于所有的可使用此项功能的测验幻灯片？"的对话框中单击 Yes 按钮，如图 10.54 所示。该功能主要是把答案排放顺序每次进行变化，减少答题过程中的猜题因素。

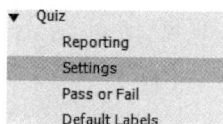

图　10.53

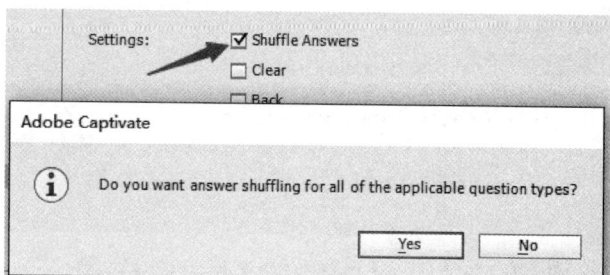

图　10.54

（3）选中 Show Score at the End of the Quiz（测验结束后显示分数），单击 Quiz Result Message（测验情况反馈）按钮，在弹出的对话框中把英文翻译成中文，以备在运行时显示，单击 OK 按钮，如图 10.55 所示。

（4）单击 Question Review Messages（浏览做过的测验题目时显示的提示）按钮，在弹出的对话框中把提示语句翻译成中文，如图 10.56 所示。

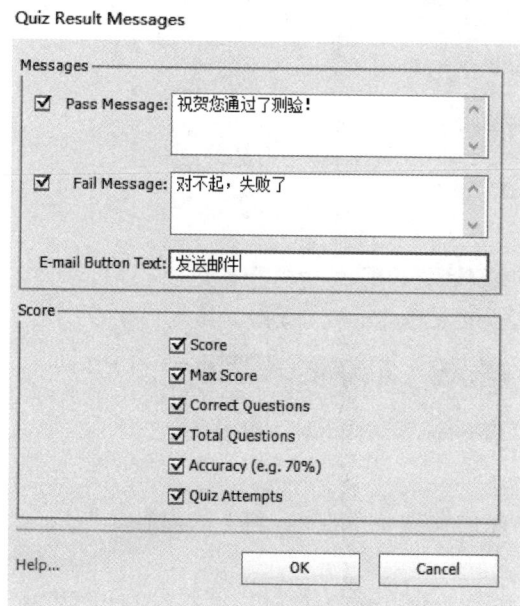

图　10.55

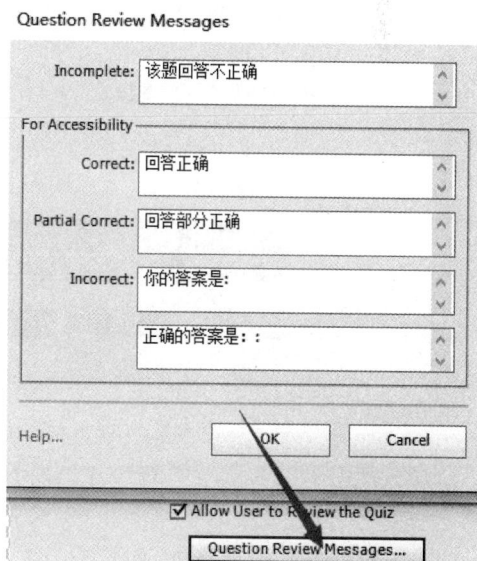

图　10.56

（5）选中 Hide Play Bar in Quiz（在做题过程中隐藏播放条）。

（6）选择左侧导航栏的 Default Labels（默认标签），把右侧的提示文本（如图 10.57 所示）和按钮标签（如图 10.58 所示）翻译成中文，这样在测验中的按钮标签和提示语句就变成中文了。

图 10.57

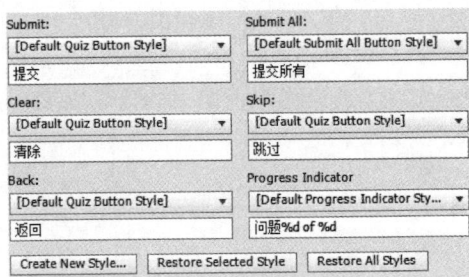

图 10.58

10.7.2 设置母版测验幻灯片样式

（1）在主菜单中单击 Window(窗口)→Master Slide(母版幻灯片)，选择第 11 张幻灯片，这张幻灯片是单选题、多选题、真假判断题、填空题和排序题的母版幻灯片(MCQ,T/F,FIB,Sequence 幻灯片)，如图 10.59 所示。

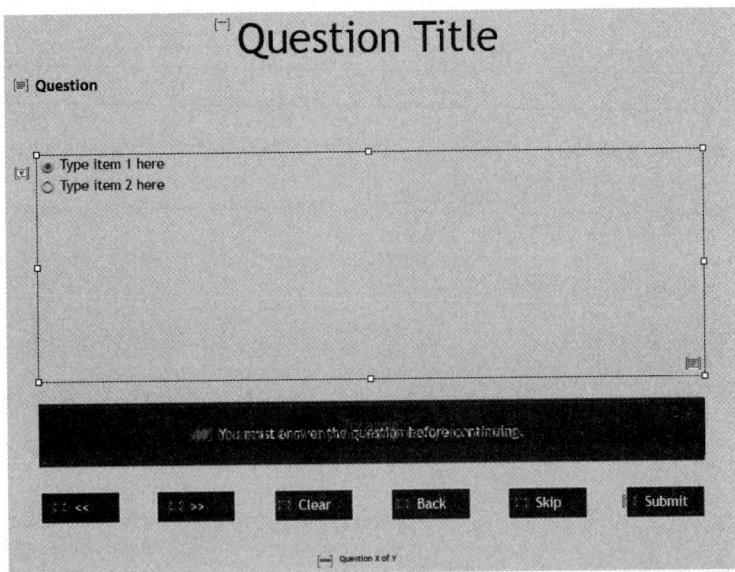

图 10.59

（2）把图 10.59 所示的幻灯片上所有能删除的元素全部删除，剩下的内容如图 10.60 所示。

（3）对幻灯片进行修饰，如图 10.61 所示，按钮的颜色改为紫红色，在右下部上下排列。

（4）在幻灯片带的该张幻灯片上右击，在弹出的菜单中单击 Duplicate(副本)，复制一个副本，同样的操作再复制一个副本，此时一共有 3 个这样的幻灯片，将 Library(库)中的"背景 1.jpg""背景 2.jpg""背景 3.jpg"3 张图片分别设置为它们的背景，将图片的透明度设置为 50%左右(具体方法前面已经学习过)，如图 10.62 所示。

（5）选择 Matching(匹配)母版幻灯片，同样删除其上任何可删除的内容，适当进行排版，把按钮设置为紫红色，如图 10.63 所示。

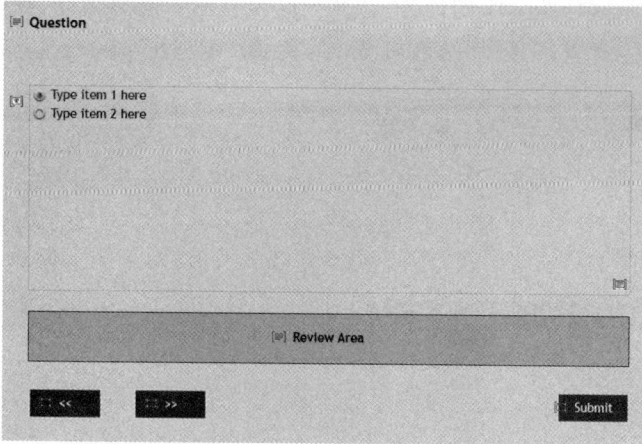

图　10.60

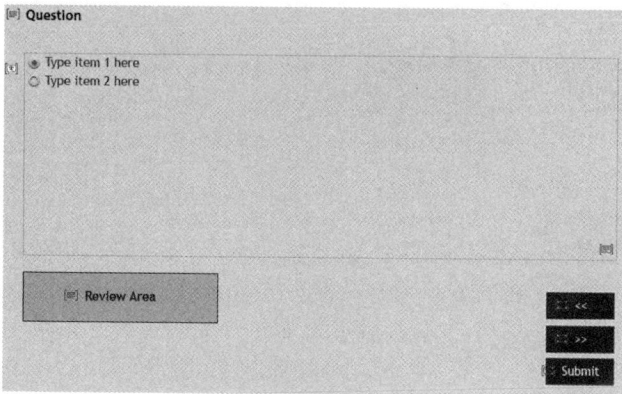

图　10.61

图 10.61

彩色图片

图　10.62

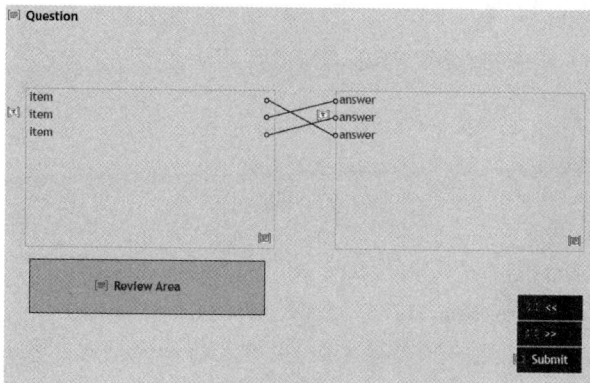

图 10.63

彩色图片

图　10.63

(6) 复制出 3 张这样的母版幻灯片,在其上同样分别添加"背景 1.jpg""背景 2.jpg""背景 3.jpg"3 张图片为背景,把图片的透明度设置为 50％左右。

10.7.3　建立测验幻灯片池

(1) 在主菜单 Quiz(测验)下单击 Question Pool Manager(测验幻灯片池管理),如图 10.64 所示。

(2) 单击左上角的 ➕ 两次,添加两个测验幻灯片池,如图 10.65 所示。

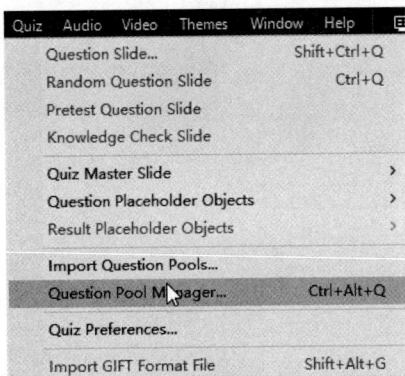

图　10.64

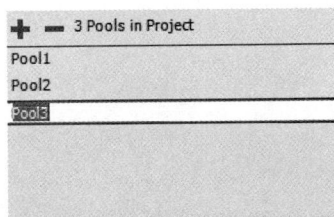

图　10.65

(3) 选择第一个测验幻灯片池,单击 Import GIFT File 按钮,在弹出的文件选择对话框中导航到"Lesson10\素材\范例素材"目录,选择"GIFT 地理 1.TXT"文件,单击"打开"按钮就会出现导入的界面了,如图 10.66 所示。

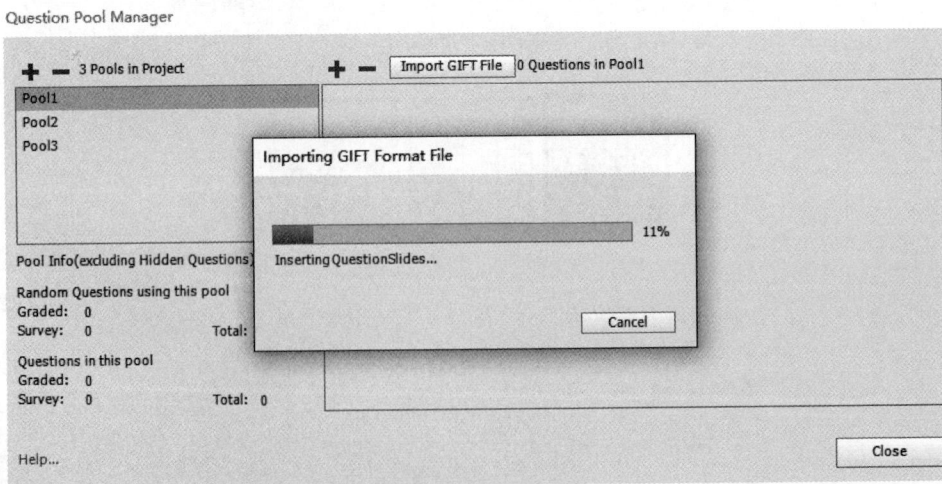

图　10.66

(4) 用同样的方法,把"GIFT 地理 2.TXT"文件导入到"Pool2(测验幻灯片池 2)",将"GIFT 地理 3.TXT"文件导入到"Pool3(测验幻灯片池 3)"。

为了让每个测验幻灯片池的样式有区别,在导入前首先把母版幻灯片中要用到的那张母版幻灯片拖到测验幻灯片母版的第一个位置,即第 11 张幻灯片。把第 12 张幻灯片拖到第 11 张的位置,把第 15 张拖到第 14 张的位置(连线幻灯片母版),这样导入"GIFT 地理 2.TXT"文件时就应用到了刚才拖动的那两张母版幻灯片,如图 10.67 所示。

(5)导入后,在底部的 Question Pool(测验幻灯片池)面板右上角的下拉列表中可选择 当前要编辑的测验幻灯片池,选择进入幻灯片池单击其中的幻灯片就会显示到舞台上,像编 辑其他幻灯片一样进行编辑,如图 10.68 所示。

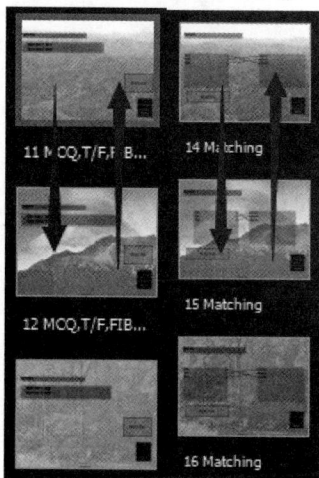

图 10.67

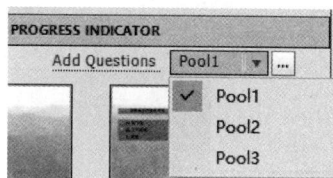

图 10.68

10.7.4 插入随机测验幻灯片

在幻灯片带插入 10 张随机测验幻灯片,在测验幻灯片的属性面板为每张随机测验幻灯 片指定使用的测验幻灯片池,如图 10.69 所示。

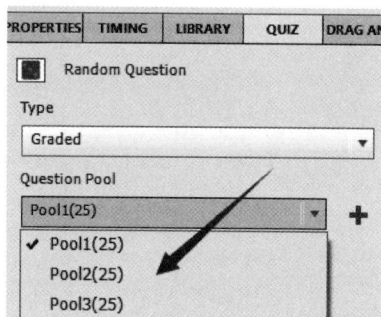

图 10.69

运行项目进行预览,对不完善的地方可继续进行修改。

📚 作业

一、模拟练习

打开"Lesson10\模拟练习"中的"10 模拟 complete.cptx"文件,并进行预览,根据本章 知识内容,做一个类似的项目。课件资料已完整提供,获取方式见前言。

二、自主创意

根据本章所学知识,自主创意制作一个项目,熟练掌握 Adobe Captivate 测验课件的制作。

三、理论题

1. 测验幻灯片的种类和属性有哪些?

2. GIFT 文件各种测验的语法格式是怎样的?

3. 简述测验幻灯片池的使用方法。

第11章

响应式项目

本章学习内容

（1）创建响应式项目；

（2）流体盒子的使用；

（3）转变其他项目为响应式项目；

（4）响应式项目的发布；

（5）录制响应式项目课件。

完成本章的学习需要大约 3 小时，相关资源获取方式见前言。

知识点

响应式项目	流体盒子	断点	Option（选项）属性
静态流体盒子	自定义折叠浏览	响应式项目发布	

本章案例介绍

范例

本章范例是一个做游戏学数字的课件，在设计中全面应用了 Adobe Captivate 的流体盒子技术，结合高级动作的设计。该课件不但能自动适应各种设备的显示尺寸，而且努力实现课件的智慧化，提高学习效率。响应式项目只可以发布为网页形式，如图 11.1 所示。

模拟案例

本章模拟案例是关于百以内的数和认识人民币的教学课件，设计中主要使用了流体盒子和高级动作知识，每个页面的回答必须全部正确才能进入下一关，提交时有错要改错，每错一次扣该题 10% 的分数，没拿满分的题目会强制进行重做，重做题目的次数说明了对课件内容掌握的熟练度。该案例设计精细，教学理念先进，如图 11.2 所示。

图 11.1

图 11.2

11.1 预览完成的项目

(1) 在 Adobe Captivate 2019 的菜单栏中选择文件(File)→打开(Open)命令。选择"Lesson11/范例文件/11Complete"文件夹中的 11Complete.cptx 文件并单击 Open(打开)按钮(也可用浏览器打开"Lesson11/范例文件/11Complete/11Complete"文件夹中的 index.html 在网页中进行预览)。

(2) 选择工具栏中的预览(Preview)→项目(Project)预览播放文件,也可按 Ctrl+Enter 组合键快速预览播放项目,如图 11.3 所示为其中一个场景画面。

也可以在"范例文件\11Complete\11Complete 发布文件"文件夹中用浏览器打开 index.html 文件进行浏览。

图 11.3

11.2 创建响应式项目

在启动界面的 New(新建)选项下,选中 Responsive Project(响应式项目),然后单击 Create(创建)按钮,如图 11.4 所示。

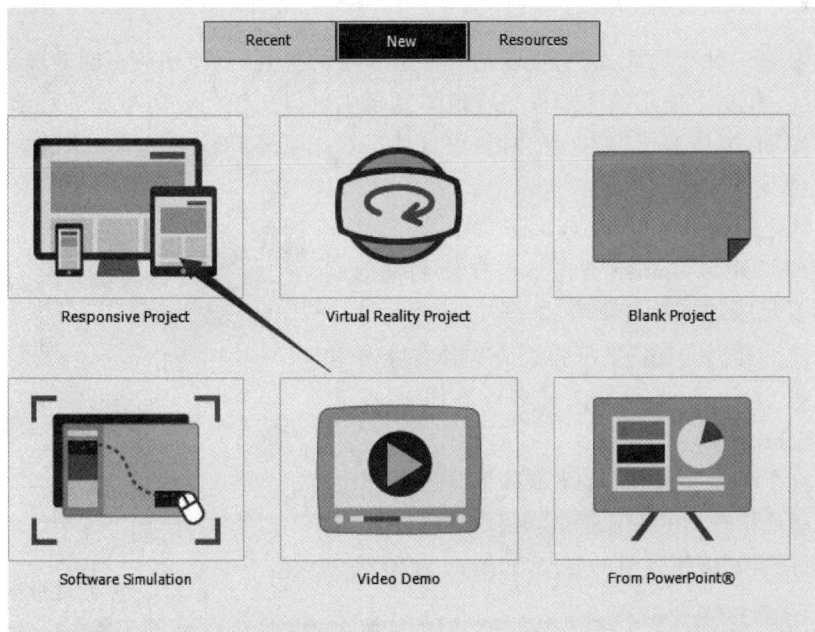

图 11.4

或者在 File(文件)菜单下单击 New(新建),在弹出的子菜单中选择 Responsive Project (响应式项目),如图 11.5 所示。

在项目的左上角,可以调整和浏览项目的大小状态,如图 11.6 所示,单击 ▶ 按钮可以使项目的尺寸在屏幕上由小到大、由大到小地连续变换,从而观察各种尺寸显示状态,单击

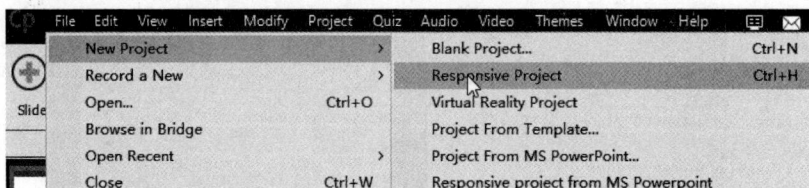

图　11.5

Desktop 下拉列表可以选择浏览各种固定尺寸的显示,单击 `1024 × 627 +` 中的数字或加号可以设置当前状态下舞台的显示大小。

图　11.6

11.3　添加流体盒子

视频讲解

　　流体盒子是一种布局模式,它提供幻灯片上对象的排列,以便适应不同的屏幕大小和设备的显示,是一种易于使用的布局模型。流体盒子中可以向任何方向布置子对象,灵活自动地适应显示空间,流体盒子容器中的对象可自动扩展或收缩以适应流体盒子的大小,流体盒子中的元素都具有方向属性。

　　(1) 在新建的 Adobe Captivate 项目中,在属性面板设置母版幻灯片为 Blank(空白),这样使创建的响应式项目不受母版幻灯片的影响,如图 11.7 所示。

　　(2) 通过工具栏的 的下拉列表框添加水平和垂直方向的流体盒子,每个方向最多可添加 10 个流体盒子,如图 11.8 所示。

　　(3) 这将在屏幕上创建 1 个主流体框,以及 3 个子流体框。在属性检查器的 Fluid Box Selector(流体盒子选择器)中可以看到流体盒子的层次,如图 11.9 所示。

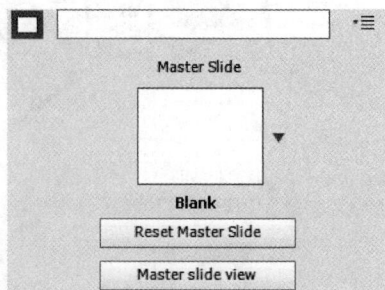

图　11.7

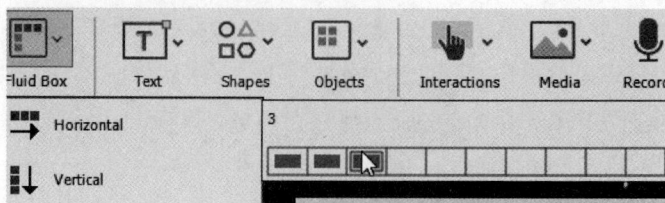

图　11.8

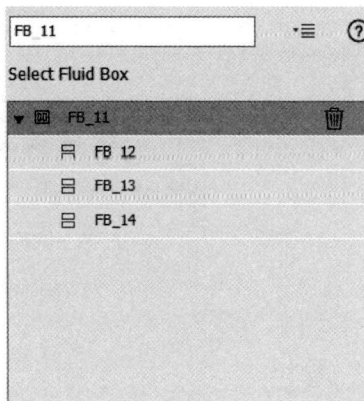

图 11.9

（4）选择主流体框，通过拖动幻灯片上的调整手柄来调整子流体框的大小，如图11.10所示。

（5）如果需要，可以进一步将子流体盒子添加到这些流体盒子中。方法为，选择要添加到的流体盒子，在工具栏上进行第（2）步的操作，如果需要，使用调整大小手柄调整流体盒子的大小，继续添加流体盒子，直到获得屏幕所需的布局，如图11.11所示。

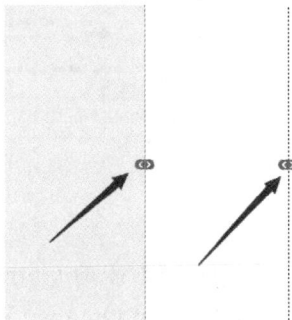

图　11.10

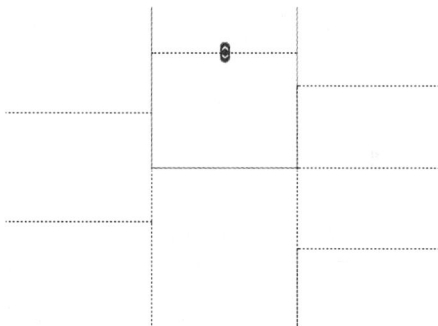

图　11.11

11.4　向流体盒子中添加内容

（1）新建一个响应式项目，插入一些流体盒子进行布局，选择要添加图像的流体盒子，可以通过将图像从库拖动到流体盒子或单击工具栏上的 Media（媒体）→Image（图像）进行添加，如果在添加图像之前未选择任何流体盒子，则图像将添加到幻灯片中心，不受任何流体盒子的影响，可以将图像拖放到任何幻灯片上的流体盒子中。

（2）只需拖放即可将对象从一个流体盒子移动到另一个流体盒子，被移动的对象的大小将根据流体盒子的大小调整，如图11.12所示。

（3）此外，如果将多个图像或对象添加到流体盒子中，对象将调整大小以适应其他对象，如图11.13所示。

（4）要更改流体盒子中对象的顺序，只需将其拖放到所需位置。要断开对象与任何流体盒子的关联，可选择对象，然后在属性面板中选择 Unlock from Fluid Box（从流体盒子中解锁）选项。

视频讲解

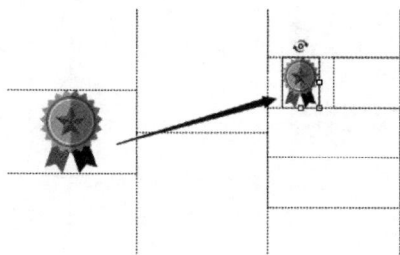

图 11.12

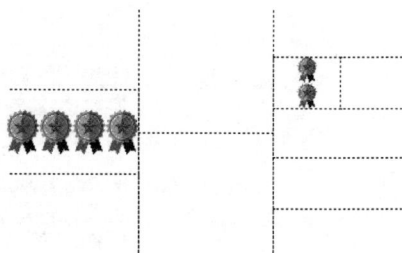

图 11.13

11.5 使用 Optional 属性

视频讲解

1. 在对象上使用 Optional 属性

添加 Optional 的对象,在显示尺寸缩小到一定程度时可以自动消失。可以标记相对重要性不大的对象或流体盒子,让它们在较小的设备上不显示。

将对象标记为 Optional 的步骤是:向流体盒子中添加一些对象,选择要在较小设备上显示时需要消失的对象,然后选择流体盒子,转到属性面板并选中 Optional。将 Wrap Options(环绕选项)属性更改为 Squeeze in a row(挤压成一行),只有设置了这个属性,Optional 属性才有效,如图 11.14 所示。

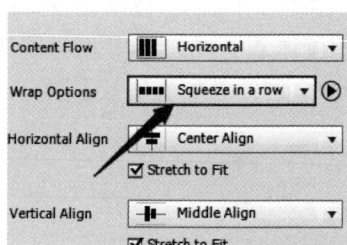

图 11.14

2. 在流体盒子上使用 Optional 属性

对一些不重要的流体盒子同样可以在较小设备上不显示,方法同设置对象的 Optional 属性类似。步骤为:选择流体盒子,转到属性面板并选中 Optional,将 Wrap Options(环绕选项)属性更改为 Squeeze in a row(挤压成一行)。

3. 案例演示

打开"Lesson11\范例文件"文件夹下的"11.5 使用 Optional 选项.cptx"文件,如图 11.15(a)所示。该项目中盛放香蕉的流体盒子设置为 Optional,其他流体盒子中的香蕉对象也设置为 Optional 属性,在较小尺寸显示时,香蕉都不见了,如图 11.15(b)所示。

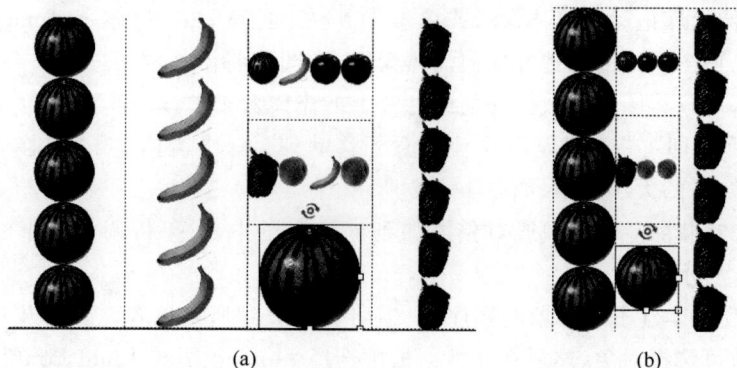

(a)   (b)

图 11.15

11.6　流体盒子的背景设置

在响应式项目中添加背景图形或背景颜色的最简单方法是使用填充选项,此选项的工作方式与智能形状填充相同。首先选择流体盒子,在属性面板切换到 Options(选项)选项卡,在这里可以找到流体盒子的填充选项,可以选择填充纯色、渐变或图像,如图 11.16 所示。

图　11.16

11.7　流体盒子的属性设置

视频讲解

Adobe Captivate 将一些默认属性应用于流体盒子,这些属性有助于内容在较小的设备上显示,下面了解一下这些属性设置。

1. Content Flow 属性

Content Flow 属性指内容流向,将流体盒子添加到幻灯片时,需要确定流体盒子的内容流动方向[Vertical(垂直)或 Horizontal(水平)]。添加流体盒子后,该选择将反映在属性面板中,如图 11.17 所示。

添加流体盒子后,可以随时在属性面板中更改流的方向,比如从垂直更改为水平;反之亦然,如图 11.18 所示。

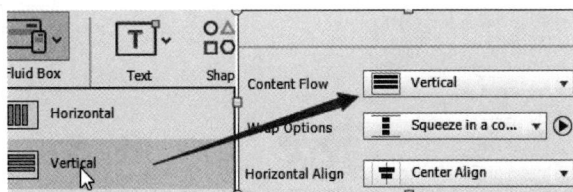

图　11.17

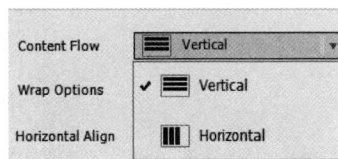

图　11.18

2. Wrap Options 属性

Wrap Options 属性指折叠换行,折叠换行控制对象何时以及如何在较小的显示设备上换行。水平流体盒子一共有 4 种折叠换行设置,如图 11.19 所示。

(1) Wrap to next row(换行到下一行):当换行点达到阈值,并且不能再容纳同一行中的所有对象时,流体盒子中的最后一个对象将移动到下一行,然后当再次达到阈值时,第二个到最后的对象将移动到下一行。这种移动是按顺序进行的,一次移动一个。

(2) Squeeze in a row(挤成一行):如果希望对象保持在同一行而不是移动到下一行,则可以使用此选项,如果显示设备缩小,对象图像将缩小并挤在一行。

(3) One row/column(单行/列):此属性将压缩单行或单列中的对象。当换行点达到阈值时,对象将从水平对齐移动到垂直对齐。

（4）Symmetrical（对称）：此属性将对象分组移动到下一行，而不是一次移动一个对象，这样每行的对象数相等。

与水平流流体盒子类似，垂直流体盒子有4个可供使用的换行选项：换行到下一列、挤成一列、单行/列和对称。

3. Align 属性

Align 属性决定如何对齐流体盒子中的对象。要查看对齐属性，应取消选中 Horizontal Align（水平对齐）和 Vertical Align（垂直对齐）属性的 Stretch to Fit（拉伸以适应）选项。

（1）Horizontal Align 的属性包括 Left Align（左对齐）、Right Align（右对齐）和 Center Align（居中对齐）。

（2）Vertical Align 的属性包括 Top Align（顶部对齐）、Bottom Align（底部对齐）和 Middle Align（中间对齐）。

（3）其他属性：Space in Between（中间空间相等），此属性允许对象在流体盒子内均匀分布；Space Around（周围空间相等），对象均匀分布在流体盒子中，对象周围的空间相等。

如果流体盒子的流动是水平的，则属性之间的空间和周围的空间是水平对齐的一部分。如果流体盒子的流动设置为垂直，那么这些属性将显示在 Vertical Align（垂直对齐）下拉列表框中。

4. Padding 属性

Padding 属性用于设置间距，可以在流体盒子内水平和垂直方向应用。可以在水平和垂直方向添加0～50像素的间距，图11.20左半部图的垂直和水平间距是0像素，右半部图的垂直和水平间距是30像素。

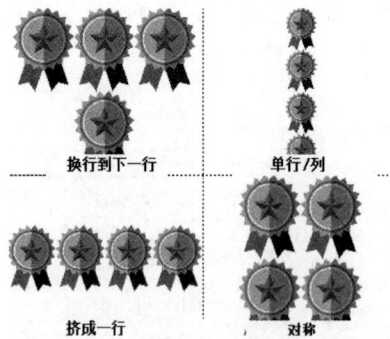

换行到下一行　　　　单行/列

挤成一行　　　　对称

图　11.19

图　11.20

11.8　静态流体盒子

视频讲解

如果要在流体盒子中放置覆盖对象，可以将流体盒子转换为静态流体盒子。此属性允许将对象放在彼此的顶部，或部分重叠，而不是并排放置，还可用手动任意排列，设置方式为：

（1）选择要转换的流体盒子。

（2）转到属性面板并选择静态选项。一旦选择静态选项，其他与流、环绕、间距相关的选项将消失（Adobe Captivate 2019 保留了对齐选项），如图11.21所示。

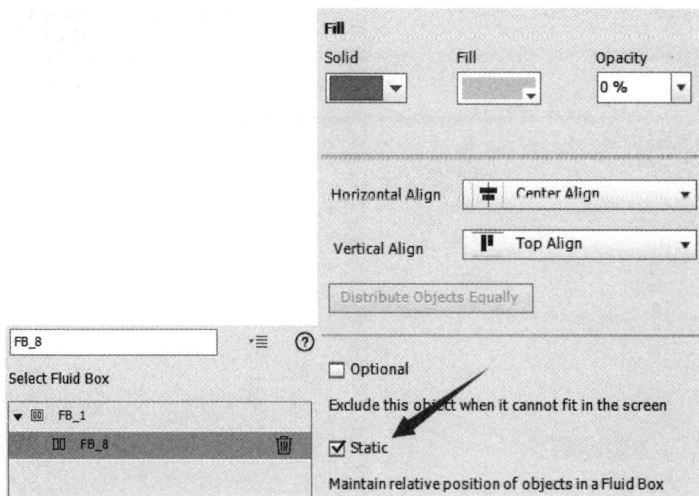

图　11.21

这将能够控制添加覆盖的对象,并手动更改流体盒子中对象的位置。

11.9　响应式项目中的断点

Adobe Captivate 2019 默认有 5 个断点,分别是:

Desktop with a viewport of 1024×627 像素(桌面视图 1024×627 像素);

Tablet Landscape with a viewport of 896×627 像素(平板视图 896×627 像素);

Tablet Portrait with a viewport of 768×627 像素(平板视图 768×627 像素);

Mobile Landscape with a viewport of 667×410 像素(移动设备视图 667×410 像素);

Mobile Portrait with a viewport of 360×460 像素(移动设备视图 360×460 像素)。

1. 创建新断点

可以创建自定义的浏览断点,如图 11.22 所示的改变长和宽数字后单击"＋"号按钮。

在弹出的对话框中输入名称后单击 OK 按钮,如图 11.23 所示。

图　11.22

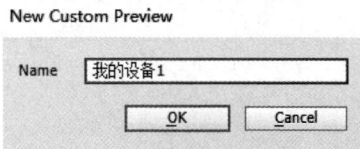

图　11.23

此时,在断点浏览下拉列表框中就会出现刚才设置的断点供选择浏览,如图 11.24 所示。

要删除用户自定义浏览断点,选择这个断点,单击"－"号按钮。

2. 改变浏览的高度

在幻灯片带上选择幻灯片,舞台上的幻灯片会出现黄色的边框,拖动底部边框可以向上移动减小高度和向下移动增加高度进行浏览,如图 11.25 所示。

图 11.24

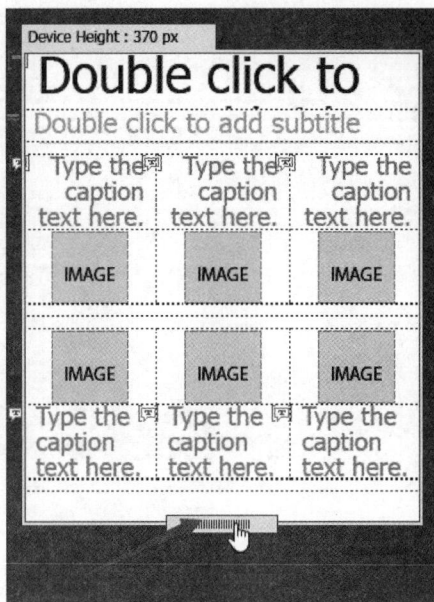

图 11.25

在属性面板选中 Preview Height(浏览高度)，可以更改具体数字以进行精确的设置。

11.10 转化其他项目为响应式项目

视频讲解

(1) 创建一个空白项目，并添加一些对象(也可直接打开"Lesson11\范例文件\11.10 转化其他项目为响应式项目.cptx")，如图 11.26 所示。

美丽的郁金香花卉

郁金香（学名：Tulipa gesneriana L. [1] ）是百合科郁金香属 [2] 的多年生草本植物，具球茎。英文名为"Garden tulip"或"Didier's tulip"。[3] 郁金香被广泛认为原产于土耳其，[4] 是土耳其、荷兰、匈牙利 [5] 等国的国花。

郁金香原产地中海沿岸及中亚细亚、土耳其等地 [7]。由于地中海的气候，形成郁金香适应冬湿冷和夏季干热的特点，具有夏季休眠、秋冬生根并萌发新芽但不出土，需经冬季低温后第二年2月上旬左右开始伸展生长形成苗叶，3～4月开花的特性。生长开花适温为15～20℃。花芽分化是在茎叶变黄时将鳞茎从盆内掘起放阴冷的室外内度夏的贮藏期间进行的。分化适温为20～25℃，最高不得超过28℃。

郁金香属长日照花卉，性喜温阳、避风，冬季温暖湿润，夏季凉爽干燥的气候。8℃以上即可正常生长，一般可耐-14℃低温。耐寒性很器，在严寒地区如有厚雪覆盖，鳞茎就可在露地越冬，但怕酷暑，如果夏天来的早，盛夏又很炎热，则鳞茎休眠后难于度夏。要求腐殖质丰富、疏松肥沃、排水良好的微酸性沙质壤土。忌碱土和连作。

首 页　　　种植基地　　　联系我们

图 11.26

（2）要将项目转换为响应式项目，可单击 File（文件）→Save As Responsive（另存为响应式项目），出现如图 11.27 所示的对话框。

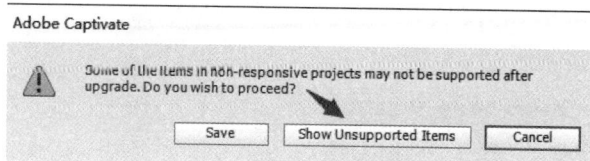

图 11.27

（3）单击 Show Unsupported Items（显示不支持对象），如果项目中存在关于响应式项目中不支持的对象就会显示出来，以便进行修改，如图 11.28 所示。

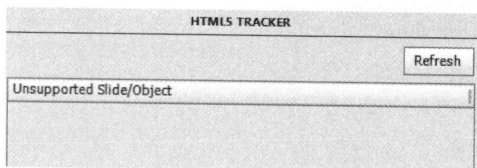

图 11.28

因该项目中没有不支持响应式的对象，所以显示为空。

（4）关闭如图 11.28 所示对话框，继续第（2）步的操作，单击图 11.27 中的 Save（保存）按钮并将项目另存为响应式项目，转换后的界面如图 11.29 所示。

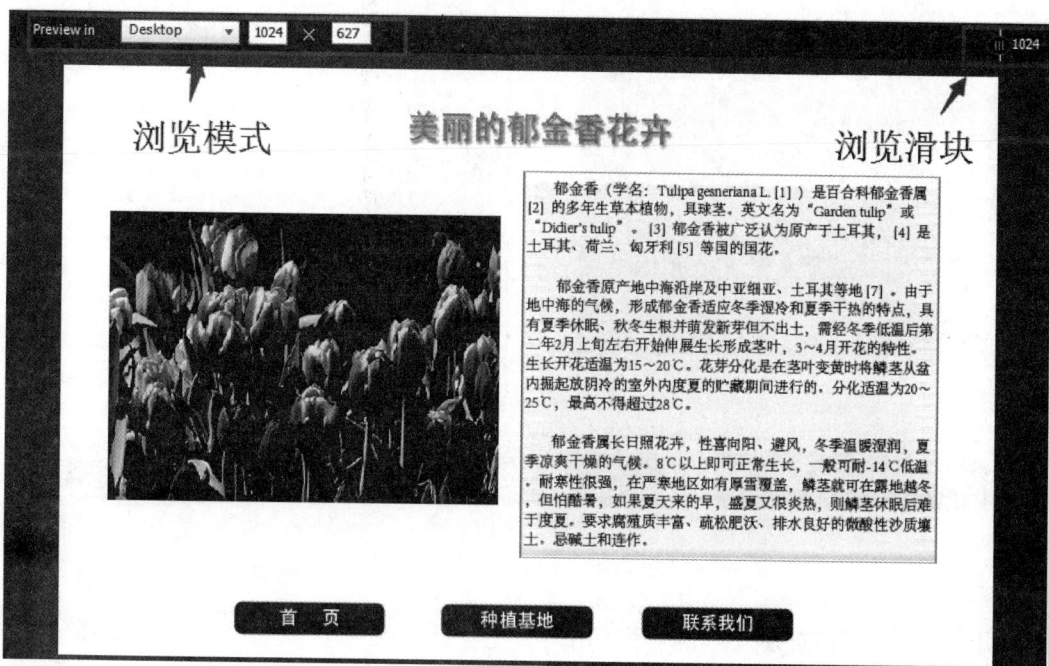

图 11.29

拖动滑块预览显示效果。

（5）如果文本框中指定的文本溢出以适应设备宽度的更改，则在文本容器的底部会显示一个展开按钮。单击该按钮可查看完整的文本，如图 11.30 所示。

美丽的郁金香花卉

图 11.30

(6) 在响应式幻灯片中,可以插入自己的 FluidBox 布局,也可以在幻灯片带选择该幻灯片后在属性面板单击 Suggest Fluid Boxes(建议流体盒子)将对象智能地放置到相应的容器中,并且可以看到项目布局更改,如图 11.31 所示,插入了 3 个流体盒子。

美丽的郁金香花卉

图 11.31

11.11 录制响应式课件时的一些事项

(1) 可以使 Playbar 控件在主视图、平板计算机和移动视图中显示各有不同,通过自定义 cpmobileplaybar 变量来实现。在 Adobe Captivate 安装目录下打开"\en_US\Gallery\Playbars\HTML\cpPlaybarMobile"下的 playbarScript.js 文件,打开之前应做备份以便后期需要时恢复,如图 11.32 所示。

```
cp.responsiveButtons =
{
        //"ButtonName"     :        [Primary,Tablet,Mobile],
        "Rewind"           :         [true,true,true,true,false],
        "Backward"         :         [true,true,true,true,true],
        "Play"             :         [true,true,true,true,true],
        "Slider"           :         [true,true,true,true,false],
        "Forward"          :         [true,true,true,true,true],
        "CC"               :         [true,true,true,true,true],
        "AudioOn"          :         [true,true,false,false,false],
        "Exit"             :         [true,true,true,true,true],
        "EnterVR"          :         [true,true,true,true,true],
        "FastForward"      :      [true,true,true,true,false],
        "TOC"              :         [true,true,true,true,false]
};
```

图 11.32

如果希望每个播放栏控件按钮都显示在主视图、平板视图和移动视图中,则将上述所有按钮的代码更改为[true,true,true],保存并关闭文件。例如,如果希望 Slide(滑块)仅出现在平板计算机和移动视图中,则按如下方式编辑代码:"slider:[false,true,true]"。保存文件后重新启动 Adobe Captivate,设置即可生效。

(2) 响应式软件模拟课件录制时的显示部分区域。

创建屏幕录制视频,Adobe Captivate 允许选择要在较小屏幕上显示的屏幕录制部分,即若为小屏幕,则显示比较重要的部分,在大屏幕上显示全部。

新建一个响应式项目,单击工具栏的 Slide(幻灯片)→Software Simulation(软件模拟),出现 Record Additional Slides Window(录制其他幻灯片)窗口,选择录制类型为自动(Automatic l)或视频演示(Video demo)或手动(Manual),然后单击 Record(录制)以捕获屏幕。

当录制完成时,按 End 键停止。回到 Adobe Captivate 编辑界面,将浏览模式设置为较小的模式,在幻灯片带选择一张录制的幻灯片,若在属性面板未选中 Use portion background image(使用部分背景区域),则整个背景图片缩小到了显示尺寸的大小,如图 11.33(a)所示;若选中了 Use portion background image,则整个背景按原比例显示,项目只取其中的部分区域显示,如图 11.33(b)所示。

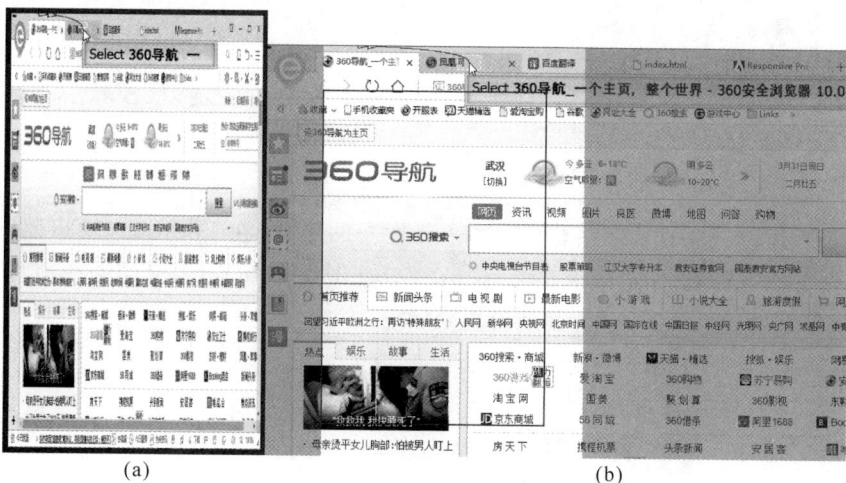

(a)　　　　　　　　　　　(b)

图 11.33

这样就可以在较小的屏幕上显示重点内容,忽略次要内容了。

11.12　发布响应式项目

打开工具栏 图标按钮的下拉列表框,出现如图 11.34 所示界面,其中 Publish for Devices(发布到设备)是在本地发布,Publish for Devices(App)(发布到 App)、Publish to Adobe Connect(发布到 Adobe 链接)、Publish to Adobe Captive Prime(发布到 Adobe Captive Prime)是发布到网络上。这里主要介绍一下第一项的本地发布,另外 3 个发布选项功能请参考 Adobe 官方网站的介绍。

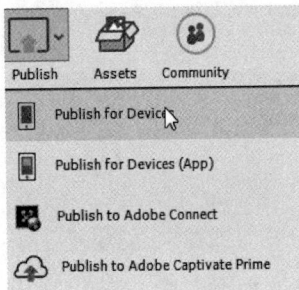

发布前,仔细预览每张幻灯片的内容,可按 F11 键在浏览器中预览。确认项目设计完好后,以 HTML5 形式发布内容,可以设置支持手势和地理位置的功能。

图　11.34

(1) 单击图 11.34 所示的 Publish for Devices,出现如图 11.35 所示的对话框。

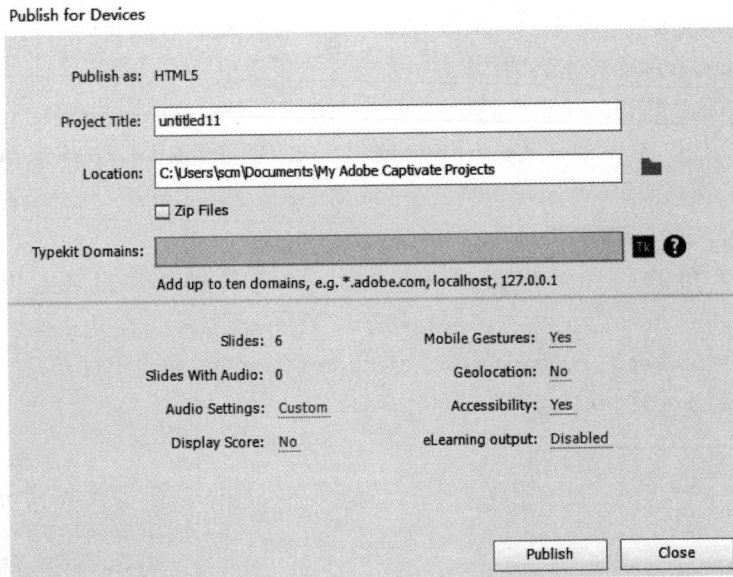

图　11.35

(2) 在 Project Title(项目名称)后输入要发布的名称,在 Location(发布地址)后输入发布文件保存的文件路径,Typekit Domains(Typekit 字体域名)表示如果在项目中使用了 Typekit 字体就要输入网站地址,其他设置项如下。

Audio Settings——用户自定义设置音频参数。

Display Score——设置是否显示分数。

Mobile Gesture——设置是否使用手势命令。

Geolocation——设置是否使用地理定位功能。

Accessibility——设置是否使用辅助操作功能(为功能缺陷人员准备)。

ELearning——设置是否向 LMS(学习管理系统)发送报告信息。

（3）设置完成后单击 Publish(发布)按钮发布项目。项目发布完成后,可将发布的文件夹上传到 Internet 服务器提供用户访问,也可以直接在本地双击运行主页文件在浏览器中访问。

11.13　范例制作

> **注意:**
> （1）响应式课件的制作需要不断调试,在不同大小的窗口中进行观看,使其适应不同窗口的显示。
> （2）使用流体盒子可以使响应式课件的设计功能大大增强。
> （3）在文本字幕制作标题中,如果标题在小尺寸播放时没办法全部显示就出现折叠图标 ,可以用 Photoshop 等图像编辑软件把有关文字制作为图片以避免该图标的出现,该案例标题使用的都是图片;本章模拟案例的标题直接使用的是文字。

11.13.1　设置母版幻灯片

视频讲解

（1）打开"Lesson11/范例文件/11Start"文件夹中的 11Start. cptx 文件,另存为 11Startdemo. cptx 文件。

（2）进入母版幻灯片编辑界面,在幻灯片带的第二张幻灯片上右击,在弹出的快捷菜单中单击 Duplicate(副本),复制一张空白幻灯片,如图 11.36 所示。

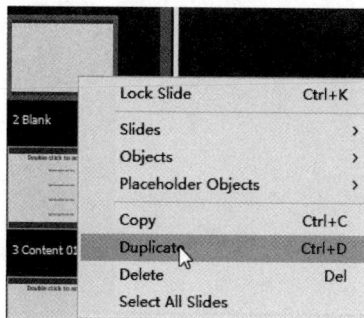

图　11.36

（3）设置该幻灯片的背景为 Custom(用户自定义)→Gradient(梯度),Slide Color(幻灯片颜色)的颜色设置如图 11.37 所示,从左向右 3 个滑块的值分别为 8FDE73、ECFAB1、90BF93,可打开范例文件参考幻灯片母版的颜色设置。

滑块颜色值设置的方法是:首先单击颜色块,在出现的颜色面板中单击 按钮,在出现的 # 8FDE73 输入框中输入颜色值,然后单击 OK 按钮。

（4）在幻灯片的右下角放上两个文本字幕,内容分别为"限时 300000 毫秒""＄＄cpInfoElapsedTimeMS＄＄",如图 11.38 所示。cpInfoElapsedTimeMS 是系统变量,显示项目运行的时间,以毫秒为单位,每 6 万毫秒为 1 分钟。

（5）制作完成后,单击 Window(窗口)菜单下的 Master Slide(母版幻灯片),返回幻灯片编辑界面。

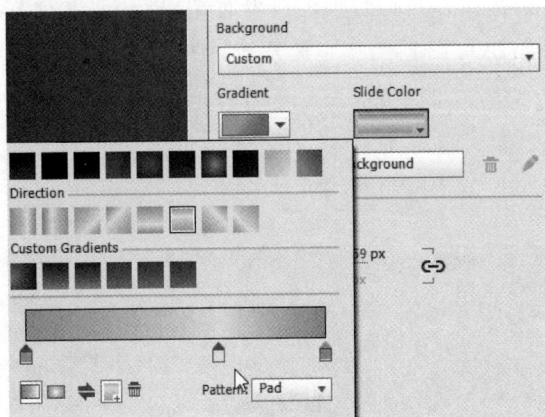

图 11.37
彩色图片

图　11.37

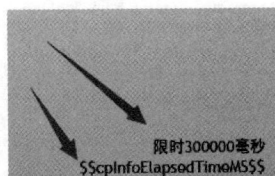

限时300000毫秒
$$cpInfoElapsedTimeMS$$

图　11.38

11.13.2　制作封面幻灯片

设计思路:

(1) 该张幻灯片上要设计一个背景、一个姓名输入框、一个开始按钮和游戏的题目,当幻灯片缩小时背景会挤压变形,所以当缩小到一定程度时,两边的背景内容将不再显示,只显示中间部分,这个功能可通过流体盒子的 Options 属性来实现。

(2) 设置幻灯片背景,设置方式同上面对母版幻灯片背景设置类似,具体颜色值可参看完成的范例文件。

(3) 添加流体盒子,如图 11.39 所示,添加 3 个 Horizontal(水平方向)的流体盒子。

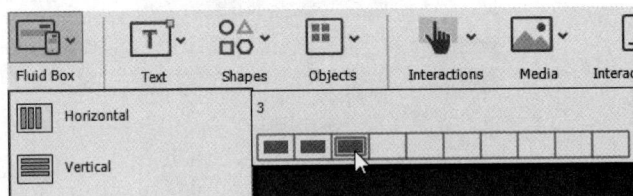

图　11.39

在属性面板的 Wrap Options(换行选项)设置为 Squeeze in a row(挤成一行),如图 11.40 所示。

分别选择两边的流体盒子,在属性面板选中 Optional 和 Static(静态),如图 11.41 所示。选中 Optional 后,当版面变小显示的内容有限时,该流体盒子单元的内容就会不再显示。选中 Static(静态)后,该单元的内容按用户自定义的方式摆放,否则将按设置的默认方式自动排列和缩放。

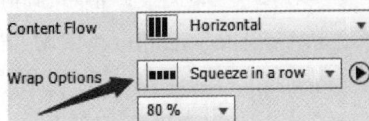

图　11.40

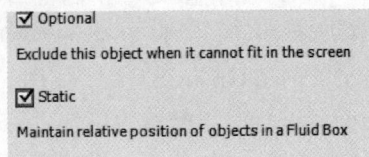

图　11.41

选择流体盒子的中间单元,在其中添加 4 个纵向流体盒子,如图 11.42(a)所示。把换行选择设置为挤成一列,如图 11.42(b)所示。

拖动 ⟳ 按钮设置单元大小如图 11.43 所示,把从上往下的第 1、2、4 单元设置为 Static (静态)。

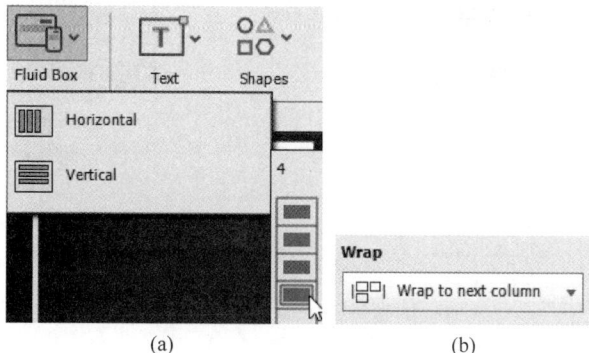

图 11.42

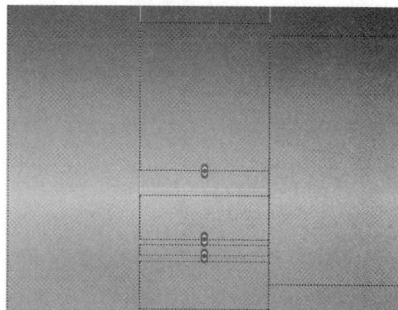

图 11.43

如图 11.44 所示布局幻灯片中的内容,所有文字都是图片格式,从库中直接拖入即可;"开始"按钮是智能形状,填充用库里的"开始.png"图片。背景上的其他图形也是直接从库中拖放到相应的流体盒子单元中,在编辑面板将透明度设置为 30%。"做游戏学数字.png"图像设置了图片特殊效果,如图 11.45 所示。

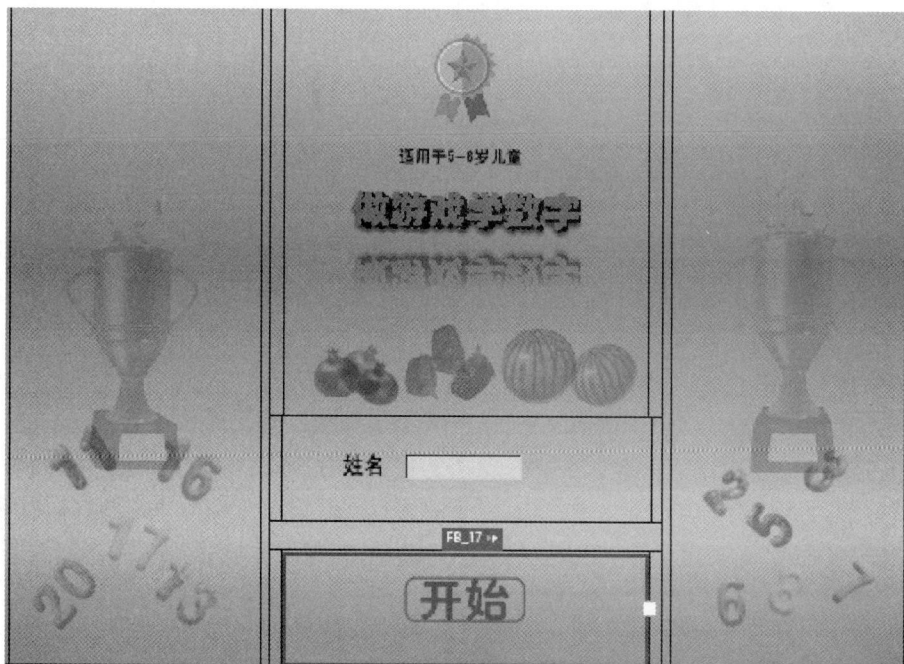

图 11.44

在添加内容的过程中,可使用如图 11.46 所示的不同尺寸浏览选项进行浏览和调整内容。

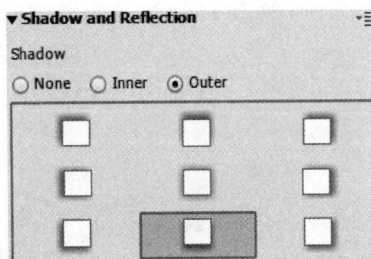

图 11.45

图 11.46

✎ **提示**：从流体盒子结构图中选择流体盒子单元格

当在幻灯片中选择一个流体盒子单元后，在属性面板就会出现流体盒子的结构图，如图 11.47(a)所示。从中可以清晰地看到流体盒子的结构，单击某一个节点就会在幻灯片中选择某一部分流体盒子单元，并且在属性面板显示出该节点流体盒子的属性，如图 11.47(b)所示。

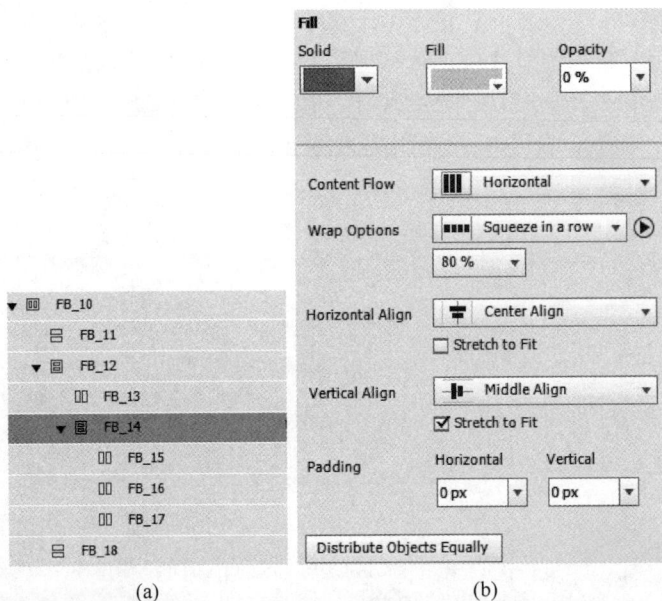

(a)　　　　　　　(b)

图 11.47

（4）向流体盒子中添加内容，请参考表 11.1 进行操作。

注意：每次做同一项目时，由于可能存在添加流体盒子后删除了又重新添加的情况，所以流体盒子的编号可能不同，应灵活应变。

表 11.1　封面流体盒子中添加的内容

流体盒子	从库里添加的文件	备　注
FB_13	做游戏学数字.png；奖章.png；适用于 5～6 岁儿童.png；石榴.png；西瓜.png；草莓.png	选择图片，在属性面板单击 Edit Image 可设置图片的透明度等属性

续表

流体盒子	从库里添加的文件	备 注
FB_15	姓名.png；一个输入文本	将属性面板输入文本的 Variable 设置为 xm Variable [xm]
FB_17	一个智能形状按钮(go_1,填充图片为"开始.png")	
FB_11	铜奖杯.png；任意拖放一些数字图片	所有图片的透明度设为 30%
FB_18	金奖杯.png；任意拖放一些数字图片	所有图片的透明度设为 30%

注：表中括号内文字是在项目中手动标记的名称,目的是便于阅读和理解高级动作,制作范例时可以此命名,对于没有使用高级动作调用的对象不标出名称,使用系统默认即可；⊘ 符号代表在属性面板设置此隐藏属性,在播放时不显示。

11.13.3　制作第 2 张幻灯片

设计思路：第 2 张幻灯片相对简单,添加 4 个纵向流体盒子,把换行设置为 Squeeze in a column(挤成一列),背景设置同第 1 张幻灯片,设计好后的效果如图 11.48 所示。

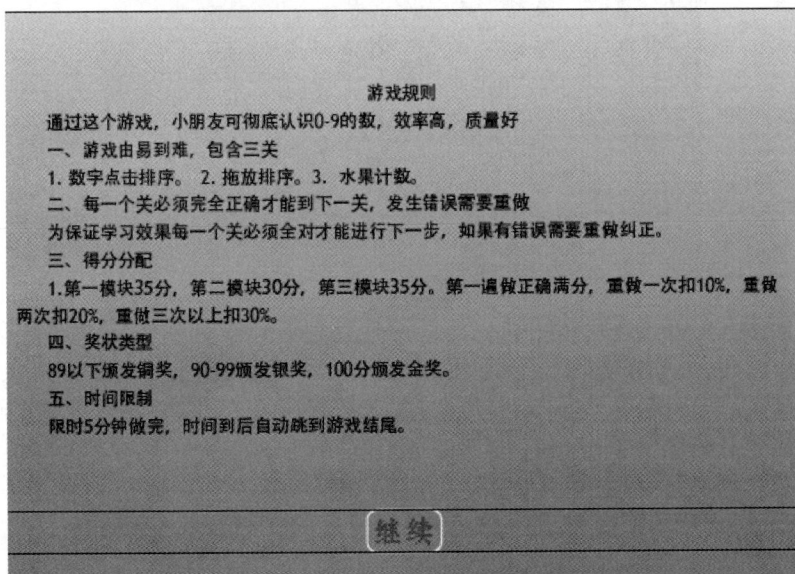

图　11.48

游戏规则的文本在资料文件夹,继续按钮是智能形状做成,填充图形为"继续.png",按钮命名为 go_1。

11.13.4　制作第 3 张幻灯片

(1) 背景设置,用母版幻灯片的"3 Blank(空白幻灯片 3)",即在 11.13.1 节设置的母版幻灯片。

(2) 添加流体盒子,添加一个具有 6 个单元的纵向流体盒子,换行属性设置为 Squeeze

in a column(挤成一列),即其下属的 6 个流体盒子在缩小时永远是在一列的,6 个子单元的
换行属性都设置为 Squeeze in a row(挤成一行),即里面放置的内容在缩小时永远是在一行
的,如图 11.49 所示。

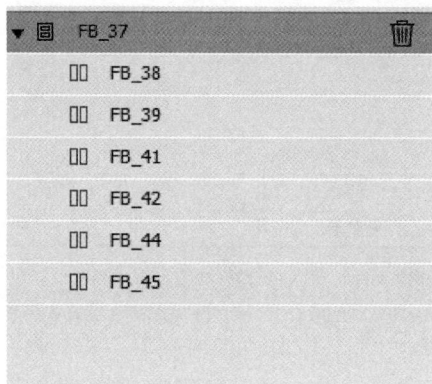

图 11.49

对应的幻灯片区域如图 11.50 所示。

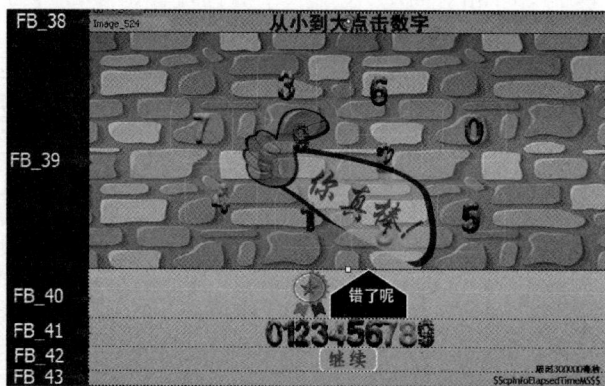

图 11.50

(3) 向流体盒子中添加内容,如果一张幻灯片上添加了流体盒子,那么放置到幻灯片上
的对象既可以放在流体盒子中,也可以放在流体盒子外。放在流体盒子外的方法是:选择
该对象后在属性面板选中 Unlock from Fluid Box(从流体盒子解锁)。编号为 FB_39 的流
体盒子上方的数字(智能形状按钮)和"你真棒"的图片并没有放在 FB_39 内,它们的属性
Unlock From Fluid Box 都被选中了,所以,这些对象不受流体盒子的约束。

放到流体盒子中的对象在缩放过程中如果要保持其比例,则选中该对象的 Maintain
Aspect Ratio(保持长宽比例)。该幻灯片上除 FB_39 的砖墙背景图片(timg(1).jpg)外,全
部都选中了此选项。

对于智能形状可以使其作为按钮使用,方法是在属性面板选中该对象的 Use as Button
(作为按钮使用)属性。编号为 FB_39 的流体盒子上方的数字(智能形状按钮)和 FB_42d 的
"继续"按钮都是智能形状做出的,都选中了该选项。

如果放在流体盒子中的对象不是特别重要,那么可设置其在小屏幕时不出现,方法是在
属性面板选中其 Optional(可选显示对象)属性。这张幻灯片中所有对象都没有设置此项。

各流体盒子的属性设置如表 11.2 所示。

表 11.2 第 3 张幻灯片流体盒子的属性设置

属　　性	FB_38	FB_39	FB_40	FB_41	FB_42	FB_43
换行 (Wrap Option)	挤成一行 (Squeeze in a row)					
水平排列 (Horizontal Align)	中心对齐 (Center Align)					
垂直排列 (Vertical Align)	中间对齐 (Middle Align)					
水平延伸铺满 (Horizontal Stretch to Fit)	否(不选中)	是(选中)	是(选中)	否(不选中)	是(选中)	是(选中)
垂直延伸铺满 (Vertical Stretch to Fit)	否(不选中)	是(选中)	是(选中)	否(不选中)	是(选中)	是(选中)
页边距(Padding)	水平(Horizontal)=0 垂直(Vertical)=0					
静态(Static)	否(不选中)					
显示可选(Option)	否(不选中)					

各流体盒子中放置的对象如表 11.3 所示。

表 11.3 第 3 张幻灯片流体盒子中放置的对象

流体盒子	从库里添加的文件	备　　注
FB_38	从小到大单击数字.png	
FB_39	timg(1).jpg	不选中该图片的保持缩放比例属性
FB_40	奖章.jpg(◈ jiangzhang),一个智能形状按钮(◈ cuowu)	智能形状按钮参照图 11.50 中的信息制作
FB_41	0.png(3)-9.png(3)(◈ figure0-figure9)	
FB_42	一个智能形状按钮(◈ go_3,填充图片为"继续.png")	
FB_43	无内容	
没有放到流体盒子的对象	0~9智能形状按钮(s0_btn~s9_btn,填充图形文件为00.png 和 1.png~9.png);你真棒.png(good)	这些对象都选中了 Unlock from Fluid Box

注:表中括号内文字是在项目中手动标记的名称,目的是便于阅读和理解高级动作,请做范例时以此命名,对于没有使用高级动作调用的对象不标出名称,使用系统默认即可;◈ 符号代表在属性面板设置此对象隐藏属性,在播放时不显示。

11.13.5 制作第 4 张幻灯片

(1) 背景设置,使用母版幻灯片的"3 Blank"(空白幻灯片 3),即在 11.13.1 节设置的母版幻灯片。

（2）添加流体盒子,该张幻灯片的流体盒子主要起排版作用,即把标题和按钮固定到页面的相应位置。

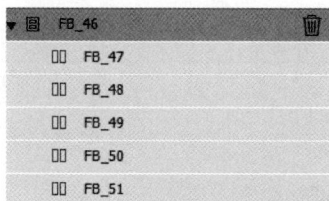
图 11.51

添加一个具有 5 个单元的纵向流体盒子,换行属性设置为 Squeeze in a column(挤成一列),即其下属的 5 个流体盒子在缩小时永远是在一列的;5 个子单元的换行属性都设置为 Squeeze in a row(挤成一行),即里面放置的内容在缩小时永远是在一行的,如图 11.51 所示。

对应的幻灯片区域如图 11.52 所示。

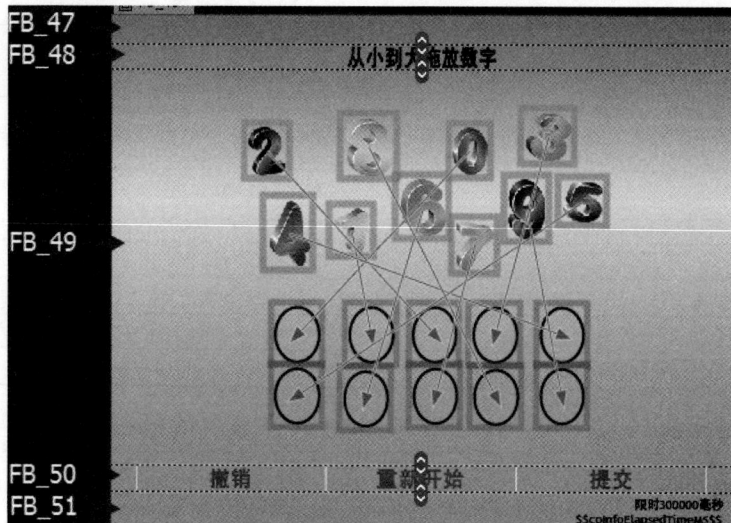
图 11.52

各流体盒子的属性设置如表11.4 所示。

表 11.4 第 4 张幻灯片流体盒子的属性设置

属　　性	FB_47	FB_48	FB_49	FB_50	FB_51
换行(Wrap Option)	挤成一行(Squeeze in a row)				
水平排列 (Horizontal Align)	中心对齐(Center Align)				
垂直排列 (Vertical Align)	中间对齐(Middle Align)				
水平延伸铺满 (Horizontal Stretch to Fit)	否(不选中)	是(选中)	是(选中)	否(不选中)	是(选中)
垂直延伸铺满 (Vertical Stretch to Fit)	是(选中)	是(选中)	是(选中)	否(不选中)	是(选中)
页边距(Padding)	水平(Horizontal)＝0 垂直(Vertical)＝0				
静态(Static)	否(不选中)				
显示可选(Option)	否(不选中)				

（3）向流体盒子中添加内容。

各流体盒子中放置的对象如表 11.5 所示。

表 11.5　第 4 张幻灯片流体盒子中放置的对象

流 体 盒 子	从库里添加的文件	备　　注
FB_47	无内容	充当边距
FB_48	从小到大拖放数字.png	
FB_49	无内容	排版作用
FB_50	放置拖放操作的 3 个按钮，3 个按钮是智能形状按钮，填充图片分别为"撤销.png""重新开始.png""提交.png"	具体设计见下面叙述
FB_51	无内容	排版作用
没有放到流体盒子的对象	0～9 智能形状按钮（填充图形文件为库中"立体文字"目录下的 0.png～9.png）；作为拖放接收目标的 10 个智能形状	这 些 对 象 都 选 中 了 Unlock from Fluid Box

注：表中括号内文字是在项目中手动标记的名称，目的是便于阅读和理解高级动作，请做范例时以此命名，对于没有使用高级动作调用的对象不标出名称，使用系统默认名称即可。

在幻灯片上放置好内容或设计好后就可以进行拖放功能操作了，单击工具栏上的 ![hand] 按钮，在弹出的菜单中选择 Drag and Drop（拖放）命令，下面一共有 3 步操作：第一步，确定拖放源对象并命名；第二步，确定拖放目标对象并命名；第 3 步，在源和目标之间设置连接。具体操作请参考本书第 5 章中相关对象拖放操作内容。

拖放操作设置好后，在幻灯片带选择这张幻灯片，在 Window（窗口）菜单下单击 Drag and Drop（拖放）打开拖放属性设置面板，选中 Undo 和 Reset，如图 11.53 所示。

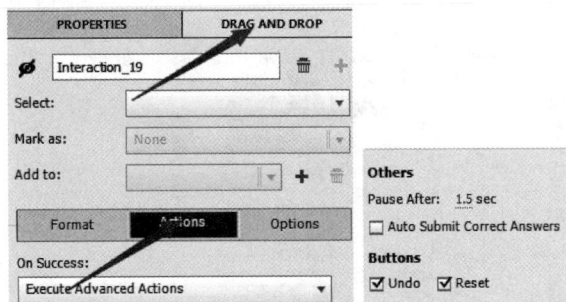

图　11.53

此时，在幻灯片上出现 3 个按钮，依次把它们使用图片填充：Submit 按钮使用"提交.png"，Reset 按钮使用"重新开始.png"，Undo 按钮使用"撤销.png"，设置好后把它们放到 TB_50 流体盒子单元，如图 11.54 所示。

图　11.54

11.13.6 制作第 5 张幻灯片

(1) 背景设置,使用母版幻灯片的"3 Blank"(空白幻灯片 3),即在 11.13.1 节设置的母版幻灯片。

(2) 添加流体盒子,该张幻灯片的流体盒子主要起排版作用,即把标题和按钮固定到页面的相应位置。

添加一个具有 7 个单元的纵向流体盒子,换行属性设置为 Squeeze in a column(挤成一列),即其下属的 7 个流体盒子在缩小时永远是在一列的;7 个子单元的换行属性都设置为 Squeeze in a row(挤成一行),即里面放置的内容在缩放时永远是在一行的,如图 11.55 所示。

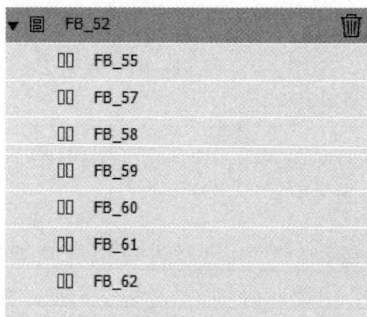

图　11.55

对应的幻灯片区域如图 11.56 所示。

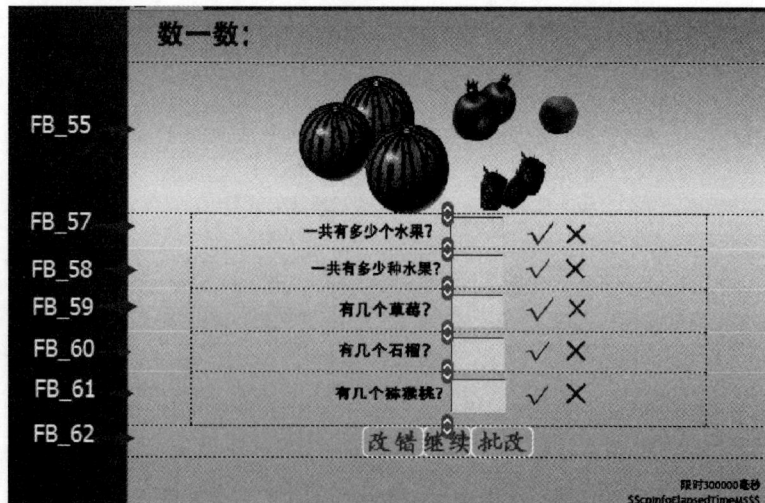

图　11.56

这张幻灯片上的流体盒子没有在垂直方向铺满整个幻灯片,是因为没有选中 FB_52 的 Stretch to Fit(垂直铺满)选项,如图 11.57 所示。

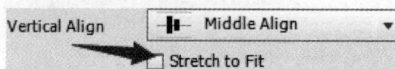

图　11.57

各流体盒子的属性设置如表 11.6 所示。

表 11.6　第 5 张幻灯片流体盒子的属性设置

属　　性	FB_55	FB_57	FB_58	FB_59	FB_60	FB_61	FB_62
换行 (Wrap Option)	挤成一行 (Squeeze in a row)	无此属性 （静态 Static）					挤成一行 (Squeeze in a row)
水平排列 (Horizontal Align)	中心对齐 (Center Align)						
垂直排列 (Vertical Align)	中间对齐 (Middle Align)						
水平延伸铺满 (Horizontal Stretch to Fit)	是（选中）	无此属性（静态 Static）					是（选中）
垂直延伸铺满 (Vertical Stretch to Fit)	是（选中）	无此属性（静态 Static）					是（选中）
页边距（Padding）	Horizontal＝0 Vertical＝0	无此属性（静态 Static）					Horizontal＝0 Vertical＝0
静态（Static）	否（不选中）	是（选中）					否（不选中）
显示可选（Option）	否（不选中）						

各流体盒子中放置对象如表 11.7 所示。

表 11.7　第 5 张幻灯片流体盒子中放置对象

流体盒子	从库里添加的文件	备　　注
FB_55	无内容	布局版面用
FB_57	一共有多少水果.png，一个输入框（input_1），中√.png（right_1），中×.png（wrong_1）	—
FB_58	有几个草莓.png，一个输入框（input_3），中√.png（right_3），中×.png（wrong_3）	—
FB_59	一共有多少种水果.png，一个输入框（input_3），中√.png（right_3），中×.png（wrong_3）	—
FB_60	有几个石榴.png，一个输入框（input_4），中√.png（right_4），中×.png（wrong_4）	—
FB_61	有几个猕猴桃.png，一个输入框（input_5），中√.png（right_5），中×.png（wrong_5）	—
FB_62	3 个智能形状按钮（填充图片分别为"改错.pug""继续.png""批改.png"，名称为 gaicuo_fruit、next_fruit 和 pigai_fruit)	—
没有放到流体盒子的对象	数一数.png，西瓜.png（3 个），草莓.png（3 个），石榴.png（2 个），猕猴桃.png（1 个）	这些对象都选中了 Unlock from Fluid Box

注：表中括号内文字是在项目中手动标记的名称，目的是便于阅读和理解高级动作，请做范例时以此命名，对于没有使用高级动作调用的对象不标出名称，使用系统默认名称即可。

11.13.7　制作第6张幻灯片

（1）设置幻灯片背景,设置方式同母版幻灯片"3 Blank"的背景设置类似,具体颜色值可参照完成的范例文件。

（2）添加流体盒子,添加一个具有5个单元的纵向流体盒子,换行属性设置为 Squeeze in a column(挤成一列),即其下属的5个流体盒子在缩小时永远是在一列的；5个子单元的换行属性都设置为 Squeeze in a row(挤成一行),即里面放置的内容在缩小时永远是在一行的,如图11.58所示。

图　11.58

对应的幻灯片区域如图11.59所示。

图　11.59

各流体盒子的属性设置如表11.8所示。

表11.8　第6张幻灯片流体盒子的属性设置

属　　性	FB_59	FB_70	FB_71	FB_72	FB_73
换行（Wrap Option）			挤成一行 （Squeeze in a row）		
水平排列（Horizontal Align）			中心对齐 （Center Align）		

属　　　性	FB_59	FB_70	FB_71	FB_72	FB_73
垂直排列 (Vertical Align)	中间对齐 (Middle Align)				
水平延伸铺满 (Horizontal Stretch to Fit)	选中		无	选中	
垂直延伸铺满 (Vertical Stretch to Fit)	选中		无	选中	
页边距 (Padding)	Horizontal＝0 Vertical＝0		无	Horizontal＝0 Vertical＝0	
静态(Static)	不选中		选中	不选中	
显示可选(Option)	不选中				

各流体盒子中放置的对象如表 11.9 所示。

表 11.9　第 6 张幻灯片流体盒子中放置的对象

流体盒子	从库里添加的文件	备　　注
FB_59	两个文本框(内容"＄＄xm＄＄ 获得了""＄＄fenshu＄＄分")	—
FB_70	奖状.jpg(2),不选中该图片的保持长宽比选项 ☐ Maintain aspect ratio	—
FB_71	金奖.png(∅ jjwz),银奖.png(∅ yjwz),铜奖.png(∅ tjwz)	这些对象都选中了 Unlock from Fluid Box
FB_72	2 个智能形状按钮(填充图片分别为"退出.pug""再做一遍.png",名称为 close_1、do_again_1)	—
FB_73	无内容	—
没有放到流体盒子的对象	金奖杯.png(∅ jjb),银奖杯.png(∅ yjb),铜奖杯.png(∅ tjb)	这些对象都选中了 Unlock from Fluid Box

注:表中括号内文字是在项目中手动标记的名称,目的是便于阅读和理解高级动作,请做范例时以此命名,对于没有使用高级动作调用的对象不标出名称,使用系统默认名称即可;∅ 符号代表在属性面板设置此隐藏属性。

11.13.8　制作第 7 张幻灯片

第 7 张幻灯片相对简单,其主要功能是超时操作提示。

(1) 设置幻灯片背景,设置方式同母版幻灯片"3 Blank"的背景设置类似,具体颜色值可参照完成的范例文件,注意和前面幻灯片不同的是颜色设置中的 Linear gradient(线性渐变)替换为 radial gradient(径向渐变),当然根据自己的设计爱好需要。

(2) 添加流体盒子。

添加一个具有 4 个单元的纵向流体盒子,换行属性设置为 Squeeze in a colum(挤成一列),即其下属的 4 个流体盒子在缩小时永远是在一列的; 4 个子单元的换行属性都设置为 Squeeze in a row(挤成一行),即里面放置的内容在缩小时永远是在一行的,如图 11.60 所示。

图 11.60

对应的幻灯片区域如图11.61所示。

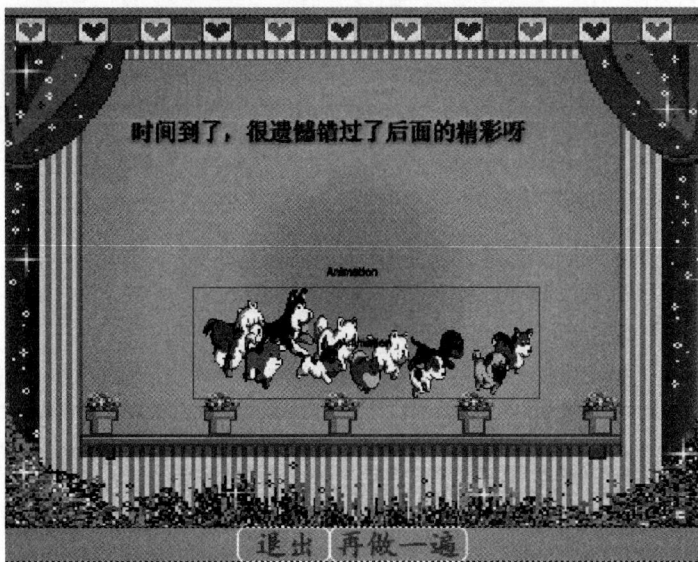

图 11.61

各流体盒子的属性设置如表11.10所示。

表 11.10　第7张幻灯片流体盒子的属性设置

属　　　性	FB_64	FB_65	FB_66	FB_67
换行 (Wrap Option)	挤成一行(Squeeze in a row)			
水平排列 (Horizontal Align)	中心对齐(Center Align)			
垂直排列 (Vertical Align)	中间对齐(Middle Align)			
水平延伸铺满 (Horizontal Stretch to Fit)	是(选中)		否(不选中)	是(选中)
垂直延伸铺满 (Vertical Stretch to Fit)	是(选中)		否(不选中)	是(选中)
页边距 (Padding)	Horizontal＝0 Vertical＝0 Horizontal＝0 Vertical＝0			
静态(Static)	否(不选中)			
显示可选(Option)	否(不选中)			

各流体盒子中放置的对象如表 11.11 所示。

表 11.11　第 7 张幻灯片流体盒子中放置的对象

流 体 盒 子	从库里添加的文件	备　　注
FB_64	无内容	版面布局用
FB_65	Wutai.gif，不选中该图片的 ☐ Maintain aspect ratio（保持长宽比）选项	
FB_66	2 个智能形状按钮（填充图片分别为"退出.pug""再做一遍.png"，名称分别为 close_2、do_again_2）	
FB_67	无内容	版面布局用
没有放到流体盒子的对象	一个文本字幕（内容为"时间到了，很遗憾错过了后面的精彩呀"）；奔跑.gif	

注：表中括号内文字是在项目中手动标记的名称，目的是便于阅读和理解高级动作，请做范例时以此命名，对于没有使用高级动作调用的对象不标出名称，使用系统默认名称即可。

11.13.9　添加动作

该项目有大量的动作代码，在第 7 章已学习了动作的应用，在对项目代码进行介绍后可动手自行模仿编写，也可通过动作面板的导入导出功能直接从完成的范例文件导入，简化动作代码的输入工作量。

视频讲解

1．把表 11.12 中的变量添加到项目中

表 11.12　项目中的变量

变 量 名 称	功　　能	初　始　值
xm	保存第一个页面用户输入的姓名	小朋友，你的得分是：
nowfigure	保存当前单击的数字的值	0
sequence	记录单击的次数，依此来与当前单击的数字值对比，看是否按顺序单击了，如不是则错误	0
fruit_right	保存水果计数游戏做对的题目个数	0
fenshu	保存用户取得的总分数值	0
myfs	保存当前题目设定的分数	0
tempcs	保存当前游戏关出错的次数，以便扣除一定比例分数	0
tempfs	保存当前游戏关的分数	0
passtime	保存重做时的时间，单位为毫秒，总时间减去已过去的时间就是本次的时间	0
timeoutj	计时总时间	0

2．动作介绍

打开动作编辑面板，打开相应的高级动作，下面具体介绍。

1）s0～s9

s0、s1、s2、s3、s4、s5、s6、s7、s8、s9 这 10 个是第 3 张幻灯片上数字单击后执行的代码，其主要功能是：当单击一个数字时，数字的值赋给了 nowfigure，记录单击次数的 sequence 的

值加 1,然后 nowfigure 和 sequence－1 进行比较。如果相等就在下方显示出被隐藏的同值数字,刚才单击的数字被隐藏;如果不相等,则说明单击数字的顺序不对,显示错误提示并且错误计数变量 tempcs 加 1,以便计分时计算扣分。

2) Exitrslide

当需要计分的幻灯片退出运行时,统计这张幻灯片的得分并计入总分,过程如下。

如果错误计数变量 tempcs 的值是 0,那么当前幻灯片的分数 myfs 直接加到总分 fenshu 变量上去;如果不是 0,错 1 次扣 myfs 的 10％,错 2 次扣 myfs 的 20％,错 3 次以上扣 myfs 的 30％,然后把 myfs 加到总分 fenshu 变量上。继续检查做题时间 timeoutj 是否大于 5 分钟,如果大于就直接转到第 7 张幻灯片,否则转到下一张幻灯片继续下一关游戏。

如果本次是重做,那么 timeoutj 还要进行计算本次时间,即项目开始运行到现在的时间(cpInfoElapsedTimeMS)减去本次开始做时项目时已耗用的时间(passtime)。

3) Constart

因为游戏设计了重做,但重做时并不是重新启动游戏,此时的一些变量已经进行了赋值,所以要对变量恢复初始值,主要涉及的变量有 fenshu、myfs、tempcs、sequence、nowfigure。

另外,在前一次做题时把一些隐藏的对象显示出来了,在重新做时还需要把它们首先隐藏起来,具体情况可在动作编辑面板打开查看。

4) fruit_pg

对水果计数结果的批改,正确的显示对号,错误的显示叉号。如果存在错误,则计数变量 tempcs 加 1(以便计分时计算扣分),并隐藏批改按钮,显示改错按钮。如果正确,就显示继续按钮。

5) fruit_gc

对批改过的存在错误的水果计数幻灯片页面,把显示的叉号隐藏起来,并隐藏改错按钮显示批改按钮,以便改错后继续批改。

6) Bfaward

发奖页面根据分数判断显示哪个奖杯,并运行一些特效。

7) Doagain

保存当前的 cpInfoElapsedTimeMS(系统变量,表示当前项目运行了多少时间,单位为毫秒)的时间,以便计算下一次做题的时间。然后跳到第 1 张幻灯片,从头开始运行。

3. 导入和编辑动作

通过把项目文件中的动作导出,然后再导入到正在编辑的相同或相似内容的项目中编辑使用可以提高高级动作的编辑速度。下面以高级动作 s0 为例进行演示操作。

1) 导出高级动作文件

打开"Lesson11\范例文件\11Complete\11Complete.cptx"文件,在动作编辑面板,打开 s0 高级动作,单击 Save as Shared Action(保存为共享代码)按钮,弹出如图 11.62 所示的面板。

在有 ⚠ 的行输入有关这一行参数的注释文字后(当然,其他行如需注释也可以在选中后输入),单击 Save(保存)按钮,提示共享保存成功,如图 11.63 所示。

此时高级动作面板右上角的导出按钮就处于可用状态了,单击 按钮,在弹出的保存文件对话框中将文件保存到适当地方,文件的扩展名默认为.cpaa,如图 11.64 所示。

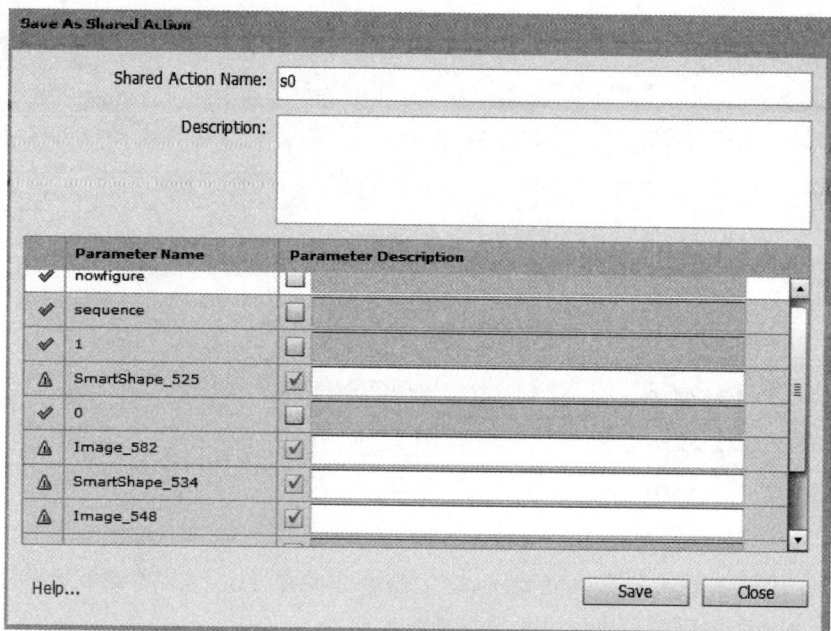

图 11.62

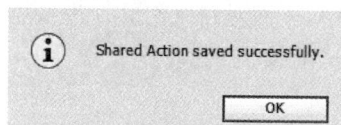

图 11.63

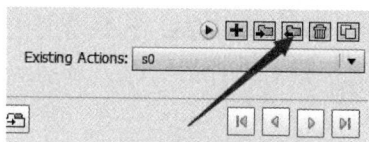

图 11.64

2) 导入高级动作

在当前编辑的 11Startdemo.cptx 文件的高级动作面板,单击右上角的 ![图标] 导入高级动作按钮后,选择要导入的文件,单击打开按钮后提示导入成功,单击 OK 按钮,如图 11.65 所示。

在 Create From(从……创建)下拉列表框中单击刚才导入的高级动作,如图 11.66 所示。

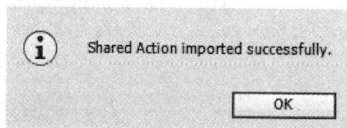

图 11.65

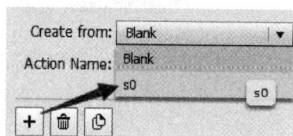

图 11.66

打开后发现有一些带有感叹号的行,如图 11.67 所示。

参考 11Complete.cptx 文件中的该高级动作,根据自己创建的文件中的对象命名情况,修改标有感叹号的行,如图 11.68 所示。

全部修改完后请输入高级动作的名称后,如图 11.69(a)所示,单击 Save As Action 按钮,出现图 11.69(b)所示提示框,说明保存成功,出现图 11.69(c)所示提示框,说明代码还没有修改完,应继续修改。

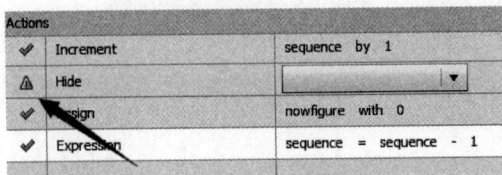

图　11.67

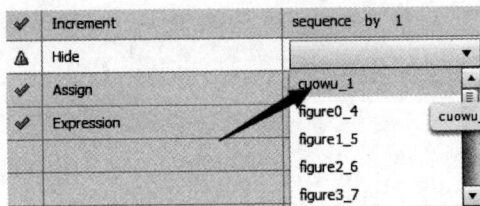

图　11.68

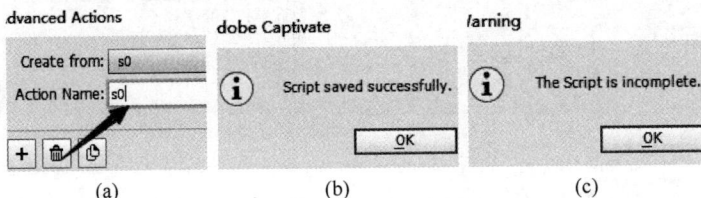

(a)　　　　　　　　(b)　　　　　　　　(c)

图　11.69

至此,s0 代码就导入并修改完成了,应记得在主菜单 File(文件)菜单下单击 Save(保存)命令,只在动作面板中完成代码是没有最终保存的。

按同样方式完成其他代码的导入和编辑。

4. 应用动作

所有代码编辑都完成后,最后要把动作应用到项目中,下面对每张幻灯片进行应用。

把第 1 张幻灯片的"开始"按钮和第 2 张幻灯片的"继续"按钮动作设置为 Go to the next slide。

第 3 张幻灯片把要单击的"0、1、2、3、4、5、6、7、8、9"按钮的动作设置为 Execute Advanced Actions,执行的高级动作分别为"s0、s1、s2、s3、s4、s5、s6、s7、s8、s9",如图 11.70 所示的按钮"0"数字的设置。

在幻灯片带选择第 3 张幻灯片,在属性面板的 Actions(动作)选项卡下的 On Enter(进入)下拉列表框中设置幻灯片进入时执行的动作为: Assign(分配)给变量 myfs 的值为 35,如图 11.71 所示。

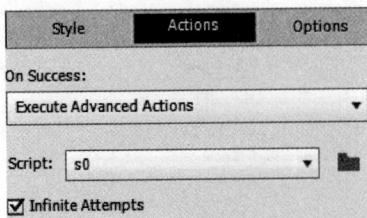

图　11.70

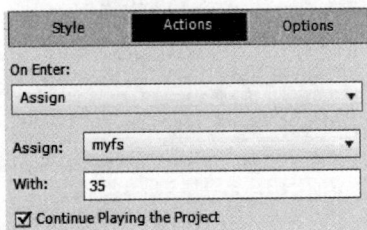

图　11.71

把"继续"按钮的动作设置为 Execute Advanced Actions,执行的高级动作为 exitrslide。

在幻灯片带选择第 4 张幻灯片,这张幻灯片是拖放游戏,在设置时和其他幻灯片略有不同,首先设置其幻灯片进入时初始化该张幻灯片的分数,即 myfs 变量赋值为 30,方法如图 11.71 所示。其次,在 DRAG AND DROP 面板设置成功和失败要执行的动作,成功后执行 exitrslide,失败后错误计数变量 tempcs 加 1,如图 11.72 所示。

第 5 张幻灯片进入时设置 myfs 为 30，设置方法同图 11.69。"批改""改错""继续"按钮的动作都是 Execute Advanced Actions，执行的高级动作分别为 fruit_pg、fruit_gc、exitrslide。

第 6 张幻灯片进入时的动作选择 Execute Advanced Actions，执行的高级动作为 bfaward。

第 6 张和第 7 张幻灯片的"退出"按钮执行动作 exit。"再做一遍"按钮动作选择动作 Execute Advanced Actions，执行 doagain。

至此，动作应用就设置完成了，请预览项目，若出现问题则继续调试。

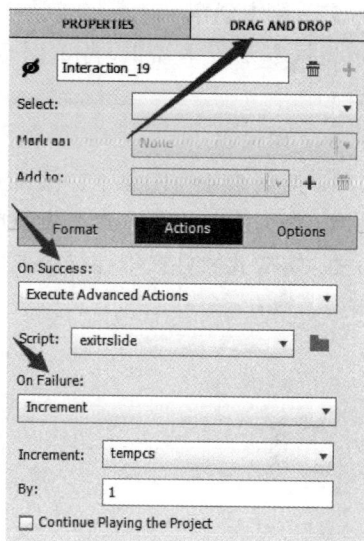

图　11.72

作业

一、模拟练习

打开"Lesson11\模拟练习"中的"11 模拟 complete.cptx"文件，并进行预览(也可以在提供的发布文件夹中用浏览器打开 index.html 文件进行浏览)，根据本章知识内容，做一个类似的项目。课件资料已完整提供，获取方式见前言。

模拟案例的变量及高级动作如表 11.13 和表 11.14 所示。

表 11.13　模拟案例变量表

名　　称	功　　能	名　　称	功　　能
fenshu	保存总分	Pagefs1	
Pagefpfs1		Pagefs2	
Pagefpfs2		Pagefs3	
Pagefpfs3		Pagefs4	分别保存 7 个页面的实际分数
Pagefpfs4	分别保存 7 个页面的初始分配分数	Pagefs5	
Pagefpfs5		Pagefs6	
Pagefpfs6		Pagefs7	
Pagefpfs7		tempfs	临时计算分数用
Play_times	重复做题次数	cuowucishu	每题出错次数

表 11.14　模拟案例高级动作表

名　　称	功　　能	名　　称	功　　能
Do_Again	再做一遍初始代码	Page5_Go	第 5 页处理代码
Do_myself	分配重做题目代码	Page6_Go	第 6 页处理代码
Page_One_Enter	第 1 页初始代码	Page7_Go	第 7 页处理代码
Page3_Go	第 3 页处理代码	Page8_Go	第 8 页处理代码
Page4_Go	第 4 页处理代码	Page9_Go	第 9 页处理代码

注：第 2 页无处理代码。

二、自主创意

根据本章所学知识,自主创意制作一个项目,熟练掌握 Adobe Captivate 响应式项目设计。

三、理论题

1. 如何添加流体盒子? 其主要属性有哪些?

2. 如何添加用户自定义浏览断点?

3. 响应式软件模拟课件录制时如何设置显示部分区域?

第12章

发布项目

本章学习内容

（1）发布首选项设置；

（2）发布为 HTML5 网页；

（3）发布为 MP4 视频；

（4）发布为可执行文件；

（5）导入、编辑和发布 PowerPoint 文件。

完成本章的学习需要大约 1 小时，相关资源获取方式见前言。

知识点

发布到计算机	发布到 LMS	链接 PowerPoint 文件
导入 PowerPoint 文件	发布到设备	

12.1 发布首选项设置和发布菜单

12.1.1 发布首选项

视频讲解

选择 Edit（编辑）菜单下的 Preferences（首选项），打开首选项面板，单击选择 Project（项目）下面的 Publish Settings（发布设置），如图 12.1 所示。

Frames Per Second（每秒帧数）：此选项设置每秒显示的 Flash 动画帧数。默认设置为每秒 30 帧，在大多数情况下都适用。例如，使用默认设置时，显示 1s 的内容需要 30 个 Flash 动画帧。将项目中的帧数除以 30 可以得到以秒为单位的项目长度。如果要将 Adobe Captivate SWF 文件嵌入另一个帧速率不是 30 的 SWF 文件，则可能需要更改速率。

Publish Adobe Connect metadata（发布 Adobe Connect 元数据）：将信息添加到 Adobe

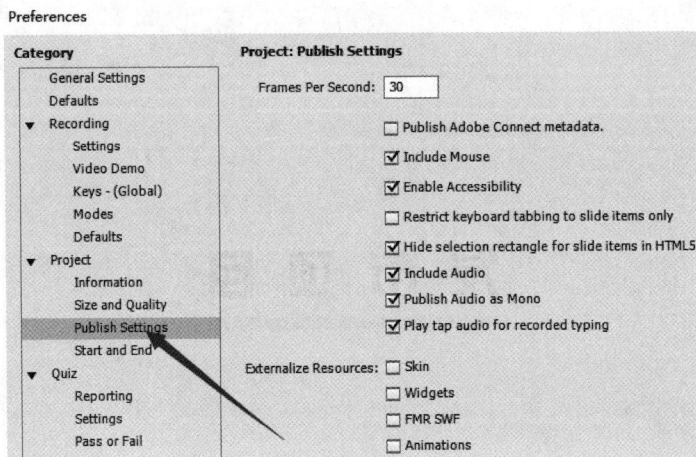

图　12.1

Captivate 项目文件(SWF),使项目更容易集成到 Adobe Connect 中。当将项目发布到 Connect Server 时,嵌入的数据将 Adobe Captivate CPTX 文件链接到 SWF 文件,并使在 Adobe Acrobat Connect Pro 中进行搜索时更容易找到 Adobe Captivate 发布的文件。

Include Mouse(**包括鼠标**):发布项目中记录的任何鼠标移动。

Enable Accessibility(**启用辅助功能**):启用此选项可使视障用户访问项目。当用户在查看项目时屏幕阅读器将大声朗读项目中的文本。此外,还启用了在项目中配置的任何其他辅助功能选项。

Include Audio(**包括音频**):发布已添加到项目中的所有音频文件。

Publish Audio as Mono(**将音频发布为单声道**):发布时将立体声转换为单声道,可以缩小文件大小。

Play tap audio for recorded typing(**录制键盘敲击声**):使用此选项,在发布时可以为每个按键添加键盘敲击声。

Restrict keyboard tabbing to slide items only(**将键控限制为仅幻灯片项目**):使用此选项设置键盘对幻灯片操作的控制。

Hide selection rectangle for slide items in HTML5(**隐藏 HTML5 中幻灯片项目的选择矩形**):取消 HTML5 项目中进行选择操作时显示的矩形。

Externalize Resources(**外部化资源**):将项目发布为 SWF 文件时,将生成单个 SWF 文件。要减小 SWF 文件的大小,可以考虑将一些内容放到外部文件(外观、小部件、FMR SWF 文件和动画)。发布后,外部化的文件位于 SWF 文件之外,并由 SWF 引用。

12.1.2　发布菜单

在工具栏单击 ⬚▾ (发布)图标,展开下拉菜单,如图 12.2 所示。

一共有 4 项,第一项 Publish to Computer(发布到计算机)是本地发布,后期可在本地运行,也可上传到网络运行。

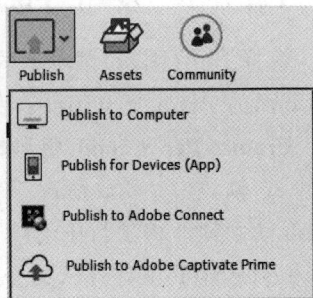

图　12.2

后 3 项都是发布到网络，需要注册账号。

后面主要介绍 Publish to Computer(发布到计算机)。

12.2 发布响应式项目

响应式的发布只有网页形式。

（1）使用 Adobe Captivate 2019 打开"Lesson12\发布响应式项目"的"做游戏学数字.cptx"文件。

（2）在 Window(窗口)菜单下选择 HTML5 Tracker(非 HTML5 元素过滤)，弹出如图 12.3 所示窗口。

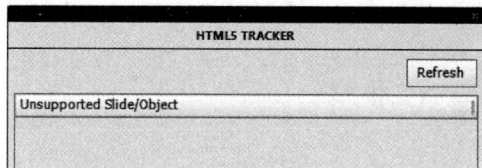

图 12.3

如果项目中存在不支持的 HTML5 对象，就会在此面板显示出来，包括对象所在的幻灯片和对象名称，以便于修改。本案例不存在不支持 HTML5 的元素，所以可以直接单击工具栏发布图标，在展开的发布菜单中选择 Publish to Computer(发布到计算机)，弹出如图 12.4 所示的发布面板。

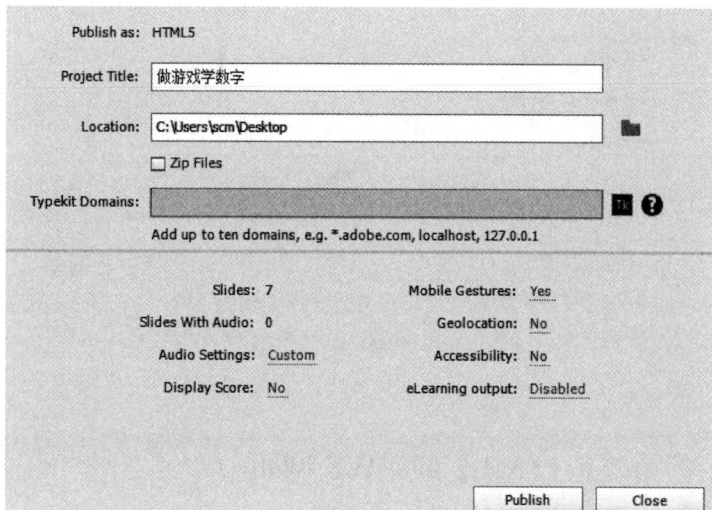

图 12.4

在发布面板主要设置项有 Project Title(发布后的项目名称)、Location(发布文件保存的路径)、Typekit Domains(当单击 typekit 按钮打开 typekit 网站，在那里可以同步字体并下载要在项目中使用的字体，主要是英文字体)、Slides(幻灯片总数)、Slides With Audio(带音频的幻灯片数量)、Audio Settings(可以选择对音频设置)、Display Score(设置是否显示分数)、Mobile Gestures(设置是否使用移动手势交互功能)、Geolocation(设置是否使用地理定位功能)、Accessibility(是否使用残障人士辅助功能)、eLearning output(设置是否向 LMS 报告数据)。

设置好后,单击 Publish(发布)按钮后弹出发布进度条,如图 12.5 所示。

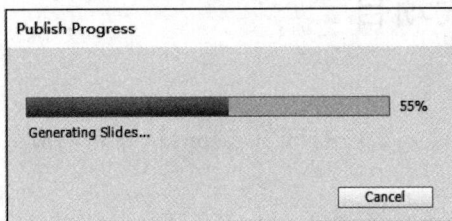

图 12.5

发布完成后,用浏览器打开发布文件夹中的 index.html 就会在浏览器中运行了。

12.3 发布非响应式项目

非响应式的发布可以有 HTML5 网页形式,也可以发布为 SWF、MP4 视频和可执行文件,MP4 视频没有交互功能,所以有用户交互功能的课件发布为 MP4 视频格式时交互功能会失效。

使用 Adobe Captivate 2019 打开"Lesson12\发布非响应式项目"的"青春痘修复.cptx"文件。单击工具栏中的发布图标,在发布菜单中选择 Publish to Computer(发布到计算机),弹出如图 12.6 所示面板,打开发布类型下拉列表,有 3 种发布类型。

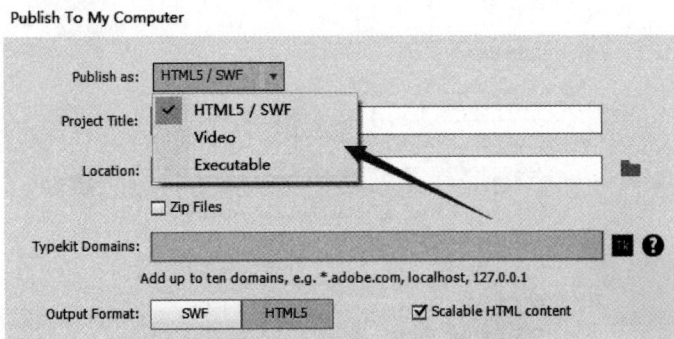

图 12.6

12.3.1 发布为 HTML5 或 SWF 网页

(1) 在图 12.6 中,选择 HTML5/SWF。

(2) 只发布 SWF 文件。

如图 12.7 所示,只选择 SWF,此时 SWF 图标是浅灰色。

面板上的设置项包括: Full Screen(全屏)、Export PDF(导出 PDF 文件)、Force re-publish all slides(强制重新发布所有幻灯片、选择此项发布时间会长一些)、Scalable HTML content(自行调整大小以适应用户的浏览器分辨率)、Seamless Tabbing(IE only)(在 IE 中启用无缝选项卡)。

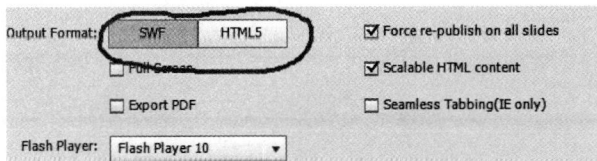

图 12.7

设置好后单击发布就可以发布 SWF 文件了,该案例发布好的文件见"Lesson12\发布非响应式项目\SWF 与 HTML5\只发布 SWF"文件夹。

(3)只发布 HTML5 文件。

如图 12.8 所示,只选择 HTML5,此时 HTML5 图标是浅灰色。

图 12.8

在发布前,同样可以运行 Window(窗口)菜单下的 HTML5 Tracker(非 HTML5 元素过滤),修改非 HTML5 元素。该案例发布好的文件见"Lesson12\发布非响应式项目\SWF 与 HTML5\只发布 HTML5F"文件夹。

(4)同时发布 SWF 文件和 HTML5。

如图 12.9 所示,SWF 和 HTML5 的图标都是浅灰色,两个都被选择。

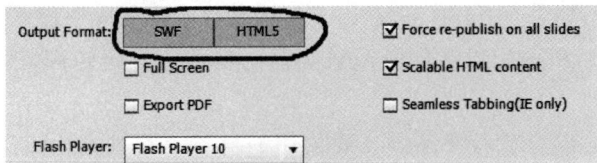

图 12.9

设置同"只发布 SWF 文件",相应的案例文件见"Lesson12\发布非响应式项目\SWF 与 HTML5\SWF 和 HTML5 同时发布"。

12.3.2 发布为 MP4 视频

如图 12.10 所示,在 Publish as(发布为)下拉列表框中选择 Video(视频)。发布为视频后,课件中的交互会失效,就只有线性播放了,所以这种发布适用于不需要交互但又需要视频播放器播放的课件。

(1)Select Preset(选择预设),选择不同的设置,Custom(用户自定义)是使用用户自定义好的设置,如图 12.11 所示。

(2)Force re-publish all the slides(强制重新发布所有幻灯片),选中该选项后确保所有编辑将更新到已发布的课程中,发布时间将增加,但所有编辑都会使其成为发布的输出。简言之,启用此选项将在每次更改时重新发布所有幻灯片,甚至如果只修改了其中一张幻灯片,再发布时也要全部发布。

(3)Profile(简况),指 H.264 编码器/解码器的配置文件。配置文件规格越高,编码或解码的复杂性就越高。Baseline(基线):用于移动和视频会议应用程序。Main(主):用于

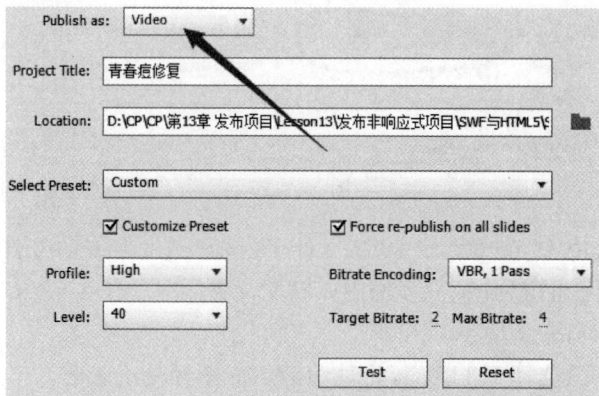

图 12.10

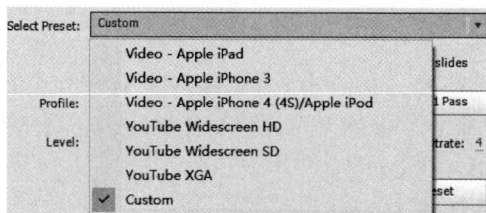

图 12.11

标准清晰度数字电视广播。Hight(高)：用于处理高清晰度的应用程序和设备。

（4）Level(水平)，所选配置文件所需解码器的等级。等级越高，解码器的复杂程度就越高。

（5）Bitrate Encoding(比特率编码)，要使用的比特率类型。CBR：恒定比特率。对于每一秒钟的视频，使用的比特数是恒定的，等于目标比特率。VBR，1 pass：可变比特率。有些帧需要比其他帧更多的位。如果选择此选项，编码器将决定在这种情况下使用多少位。因此，视频的实际比特率介于目标和最大比特率之间。

（6）Target Bitrate(目标比特率)，编码器每秒使用的位数。

（7）Max Bitrate(最大比特率)，编码器要使用的最大比特率。此选项仅在选择可变比特率时可用。

视频设置好后，单击 Test(测试)按钮以验证自定义设置是否有效。如果想重新设置，则单击 Reset(重新设置)按钮。

说明：自定义视频设置时的一些最佳做法

配置文件级别越高，减小文件大小的机会就越大。与可变比特率相比，恒定比特率提供的文件的大小更小。

当指定一个可变比特率时，编码器决定何时使用更多的比特来保持良好的质量。当使用更多比特时，文件就会更大。

该案例的发布文件见"Lesson12\发布非响应式项目\SWF 与 HTML5\发布为 MP4"文件夹。

12.3.3 发布为可执行文件

如图 12.12 所示,在 Publish as(发布为)下拉列表框中选择 Executable(可执行文件)。可执行文件是把播放器打包到了发布文件中,在运行时不需要播放器环境支持。

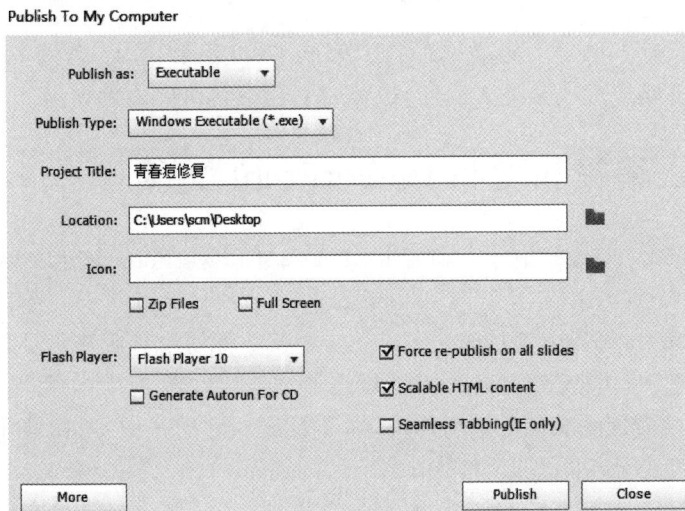

图 12.12

Publish Type(**发布类型**):选择发布类型作为 Windows 可执行文件(* . exe)。对于 Mac,选择 Mac 可执行文件(* . app)。

Project Title(**项目名称**):输入可执行文件的名称,而不添加扩展名(. exe/. app)。

Location(**文件保存路径**):输入保存文件的文件夹的完整路径,或单击"浏览"按钮查找文件夹。

Icon(**图标**):可以自定义为可执行文件的图标。单击"浏览"按钮为文件添加自定义图标。确保图标文件具有扩展名 . ico。可以创建自定义图标文件。确保主要包含以下尺寸:256×256,32 位彩色图像;48×48,32 位彩色图像;48×48,8 位彩色图像;32×32,32 位彩色图像;32×32,8 位彩色图像;16×16,32 位彩色图像,16×16,8 位彩色图像。

Zip Files(**Zip 文件**):创建包含 . exe 文件的 . zip 文件。

Full Screen(**全屏**):以全屏模式运行可执行文件。

Generate Autorun For CD(**为 CD 生成自动运行**):在发布目录中生成 autorun. inf 文件。光盘一插入计算机,文件就开始播放。

Flash Player(**Flash 播放器选择**):Adobe Captivate 根据所选择的 Flash 版本生成 SWF 文件。

More(**更多**):单击"更多"以查看更多选项,如项目的分辨率、幻灯片数、音频幻灯片数和音频设置。

Force re-publish on all slides(**强制在所有幻灯片上重新发布**):单击此选项将强制 Adobe Captivate 重新编译并重新发布所有幻灯片,无论每张幻灯片中是否有更改。如果选择了强制在所有幻灯片上重新发布选项,则 Adobe Captivate 可能需要更长的时间来发布输出。

Scalable HTML content(可缩放的 HTML 内容)：在发布之前启用此选项会使输出中的内容自行调整大小以适应用户的浏览器分辨率。

Seamless Tabbing(IE only)[无缝标签(仅限 IE)]：单击此选项可在 IE 中启用无缝选项卡。默认情况下,无缝选项卡功能被禁用,这意味着如果在输出中使用此选项卡,则它将保持在输出帧内。

设置好后单击 Publish(发布)就可以发布. exe 文件了,该案例发布好的文件见"Lesson12\发布非响应式项目\SWF 与 HTML5\可执行文件"文件夹。

12.4 导入、编辑和发布 PowerPoint 文件

视频讲解

可以在 Adobe Captivate 中导入和编辑 Microsoft PowerPoint 演示文稿,也可以选择链接到源 PowerPoint 演示文稿,使其与 Adobe Captivate 项目保持同步。当 PowerPoint 演示文稿链接到 Adobe Captivate 项目时,Adobe Captivate 将创建对源演示文稿的引用。当链接的演示文稿在 Adobe Captivate 中打开进行编辑时,源演示文稿将加载到 Adobe Captivate 中。因为源演示文稿是被引用的,而不是嵌入到项目中,所以演示文稿的链接不会影响 Adobe Captivate 项目的文件大小。

将演示文稿导入 Adobe Captivate 而不是链接到它时,整个源演示文稿将嵌入到项目中。编辑嵌入的演示文稿不会影响其源文件。但是,嵌入会增加 Adobe Captivate 项目的文件大小。

Adobe Captivate 支持扩展名为. ppt、. pps、. pptx 和. ppsx 的 PowerPoint 演示文稿。即使计算机上没有安装 PowerPoint,也可以导入 PPT 和 PPS 幻灯片,但是,不能在导入后对其进行编辑。要导入 PPTX 和 PPSX 幻灯片,必须在系统上安装 Microsoft PowerPoint,Adobe Captivate 在导入期间会将 PPTX 文件转换为 PPT 文件。

12.4.1 将 PowerPoint 演示文稿导入 Adobe Captivate

(1) 在打开的项目中,选择 File(文件) → Import(导入) → PowerPoint Slides(PowerPoint 幻灯片),或在工具栏中的 ⊕· 插入幻灯片下拉列表框中选择 PowerPoint Slides,如图 12.13 所示。接着决定要将导入的 PowerPoint 幻灯片放入 Adobe Captivate 项目的位置。将幻灯片添加到项目末尾,或者单击列表中的某个幻灯片,然后将 PowerPoint 幻灯片添加到该幻灯片之后,单击"OK"。在弹出的文件选择对话框中导航到要导入的 PowerPoint 演示文稿,单击"打开"。这里打开"Lesson12\PowerPoint"文件夹下的"介绍 PowerPoint. ppt"文件。

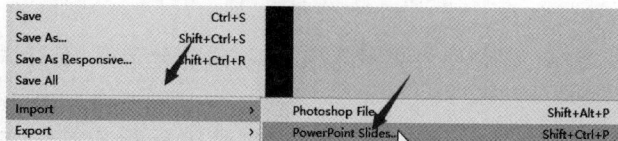

图 12.13

(2) 在"Convert Microsoft PowerPoint Presentations"对话框中,执行以下操作：选择要转换为 Adobe Captivate 项目幻灯片的 PowerPoint 幻灯片,如图 12.14 所示。

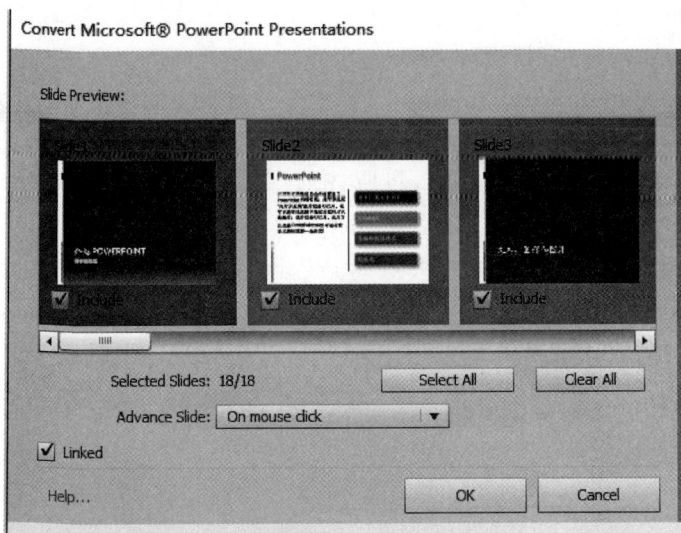

图 12.14

在 Advance Slide(幻灯片播放)下拉列表框中可以选择 On mouse click(鼠标单击)或 Automatically(自动)。Linked 选项的选中与否决定了是否和源文件保持链接。

12.4.2 从 PowerPoint 演示文稿创建 Adobe Captivate 项目

在打开的项目中,选择 File(文件)→ New Project(新建项目)→ Project from MS PowerPoint(从 PowerPoint 幻灯片创建),如图 12.15 所示。

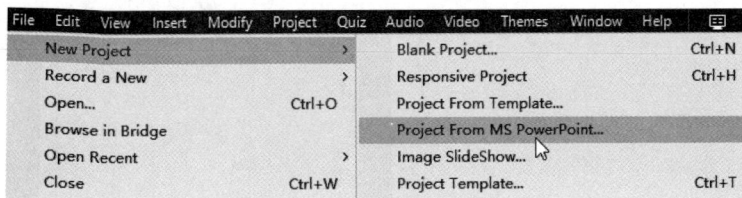

图 12.15

接下来的过程与 12.4.1 中的第 2 条和第 3 条相同。

12.4.3 在 Adobe Captivate 中编辑导入的 PowerPoint 幻灯片

将 PowerPoint 演示文稿导入到项目中后,导航到从 PowerPoint 导入的幻灯片。

右击从 Microsoft PowerPoint 生成的幻灯片,选择 Edit with Microsoft®PowerPoint,出现如图 12.16 所示的编辑菜单。

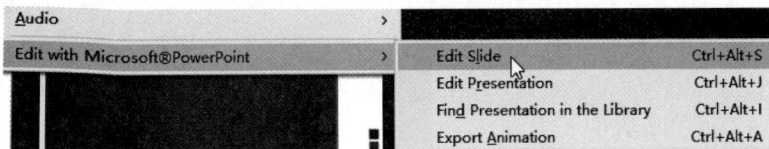

图 12.16

- Edit Slide(编辑幻灯片)。
- Edit Presentation(编辑演示文稿)。
- Find Presentation in the Library(在库中查找演示文稿),在库中找到演示文稿。选择此选项时,演示文稿将在库中突出显示。
- Export Animation(导出动画),将所选幻灯片转换为 SWF 文件。转换后,Adobe Captivate 会提示保存 SWF 文件的路径和名称。

选择编辑幻灯片或编辑演示文稿时,PowerPoint 编辑环境将在 Adobe Captivate 窗口中打开,可以在 Microsoft PowerPoint 中编辑幻灯片。完成编辑并保存 PPT 后,将回到 Adobe Captivate 编辑环境,保存项目即可,如图 12.17 所示。

图　12.17

说明:如果使用的 Microsoft PowerPoint 文件版本和正在使用的 Adobe Captivate 软件不匹配,则会导入失败并出现导入不成功的提示,如图 12.18 所示。

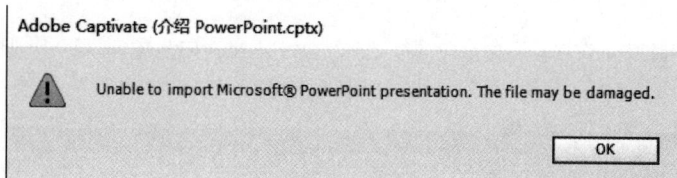

图　12.18

作业

理论题

1. 发布首选项主要设置哪几项?
2. 响应式发布和非响应式发布的主要区别是什么?
3. 导入 Microsoft PowerPoint 文件有几种方法?

图 书 资 源 支 持

感谢您一直以来对清华大学出版社图书的支持和爱护。为了配合本书的使用，本书提供配套的资源，有需求的读者请扫描下方的"书圈"微信公众号二维码，在图书专区下载，也可以拨打电话或发送电子邮件咨询。

如果您在使用本书的过程中遇到了什么问题，或者有相关图书出版计划，也请您发邮件告诉我们，以便我们更好地为您服务。

我们的联系方式：

地　　址：北京市海淀区双清路学研大厦 A 座 701

邮　　编：100084

电　　话：010-83470236　010-83470237

资源下载：http://www.tup.com.cn

客服邮箱：tupjsj@vip.163.com

QQ：2301891038（请写明您的单位和姓名）

教学资源·教学样书·新书信息

人工智能科学与技术
人工智能|电子通信|自动控制

资料下载·样书申请

书圈

用微信扫一扫右边的二维码,即可关注清华大学出版社公众号。